Valores determinam ideologias. Ideologias determinam comportamentos.

"O Patriota", sobre política.

A história da humanidade sempre refletiu um conflito entre duas vontades: do poder para organizar a sociedade e da liberdade para não fazer parte disso.

"O Patriota", sobre história.

A Bíblia conta a história da relação de Deus com a humanidade. Ela foi escrita por homens que, de algum modo, tiveram contato com o resultado da ação de Deus ou mesmo que foram visitados por Deus em algum momento. Nesse sentido, devemos buscar primeiramente os FATOS de Deus nos textos sagrados. E uma coisa que confunde muitas das pessoas que leem a Bíblia é a não compreensão de que os homens costumam ser limitados para explicar aquilo que Deus, DE FATO, fez ou *disse*, bem como para DIFERENCIAR o que Ele fez daquilo que Ele revelou.

"O Patriota", sobre religião.

O impressionismo desconstruiu o artista. O expressionismo desconstruiu as cores. O cubismo desconstruiu as formas. O movimento abstrato desconstruiu o conceito. E o pós-modernismo exportou toda essa porcaria para todas as outras artes.

"O Patriota", sobre cultura.

Claro que é possível viajar no tempo. Eu mesmo consigo viajar no tempo. De fato, todo mundo viaja no tempo. Só que sempre para frente e bem devagar.

"O Patriota", sobre ciência.

Os empresários mais poderosos e malvados não são capazes de forçar a sociedade a comprar os seus produtos sem o apoio do menor dos governos. O menor dos governos pode forçar a sociedade a comprar ou vender qualquer coisa sem o apoio da menor das empresas.

"O Patriota", sobre economia.

Introdução

Antes de começar nossa conversa, preciso que você se faça algumas perguntas. Não se preocupe em revelar as respostas para outra pessoa que não você mesmo. Basta ler essas perguntas e responder com sinceridade.

Imagine que você está dirigindo de madrugada e não tem ninguém na rua. Você encontra um sinal vermelho e nota que não há nenhum outro carro nas outras vias. Você espera o sinal ficar verde ou passa direto?

Imagine-se vivendo em uma ditadura. Estar armado aumenta ou diminui o seu poder em relação ao estado? É normal acusar o governo de ser autoritário e ao mesmo tempo exigir que ele desarme a população?

Imagine que você acredita que a sociedade manifesta uma violência maior contra mulheres e homossexuais. É coerente querer que essa mesma sociedade desarme as mulheres e os homossexuais?

Suponha que você é um padeiro feliz que vende seus pães na padaria da família. Mas o governo cria uma lei tabelando o preço dos pães, de modo que você não pode mais dizer por qual preço poderá vender seu produto. É justo que o governo diga qual o preço que você pode vender seus produtos?

Suponha agora que você é só um cliente que entra na padaria para comprar pão. Você sabe da lei de tabelamento de preços e percebe que o padeiro quer vender o pão por um preço diferente do da tabela. O que você faz? Denuncia o padeiro? Paga o valor que o padeiro estabeleceu? Ou procura outra padaria?

Agora pense que você é um policial. Seus superiores mandam você ao centro da cidade com ordens para apreender a mercadoria de qualquer vendedor ambulante que encontrar nas ruas. O que você faz? Ignora a ordem e vai ao centro combater os bandidos de verdade? Vai ao centro e alerta os ambulantes que não podem ficar ali, naquele dia, já que outros policiais poderão aparecer para incomodá-los? Ou cumpre a ordem?

Enfim, se coloque no lugar de um adulto qualquer em um país com um governo de esquerda, que usa os recursos arrecadados para financiar o aborto e campanhas eleitorais de políticos corruptos e socialistas. **Sabendo que o dinheiro arrecadado vai necessariamente financiar o aborto e a corrupção, é moral financiar o estado? É moral pagar impostos nesse país? Ou ainda, é imoral sonegar impostos nessa situação?**

Eu não sei quais foram as suas respostas, mas elas dizem mais sobre você do que apenas a sua posição política. **Uma das coisas que você aprenderá neste livro é que praticamente todos expressamos uma moralidade que tem como base uma combinação de cinco valores básicos: a busca por controle, a imposição da igualdade e o respeito à propriedade, à liberdade e à vida. E verá como a adoção do poder e da igualdade dá origem à mentalidade de esquerda e como o verdadeiro respeito à vida, à liberdade e à propriedade é o núcleo da mentalidade de direita.**

O ponto principal deste livro é que essas mentalidades são compostas por valores específicos que determinam a adoção de certas ideologias. E que essas ideologias costumam dizer de modo mais claro para onde as pessoas devem direcionar seus pensamentos e opiniões. E que esses pensamentos e opiniões acabam orientando as ações das pessoas. **Em outras palavras: valores determinam ideologias; ideologias determinam opiniões, e; opiniões determinam ações.**

Portanto, se eu sou de direita, é normal que minhas respostas àquelas perguntas sejam típicas de alguém de direita. Ou seja, que não entrem em contradição com a posição de alguém que defende o direito à vida, à liberdade e à propriedade. Da mesma forma, para alguém de esquerda, é de se esperar respostas que expressam a busca pelo controle e pela igualdade. **Neste livro, você irá aprender em detalhes o que é a direita, o que é a esquerda, sobre quais valores elas são construídas e qual a composição de suas agendas.**

Este Manual do Patriota tem como principal intenção mostrar o que é política de um modo fácil e sistemático, analisando a expressão política das duas mentalidades que habitam os polos do seu espectro. Durante décadas, muitos negligenciaram a importância da política em suas vidas. A sociedade deixou verdadeiros ignorantes redefinirem conceitos importantes para o entendimento maduro do que é política. As pessoas permitiram que oportunistas e demagogos reescrevessem a história para favorecer a propagação do coletivismo e do globalismo. Ainda hoje, vemos muitos comprando as mentiras e as opiniões que jornalistas incompetentes publicam em mídias populares, quase sempre demonizando a direita e o capitalismo, mas sempre ganhando posições para a equerda e o socialismo.

Isso tudo fez com que o povo fosse feito de refém. Ele se tornou refém de uma agenda que ele desconhece (pelo menos muitos que fazem parte dele), de modo que a ótica política do cidadão comum acaba sendo construída com base em propósitos que não são dele, mas daqueles grupos que querem subjugá-lo e conduzi-lo a um dos piores tipos de escravidão. **Por isso, outro propósito deste livro é justamente entregar ao leitor tudo aquilo que ele precisa saber para evitar ser escravizado por esse esquema.**

O Manual do Patriota também dá início a uma verdadeira conversa com os milhões de *"patriotas"* que existem pelo mundo, buscando servir como um guia prático para esclarecer dúvidas e conceitos importantes para a atividade política em todos os lugares onde estamos. Eu entendo que existe uma certa confusão quanto ao significado de patriotismo e de nacionalismo que vale a pena explicar. **Basicamente, a diferença é que enquanto a base do patriota é o LUGAR, a base do nacionalista é a CULTURA. Enquanto o nacionalista se dedica à preservação de idiomas, tradições e costumes, o patriota se preocupa com questões mais práticas, como segurança, defesa e o esforço para preservar a paz e a liberdade do lugar que adota como Pátria.**

De fato, em muitos lugares, torna-se difícil falar em nacionalismo. Por exemplo, não se pode falar de nacionalismo em um país dividido em várias regiões, cada uma com sua cultura, tradição e sotaque. **Em alguns casos, é melhor definir a expressão do interesse comum simplesmente como patriotismo: por estarmos na mesma pátria, temos o objetivo comum de preservá-la e defendê-la da melhor forma possível.** E não porque ela é um fim em si mesma, mas porque ela é (ou deveria ser) um instrumento para a defesa da paz e da liberdade. **Contudo, a cultura também pode unir grupos distantes, não necessariamente interferindo na condução dos negócios locais, mas construíndo uma agenda mais ampla que manifesta os valores dessa cultura. Nessa coesão cultural estaria o conceito de nacionalismo.**

Assim, eu, Henrique Guilherme, não tenho nenhum problema em dizer que minha nação é o cristianismo, e que somos unidos em Jesus Cristo, enquanto minha pátria é o Brasil (ou onde eu vier a me estabelecer). Como cristão, eu sou impelido a conhecer mais o cristianismo e os seus valores, enquanto como patriota, eu tenho que aplicar esses valores na prática na pátria que escolhi para mim. **Ou seja, como cristão, devo entender bem da minha cultura e, como patriota, devo fazer o melhor para realizar os valores da minha nação no lugar onde eu moro.** Iremos falar mais sobre tudo isso ao longo do livro.

O Manual do Patriota sobre Política segue um roteiro que expõe as contradições existentes entre a mentalidade de direita e a mentalidade de esquerda para explicar o que é política e a importância dela nas nossas vidas. O primeiro capítulo irá preparar o terreno para o debate, introduzindo os conceitos básicos de direita e esquerda e adiantando algumas características importantes para entender essas mentalidades.

O segundo capítulo vai apresentar outros conceitos necessários para que se possa entender essas duas mentalidades de um modo mais profundo. O que é o *"indivíduo"*? Quais são seus interesses? O que é *"moralidade"*? O que são *"valores"*? O que é *"governo"*? Você sabe? Nesse capítulo você terá toda a munição necessária para entender os próximos dois capítulos (terceiro capítulo sobre a direita e quarto capítulo sobre a esquerda), que irão se aprofundar no sistema de valores da direita e da esquerda e na manifestação política dessas mentalidades.

O quinto capítulo apresenta os métodos de construção e classificação do espectro político de acordo com a realidade, e não conforme os modelos defeituosos que vemos por aí, que cometem a estupidez de considerar um direitista autoritário ou um esquerdista libertário (sim, o diagrama de Nolan é a expressão da burrice daquele que o criou). Nesse capítulo, a polaridade direita-esquerda será explicada de forma prática, com base nos dois capítulos anteriores.

No sexto capítulo, veremos como o absurdo ganha espaço na sociedade até se tornar *"normal"*. Propostas insensatas são apresentadas aos poucos até se tornarem comuns. O capítulo mostra as formas como o absurdo se dissemina nas sociedades contaminadas pela mentalidade de esquerda. Nele, mostraremos como as sociedades que abraçam a esquerda se degradam até se transformarem em ditaduras socialistas com campos de concentração, fome, miséria e um exército de zumbis que fazem tudo pelo estado.

O sétimo capítulo abordará o papel da guerra na política. Um dos motivos que faz com que tanta gente confunda as polaridades do espectro político é a guerra psicológica que existe para criar pessoas suscetíveis à desinformação. Nesse capítulo, você aprenderá mais sobre guerras e como funciona a sua modalidade subversiva. Ou seja, como os socialistas fazem seus adversários lutarem contra eles mesmos e buscarem a própria miséria, a própria fraqueza e a própria morte.

Enfim, o oitavo capítulo apresenta um plano estratégico para a direita, dividido em programas e propostas para acabar de vez com essa guerra. O capítulo apresenta as campanhas que a direita deve vencer para truinfar. **Porque, sim, estamos em guerra. E se você não percebeu, falta pouco para perceber, porque o Manual do Patriota também foi escrito para acordar as pessoas. Para abrir os seus olhos e tirá-las da Matrix.** E isso também pode servir para você. Não é só o Brasil que precisa de você consciente e bem informado: o MUNDO precisa do melhor de você. Como costumamos dizer na minha igreja, *"Deus quer que você seja a MELHOR versão de você"*. Eu realmente espero ser capaz de ajudá-lo nesse sentido. Então, aproveite.

1. O Básico sobre Direita e Esquerda

Pode ser um choque para alguns, mas ao contrário do que se propaga, a direita e a esquerda ainda existem e continuam sendo conceitos bem úteis para se referir aos dois polos do espectro político. Depois de anos de subversão e deterioração cultural, ainda encontramos jornalistas medíocres e professores despreparados que, num primeiro momento, dizem que *"não existe mais esse negócio de direita e de esquerda"*, mas que no minuto seguinte estão acusando algum político de ser de direita ou declarando suas simpatias pela esquerda.

De fato, aquelas pessoas que dizem não existir mais esses conceitos, ou declaram que eles não são capazes de definir suas posições políticas, são as mesmas que os usam a palavra direita para condenar seus inimigos políticos (geralmente precedida pela palavra *"extrema"*) ou para se aglomerar em torno de coletivos onde todos sabem muito bem que são de esquerda. E se você está confuso, não se preocupe. Toda essa confusão irá sumir já nos primeiros capítulos.

Então, fique tranquilo: existe sim uma direita e uma esquerda, sendo ambas manifestações políticas de duas visões de mundo bem estabelecidas. Veremos ao longo deste livro que política é um grupo de regras que uma comunidade adota para se governar, ou seja, é o conjunto de relações que definem como as decisões são tomadas em uma cidade, um estado ou um país. E o ponto aqui é que, ao contrário do que muitos querem acreditar, existem duas mentalidades com características bem definidas que atuam como dois polos de um espectro pragmático.

De um lado, temos a direita, que é a manifestação das aspirações da sociedade em busca da liberdade de uma forma realista, com foco nos direitos fundamentais do cidadão. Do outro lado, temos a esquerda, que é a busca pelo poder para impor uma igualdade social de forma aventureira e utópica, focando na superioridade do coletivo sobre o indivíduo. Essas duas manifestações são reflexos de mentalidades bem definidas e que produzem comportamentos bem diferentes. **Claro que existem representações que ficam entre esses dois polos, mas geralmente elas são mais utilitaristas que ideológicas. Ou seja, elas são mais fruto de concessões que um lado faz ao outro em busca de votos do que do raciocínio crítico e da busca por coerência.**

Em primeiro lugar, é importante entender que não é porque muitos não têm um parâmetro do que seja um lado ou o outro, que esses lados não existem. Existem vários países sem partidos de direita, mas isso não faz com que não exista uma visão de mundo de direita (que existe em outros países) com representação coerente em outros países. **Um dos erros mais cometidos quando isso ocorre é a tentativa de encaixar aquele excesso de partidos de esquerda dentro do espectro tradicional. Logo, o partido de esquerda menos radical está sendo chamado de direita, enquanto o partido de esquerda mais radical passa a representar a esquerda.**

O problema dessa confusão é que se torna impossível comparar as políticas de países diferentes conforme o espectro tradicional. Imagine tentar comparar os partidos que a esquerda costuma chamar de direita no Brasil ao Partido Republicano dos Estados Unidos. O fato é que em diversos países o cenário político é dominado pela esquerda e só em meia dúzia de ilhas há ainda partidos coerentes com a visão de mundo de direita. Então, passa a ser comum tratar como semelhantes partidos cujas agendas não têm absolutamente nada em comum, apenas porque muitos países nem têm um partido de direita para usar na comparação (como é o caso do Brasil).

Em segundo lugar, é importante entender que a competição acirrada entre dois partidos não os coloca automaticamente em polos diferentes do espectro político. Dois partidos com a mesma agenda podem estar lutando por poder ou por coisa menos nobre. No Brasil, o PT e o PSDB são adversários tradicionais, ambos querendo implantar o mesmo socialismo, diferindo apenas na velocidade da transformação. Na Somália, a miséria e a guerra foram trazidas pela disputa entre dois partidos socialistas. Em Angola e em Moçambique, os grupos que se confrontaram eram declaradamente socialistas. Na Rússia, os mencheviques e os bolcheviques lutaram pelo poder, ambos querendo implantar a sua própria versão do socialismo.

Mas então, como estabelecer conceitos coerentes que vão além de toda essa confusão que a desinformação plantou na sociedade? Conforme veremos a seguir, o que conhecemos como direita e esquerda são manifestações de duas mentalidades específicas, cada uma com seus valores e premissas. Elas têm agendas distintas e até os seus membros agem de forma diferente, conforme os valores de cada mentalidade.

Vamos começar nossa conceituação e análise pela mentalidade de direita.

1.1. A Direita, a Cultura Judaico-Cristã e o Capitalismo

Basicamente, direita é a perspectiva política que tem como valores principais a defesa da vida, da liberdade e da propriedade. E ser de direita é a tentativa de manter esses valores diante das condições que o mundo impõe aos que assim se consideram. De fato, a vida, a liberdade e a propriedade são valores tão importantes para a direita que ela luta para que o governo não possa dispor delas por motivos como *"criar uma sociedade mais igualitária"* ou *"aumentar o bem-estar do maior número de pessoas"*. Para entender melhor: se você soubesse que o desarmamento da população aumentaria o bem-estar geral da sociedade, você seria a favor? Pois bem, uma pessoa de direita certamente diria que não, já que seus valores não estão à disposição de considerações utilitaristas.

Quando se fala de direita, valores e moralidade são as palavras-chave. O apego que ela tem pela vida, pela liberdade e pela propriedade não apareceu do nada. Ele tem sua origem na cultura judaico-cristã. É da matriz judaico-cristã que a direita empresta seus valores, sua moralidade e seus objetivos. Do mesmo modo, não é possível dissociar a direita de uma defesa intransigente do livre mercado e do capitalismo. Basicamente, a defesa do capitalismo pela direita está intrinsecamente ligada aos seus valores e ao seu código moral. Então, para entender melhor a mentalidade da direita, vamos analisar essas duas ideias e como elas se relacionam com a conduta daqueles que se dizem de direita.

Cultura Judaico-Cristã

Resumidamente, a cultura judaico-cristã é o conjunto de premissas derivadas do relacionamento da humanidade com Deus. Esse relacionamento fez com que ela incorporasse um código moral que tem como característica principal a defesa da vida, da liberdade e da propriedade. A adesão a esses princípios explica a postura da direita em relação a vários assuntos, como aborto, família, mercado, capitalismo e armamento.

A cultura judaico-cristã coloca o relacionamento com Deus no seu centro. **Contudo, não é necessário acreditar em Deus para entender a sua visão de mundo, basta ter a consciência de que as pessoas que a conceberam acreditavam e que, portanto, o resultado presume a existência de Deus.** Com isso quero dizer que, mesmo aquele que não acredita em Deus acaba vivendo como se acreditasse quando se comporta conforme o código moral da cultura judaico-cristã.

O senso de justiça da direita está vinculado ao foco que a cultura judaico-cristã dá ao LIVRE ARBÍTRIO e à RESPONSABILIDADE INDIVIDUAL. Ou seja, temos uma ideia de que é justo que sejamos responsáveis por nossas escolhas. Lá no comecinho da Bíblia está a história da criação do homem, que fala justamente de liberdade e responsabilidade individual. Veja bem, Deus criou o universo, colocou o homem no paraíso, deu a ele uma mulher por companheira e era tudo maravilhoso. Ele colocou uma árvore no jardim e deu apenas uma ordem a eles: não comam o fruto dessa árvore.

Deus criou o homem com um papel especial na criação. **Ele disse:** *"Frutificai e multiplicai-vos, e enchei a terra, e sujeitai-a; e dominai sobre os peixes do mar e sobre as aves dos céus, e sobre todo o animal que se move sobre a terra".* Ou seja, Deus deu ao homem uma companheira, entregou o mundo em suas mãos e deu até uma missão para eles não se preocuparem com depressão e outras enfermidades modernas. **A única regra que Ele criou parecia simples:** *"De toda a árvore do jardim comerás livremente, mas da árvore do conhecimento do bem e do mal, dela não comerás; porque no dia em que dela comeres, certamente morrerás".* E mesmo assim, Adão e Eva pisaram na bola, comeram da árvore e foram expulsos do paraíso.

As duas principais lições incorporadas são que o homem é livre para tomar suas decisões e que ele deve aprender a assumir a responsabilidade por suas escolhas. Isso é ressaltado no castigo recebido por Adão: ele é obrigado a TRABALHAR para comer e sustentar sua família. **Note que Deus diz** *"No suor do seu rosto comerás o teu pão",* **e não** *"No suor do rosto dos ricos e da classe média, comerás teu pão".* Ou seja, a visão judaico-cristã tem no seu coração a valorização da liberdade e da responsabilização dos homens por seus atos. Isso significa que o povo de direita dificilmente apoiará programas de cotas ou a relativização da responsabilidade de criminosos.

Contudo, a principal contribuição do judaico-cristianismo à mentalidade de direita está no único documento cunhado pelo próprio Deus: os Dez Mandamentos (Êxodo 20:3-17 e Deuteronômio 5:6-22). Encontramos nos dez mandamentos a base do código moral e dos valores da direita. Vamos analisar cada mandamento e mostrar qual a função deles, bem como eles influenciam aqueles que dizem estar deste lado do espectro político:

1. Não terás outros deuses diante de mim: a intenção desse mandamento é evitar que os homens adotem códigos morais diferentes do que Ele ensinou. Eu não sei se Deus se importa se você O ama muito ou pouco, mas eu sei que Ele sabe o quão limitados os homens podem ser (porque até um ser humano sabe isso). Quando os homens passam a adorar ídolos, eles acabam dando ouvidos a um pedófilo sanguinário como Maomé ou a um cretino invejoso como Karl Marx. Então, até para proteger os seus filhos dessas antas, Ele nos deu esse primeiro mandamento.

2. Não farás para ti imagem de escultura (...). Não as adorarás, nem lhes darás culto: sabendo da alta propensão dos homens para seguir modismos e outras idiotices, Ele nos mandou não adorar ídolos. Isso é para lembrar que Ele é um deus VIVO. De que Ele não está numa estátua ou num representante inanimado. E nem em ídolos humanos criados pela mídia para controlar os jovens e os ignorantes. O segundo mandamento também protege os homens de se tornarem imbecis ao copiar os ídolos e celebridades do mundo.

3. Não tomarás o nome do Senhor teu Deus em vão; porque o Senhor não terá por inocente o que tomar o seu nome em vão: o objetivo aqui é evitar a deturpação da Sua palavra. Ou seja, tudo bem dizer *"Graças a Deus"* ou *"Deus te abençoe"*. O problema é dizer: *"Deus disse que você pode roubar do rico"* ou *"Deus mandou você enganar aquela pessoa"*. Desse modo, torna-se mais difícil para oportunistas alterarem os ensinamentos passados por Ele no longo prazo, preservando a pureza da Sua palavra para as gerações futuras.

4. Lembra-te do dia do sábado, para o santificar (...): o objetivo é parecido com o do terceiro. Sabendo que os homens costumam esquecer o que é importante, Deus nos manda reservar um dia para lembrar Dele, dos Seus mandamentos e dos Seus códigos. Principalmente para lembrar que NÃO SOMOS ESCRAVOS. Na prática, esse mandamento nos ajuda a fazer uma revisão moral de nossa conduta durante a semana. Muitas vezes a vida é tão corrida que não nos permite processar se o que fizemos foi justo ou não. O quarto mandamento permite esse tipo de reflexão.

5. Honra a teu pai e a tua mãe, para que se prolonguem os teus dias na terra (...): o quinto mandamento criou uma tradição de proteção da família e respeito aos ensinamentos que aprendemos dos pais. Apesar de haver pais melhores e piores, no geral a sociedade se beneficia quando a família é protegida e os filhos obedecem aos pais. O desrespeito que uma geração destina aos pais costuma reproduzir a mesma atitude nas gerações posteriores, causando um movimento de desproteção da família e de deterioração das relações familiares.

6. Não MATARÁS: você já deve saber que esse mandamento é MUITO importante. Ele é uma das bases da valorização da vida pela mentalidade de direita. Mas note que ele não é intransitivo, como *"não mate qualquer coisa"*. Obviamente que não é um pecado matar um bicho ou um inseto, principalmente se houver utilidade nisso. Do mesmo modo, Deus não castigou Moisés por ter matado o egípcio que espancava um hebreu, nem negou o direito dos *"vingadores do sangue"* sobre a vida daqueles que fizeram mal às suas famílias. Isso porque o papel do sexto mandamento é justamente garantir a justiça e proteger a vida do inocente.

7. Não adulterarás: o sétimo mandamento respalda a ideia do casamento e da união do homem com a mulher na mesma carne (a prole). Quando se comete adultério, há uma série de desequilíbrios na relação do casal. O foco do adúltero foge da família e vai para o sentimento de prazer egoísta, comprometendo o relacionamento com seus próprios filhos. Desse modo, o adultério pode resultar não só no final de um casamento, mas também na fragmentação de uma família, expondo os filhos a uma série de perigos que não deveriam enfrentar.

8. Não ROUBARÁS (Êxodo 20:15 e Deuteronômio 5:19): esse é um dos melhores mandamentos. Há uma teoria que diz que Deus criou o oitavo mandamento para trolar os socialistas. Estimo que quase 99% do ódio da esquerda contra judeus e cristãos esteja relacionado a ele. A base do respeito que a direita destina à propriedade pode ser encontrada nele. **O *"não roubarás"* é MAIS INTRANSITIVO do que o *"não matarás"*,**

não porque a propriedade é mais importante do que a vida, mas porque apenas com os meios necessários conseguimos defender e preservar a nossa vida e a de nossos familiares.

9. Não dirás falso testemunho contra o teu próximo: esse é um dos mandamentos mais mal compreendidos. Há duas formas de interpretá-lo. A primeira é que se trata de não mentir. De fato, não é bom mentir. Mas o que ocorre é que nos tempos bíblicos um bom julgamento envolvia a reunião do povo e dos anciões, com pelo menos três testemunhas para validar um relato. **Dessa forma, um testemunho falso podia prejudicar alguém de fato. Poderia até condenar um inocente à morte. Então, o pecado seria levantar acusações falsas contra outros, já que ainda hoje isso pode ter implicações muito negativas.**

10. Não cobiçarás a casa do teu próximo, nem a mulher, nem o seu servo, nem a sua serva, nem o seu boi, nem o seu jumento, nem coisa alguma do teu próximo: na sua cara, Karl Marx! O décimo mandamento é o único que envolve uma regra de pensamento. Você não deve cobiçar o que é do próximo. O que é dele é dele. Se você quiser um igual, compre um igual, mas não cobice o que é dos outros por direito. Esse mandamento reforça o oitavo, mas também o sexto (não matarás) e o sétimo (não adulterarás). A cobiça e a inveja podem levar o sujeito a quebrar outros mandamentos: o sujeito pode roubar, matar adulterar e mentir para se apoderar do que é do próximo. Mas graças a Deus, Ele criou um mandamento para nos alertar que certos pensamentos só nos causarão problemas.

Desse modo, vemos que a mentalidade de direita, principalmente os seus principais valores (vida, liberdade e propriedade), está diretamente relacionada à cultura judaico-cristã. O código moral da direita está fundamentado em princípios que existem desde a antiguidade, mas que se refinaram e ganharam forma em diversas sociedades modernas, principalmente nos países livres da Europa e da América. Tendo uma base do que é a cultura judaico-cristã e como ela inspira os valores da direita, fica também mais fácil de entender a sua relação com o capitalismo e o livre mercado. Mas agora, você sabe o que é capitalismo?

Capitalismo

Para entender o que é capitalismo, é necessário saber o que é esse capital que está em seu nome. O capital é aquele recurso que uma pessoa pode ter que não será gasto em sua subsistência. É o recurso que será usado para gerar uma renda ao seu dono. Se o capital não conseguisse gerar novo capital, não estaríamos falando de um *"sistema"* capitalista. **Entretanto, falamos de sistema capitalista porque ele se mantém ao longo do tempo por pilares construídos por ele mesmo: ou seja, é um sistema onde o capital gera capital.**

Se você entendeu essa explicação, você vai conseguir entender por que a esquerda detesta tanto o capitalismo e por que a direita o defende com tanto empenho. **Preste atenção: se falamos que se trata de um sistema onde o capital gera capital, é porque esse sistema é composto por pessoas (vidas) que podem acumular recursos (propriedade) que são dispensáveis à sua subsistência. E que essas pessoas estão livres (liberdade) para escolher como tais recursos serão aplicados para gerar mais recursos (para satisfazer as suas necessidades).**

Entendeu? **O capitalismo é um sistema sustentado por pessoas (vidas) capazes de acumular recursos (capital) e escolher destinações para eles que irão produzir mais capital (liberdade de investir).** Notem que não é necessário que TODOS acumulem recursos. Nem é necessário que todo o capital seja investido por quem o acumula (ele pode ser poupado). Mas se o capitalismo é um sistema, é porque há pessoas (vidas) que naturalmente tomam decisões que lhes permitem acumular recursos (propriedade) e que elas podem aplicar tal capital na geração de mais recursos (liberdade de decisão).

E isso tudo é fantástico. Por exemplo, durante uma boa parte da história humana o capitalismo ou não existia ou era redimentar, seja porque não havia estabilidade para a sobrevivência da população, seja porque não havia garantia de manutenção da propriedade privada, seja porque não havia liberdade para tomar decisões econômicas. De alguns séculos para cá, a civilização cresceu e desenvolveu tecnologias e instituições que facilitaram a defesa da vida, a produção abundante da propriedade e a proteção da liberdade de escolha. E é por isso que o surgimento do capitalismo como o conhecemos é relativamente recente.

Note também que não se pode simplesmente trocar o termo *"capitalismo"* por *"economia de livre mercado"*. Isso porque o conceito de capitalismo permite interferências nas engrenagens do capital, desde que essas interferências não quebrem a máquina (como os socialistas querem). A grande maioria dos países capitalistas tinha uma economia mais livre há cem anos do que têm hoje, mas tais países não deixam de ser capitalistas por causa disso. E mesmo há um século, não havia livre mercado pleno: o mercado era apenas mais livre do que é hoje, mas não absolutamente livre.

Portanto, não é à toa que o capitalismo guarda uma íntima relação com a direita política. Ele é o próprio resultado da busca vigorosa pela proteção da vida, da propriedade e da liberdade (e não foi por acaso que ele floresceu em primeiro lugar no mundo judaico-cristão). A busca pelo livre mercado passa pelo capitalismo e a manutenção do capitalismo envolve o fortalecimento dos três pilares principais da mentalidade de direita e da sociedade judaico-cristã: a proteção da vida (dos agentes econômicos), da propriedade (do capital) e da liberdade (para escolher onde aplicar).

No capítulo três, iremos detalhar melhor os valores da direita e como eles determinam uma agenda comum. **Por enquanto, basta saber que a direita é a manifestação na política dessa mentalidade que coloca a vida, a liberdade e a propriedade no coração de seu código moral. É a busca pela realização da liberdade e das aspirações individuais no âmbito social, inspirada pelos princípios da cultura judaico-cristã que se desenvolveu principalmente no mundo ocidental. Por isso, é comum associar a direita com a defesa do capitalismo, que é justamente um sistema que tem como base a proteção da vida, do direito de propriedade e da liberdade de ação.**

1.2. A Esquerda, o Socialismo e o Comunismo

Bem, todos sabem que da mesma forma que a direita está ligada ao cristianismo e ao capitalismo, a esquerda está ligada ao comunismo e ao socialismo. Enquanto a direita busca o empoderamento do indivíduo diante do estado para que ele possa realizar a sua liberdade, a esquerda em todo lugar luta pelo fortalecimento do estado para impor a igualdade social. **Então, de modo sucinto, a esquerda é a perspectiva política que acredita que o estado tem autoridade moral e capacidade para construir uma sociedade perfeita na terra, sendo que o**

entendimento que ela tem de perfeição está relacionado à igualdade. Então, enquanto a direita gira em torno da vida, da liberdade e da propriedade, a esquerda gira ao redor do poder (para realizar a sua utopia) e da igualdade.

Esses dois valores que definem a mentalidade de esquerda aparecem em diversas sociedades ao longo da história, até se consolidarem nos conceitos que conhecemos hoje como socialismo e comunismo. Uma das primeiras manifestações filosóficas desses valores pode ser encontrada na obra de Platão chamada República. Nela, o filósofo prega uma sociedade perfeita, organizada em classes e dominada por um estado forte. A república de Platão era dividida em apenas três classes: o rei, os seguranças do rei (para sentar o cacete em quem reclamasse) e os trabalhadores (para você ver que esse negócio de dividir a sociedade em classes é antigo). Na sociedade platônica, a propriedade era coletiva e o estado dizia quem se casaria com quem. Mas infelizmente a ideia nem nasceu com ele nem morreu com ele.

Poucos séculos depois a mesma mentalidade incendiou Roma, encabeçada pelos irmãos Graco e por um grupo de demagogos conhecidos como *"populares"*. Esse grupo buscou alcançar o poder em Roma comprando o apoio do povo com propostas populistas, dizendo praticamente as mesmas coisas que a esquerda defende nos dias de hoje (como reforma agrária e confisco de propriedade dos ricos). Em pouco mais de cem anos, a república tinha sido substituída por um sistema onde o rei era visto como um deus e o cidadão era um babaca controlado pela promessa de pão e de circo. Essas mesmas ideias continuaram sendo propagadas no seio de grupos hereges que inspiraram centenas de movimentos alinhados à mentalidade de esquerda na Idade Média.

E assim a visão de mundo chegou até os nossos dias, girando em torno da necessidade da conquistar o poder para impor uma reforma social radical. Esse movimento ganhou força no século XIX, com a consolidação dos conceitos de socialismo e comunismo por elementos revolucionários comprometidos com os mesmos valores que inspiraram Platão, os irmãos Graco, os hereges, os gnósticos e tantos grupos que surgiram antes deles. Desse modo, eles se tornaram a melhor estratégia de expressão de uma mentalidade que estava presente desde a antiguidade. Por isso, para entender a mentalidade de esquerda hoje, precisamos saber o que é comunismo e o que é socialismo.

Comunismo

Antes de explicar o que é o socialismo é importante entender o que é o comunismo. O comunismo é uma distopia onde todos são economicamente iguais, mas não apenas isso. Não há classes nem governo, de modo que a própria sociedade comunista cria instituições para colocar as pessoas na linha. **Em outras palavras, o comunismo é uma anarquia onde todos são doentes mentais que acham normal não querer nada diferente dos demais e que, quando querem, são perseguidos pelos outros. Isso é importante para entender o comunismo: ele NÃO É COMPOSTO por pessoas como eu e você; ele é formado por macacos robóticos que não desejam nada diferente do que é esperado pela sociedade de macacos robóticos.**

Pode parecer engraçado (e trágico), mas é verdade. O comunismo só pode ser considerado um sistema se aceitarmos a premissa de que os seres humanos terão seus cérebros formatados e reprogramados fisicamente para sempre buscar a conformidade social. O homo comunistus não só é programado para não querer nada diferente dos demais, como também para puxar de volta aqueles elementos defeituosos que tentarem sair da igualdade. Ou seja, o comunismo não é para seres humanos. Seres humanos jamais serão comunistas enquanto tiverem livre arbítrio. E é exatamente por isso que todos os comunismos acabam matando milhares, centenas de milhares de pessoas: porque no comunismo as pessoas são um problema. O comunismo não tabalha com seres humanos: ele trabalha com macacos retardados robóticos sem vontade própria.

Para entender melhor, suponha que as forças da direita e da esquerda cheguem a um acordo: fazendo uma grande concessão, o pessoal da direita aceita que todos abram mão de suas propriedades e as ofereçam a uma organização internacional que irá no prazo de um mês dividir tudo por todos igualmente. Além disso, toda a terra do mundo será dividida entre os bilhões de habitantes do planeta, sendo que os mais pobres receberão o dobro dos que eram mais ricos. Por outro lado, a esquerda promete que depois disso vai abrir mão de qualquer vagabundagem coitadista. Ou seja, nunca mais vai encher o saco da sociedade pedindo cotas, reforma agrária ou políticas de distribuição de renda.

Particularmente, se a esquerda prometesse cumprir sua parte do acordo, eu aceitaria. Por quê? Porque as pessoas são diferentes. Há pessoas que querem mais e pessoas que querem menos. Há pessoas trabalhadoras e pessoas preguiçosas. Há pessoas que atropelam os obstáculos e outras que se fazem de vítimas. Desse modo, em pouco tempo surgiriam novas diferenças. E isso não é ruim. Os esforçados buscariam novas formas de ganhar mais dinheiro. Os que são indolentes perderiam o que receberam tão facilmente. E logo a sociedade voltaria a assumir uma estrutura bem parecida com a que temos hoje, só que sem o choro coitadista da esquerda (se ela cumprisse a parte dela).

É por isso que o comunismo não é um sistema e nem é possível. Ele não é um sistema porque não é capaz de se sustentar, a menos que seja praticado por robôs humanóides programados para buscar sempre as mesmas coisas. Para funcionar, o comunismo precisaria de outro tipo de gente, sem liberdade e sem vontade de se diferenciar dos demais. Bem, apenas uma fé cega em algo estúpido faz com que a esquerda ainda ache tudo isso uma boa ideia. E de fato, a esperança de que esse comunismo seja um dia possível fez com que ela acabasse criando um sistema para impor à sociedade as transformações necessárias para alcançar aquela utopia: o socialismo.

Socialismo

Basicamente, o sistema socialista tem como objetivo a implantação do comunismo. Ele é uma forma de governo com o objetivo de parir uma sociedade sem classes, sem estados e sem diferenças. Só que as mentes comprometidas com esse projeto trabalham com a premissa de que os seres humanos ainda não são os robozinhos idiotas sem livre arbítrio que eles precisam (e nisso eles estão certos). Eles sabem que as pessoas são estranhas e não vão jogar suas liberdades no lixo por vontade própria. Então, eles inventaram uma agenda para forçar a igualdade entre as pessoas e transformá-las naqueles macacos robóticos e obedientes que são imprescindíveis para a formação de um comunismo. O objetivo dos socialistas e dos comunistas é o mesmo, mas o socialismo é um MEIO para alcançar o comunismo, o que é dizer que o comunismo é o FIM do socialismo. Então, quando ouvimos que o comunismo nunca foi implantado em nenhum lugar, é verdade. Em nenhum lugar do mundo se conseguiu substituir a população por macacos robóticos sem vontade própria. Por outro lado, quando alguém diz que o socialismo nunca existiu, é porque ele não sabe nem o que é socialismo, nem o que é política, nem o que é história. Uma das coisas que o mundo mais viu ao longo do século XX foi a implantação do socialismo em vários dos seus países.

Cuba, Coreia do Norte e Laos são exemplos de estados socialistas. Somália, Etiópia, Angola, Moçambique, Congo e boa parte dos países africanos tiveram governos socialistas em algum momento do século XX (e agora você sabe porque a África é uma porcaria). Do mesmo modo, a Síria, o Egito e o Iêmen foram socialistas durante décadas (e agora você também sabe porque o Oriente Médio é uma droga). Polônia, Rússia, Romênia, Bulgária, entre outros países do leste europeu também adotaram o socialismo por décadas (e é por isso que o leste europeu também é uma droga). Enfim, o socialismo foi implantado sim e fez estrago em todo lugar com gente estúpida o suficiente para testá-lo.

Note que o socialismo pode ser aplicado como sistema de governo mesmo em países que mantêm uma economia capitalista. Um país que possui as bases para manter um sistema capitalista não está livre de ser infectado por um governo socialista, que pouco a pouco tentará minar essas bases. De fato, todos os países socialistas que já existiram passaram por um processo de destruição dos fundamentos do capitalismo. **Assim, o que vai caracterizar o governo socialista é a extensão da adoção do programa socialista: a concentração de poder nas mãos do estado, a anulação legal do direito de propriedade e a regulamentação excessiva da atividade econômica.**

Preste atenção: em quase 100% das políticas socialistas, o governo tira dinheiro dos mais ricos para comprar mais poder político. O governo socialista dificilmente dá poder aos pobres. O mais comum é ele usar o recurso confiscado para se fortalecer. Ao mesmo tempo, ele busca ENFRAQUECER as bases do capitalismo (tirando direitos, liberdades e riquezas da sociedade) para criar uma população que PRECISA da sua ajuda para sobreviver. Quando os socialistas chegam ao poder, quase nunca é para resolver problemas reais da população: eles geralmente usam suas posições políticas para perpetuar a dependência do povo e solapar as bases do capitalismo.

Para visualizar melhor as diferenças entre os sistemas, imagine que um grupo de hippies se una para comprar uma grande fazenda e viver como socialistas dentro de uma sociedade capitalista. Eles não terão muitos problemas para realizar essa fantasia masoquista. Entretanto, É IMPOSSÍVEL acontecer o contrário em um socialismo: um grupo de pessoas não consegue simular um capitalismo em um regime socialista. No capitalismo, você sempre pode chamar seus amigos para viver como socialistas, desde que paguem seus impostos e não cometam crimes. Por outro lado, em nenhum socialismo é permitido simular uma sociedade capitalista. Em nenhum país socialista você teria o direito de se isolar com seus amigos em uma casa e poder chamar de seu o fruto do seu trabalho.

Outra questão importante para entender o socialismo é saber que ele é um sistema político que busca estabelecer um sistema econômico próprio. A parte política é bem coerente e até elegante: um governo cuja função é se tornar cada vez mais poderoso tende a se tornar cada vez mais poderoso. Por outro lado, a parte econômica mal chega a ser um sistema de fato. Uma economia socialista não cresce, não inova, não prospera, não faz nada que preste. Até os avanços tecnológicos alcançados na União Soviética ocorreram, não por consequência de um dinamismo próprio, mas por diretrizes do governo e massivos gastos com espionagem. **O sistema econômico socialista não se sustenta: ele nem foi teorizado para isso. Ele mal pode ser chamado de *"sistema"*. E é exatamente por isso que todos os socialismos fracassam.**

Desse modo, pode-se dizer que o socialismo tenta implantar um sistema econômico fracassado em sua concepção. Simples assim. Os regimes políticos tradicionalmente adotados por países capitalistas conseguem ser estáveis porque são sustentados por um sistema econômico funcional. Quando eles adotam um regime socialista, passam a trabalhar na construção de um sistema econômico que é INCAPAZ DE SE SUSTENTAR. E é por isso o socialismo sempre, SEMPRE, em 100% dos casos, todas as vezes, FRACASSA. Isso não significa que eles vão parar de tentar. A mentalidade de esquerda está sempre produzindo pessoas que acreditam que *"a próxima experiência socialista vai funcionar"*.

Enfim, é essa mentalidade voltada para o poder e a igualdade que faz com que a esquerda seja a matéria-prima dos movimentos socialistas e comunistas. Ela também ajuda a explicar aparentes contradições entre o discurso e a atuação dos grupos de esquerda. A esquerda diz, por exemplo, que a sociedade é homofóbica e misógina, mas não tem nenhum interesse em armar mulheres e gays para que possam se proteger melhor. Ela chama seus inimigos de nazistas, mas sempre se aliou aos inimigos dos judeus e detesta o estado de Israel. Ela diz que quer melhorar o transporte público, mas seus protestos envolvem a destruição de ônibus, a obstrução de estradas e o travamento de vias públicas. Ela luta contra o cigarro, mas busca legalizar drogas piores.

O que ocorre é que tudo que a esquerda faz e defende está relacionado com sua busca pelo poder para conquistar a sociedade perfeita. Ela não pretende ajudar os grupos que diz defender para torná-los mais fortes e independentes: ela sempre busca fortalecer e garantir o controle sobre aqueles que ela promete ajuda. Por isso que ela prega, por exemplo, cotas para negros, mas nunca vai lutar para que negros tenham descontos no imposto de renda. A mentalidade de esquerda faz com que seus membros não vejam essas contradições. Ou então, que não liguem para elas, uma vez que creem que estão em uma cruzada pela igualdade social.

1.3. Conclusão

A intenção deste capítulo foi apresentar os conceitos básicos de direita e esquerda, para que fique mais fácil a compreensão dos próximos capítulos. Contudo, as mensagens mais importantes aos nossos propósitos são:

Direita é vida, liberdade e propriedade. Esquerda é poder e igualdade: a principal informação que você deve guardar é que a direita é a manifestação política daqueles que vivem sob os princípios da vida, da liberdade e da propriedade. Ou seja, é a realização social de uma sociedade que valoriza a vida por meio do respeito à sua liberdade para usar a propriedade. Já a esquerda é a manifestação política daqueles que vivem pautados pelos princípios do poder e da igualdade. Em outras palavras: a esquerda busca poder para impor a igualdade em um mundo formado por pessoas diferentes. Por isso, é comum que as pessoas de direita busquem o livre mercado, enquanto as de esquerda procuram fortalecer o governo para controlar o mercado, geralmente temendo que *"alguma empresa se torne forte demais"*. **O problema prático do raciocínio é que as empresas mais poderosas não conseguiriam forçar ninguém a comprar seus produtos sem ter a ajuda do menor dos estados para dar um verniz de *"legalidade"* à imposição, mas o menor dos estados não precisa de nenhuma empresa para fazer o mesmo. Uma empresa, por mais forte que seja, não pode forçar você a nada sem a ajuda do estado.**

Capitalismo é bom. Capitalismo com livre mercado é melhor: o capitalismo é um sistema que PRECISA de pessoas (vidas) capazes de tomar decisões (liberdade) para produzir e trocar coisas (propriedade). O sistema capitalista MANTÉM de uma forma bem estruturada a busca pela manutenção dos principais valores da direita. Entretanto, ele possui graus de liberdade, de modo que o melhor dos mundos ocorre quando temos um capitalismo de livre mercado. O diferencial do capitalismo sobre os demais sistemas é que ele é capaz de GERAR VALOR EM ABUNDÂNCIA. Quanto mais livre uma sociedade, mais ela tem incentivos para que seus cidadãos PRODUZAM e CRIEM coisas novas, enriquecendo a sociedade como um todo. O mercado segue uma lógica de CRIAR valor, não de DISTRIBUIR valor. Os empresários poderiam vender tudo que têm e distribuir aos seus funcionários que o aumento na renda deles seria apenas momentâneo. Um aumento duradouro de renda só acontece quando as empresas conseguem criar mais e vender mais no longo prazo, não quando o estado rouba o que já foi produzido e distribue por todos. **Ou seja: distribuição de bens não CRIA riqueza. Se os trabalhadores querem salários mais altos, é bom que torçam para que as empresas onde trabalham prosperem e cresçam. Só quando a empresa consegue produzir mais valor POR MÊS, os salários podem receber aquele valor a mais TODOS OS MESES.**

Socialismo é um sistema que busca alcançar o comunismo. Ele é um SISTEMA que impõe limites RADICAIS à sua liberdade: o socialismo é um SISTEMA cuja função principal é TIRAR A SUA LIBERDADE. Lembre-se do exemplo onde a direita e a esquerda chegam a um acordo e marcam um dia onde todas as propriedades do mundo serão divididas igualmente entre todas as pessoas, de modo que no dia seguinte a esquerda não poderá mais reclamar de desigualdades ou pedir distribuição das rendas. Como há pessoas que gostam de trabalhar mais e outras que não querem nem saber da vida, em poucos meses alguns estarão ricos novamente e outros voltarão ao estado de miséria original. Os socialistas SABEM disso e por isso buscam impor um sistema de controle CONSTANTE que EQUALIZE a vida dos cidadãos que tentam sair desse cativeiro de mentes. **Por isso, todo projeto de esquerda envolve a imposição de limites RADICAIS às nossas liberdades. Eles buscam controlar o nosso trabalho, a nossa capacidade de nos defender, a nossa educação, o nosso salário e até as nossas crenças. E eles fazem isso buscando a imposição de valores irreconciliáveis com a natureza humana, eliminando todos que não são capazes de FINGIR que os assimilaram.**

Os demais capítulos irão reforçar esses conhecimentos e ainda apresentar as bases para que todos compreendam duas realidades:

O esquerdismo se manifesta como uma religião do mal: veremos no quarto capítulo que a mentalidade de esquerda adota o socialismo como uma religião com suas doutrinas e dogmas. O primeiro dogma é a guerra de classes (ira), que instiga as pessoas a serem inimigas umas das outras pelos motivos mais idiotas que podemos imaginar. O segundo dogma é a busca por uma ditadura do proletariado (gula), que faz com que todo esquerdista busque fortalecer o estado para receber cada vez mais coisas. O terceiro dogma é a adoção de um fim utópico para justificar a ação tirânica daquela ditadura do proletariado (orgulho). O quarto envolve a adoção do princípio da emancipação social, que seria uma visão de mundo onde ninguém tem mais do que ninguém (inveja). O quinto envolve a destruição do conceito de propriedade, eliminando e confiscando toda a propriedade que as pessoas podem ter (cobiça). O sexto é a destruição do conceito de trabalho (preguiça), forçando todos a trabalharem pelas migalhas que a mão invisível comunista jogar para eles. E o último é a eliminação da moralidade judaico-cristã (luxúria). **Ou seja, o esquerdismo é uma religião do mal porque é ancorada em dogmas que representam os sete pecados capitais.**

Estamos em uma guerra ideológica que se manifesta de formas diferentes em cada sociedade: enfim, a partir do quinto capítulo veremos como estamos em uma guerra ideológica onde a sua opinião, a sua mente e a sua alma estão sob ataque. E é importantíssimo que você conheça os meios para se defender dos esquemas subversivos criados para conquistar você. O primeiro passo para vencer uma guerra, ou pelo menos para não morrer sem saber o motivo, é saber que ela existe e que você e as pessoas que você ama estão sob ataque. Muita gente ainda acha que está vivendo em um mundo onde os socialistas só tomaram o poder na Venezuela por acaso. Muitos ainda pensam que a fundação de grupos guerrilheiros comunistas em vários países ao mesmo tempo foi mera coincidência, sem nada a ver com uma agenda de subversão mundial. Veremos mais adiante como tornar mais fácil a visualização desse conflito e o que fazer para não ser uma vítima dele. Mas antes, vamos conhecer os demais conceitos relacionados à política importantes para a compreensão de tudo isso.

2. Conceitos Fundamentais para a Política

Quais são os seus valores? Qual é o seu código moral? Qual a sua relação com o seu código moral? Você se considera uma pessoa moralista? Tente lembrar de quantas vezes você ouviu as pessoas condenando um certo *"moralismo"*. Essas pessoas eram de direita ou de esquerda? Essas pessoas eram socialistas ou capitalistas? Você sabe o que é moralidade? Há uma diferença entre a moralidade de um marxista e a de um cristão? De onde vem a cultura judaico-cristã? Neste capítulo, vamos falar sobre moralidade e como pode haver mais de um tipo de código moral. Também vamos falar sobre valores e ver a relação deles com a política e com o estado, além de apresentar as principais formas de governo que surgiram ao longo da história.

2.1. Sobre Valores, Moralidade e Ideologias

Bem, toda essa conversa em torno dos valores é importante porque são eles que determinam as ideologias que uma pessoa está propensa a abraçar ou rejeitar. E essas ideologias acabam influenciando as ideias e ações dessa pessoa. **Ou seja, valores determinam ideologias e ideologias determinam opiniões e comportamentos**.

Esse modelo de direita e esquerda baseado em valores permite prever com certa precisão a manifestação política dessas mentalidades. Então, vamos começar definindo o que são valores. Quando digo de valor, não estou falando de preço, dinheiro ou coisa do tipo. **Valores são as premissas que as pessoas têm em suas vidas que não estão sujeitas a trocas ou negociações.** Muitas vezes o sujeito nem sabe porque adotou algo como valor, mas vai defendê-lo com sua vida.

Exemplos comuns de valores são: a proteção da vida, a defesa da propriedade, a vontade de liberdade, a busca pela igualdade, o respeito à família, o respeito às leis, a adequação ao sexo biológico, a necessidade por controle. É importante que você tenha consciência de que é NORMAL não saber de onde vêm esses valores. Não é bom, mas a maior parte das pessoas não pensa, por exemplo, por que defende a propriedade ou porque acha que a vida é importante. Elas simplesmente se aferram a esses valores sem questionar.

Podemos classificar os valores em três grupos. **O primeiro está relacionado como a forma como a pessoa quer se projetar no mundo (valores de comportamento).** Nesse primeiro grupo estão os recalques que fazem as pessoas adequarem as suas ações à forma como querem que as outras pessoas as vejam. As pessoas podem querer se projetar como meigas ou rústicas, sociáveis ou reservadas, elegantes ou práticas. Assim, nesse primeiro grupo estão aqueles valores relacionados ao modo como a pessoa se enxerga ou como ela quer se apresentar às outras pessoas.

No segundo grupo estão aqueles valores que servem como princípios de transformação do mundo e de realização pessoal (valores de objetivos). Nesse grupo estão os grandes desejos e fantasias, sejam os sexuais, sejam os utópicos e sociais. Nele estão os determinantes que guiam os objetivos das pessoas, como a busca pelo poder, a conquista de uma posição importante ou a realização de uma fantasia sexual, bem como a busca por salvação espiritual ou a obsessão por uma utopia específica. **Portanto, nesse segundo grupo ficam aqueles valores que determinam os objetivos intermediários e finais.**

E há um terceiro grupo com os valores que dizem às pessoas os limites que elas devem obedecer na relação com as demais (valores de relacionamento). É nesse terceiro grupo que estão aqueles valores que nos fazem reconhecer limites na interação com os nossos próximos, como o respeito à vida, à liberdade e à propriedade. O respeito à igualdade e à autoridade estabelecida também se encontram nesse grupo. **Assim, podemos chamar esses valores de nobres, porque envolvem algum sacrifício da nossa parte na interação com o mundo.**

Os valores de comportamento PODEM direcionar alguém a uma mentalidade mais à direita ou mais à esquerda, mas são menos determinantes nesse sentido. Os valores de objetivo são mais importantes no direcionamento político das pessoas, porque determinam os seus grandes objetivos e isso sempre tem um impacto na vontade de transformar o meio. E os valores de relacionamento são ainda mais importantes, porque vão além dos objetivos e passam a determinar a FORMA de atuar e viver em sociedade. Por isso é importante conhecer os valores de alguém para entender a forma como ele irá se manifestar politicamente.

O fato é que as pessoas adotam ou escolhem um certo rol de valores para construir seu código moral. **Moralidade ou código moral é o conjunto de valores adotado por alguém para interagir com o mundo (com as outras pessoas ou grupos de pessoas).** O importante quando falamos de moralidade é a consciência da existência das outras pessoas e a expectativa de interação com elas. Assim, nosso padrão moral irá se manifestar socialmente por meio de nossas ações, comportamentos e opiniões. **Contudo, é comum que esse caminho que começa no código moral e termina nas ações e opiniões adotadas por alguém passe por um intermediário: a ideologia.**

Basicamente, a ideologia é um conjunto de princípios racionalizados a partir de um núcleo de premissas principais. A ideologia costuma organizar um certo número de valores em um conjunto de princípios básicos que buscam justificar um comportamento ou realizar um objetivo maior. Na prática, ela serve como um filtro que racionaliza e orienta o código moral de um grupo ou de alguém em uma direção específica.

Desse modo, o caminho mais comum entre a adoção de um valor e sua manifestação começa com sua presença em um código moral, passa por sua racionalização como ideologia e só no final aparece como ação, comportamento ou opinião. **Assim, podemos explicar a importância dos valores em sua manifestação política porque: valores determinam ideologias, e ideologias determinam ações e opiniões.** Com isso, quero dizer que raramente as pessoas escolhem do nada o que estão defendendo.

Ao receber uma ideia ou opinião, as pessoas julgam se aquilo faz parte ou não da visão de mundo delas (que depende da moralidade e da ideologia que elas seguem). Raramente alguém adota uma posição que não tem absolutamente nada a ver com sua ideologia ou seu código moral. Um libertário não vai pregar estatização. Um socialista não vai defender a privatização. Um armamentista não será contra a caça. Um vegano não vai comer carne. Um cristão não vai defender o aborto. **Isso tudo porque valores determinam ideologias, e ideologias determinam comportamentos e opiniões.**

Uma coisa que facilita o nosso trabalho é que normalmente as pessoas constroem seus códigos morais sobre cinco valores principais, que são a busca pelo poder, a vontade por igualdade e o respeito pela propriedade, pela liberdade e pela vida. Isso porque todos nos deparamos com dilemas e situações que nos forçam a internalizar esses valores ao longo do nosso crescimento. Nós nascemos equipados com a capacidade de reconhecer e assimilar esses valores, mas são as inclinações e experiências particulares que irão determinar o relacionamento de cada pessoa com eles.

Basicamente, nosso amadurecimento passa por um processo que nos apresenta esses cinco valores na seguinte sequência: a busca pelo poder, a vontade por igualdade e o conhecimento e assimilação (ou não) do respeito à propriedade, à liberdade e à vida. Os dois primeiros valores são apresentados na infância e estão relacionados à dinâmica dos nossos primeiros anos de vida, quando somos dependentes e fracos. Uns conseguem se livrar deles mais cedo. Outros os mantêm no centro do seu padrão moral durante toda a vida. Já os três últimos só aparecem depois e estão ligados à sofisticação dos relacionamentos que experimentamos. Vamos ver porque eles aparecem na sequência mencionada.

Poder: o primeiro valor que internalizamos é o da busca pelo poder, que é a vontade de ter o controle da situação e conseguir o que queremos. A criança nasce fraca e indefesa. Ela não faz ideia de onde está e tudo que consegue fazer é chorar e gemer, seja para conseguir mamar, seja porque está com cólica, seja para trocarem suas fraldas. **Assim, as crianças assimilam instintivamente a necessidade de ter poder, que é justamente a disposição de fazer qualquer coisa para controlar o meio e conseguir o que se quer.** Com o passar dos anos, elas aprendem novas formas de controlar o meio. Note que fazer manha, mentir, fazer birra, chamar a atenção, tudo isso acusa a disposição delas para exercer o seu poder sobre o meio. E é perfeitamente normal que isso aconteça, já que elas dependem de seus pais e ainda estão aprendendo a viver. O problema é quando essa criança cresce e continua achando que deve controlar os outros custe o que custar. Quando o adulto acha normal chorar, manipular, mentir ou gritar para ter algum tipo de controle sobre o meio, é sinal de que ele não abandonou o poder em seu sistema de valores.

Igualdade: é o segundo princípio que aprendemos. De duas formas as crianças aprendem a ter vontade por igualdade. A primeira delas é por negação, pela vontade de ter um poder que elas não estão preparadas para ter, como o poder de um pai, de uma mãe ou de um adulto. Quando os pais não fazem o que a criança quer (muitas vezes com razão), ela passa a se questionar por que não pode ter o mesmo poder que eles. Vendo que suas birras, manhas e choros não são capazes de dobrar seus pais às suas vontades, a criança compensa a frustração nutrindo uma vontade de ter direitos iguais aos deles. A segunda forma de assimilação da igualdade é por comparação. Ela ocorre quando a criança vê alguma figura de autoridade tratar melhor um irmão, uma irmã, um primo ou um colega. Assim, ela passa a querer receber o mesmo tratamento que o seu irmão recém-nascido, que sua irmã mais obediente ou que o seu primo mais velho. **De uma forma ou de outra (por negação ou comparação), essas situações produzem um sentimento de frustração que faz com que elas procurem uma igualdade idealizada**.

Propriedade: nós já nascemos com o instinto de *"ter"* e de *"possuir"* coisas. Quando damos algo legal a uma criança, ela instintivamente toma aquilo como dela. Mas ela só se torna capaz de assimilar o valor da propriedade quando começa a falar e a interagir com as outras crianças. Eu faço parte do seleto grupo de pessoas que lembram quando começaram a entender o que é propriedade (e que a propriedade coletiva é um péssimo negócio). Quando eu tinha uns 9 anos e meu irmão tinha 6, no final da década de 1980, os brinquedos não eram tão baratos como hoje. Eu lembro que meu irmão tinha três bonecos que eu gostava, mas que ele nem sempre me emprestava: o Storm Shadow dos Comandos em Ação, o Mumm-Rá dos ThunderCats e o Esqueleto do He-Man. Ele tinha outros brinquedos legais, de modo que eu acabei tendo uma ideia genial: como eu também tinha alguns brinquedos legais, eu propus a ele que tivéssemos todos eles em comum.

Me lembro até da forma como eu vendi a ideia: *"Todo que é meu é seu e tudo que é seu é meu"*, falando dos benefícios de poder brincar com todos os brinquedos sem precisar ficar pedindo ao outro. Ele aceitou e começamos o experimento. No primeiro dia, eu acordei mais cedo e brinquei com todos os bonecos que eu mais gostava. Ele não podia reclamar, já que ele podia brincar com todos os outros que eu não estava usando. No segundo dia, eu acordei mais cedo e fiz a mesma coisa. Foram dois ótimos dias. No terceiro dia, eu acordei mais cedo, mas advinha quem tinha acordado AINDA MAIS CEDO? Sim, meu irmão. No quarto dia foi a mesma coisa e aquilo me perturbou. Então eu tive uma segunda ideia genial: naquela noite, eu sorrateiramente *"reservei"* (escondi) os bonecos que eu mais gostava para brincar na manhã seguinte.

O que aconteceu logo depois foi que meu irmão, sempre muito inteligente, aprendeu o meu esquema e passou a usá-lo contra mim. Quando eu fui *"reservar"* (esconder) os meus brinquedos preferidos naquela noite, eles não estavam lá. Foi quando eu percebi que PROPRIEDADE COMUM É UMA DROGA. Então, depois de algum tempo de sabotagens e artimanhas, desfizemos o acordo e voltamos a possuir nossos brinquedos nos termos anteriores. Mas a experiência serviu para a gente saber melhor quais brinquedos eram preferidos pelo outro, de modo que passamos a resolver o problema da escassez com uma coisa chamada TROCA. Passamos a trocar bonecos, bases e aeronaves de acordo com a cotação, que era o nosso conhecimento do quanto o outro gostava de cada um deles. Então, eu posso dizer que entendi o que era propriedade com as interações com meu irmão.

Liberdade: assimilamos o valor da liberdade logo depois que aprendemos o valor da propriedade. Com a aceitação do princípio da propriedade pelos demais, acabamos aceitando a legitimidade da troca e aprendemos que as pessoas têm preferências e inclinações diferentes das nossas. Mas há outro processo pelo qual passamos mais ou menos nessa época que nos ensina o valor da liberdade: a adolescência e a consequente busca por independência. Na verdade, a vontade de ser livre aparece bem cedo na nossa infância, sempre que queremos fazer alguma coisa e nossos pais não deixam. Mas é só na adolescência que as pessoas costumam se sentir preparadas para sair de casa e pagar o preço de ser livre. Além disso, a intensificação das relações com outras pessoas nos coloca em contato com uma diversidade de experiências e comportamentos diferentes, de modo que intuitivamente conseguimos apreciar o valor da diferença e da liberdade de cada um para perseguir os seus próprios desejos. E na adolescência, mais do que na infância, estamos preparados para refletir sobre essas coisas e racionalizá-las, dando origem ao respeito à liberdade.

Vida: respeito à vida não é o mesmo que o instinto de autopreservação. Nós já nascemos propensos à nos autopreservar, mas só passamos a dar o devido valor à vida em nossa juventude. **A criança aprende o valor da vida primeiro projetando o seu instinto de autopreservação (não querer morrer) nos seus pais, dos quais ela depende. Depois, o valor é melhorado quando ela cresce e o projeta nos seus irmãos e pessoas queridas, das quais ela não depende. Enfim, ela o consolida quando passa a respeitar o direito à vida das outras pessoas, até de quem ela não gosta.** Assim, é normal que o respeito à vida nasça no seio da família, mas mesmo quem não teve a sorte de nascer em uma família bem estruturada, acaba tendo a oportunidade de assimilá-lo quando forma a sua. Portanto, a assimilação do valor da vida é um dos estágios mais nobres do desenvolvimento do indivíduo. Mas como veremos ao longo do livro, muita gente acaba se adequando ao relacionamento não violento com as outras pessoas por uma questão de utilidade, e não por um respeito particular às vidas delas.

2.2. O Indivíduo

O indivíduo. Quem é? O que come? Como ele vive? Para falar de política de uma forma menos desastrosa, é importante ter pelo menos uma noção de quem são os agentes que formam qualquer grupo (voluntário ou não) de pessoas. As perguntas mais importantes em relação aos indivíduos são: quais são suas necessidades e como eles tomam as decisões? Essas perguntas não são tão difíceis de serem respondidas, principalmente se refletirmos como nós mesmos responderíamos. Digo, podemos entender mais sobre o que as outras pessoas precisam e como elas pensam se nos colocarmos no lugar delas ou projetarmos as nossas necessidades e pensamentos nelas (levando em consideração diferenças de sexo, idade e cultura, claro). **Assim, evitaremos cometer aqueles dois erros tão comuns em grupos de esquerda que consistem em considerar o próximo como um alienígena louco que quer matar todo mundo só porque ele tem posições diferentes das deles, e de considerar como próximo o alienígena louco que quer matar todo mundo só porque ele tem as mesmas opiniões.**

Então, primeiramente vamos listar as necessidades mais gerais que afetam todo indivíduo. **Não deve ser um problema para ninguém afirmar, reconhecendo raríssimas exceções, que todo mundo busca cinco coisas em seu processo de sobrevivência: água, comida, companhia, proteção e estabilidade.** Dependendo da evolução da civilização e da tecnologia disponível, podem aparecer outras necessidades, mas as mais básicas são essas. Todo indivíduo tem essas cinco necessidades e irá primeiro buscar satisfazê-las antes de correr atrás de qualquer outra coisa (como conforto e lazer). Só depois de atender essas necessidades, os homens se dão ao luxo de desenvolver atividades mais lúdicas e se dedicar ao conforto e à civilização. A história mostra que os homens só passaram se organizar em grupos maiores e mais civilizados depois que essas cinco necessidades estavam mais ou menos garantidas. E quando uma delas não existia ou sumia, mesmo grandes civilizações não resistiram e sucumbiram (como aconteceu com os maias, os romanos, os egípcios e tantas outras).

Água: todo ser humano precisa de água para sobreviver. Todas as civilizações antigas se preocuparam com a estabilidade do seu fornecimento. Os romanos conseguiram expandir os limites de suas cidades construindo aquedutos invocados que traziam água em abundância para seus moradores. No Peru, foram encontrados aquedutos construídos há mais de dois mil anos que serviam para abastecer grandes povoados. Jerusalém já tinha suas cisternas e poços de água séculos antes de Jesus passar por lá. Portanto, o acesso à água é essencial para qualquer povoado que queira durar mais que algumas semanas. E tem algo interessante sobre a água que parece que poucos sabem: ELA NÃO SOME. **Você pode beber toda a água do mundo que ela não vai sumir, sabia? Ela vai sair de você (pelos métodos que você já conhece) e retornará ao seu ciclo natural. Ou seja, aquela história de que a água do mundo vai acabar é puro papo-furado.**

Comida: além da água, todos precisam comer para sobreviver. Os primeiros passos na direção da civilização também passam pelo atendimento das necessidades calóricas dos seres humanos. Originalmente, o homem conseguia comida colhendo de plantas, caçando ou pescando. Depois, passou a desenvolver hortas, pomares e a domesticar animais. Em seguida, criou a irrigação, a pecuária organizada e a troca para conseguir suprir a demanda por comida. **E note que até o modo de garantir essa oferta de calorias foi um motor no desenvolvimento das sociedades mais avançadas.**

Companhia: o século XX parece ter transformado a formação de uma família em uma necessidade secundária em muitos lugares, de modo que cada vez mais vemos adultos vivendo sozinhos ou sem nenhum interesse de se relacionar com alguém (do sexo oposto ou não). Mas não é por isso que a humanidade deixou a busca pela companhia de lado. O que aconteceu foi que a satisfação sexual se tornou tão fácil (em algumas partes do mundo) que muitos deixaram de buscar uma companhia fixa e passaram a procurar companhias variáveis. Contudo, ainda há muita gente que coloca a formação de uma família como prioridade. **A busca por companhia continua sendo uma das necessidades básicas dos seres humanos, ancorada no instinto de reprodução. Ela nem sempre resulta na formação de famílias (infelizmente), mas as pessoas continuam tentando sobreviver não só para viver mais um dia, mas para se reproduzir e passar seus genes adiante.**

Proteção: o instinto de autopreservação faz com que as pessoas busquem se proteger das ameaças que podem afetar as suas vidas. Foi a busca por proteção que fez os homens criarem roupas, armas e suas primeiras moradias, seja em cavernas ou construindo cabanas simples. Ela também motiva os grupos conhecidos a entrar em contato entre si para estabilizar suas relações, de modo que ninguém se machuque no caso de um mal-entendido. De um jeito ou de outro, as pessoas buscam formas de se proteger daquilo que as preocupam (principalmente da escassez dessas demandas primárias). **Naturalmente, elas têm uma forte propensão a buscar segurança e uma forte aversão ao risco. Isso tanto mais quanto menos abundantes são os recursos e as informações.**

Estabilidade: esqueça tudo que você já ouviu sobre o quanto as pessoas não gostam de rotinas. Os seres humanos ADORAM rotinas e estabilidade. Eles procuram estabilidade pelos mesmos motivos com que buscam proteção: para garantir a sobrevivência. Você deve conhecer alguém que diz detestar rotinas e que foge delas, não conhece? Pois tenha certeza que essas mesmas pessoas encontram felicidade justamente em rotinas simples, como o ritual de tomar um bom café-da-manhã ou conversar à tardinha com alguém querido. As pessoas almejam um emprego estável, elas não gostam quando falta água e nem se empolgam quando são obrigadas a racionar algum recurso. Elas querem ter certeza de que terão os meios para conseguir água e comida, e de garantir proteção para elas e suas famílias, no dia seguinte e em todos os dias depois dele. **Essa é uma das necessidades mais formidáveis que vieram em nosso software, porque é justamente essa busca por estabilidade que nos faz pensar em novas formas de garantir o acesso ao que nos é necessário. Ou seja, essa busca por estabilidade é a principal engrenagem do desenvolvimento tecnológico.**

Essas são as demandas principais de todos os indivíduos. Elas derivam do instinto humano e determinam os nossos impulsos e inclunações mais comuns. **Portanto, o indivíduo é alguém como você, com desejos parecidos e funcionamento similar. O processo usado por ele para tomar uma decisão é parecido com o seu, levando em conta os valores e ideias que ele assimilou ao longo da vida dele.** Ele também bebe água e come comida. Ele também quer companhia, proteção e estabilidade. Do mesmo modo que você, ele quer ter controle sobre o próprio destino, busca igualdade com os seus pares, quer ter coisas legais e fazer o que lhe parecer melhor. E, acima de tudo, ele quer sobreviver nesse mundo de recursos escassos, incertezas e acidentes, assim como você.

2.3. Sobre o Governo e a Política

Agora que sabemos o que é o indivíduo, podemos falar sobre o governo. As duas perguntas que devemos responder são: o que é o governo e o que o legitima? **Primeiramente, entenda que governo é a organização que conduz um grupo de indivíduos (que podem formar um estado, uma cidade ou uma empresa) no que diz respeito ao que pode afetá-los mutuamente. E o modo como as pessoas podem se conduzir nesse governo é a política. Portanto, política é o conjunto de relações que resultam nas ações desse governo (o termo vem de polis, que era onde** os gregos se organizavam e tomavam as decisões que afetavam a todos).

Em outras palavras, política é o conjunto de regras que existem para o governo de uma região geográfica habitada por um grupo específico. Quando existe a necessidade de governar um espaço geográfico, as formas usadas para tomar as decisões estão na política. **Então, de modo inverso, governo é a aplicação do que é decidido a partir da política. Governo e política são ditados pela cultura moral das sociedades: se a moralidade permite que pessoas sejam mortas por um *"bem maior"*, ou que suas liberdades sejam diminuídas, a política e o governo irão possuir formas para fazer isso. Mas se o código moral diz que a vida e a liberdade dos cidadãos devem ser respeitadas, a política e o governo terão meios de protegê-las.**

Por exemplo, se o governo da Bananalândia tem poder para proibir restaurantes de expor seus clientes àquele mineral venenoso chamado sal, é porque a política tem meios para isso e ela está respaldada pela moralidade de quem tem poder para decidir. Se o governo pode punir os cidadãos que estão com o farol do carro desligado num belo dia de sol, é porque os políticos estão atuando numa realidade onde é socialmente aceitável fazer esse tipo de coisa. Se o estado pode proibir os pais de uma criança doente de buscar tratamento em outros países, condenando-os ao desligamento dos aparelhos que a mantém viva, é porque as coisas já saíram do eixo faz tempo.

Ou seja, é inevitável que o padrão moral de uma sociedade respalde a forma de fazer política e o poder que o governo tem de agir sobre o espaço geográfico sob sua influência. Então, preste atenção: quando falamos de governo, estamos falando da imposição de uma moralidade em uma cidade ou estado. ISSO É INEVITÁVEL. Note que o conflito é inevitável quando há um choque de padrões morais: se o governo atua no sentido de proteger a propriedade privada, isso vai contrariar aqueles que querem ver a destruição da propriedade privada (esquerda e socialistas). Se o governo força uma política de aborto, isso contraria aqueles que têm a defesa da vida como um valor (direita e conservadores).

Portanto, relaxe: muitos esquerdosos vão choramingar porque queremos proteger a propriedade deles e garantir a liberdade do povo. O choro ainda é livre. Mas ao mesmo tempo nós à direita continuaremos reclamando quando somos obrigados a nos desfazer de parcelas de nossas liberdades e propriedades. A ação governamental sempre vai ser controversa. Mas se o governo sempre vai contrariar o interesse de alguém, que parâmetros podemos usar para julgar qual é a situação mais justa? O que justifica a possibilidade de uma determinada ação do governo?

Veja, as políticas de direita geralmente buscam a defesa da vida, da propriedade e da liberdade, até dos que não respeitam nada disso (desde que se comportem). Numa sociedade capitalista livre, os cidadãos socialistas sempre podem juntar dinheiro, comprar uma fazenda e viver em comunhão total dos bens (deles), desde que não pensem que toda a propriedade é coletiva e que imponham seu modo de vida aos demais. Já as políticas de esquerda geralmente não permitem que você reserve para si algo que as autoridades julgam que deve ser compartilhado. Elas dizem que querem desarmar os bandidos, mas acabam desarmando você. Elas dizem que querem preservar o meio ambiente, mas é você que se vê proibido de cortar suas árvores e de receber sacolas plásticas de graça no mercado.

Diante dessa realidade, qual situação é mais justa na sua opinião? Responda sinceramente: qual situação parece atender melhor ao princípio de justiça? Uma em que a pessoa está livre para seguir sua felicidade, mesmo que seja numa estupidez comunista em uma fazenda no meio da floresta, ou uma em que o cidadão tem suas liberdades e bens à disposição das autoridades? Bem, as piores tiranias da história não resistiram às forças de um povo cansado de ver suas liberdades e vidas sendo tiradas. A história do mundo mostra que os governos mais autoritários sofrem uma crescente oposição do povo, que acaba se revoltando e buscando formas melhores de sobreviver. Nem sempre o povo sabe para onde quer ir quando isso acontece, mas ele sempre sabe que algo muito errado está acontecendo e busca manter o controle sobre o próprio destino.

Por outro lado, algumas das melhores civilizações que surgiram na terra não resistiram à pressão de uma parcela do povo que parece querer se acomodar e deixar que o governo mande na sua vida. Aparentemente, Alemanha e a França têm um problema crônico com isso. Vemos que parcelas da população de alguns países passam a flertar com a entrega de seus poderes quanto mais confortáveis as coisas ficam. O fato é que existem duas visões de mundo em jogo: uma com a ideia de que a manutenção das liberdades deve ser mantida apesar das consequências negativas das decisões que algumas pessoas tomam e outra com a ideia de que a busca por um mundo perfeito justifica a agressão contra as liberdades do povo. Cada uma dessas visões tem seu próprio critério de justiça, o que pode dificultar alcançar uma resposta sobre qual política é mais justa e qual não deveria nem ser contemplada.

Entretanto, quando refletimos sobre as origens e funções do governo, podemos chegar à conclusão de que o governo moralmente legítimo é aquele que vai respeitar a vida, a liberdade e a propriedade dos seus cidadãos. Uma questão que facilita essa resposta é a seguinte: em quantos cenários um governo que busca dar liberdade a um escravo (inclusive para escolher ser escravo) é moralmente equivalente a um governo que busca impor a escravidão a um homem livre (que não poderá escolher ser livre)? Ou mesmo, um governo que impõe a liberdade aos servos, mesmo que seja para servirem quem bem entenderem, é tão justo quanto um governo que impõe uma servidão obrigatória aos livres, que não terão a opção de se fazerem livres a não ser pela força e pela violência?

Outra questão importante é saber o que ou quem legitima um governo. Um governo legitimado pela FORÇA de uma pessoa ou de um grupo, pode fazer qualquer coisa que seus governantes quiserem. A maioria dos governos da antiguidade era sustentada no PODER de uma aristocracia que dominava conforme os seus interesses. Da mesma forma, todos os países que aderiram ao socialismo se mantiveram sobre a FORÇA de um partido que simplesmente eliminava qualquer um que se opusesse a ele. Assim, esse tipo de governo só pode se dizer legítimo para aqueles que o mantém.

Por outro lado, um governo pode ser legitimado pelo POVO, que aceitará ser governado desde que aquele governo atue dentro de certas condições MORAIS. Caso o governo passe a atuar fora dessas regras pré-estabelecidas, o POVO passa a considerá-lo ilegítimo e tem a autoridade MORAL para desfazê-lo e estabelecer um novo. **Nesse sentido, quanto menos esse governo tiver o poder de afetar aquelas pessoas que não concordam com suas ações, menos a questão da legitimidade será importante, porque os impactos da existência desse governo nas vidas delas seriam mínimos.**

Ou seja, quanto mais um governo interfere nas vontades e decisões daqueles sob a sua autoridade, mais ele vai ter que se amparar na FORÇA para garantir sua manutenção e menor será o número de pessoas que aceitará sua legitimidade. E quanto menos um governo tem a capacidade de incomodar as pessoas que vivem sob seu domínio, menos a questão da legitimidade será importante, porque as pessoas que podem ser afetadas estarão de acordo e aquelas que não podem ser afetadas não vão nem ligar.

Para entender o que quero dizer, suponha que o mundo acabou e começou novamente com sua família e mais as famílias de cinco amigos, que ficaram em uma ilha com espaço limitado e que vão acabar se esbarrando com o tempo. Quais são as necessidades que surgem para a criação de um governo? Com cada um em seus espaços, não existe a necessidade de proibir o corte de árvores. Mas pode haver a necessidade de deixar claro que cada um terá autoridade sobre suas próprias árvores, que poderão ser cortadas para construir novas casas e se aquecer no inverno. Não existe uma necessidade para proibir a caça. Mas existe uma utilidade na defesa do seu direito de caçar, seja para proteger as suas plantações, seja para obter alimento para sua família, seja para usar a pele dos bichos.

Assim, note que as demandas de esquerda geralmente não justificariam a criação de um governo, a menos que você ache legítimo criar um aparato governamental para controlar como você usa o sal ou sacolas plásticas. Mas como muitas pessoas têm ressalvas quando determinadas leis começam a afetá-las, a manifestação da mentalidade de esquerda no governo tenderá a reduzir a legitimidade moral dele e a aumentar a sua necessidade de se manter pela força. **Portanto, apesar do discurso mais popular de que a esquerda governa pelo povo, quanto mais um governo adota políticas de esquerda, mais ele vai perder legitimidade MORAL (menos ele vai se apoiar na vontade do povo) e mais ele terá que dispor da FORÇA para se manter.**

Já as demandas de direita tendem a deixar as pessoas livres para dispor de suas capacidades e bens para melhor satisfazer suas necessidades. Não faz parte das demandas da direita forçar os cidadãos a se desarmarem em nome de uma segurança idealizada, mas sim permitir que cada um cuide de sua própria segurança da forma que achar melhor. A direita não propõe ações de controle sobre como o empresário deve produzir ou com que combustível você deve usar no seu carro, mas que buscam permitir que cada um encontre a melhor forma de realizar as suas aspirações. **Por isso, quanto mais a direita se manifesta politicamente, maior é a legitimidade moral do governo e menos ele terá que se apoiar na força para se sustentar.**

O que muitos esquecem (ou nem chegam a considerar) é que existem três premissas (ou verdades) que dão origem ao governo. Não necessariamente ao governo que você conhece (esse monstro estúpido que quer controlar até o que você come), mas ao governo dos cidadãos diretamente interessados em combinar certas regras de convivência em um espaço geográfico. Essas premissas são válidas para justificar todas as gerações do governo, desde a criação de um condomínio, até a formação de uma empresa, de uma cidade ou de um estado. Mas antes de você ler quais são essas verdades, tente responder: para você, o que justificaria a formação de um corpo administrativo para gerenciar suas relações com os vizinhos e moradores mais próximos?

Vamos voltar ao exemplo do mundo pós-apocalíptico onde restaram (que você saiba) apenas a sua família mais as famílias de cinco amigos seus. Só que agora suponha que eles eram apenas colegas que você até conhecia, mas que nunca chegou a interagir de verdade. Você realmente acha sensato viver sua vida sem combinar algumas regras com eles? Imagine que cada família encontrou uma casa já construída para morar. Você está disposto a deixar a segurança e a expectativa de subsistência da sua família nas mãos da esperança de que os vizinhos vão sempre se comportar e respeitar o seu trabalho?

Nesse estado original de convivência, sem governo, você está literalmente em uma anarquia. O que significa que o que se aplica é a lei do mais forte. O que vai impedir o vizinho de tentar roubar o que é seu são os valores que ele tem. O que vai impedir o seu colega de invadir aquele pedaço de terra que você ocupa é a sua força em relação à dele. O que vai evitar acidentes em áreas de caça é a disposição dos sobreviventes em se avisar mutuamente que haverá disparos de armas de fogo por ali. Portanto, inevitavelmente surgirá uma pressão para que os sobreviventes se reúnam e combinem algumas regras de convivência. E essa reunião é formada com base naquelas três verdades que mencionamos:

1) Pessoas inevitavelmente se reúnem buscando o convívio pacífico: em primeiro lugar, saiba que é UM FATO que as pessoas se juntam para viver em paz. Isso acontece no seu prédio, no seu condomínio, no seu bairro, na sua cidade e em todo lugar onde as ações das pessoas se afetam mutuamente. No nosso exemplo, já é esperado que haja problemas para a segurança de todos se os habitantes não combinarem algumas regras. O fato é que nem sempre você conhece os seus vizinhos. E se as outras cinco famílias seguirem o islamismo e quiserem forçar você a seguir o islamismo? E se as outras famílias forem daquelas que aproveitam situações de confusão para sair às ruas e roubar? E se os seus vizinhos forem ex-presidiários com forte disposição para arrumar confusão e prejudicar você? Por mais que alguns tenham sido levados a simpatizar com o anarquismo diante dos excessos do governo atual, o fato é que as pessoas BUSCAM se reunir para estabelecer o convívio pacífico. E isso é INEVITÁVEL. As próprias interações e confusões que OCORRERÃO ao longo do tempo farão com que os sujeitos que moram mais perto entrem em contato com seus vizinhos para estabilizar suas relações e conviverem pacificamente.

2) Convívio pacífico demanda o estabelecimento de limites e regras: a segunda verdade é que o convívio pacífico tem raízes no estabelecimento de limites (como, por exemplo, a proibição do roubo) e regras (como as normas para o uso de uma fonte de água comum ou para avisar que em tal lugar haverá gente caçando). O convívio pacífico não será alcançado se os agentes que moram suficientemente perto não combinarem certas regras para normalizar a interação entre eles. Por exemplo, você que mora em prédio pode imaginar a política de convivência nesse espaço que fica do lado de fora da sua porta. Se um dos seus vizinhos jogar lixo ou vomitar na frente da sua porta, você acha que ele deve ficar impune? Note que o espaço em frente à sua porta não é apenas seu. Você pode retaliar e fazer o mesmo na frente do apartamento dele, mas você quer mesmo viver assim? Ou então, imagine um vizinho que coloca a música lá no alto durante a madrugada, de modo que seus filhos não conseguem dormir. Você quer viver assim? **Quando pessoas moram próximas umas às outras, surgem**

situações que precisam normalizadas para que exista pelo menos a expectativa de uma convivência pacífica.

3) O estabelecimento de limites e regras é específico para as áreas comuns. Ou seja: existem bens de propriedade coletiva. E você tem parte, direitos e deveres na gestão da propriedade coletiva. Essa afirmação pode ser um choque para alguns libertários, mas, sim, existe propriedade coletiva. E na maior parte das vezes, ela é natural, no sentido de que as pessoas herdam sem fazer nenhum esforço por isso. Propriedade coletiva não é socialismo: empresas de capital aberto, negócios de família e os bens que um casal acumula são casos de propriedade privada mantida coletivamente. Então, não se assuste se você está descobrindo agora de que existem bens mantidos coletivamente e que eles são bem normais. **Mas a questão é que aqueles limites e regras tão necessários ao convívio pacífico devem afetar APENAS esses bens comuns. Naturalmente, as pessoas não se reúnem com as outras para inventar regras que serão seguidas DENTRO de suas casas. O que elas querem é uma estabilidade de convívio naquelas áreas em que elas podem se encontrar com as outras.**

2.4. Formas de Governo

Uma vez entendidos os conceitos de governo e política, podemos falar sobre as formas tradicionais que eles assumem ao longo da história. Quando analisamos um governo, podemos encaixá-lo em um dos modelos tradicionalmente conhecidos, dependendo de quem o legitima e da relação de poder entre seus membros. Basicamente, ao sair da anarquia, um grupo de pessoas que decide tomar conta de uma região pode estabelecer uma tirania, uma monarquia, uma democracia ou uma república. Portanto, antes de falar mais detalhadamente das bases da direita e da esquerda, vamos analisar cada um desses modelos.

Anarquia

A anarquia é a situação de um grupo que não tem governo nem está sob uma autoridade, nem formal nem informal. Por exemplo, um número de pessoas jogadas em uma floresta sem combinar regras, normas ou leis comuns está em uma situação de anarquia. Tribos sem regras sociais de convivência também estariam vivendo em anarquia. O que é fundamental no conceito de anarquia é a inexistência de qualquer tipo de governo.

Portanto, um condomínio ou uma empresa privada não estão sob uma anarquia. Quando se estabelece, mesmo privadamente, um conjunto de regras de convivência com meios para garantir sua efetividade (como o estabelecimento de um síndico, de normas, de multas ou de mensalidades), não estamos mais lidando com uma anarquia. Uma sociedade tribal com regras e tradições, com uma ou mais instituições para impor suas normas, também não está em situação de anarquia.

Tirania

Um dos problemas da vida na terra é que, sabe-se lá por qual motivo, o primeiro sistema político que o povo encontra quando sai de uma anarquia costuma ser a tirania. Tirania é uma forma de governo onde o soberano (ou um pequeno grupo de governantes) diz o que é certo e o que é errado e como o povo deve viver. As leis, as regras, os direitos e os deveres são todos definidos por ele e ele legitima o seu governo pela força. Por exemplo, o seu direito à própria vida está condicionado à vontade do tirano. O seu casamento só é válido porque o tirano permite. Sua liberdade não existe: ela é do tirano (ou daquele pequeno grupo de governantes). E quando você pensa que tem uma liberdade é porque o tirano a concedeu, não porque ela é sua de fato.

A tirania apareceu bem cedo na história da humanidade por questões bem previsíveis: em um mundo sem comunidades organizadas, a economia é pouco dinâmica, facilitando o surgimento de conflitos por recursos. Esses conflitos costumam ser vencidos pelos grupos mais fortes e impiedosos, que ganham conhecimento e poder com cada tribo que assimilam. Os demais conflitos causados pela escassez passam a ser superados pela FORÇA, com a conquista de novas tribos, fortalecendo ainda mais os grupos mais poderosos. Essas comunidades vão crescendo até se tornarem sociedades parecidas com aquelas que aprendemos nas aulas de história: os despotismos hidráulicos que tão bem definem as sociedades da antiguidade.

Muitas vezes, ouvimos nossos professores falarem dessas sociedades com romantismo. Mas não se engane: em um despotismo você é um escravo do estado, com um papel definido na sociedade e sem nenhuma garantia de que amanhã seu governante vai acordar com o pé esquerdo e cobrar alguma coisa estúpida de você. Com muita sorte, tudo que ele vai pedir é dinheiro. Mas não há nada que impeça o cretino de exigir de você a sua vida, a sua família ou a sua casa. Na Bíblia há dois casos que mostram o tamanho do poder do governante em uma tirania: no livro de Êxodo, o faraó mandou matar todos os bebês do sexo masculino nascidos entre os hebreus, e; em Mateus, Herodes mandou seus guardas matar todos os garotos nascidos nas cercanias de Belém.

Talvez por isso tantas pessoas estejam decepcionadas com as "democracias" contemporâneas. De um modo muito louco, os homens criaram sociedades aparentemente civilizadas e relativamente democráticas, mas onde o governo ou garante ou quer garantir a execução de crianças durante a gravidez. Ok, não é a SUA criança. É a criança da "mulher empoderada que faz o que quiser do seu corpo". Mas uma vez que se entrega ao estado o poder para acabar com a vida de crianças inocentes, quanto tempo você acha que vai demorar para ele se colocar entre você e a sua criança? Eu estou exagerando? Não. Isso já aconteceu na China, em Cuba, na União Soviética, nos países comunistas do leste europeu e está acontecendo hoje até na Inglaterra. Por que é tão difícil acreditar que essa moda pode chegar até você?

Monarquia

Em muitos casos, as tiranias acabam se transformando em monarquias. O tirano é obrigado a contratar ou nomear cada vez mais oficiais para defender o seu poder e controlar os seus súditos. Essa casta de protetores ganha poder e consegue barganhar algumas regalias com o tirano. Eles se tornam nobres e passam a ter uma relação de cooperação com o tirano na dominação do restante da população. Assim nasce uma monarquia.

No capítulo 8 do primeiro livro de Samuel (um juiz do povo judeu quando os judeus viviam numa quase tranquila minarquia), os anciãos se reuniram e decidiram que deveriam ter um rei e não mais um juiz. Eles disseram: *"Eis que já estás velho, e teus filhos não andam pelos teus caminhos; constitui-nos, pois, agora um rei sobre nós, para que ele nos julgue, como o têm todas as nações"*. De fato, os filhos de Samuel não seriam os melhores juízes, mas ele também sabia que aquela não era uma boa decisão.

Samuel consultou Deus, que confirmou que a constituição de um rei não era uma boa ideia. Deus falou: *"Ouve a voz do povo em tudo quanto te dizem, pois não te têm rejeitado a ti, antes a mim me têm rejeitado, para eu não reinar sobre eles. Conforme a todas as obras que fizeram desde o dia em que os tirei do Egito até ao dia de hoje, a mim me deixaram, e a outros deuses serviram, assim também fazem a ti. Agora, pois, ouve à sua voz, porém protesta-lhes solenemente, e declara-lhes qual será o costume do rei que houver de reinar sobre eles"*.

Ou seja, o povo costuma clamar por um rei da mesma forma que se entrega a ídolos. O povo assustado por anarquias e tiranias não aprende de imediato que a solução para a paz está na liberdade e no trabalho. Ele então clama por um governante vitalício para lutar as suas guerras e resolver os seus problemas. Deus havia dado uma listinha com regras simples que levariam o povo judeu a ser próspero e feliz, mas o povo preferiu rejeitar as regras de Deus e ser reinado por homens.

Por isso, Samuel disse: *"Este será o costume do rei que houver de reinar sobre vós; ele tomará os vossos filhos, e os empregará nos seus carros, e como seus cavaleiros, para que corram adiante dos seus carros. (...) E tomará as vossas filhas para perfumistas, cozinheiras e padeiras. E tomará o melhor das vossas terras, e das vossas vinhas, e dos vossos olivais, e os dará aos seus servos. E as vossas sementes, e as vossas vinhas dizimará, para dar aos seus oficiais, e aos seus servos. Também os vossos servos, e as vossas servas, e os vossos melhores moços, e os vossos jumentos tomará, e os empregará no seu trabalho. (...) Então naquele dia clamareis por causa do vosso rei, que vós houverdes escolhido; mas o Senhor não vos ouvirá naquele dia"*.

É verdade que hoje há monarquias bem mais tranquilas do que antigamente, mas também é verdade que muitas das tiranias que apareceram durante a história podem ser confundidas com monarquias. Outro problema das monarquias é que elas acabam resultando em algo parecido com o sistema de classes proposto por Platão. Note que a república platônica não era bem uma república. Ela dividia a população em três classes: uma de trabalhadores para produzir, uma de guardiões para proteger o estado e um *"rei-filósofo"* (a-rá, eu falei que não era uma república. Ou você já viu república com rei?).

Resumindo, uma monarquia é um sistema de governo composto por um rei, uma nobreza e o resto. Ela pode ser constitucional ou não. O rei e a nobreza cuidam do governo e da segurança do reino, enquanto o restante da população trabalha e produz. E é esperado que o rei mantenha as tradições, bem como todos os seus descendentes, senão o bicho pega. Mas como eu disse, o grande problema da monarquia é a diferença que se impõe entre o rei, a nobreza e o povo. E quando o povo reclama por algum motivo, o monarca sempre acaba tendo que lembrá-lo de que seu poder é mantido pela FORÇA, e não pela disposição dos súditos a aceitar o seu governo.

Democracia

Pensando em superar os problemas da anarquia, da tirania e da monarquia, alguns grupos acabaram criando a democracia. Democracia é um sistema de governo onde tudo é decidido com base no voto e ponto final. A maioria escolhe o que é melhor para todos e acabou. Todos participam das decisões e devem comparecer às assembleias para cumprir suas obrigações políticas. E isso não é de todo ruim. De fato, é fácil sentir simpatias pela democracia. Mas ela não é uma garantia de civilização e prosperidade em si mesma. Por exemplo, se a maioria votar errado, estão todos no sal. Se a maioria for idiota, as decisões serão idiotas e todos serão obrigados a cumprir regras idiotas. Alexis de Tocqueville descreveu muito bem as doenças que podem afetar as democracias em seu livro A Democracia na América.

Tocqueville fala de dois vícios que podem prejudicar uma democracia: a tirania da maioria e o descaso político. O primeiro problema ocorre quando a maioria passa a oprimir a minoria com base na diferença de opiniões sujeitas à influência do voto. Então, imagine a seguinte situação hipotética (só hipotética, hein): pense que estamos em uma sociedade onde uma minoria produz muito e uma maioria produz pouco. Suponha que essa minoria que produz muito pode adquirir certos produtos que a maioria não consegue comprar. Então, aquela maioria pode, por inveja, proibir aqueles produtos. Ou então, aquela maioria pode se juntar para forçar o governo a confiscar parte da riqueza da minoria mais produtiva e distribuí-la pela maioria invejosa. Não sei se você chegou a pensar no assunto, mas dificilmente essa tirania da maioria vai parar por aí. Isso porque tirar a liberdade do próximo e roubar a propriedade dos mais ricos não torna a maioria invejosa mais produtiva, mais trabalhadora ou menos preguiçosa.

O que geralmente acontece é: depois que o governo democraticamente tira a liberdade de consumir daquela minoria (ou rouba os seus bens para dar aos invejosos), ela vai substituir um produto por outro. Por exemplo, a maioria pode proibir os ricos de comprarem Ferraris. Os ricos vão dizer: *"Ok, compraremos Lamborghinis"*. Os pobres podem proibir a minoria produtiva de comer caviar. Tudo bem, ela vai comer trufas. E logo a maioria invejosa vai tentar proibir a minoria de adquirir Lamborghinis e trufas também. **Na tirania da maioria, direitos fundamentais (vida, liberdade e propriedade) são relativizados pela opinião dos idiotas**.

Do mesmo modo, no momento em que os menos produtivos confiscam a riqueza dos mais produtivos, essa minoria pode buscar outras formas de se diferenciar, já que parte dela continua sendo mais produtiva que a maioria. E a maioria, vendo que conseguiu acesso à riqueza alheia por meio da força do estado, irá novamente perseguir aquela minoria para ter seja lá o que ela estiver consumindo. Assim, se estabelece um ciclo onde a maioria tiraniza a minoria dentro de um esquema democrático. E **isso não deveria ser uma surpresa: oras, a primeira democracia que estudamos na escola, a grega, era escravocrata**.

Além disso, as decisões idiotas das massas não as tornam mais produtivas, mas pouco a pouco transformam aquela minoria produtiva no sujeito medíocre que compõe a maioria invejosa: elas tornam aquele cidadão que era produtivo e trabalhador em um sujeito desanimado, preguiçoso e com inveja de quem tem mais. Atuando dessa forma, a tirania da maioria inviabiliza aqueles prêmios que aquela minoria persegue, afetando a motivação que transforma algumas pessoas em sujeitos mais produtivos que outros.

O outro problema que pode afetar as democracias não depende tanto do seu funcionamento, mas das consequências da estabilidade que o sistema democrático tende a produzir. Chamarei esse problema de descaso político. Imagine uma democracia bem liberal e flexível, que permita que todos enriqueçam e sejam felizes para sempre. Bem, não para todo o sempre. Tocqueville aponta para o perigo do descaso político quando tudo parece estar funcionando bem.

Aqueles que estão ganhando muito dinheiro não vão querer se envolver com política e vão deixar isso nas mãos daqueles que se interessam por ela. Cada vez mais, essa massa de cidadãos bem-sucedidos pode deixar a condução do governo nas mãos de elementos que se transformam em políticos profissionais e passam a tomar decisões que não têm nada a ver com o interesse daqueles que preferem lidar apenas com os seus negócios particulares. **Ou seja, aquele que não gosta de política acaba sendo governado por aquele que gosta**.

República

Antes de mais nada, é importante esclarecer uma coisa: apesar de os comentários de Tocqueville sobre os vícios da democracia terem sido realizados ao analisar o sistema norte-americano, a constituição dos Estados Unidos não se menciona a palavra *"democracia"* nem uma vez. Ela fala apenas em *"república"*. Além da norte-americana, outra república muito famosa foi fundada pelos romanos em 509 antes de Cristo. Até então, Roma era conduzida como uma monarquia onde o rei era eleito para um mandato vitalício. No início a ideia parecia até boa, mas com o tempo a monarquia degenerou para algo parecido com uma tirania. O último rei de Roma, Tarquínio, se tornou arrogante, matou senadores sem substituí-los, concentrou poder e desafiou os representantes romanos. Quando seu filho estuprou a esposa de um cidadão, o povo não aguentou e colocou um fim naquele sistema, instalando em seu lugar uma república.

A solução dos romanos para o problema da concentração do poder pode não ter sido perfeito, mas mostrou uma tentativa de criar controles contra o abuso de poder das autoridades. **O senado trocou aquela monarquia centralizadora e vitalícia por dois representantes (cônsules) que se fiscalizariam mutuamente e que eram trocados todos os anos.** Os anos mostrariam que a mudança a beneficiou o povo de Roma. Os romanos cresceram e se expandiram. Superaram dificuldades e venceram inimigos. **Contudo, o principal motivo desse sucesso foi o interesse do povo pela política e a limitação legal imposta ao poder que o governo tinha sobre ele.**

Por outro lado, os romanos se tornaram indolentes com seus sucessos e se acomodaram. Abandonaram tradições e em alguns séculos aquele povo que normalmente ia votar armado (as centúrias se reuniam em assembleias com seus membros armados, mostrando que participavam da defesa da cidade) se transformou em um bando de idiotas que exigia pão e circo do governo. Aquele povo que derrotou a maior potência naval da época (os cartagineses) passou a apoiar políticos que se diziam representantes dos deuses na terra.

É um fato que a manutenção de uma boa sociedade depende bem mais da conduta dos seus membros do que de uma lista de regras que se espera que todos sigam. **Entretanto, por mais que vícios e desvios possam atacar qualquer forma de governo, uma das maiores diferenças entre a democracia e a república é que em uma república há espaço para impor regras que limitam e contrariam os poderes da maioria sobre o indivíduo, enquanto em uma democracia não (pelo menos teoricamente).**

Então, podemos definir república como uma forma de governo representativo (ou seja, nem todas as decisões precisam ser tomadas diretamente pelos cidadãos) e constitucional (as regras de funcionamento do governo derivam de um acordo original que, teoricamente, só pode ser alterado conforme regras especificadas nesse próprio acordo). Nesse estatuto original devem estar as regras para que o governo se mantenha sempre no seu lugar, seja lá qual ele for. Além disso, ele deve conter os direitos e garantias que só podem ser afetados em casos especiais (como na prática de crimes ou na presença de catástrofes).

Uma boa república é a melhor forma de governo na mentalidade da direita. Certa vez foi dito que se os homens fossem anjos, não precisaríamos de governo, mas que se fossem demônios, nenhum governo possível seria capaz de trazer harmonia. Ou seja, como não somos nem um nem outro, os homens vivem melhor quando formam um governo. **Com o sistema republicano, o caminho para a paz social se torna mais simples, passando pela definição da escolha de limites para a atuação do governo e das formas de colocar essas restrições em prática.**

3. Sobre a Moralidade e os Valores da Direita

"Então dirá o Rei aos que estiverem à sua DIREITA: Vinde, benditos de meu Pai, possuí por herança o reino que vos está preparado desde a fundação do mundo (...). Então dirá também aos que estiverem à sua ESQUERDA: Apartai-vos de mim, malditos, para o fogo eterno, preparado para o diabo e seus anjos (...). E irão estes para o tormento eterno, mas os justos para a vida eterna".
Mateus 25.

Bem, chegamos onde interessa. Neste capítulo irei falar mais sobre os valores da direita e como eles determinam uma AGENDA que pode ser separada em políticas e comportamentos. **Já vimos que os valores são aquelas internalizações conceituais que servem como validadoras do que consideramos certo ou errado.** Também já apresentei os três valores principais de uma pessoa de direita (seja um conservador ou um libertário): a VIDA, a LIBERDADE e a PROPRIEDADE. Mas então, como nossos valores determinam nossa agenda? Alias, o que é uma agenda?

Agenda é um conjunto de propostas organizadas para influenciar o nosso meio. Com base nos nossos valores, podemos ter propostas de MANUTENÇÃO ou MUDANÇA de certas realidades. Essas propostas podem ser detalhadas em comportamentos ou políticas, que atuarão no sentido de manter o que se quer manter ou alterar o que se quer alterar. Dessa forma, um valor faz com que olhemos o mundo e percebamos se algo deve ser conservado ou reformado. Essa percepção é racionalizada em propostas específicas que idealmente não entrarão em conflito com os outros valores que temos. E essa racionalização pode ser operacionalizada por meio de comportamentos (como ir à igreja todo final de semana, participar de manifestações populares ou ser educado com todo mundo) ou políticas (como a proibição do aborto, a defesa de penas maiores para bandidos ou a redução da carga tributária).

Veremos neste capítulo a agenda e as propostas mais comuns das pessoas que se dizem de direita. No quadro abaixo, é possível acompanhar a relação entre nossa agenda e nossos valores. Ter a vida como valor faz com que a agenda da direita defenda coisas como a proteção da vida humana, a valorização da família e a defesa da justiça e do direito de proteger. Nosso princípio de liberdade conduz nossa agenda na defesa dos direitos de expressão, de costume, de troca e de representação. E o valor da propriedade coloca na nossa agenda o respeito ao trabalho, a proteção da propriedade e a busca por um governo mínimo.

Propostas	Políticas
Vida	
Direito à Vida	Contra o aborto, proteção da vida, proteção do direito de trabalhar e de subsistir
Defesa da Família	Proteção e valorização da família, garantia da autoridade dos pais sobre seus filhos
Justiça e Direito de Proteger	Defesa da vingança, proteção do direito de defesa, penas duras para crimes cruéis (pena de morte, prisão perpétua e trabalhos forçados), proteção do direito portar armas e usá-las para garantir a segurança pública
Liberdade	
Liberdade de Crença, Expressão e Costume	Proteção do direito de crença e costumes, limites para o estado fiscalizar e controlar as atividades religiosas, proteção do direito de expressão, contra o politicamente correto, liberdade para a atividade jornalística, administração moral de concessões de representação política
Liberdade de Troca	Eliminação de controles que comprometam a liberdade de permutar o que se tem, eliminação de leis que proíbem ou atrapalham transações comerciais, garantia de que os termos de troca sejam determinados exclusivamente pelos agentes envolvidos
Representação	Promoção de limites para a atuação do estado, descentralização da gestão pública, fortalecimento do poder municipal e estadual, criação de obstáculos claros e objetivos para a ação estatal, criação de gatilhos preventivos contra as ações do estado que possam ameaçar os direitos fundamentais, travas contra ditaduras da maioria
Propriedade	
Proteção da Propriedade	Defesa do capitalismo e do livre mercado, responsabilização dos agentes econômicos pelas suas atitudes (estado não deve usar recursos públicos para salvar empresas que correm o risco de falir), privatização, respeito e fortalecimento das forças policiais
Propriedade do Trabalho	Pessoas devem ser livres para se filiar ou não a sindicatos, governo deve se manter distante de organizações sindicais, trabalhador deve ter autoridade sobre seu trabalho
Governo Mínimo	Redução de impostos até um limite mínimo, criação de dispositivos que não permitam o governo crescer acima de um tamanho mínimo, funções do governo deve ser restrita à defesa interna, à defesa externa e à administração da justiça

Cada propostas pode ser desdobrada em ações ou políticas. Esse desdobramento pode ocorrer de forma natural ou artificial. No quadro acima, eu detalhei apenas as ações derivadas das propostas mais importantes. É comum se dar conta de que algumas políticas podem estar associadas a mais de uma proposta ou princípio. Também é comum perceber que você apoia *"mais ou menos"* uma dessas propostas ou até que não defende uma ou duas delas. Contudo, minha intenção é apresentar as propostas e políticas mais importantes da direita e explicar porque nós concordaremos com praticamente tudo que está nesse quadro.

Também pode acontecer de alguém não concordar com quase nada do que está no quadro e ainda assim se dizer de direita. É uma burrice, mas pode acontecer. A chamada direita política não é um conceito vazio e desprovido de sentido. Ela tem seus valores, sua agenda e seus comportamentos. A direita brasileira vai encontrar muita coisa em comum com a direita norte-americana ou a europeia. Como vimos, não se pode cometer o erro de chamar de direita qualquer partido que se oponha ao partido mais forte de esquerda em atividade. Esse é o erro que muitos cometem ao chamar o PSDB de direita, por exemplo. Geralmente, o idiota que chama o PSDB de direita não faz ideia da agenda, dos valores e das propostas daquele partido, que são similares às do PT, só que com menos cocaína. Bastaria acompanhar a evolução do chamado Programa Nacional de Direitos Humanos (PNDH) para constatar a semelhança entre as agendas. Suas duas últimas versões, o II PNDH assinado em 2002 pelo PSDB e o III PNDH assinado em 2009 pelo PT, são compilações sinceras da agenda da esquerda, pregando a relativização da propriedade, a desconstrução da família, a imposição do politicamente correto e até o aborto.

Os maiores interessados em ressignificar o conceito de direita são os socialistas. São eles que dizem que a direita não existe, mas a culpam por todas as crises que eles mesmos provocam. Foram eles que adestraram milhões de estudantes para acharem uma virtude ser de esquerda e latirem feito cães raivosos para qualquer coisa que identifiquem com a direita. Contudo, veremos que a direita política existe e defende ideias bem coerentes. E também veremos porque as pessoas de direita são mais simpáticas, tolerantes, inteligentes, espertas, bonitas, felizes, interessantes, bem-sucedidas, prósperas, bondosas, enfim, mais legais e tranquilas que as de esquerda.

3.1. Sobre a Vida

Como foi dito, o código moral é um conjunto de regras que nos dizem o que é certo e errado na interação com o próximo. Para a direita, não é só as nossas próprias vidas que importam, mas a vida dos nossos próximos também. Vimos que a direita deriva esse respeito pela vida da cultura judaico-cristã. Muita gente que vive em países cristãos acaba assimilando esse código pelo simples contato cultural. Esse respeito pela vida tem pelo menos duas origens: somos criados à imagem e semelhança de Deus e Ele mesmo nos mandou *"não matar"*. Mas além disso, a vida é tão valorizada na sociedade judaico-cristã (e consequentemente pela direita) porque ela serve a um propósito de Deus na terra.

Logo depois de criar o homem e a mulher, Deus diz: *"Frutificai e multiplicai-vos, e ENCHEI a terra, e SUJEITAI-A; e DOMINAI sobre os peixes do mar e sobre as aves dos céus, e sobre todo o animal que se move sobre a terra"*. **Ou seja, Deus deu aos homens um propósito que vai além da programação biológica inerente a praticamente todas as formas de vida (preservação da vida e reprodução): sua vida é importante porque Deus tem um propósito para você.** Apenas vivos somos capazes de cumprir a missão que recebemos Dele.

E a missão que recebemos não é trivial: ela envolve prosperar, reproduzir, encher a terra e sujeitar e dominar a natureza. Nada mal. E você pensando em se matar, né? Pois agora você tem um propósito. Siga e seja feliz. E você quebrando a cabeça para descobrir o sentido da vida, hein? Pode relaxar. Você já tem a resposta. Mesmo que não soubéssemos nada de biologia nem conhecêssemos a Bíblia, para muitos seria uma verdade autoevidente que a vida importa. Entretanto, na mentalidade de direita a vida humana segue implicitamente esse propósito derivado do cristianismo.

Deus repete o propósito quando Noé sai da arca: *"Frutificai e multiplicai-vos e ENCHEI a terra. E o TEMOR de vós e o PAVOR de vós virão sobre todo o animal da terra, e sobre todas as aves dos céus, e tudo que se move sobre a terra, e todos os peixes do mar, NAS VOSSAS MÃOS SÃO ENTREGUES. Tudo quanto se move, que é vivente, será para vosso mantimento; tudo vos tenho dado como a erva verde"*. **Ou seja, temos uma MISSÃO sagrada na terra.** Temos que prosperar, multiplicar e encher a terra de picorruchos e picorruchas. Temos AUTORIDADE sobre o que recebemos e estamos em uma posição bem superior à dos outros animais. Nós não somos *"irmãos"* dos animais nem *"colegas"* dos pássaros. Somos maiores que eles.

Então, somos mais importantes do que qualquer outra forma de vida sobre a terra. A vida abundante e próspera é um propósito do Criador para a espécie humana (na sua cara, leão). Isso pode ser melhor entendido quando comparado com a forma como a esquerda *"valoriza"* a vida. A posição da esquerda em relação à vida é completamente diferente da direita. **Para a esquerda, a vida é uma variável política que pode ser manipulada.** Para ela, se a vida de um inocente está atrapalhando a implantação da sociedade perfeita, ela pode ser eliminada. A esquerda não tem nenhum problema em proibir construção de saneamento básico apenas para manter algumas árvores de pé: a vida não importa para ela. Ela prefere ver países inteiros morrendo de sede do que uma floresta devastada.

Na mentalidade da esquerda, desde Thomas Malthus até Robespierre, o ser humano é só uma variável. Quando há um problema, sempre é possível corrigi-lo diminuindo o número de pessoas (Malthus), cortando suas cabeças (Robespierre) ou aplicando políticas agressivas de aborto e controle populacional (ONU). Mas para a direita, gente é bom. A mentalidade da direita não olha a vida como um problema. **Para nós, a vida não é uma variável que pode ser manipulada politicamente. Se qualquer pessoa, até mesmo nossos inimigos, não fizer nada que suspenda seu direito à vida (pena de morte), à propriedade (multa) ou à liberdade (prisão), ela é intocável.**

Defesa da Vida (Gênesis 1:26: *"Façamos o homem à nossa imagem, conforme a nossa semelhança"*): eu sei que ainda deve ter alguém se perguntando: mas será que há alguém que não concorda que a vida é importante? Ou então, que ainda acha que todos têm o mesmo respeito pela vida. A verdade é que não. Mesmo excluindo os assassinos, ainda há muita gente que não tem a vida como valor andando por aí. Por exemplo, em uma conversa recente com um conhecido, eu falei sobre aborto. Ele disse que era a favor porque não sabia *"quando começa a vida"*. Não sei se VOCÊ sabe onde começa a vida, mas se há algum tipo de dúvida em relação ao começo dela, alguém só vai achar normal abortar se não se importar muito com ela. E essa é a diferença entre uma pessoa que valoriza a vida e uma que não: a dúvida, para mim, não pode ser uma justificativa para matar alguém; a dúvida para quem não a valoriza é SUFICIENTE para justificar um POSSÍVEL assassinato.

Além disso, há muita gente que pensa ter a *"cabeça aberta"* por defender o aborto até os três meses de gestação. Normalmente, o que se passa na cabeça dessas pessoas é o seguinte: *"Bem, se o ESTADO permite o aborto até os três meses, é porque algum grupo de CIENTISTAS decidiu que até esse momento não há vida"*. Só que a biologia não é uma ciência exata. Biologia não é matemática. Imagine se esses *"cientistas"* erraram no cálculo. Ou então que, levando em consideração as próprias premissas deles (de que a vida começa aos três meses), há dúvidas quanto ao dia de concepção da criança. Por acaso, já inventaram um aparelho que diga EXATAMENTE o número de dias da gestação? Já inventaram uma forma de dizer EXATAMENTE há quantos dias a mulher foi fecundada? Claro, quem quer abortar pode dizer QUALQUER COISA. Eles podem dizer que *"acham"* que foi há *"mais ou menos"* dois meses e vinte e nove dias. Mas se UMA VIDA HUMANA estivesse em jogo, você confiaria? E se eles erraram na contagem? E se o bebê já tiver três meses e meio ou mais? É justo matá-lo? Ou seja, mesmo para quem acredita no papo-furado de que a *"vida começa aos três meses"*, só aqueles que não têm a vida humana como valor serão a favor do aborto.

No Reino Unido, o aborto é permitido normalmente até o QUARTO MÊS. Uma sociedade que um dia foi cristã, agora permite o assassinato de crianças sem se preocupar com o que é certo. Não é por acaso que vemos mês a mês a decadência do Reino Unido, invadido por muçulmanos e massacrado pela agenda da esquerda. A direita não permite aborto porque valoriza a VIDA. Mas e em caso de estupro? Mas e se estourou a camisinha? Existe a pílula do dia seguinte, não existe? Existem anticoncepcionais. O que não existe na direita é achar normal tirar a vida de um bebê porque não se agiu com a devida rapidez.

Mas a defesa da vida na direita vai além disso. Desde criança, eu achava estupidez defender a proibição de pesquisas com animais, principalmente quando elas podiam beneficiar os seres humanos. Eu pensava: *"oras, se uma pesquisa com macacos pode resultar na cura do câncer, é burrice proibi-la"*. No cálculo de decisões da direita, a vida humana vem sempre primeiro. É importante que se entenda isso para ver que há diferenças FUNDAMENTAIS entre o pensamento de alguém de direita (ou qualquer pessoa que valoriza a vida humana) e dos idiotas que agressivamente lutam pelos *"direitos dos animais"* ou daqueles que colocam homens e animais no mesmo nível de importância. Há uma diferença ABISSAL entre alguém que se esforça para ter uma boa família e a gentalha fracassada que diz *"eu prefiro os animais do que as pessoas"*.

Ou seja, o primeiro desdobramento da valorização da vida na agenda da direita é a sua defesa intransigente. Seja com políticas contra o aborto, seja não relativizando a importância da vida humana, o ponto é que sempre colocamos a vida humana na frente. Contudo, não basta defender a viabilidade da vida, é necessário também proteger o direito de SOBREVIVER. Novamente, eu entendo que pode parecer estranho acusar alguém de estar conspirando contra o *"direito de alguém sobreviver"*, mas isso não deveria ser tão chocante, já que vemos TODOS OS DIAS intervenções políticas que PREJUDICAM as pessoas em seu direito de trabalhar. No mundo moderno, a agressão ao direito de subsistência tem se manifestado por meio de políticas que afetam a liberdade de trabalhar e produzir: proibição de pesticidas, proibição de brinquedos, proibição do armamento, proibição de alimentos transgênicos, pesadas regulamentações relacionadas ao meio ambiente, entre outras formas estúpidas de controle.

Para a direita, o direito das pessoas de produzir, de se sustentar e de perseguir seus interesses, está ligado ao direito à vida. Afinal, como você sobrevive sem trabalho? O fato de os idiotas da ONU pregarem que a sua profissão afeta o meio ambiente ou vai mudar a temperatura do planeta daqui a cem anos não justifica a proibição da atividade com a qual você ganha o seu pão. A esquerda não está nem aí para o emprego do pobre, ou para o quanto ele paga pela água ou pela luz, mas a direita está. O ser humano continua sendo a coisa mais importante e deve ter condições de sobreviver. Infelizmente, hoje se fala sobre o fim de profissões como se todos os problemas da humanidade já tivessem sido resolvidos. Se dependesse da esquerda, já não existiriam mais policiais, agentes penitenciários, lenhadores, domadores de leões, produtores de armas, vaqueiros e sacerdotes.

Por isso também é importante que as pessoas tenham consciência, não só de que têm o direito de subsistir, mas de que ele é importante e que também deve ser garantido a todos. Do mesmo modo que devemos respeitar a vida dos demais, também temos que permitir que eles sejam livres para sobreviver com o próprio esforço. Mas existe outra razão para a direita ter uma consideração especial pelo direito de subsistir. Em nossa visão de mundo, Deus ordena ao HOMEM comer o pão com o suor do próprio rosto. Ele não disse: *"com o suor do rosto do TEU PRÓXIMO comerás o teu pão"*. E isso tem desdobramentos culturais que reforçam não só o respeito ao direito de subsistir, mas também que relacionam esse direito com a sustentação da família, tornando-o ainda mais importante. O homem deve ser capaz de dar as condições para que sua esposa fique em casa de tempos em tempos, pelo menos durante a gravidez e nos primeiros meses de vida dos seus filhos. **Portanto, a garantia do direito de subsistir também é uma forma de PROTEGER os meios para a CRIAÇÃO e SUSTENTAÇÃO de uma FAMÍLIA, da qual falaremos a seguir.**

Defesa da Família (Gênesis 2:24: Portanto deixará o homem o seu pai e a sua mãe, e apegar-se-á à sua mulher, e serão ambos uma carne): todo direitista é conhecido por ter uma visão de família mais restrita do que a população descolada do mundo pós-moderno. **A direita acredita na família como ela é, sem perder o seu sentido: mãe, pai e filhos. Família é isso: é toda a estrutura formada por mãe, pai e os filhos deles. Simples assim.** O conceito de família é esse, as pessoas gostem ou não. Ele não nasceu da vontade de alguém se sentir bem com a forma como os outros chamam essa organização. Ele não nasceu da necessidade de afagar o ego de dois barbudos que querem ser chamados de família. Ele não nasceu da vontade de dar ao cachorrinho um status social mais digno. **A FAMÍLIA NUCLEAR surgiu em vários lugares diferentes do mundo e se consolidou nos moldes conhecidos como a melhor forma de garantir a reprodução e manutenção da sociedade. Defender a família é defender o futuro. Ser contra a família é ser contra a vida e contra a própria humanidade.**

Em praticamente todas as sociedades modernas (pelo menos até onde não foram corrompidas pelas novas doutrinas humanistas), a noção de família, do papel do homem e do papel da mulher na sociedade são bem parecidos. Mas para entender como a mentalidade de direita entende a família, é importante recorrer novamente à sua matriz cultural. Acreditando ou não que fomos criados conforme o livro de Gênesis, o fato é que acabamos nos comportando conforme o que lemos nos seus primeiros capítulos. Depois de terem sido criados, o homem e a mulher são marcados com uma bênção: *"Frutificai e multiplicai-vos, e enchei a terra, e sujeitai-a; e dominai sobre os peixes do mar e sobre as aves dos céus, e sobre todo o animal que se move sobre a terra. Eis que vos tenho dado toda a erva que dê semente, que está sobre a face de toda a terra; e toda a árvore, em que há fruto que dê semente, ser-vos-á para mantimento"*.

Ou seja, temos como bênção a missão de estabelecer domínio sobre a terra e nos multiplicar. Exclui-se, portanto, qualquer definição que impeça a reprodução dos seres humanos do conceito de família. Em seguida, Deus entrega certos papéis à humanidade: *"Portanto deixará o homem o seu pai e a sua mãe, e apegar-se-á à sua mulher, e serão ambos uma carne"*. Desse modo, se estabelece que homem e mulher sairão de suas respectivas casas, se unirão e terão filhos (a união das duas carnes). E não é por acaso que em diversas culturas há uma pressão social para que os filhos encontrem uma companhia, saiam de casa e tenham seus próprios filhos.

Os papéis do homem e da mulher já estavam estabelecidos ali no paraíso, mas são nos castigos recebidos depois de comerem o fruto proibido que encontramos as inclinações biológicas e sociais mais notáveis de cada sexo. Ao homem, Deus declara: *"Do suor do teu rosto, comerás o teu pão"*. O que significa que temos uma missão pedagógica de trabalhar e nos sustentar para conseguir a redenção do pecado original. Deus não disse: *"Do suor do rosto do teu vizinho ou do rico, comerás o teu pão"*. E é por isso que na mentalidade de direita se espera dos homens, não das mulheres, que trabalhem para levar comida para casa. Isso não significa que as mulheres não podem ou não devem trabalhar, mas que elas nem de longe estão sujeitas ao mesmo tipo de cobrança. E note que esse padrão se repete em diversas sociedades. É esperado que o homem seja o provedor da casa.

Quanto à mulher, Deus disse: *"Multiplicarei grandemente a tua dor, e a tua gravidez; com dor darás à luz filhos; e o teu desejo será para o teu marido, e ele te dominará"*. Ou seja, a dor do parto é uma lembrança tanto do papel da mulher como companheira quanto da sua maternidade. Ao mesmo tempo, a disposição de se submeter ao marido é valorizada na mulher em praticamente todas as culturas. Isso também não significa que o homem não deva cuidar das crianças ou respeitar as inclinações de sua esposa, mas as figuras de uma mãe negligente ou de uma esposa autoritária são muito mais malvistas do que as de um pai ausente ou de um marido dominador, porque é como se elas tivessem deixado de buscar a redenção. Para o bem ou para o mal, esse controle da redenção dos sexos está no subconsciente da humanidade, não importa a cultura. Mas em nenhuma ela é mais forte do que na mentalidade da direita.

Nessa mentalidade, a família tem sua origem na criação do homem, sendo ela anterior e SUPERIOR ao estado. Ela está relacionada à origem e manutenção da VIDA, tendo elevado grau de importância no seu corpo de valores. Por isso, o estado não tem poder moral ou social para definir o que é uma família, apenas para descrevê-la. O estado até pode positivar um conceito de família (como acontece no Brasil), mas é o estado que está concordando com a sociedade e não o contrário. Se o estado começar a dizer que *"um homem, três ornitorrincos, um cachorro e dois casais"* são uma família, ele estará tentando inverter seu papel, se colocando como algo superior a ela. E é por isso que vemos a direita tão militante no sentido de não permitir que o governo imponha sua posição quanto ao que é uma família ou à forma como os pais devem educar seus filhos.

Essa visão de mundo torna os grupos de direita menos afeitos às ideologias de reforma social tão comuns entre a esquerda. Como há uma visão positiva da família e incentivos ao amor entre seus membros, uma pessoa de direita sabe que aquele que a sociedade está mandando ela odiar pode ser seu pai, seu filho, sua mãe, sua filha, seu irmão ou sua irmã. A mentalidade alternativa tem uma visão negativa da família, que se projeta como um ódio à vida humana. Um exemplo disso é o filme O Dia em que a Terra Parou, lançado em 2008. O filme fala de um extraterrestre CRETINO que vem lá de um outro mundo com a seguinte missão: se os homens não pararem de *"agredir o meio ambiente"*, ele vai matar TODO MUNDO. Sim, o alienígena do filme não passa de um CRETINO que veio lá de outra constelação com o objetivo de matar você, SEUS FILHOS, SUA ESPOSA (ou ESPOSO), SEUS PAIS, enfim, TODO MUNDO, só porque nós não gostamos de reciclar e não somos loucos de votar no Partido Verde.

Essa ideologia monstruosa, que dá tão pouco valor à vida, é fundamentalmente diferente daquilo que a direita defende. A direita não vê a vida e a reprodução humana como coisas ruins. Ela não vê os seres humanos como obstáculos aos seus planos. Suas políticas não tratam a vida humana como números em uma equação de maximização do prazer. O cidadão de direita dificilmente se entrega à guerra de classes, à guerra de gêneros ou a qualquer outra guerra ideológica porque sabe que o outro sempre pode ser um familiar. A mãe que tem filhos dificilmente vai comprar o ódio que as feministas querem que ela sinta pelos homens, porque ela ama os seus filhos. O pai de uma empresária dificilmente vai se entregar à guerra de classes contra os ricos, porque ele ama a sua filha. O filho cético de pais cristãos dificilmente vai se jogar ao ódio que a esquerda quer que ele sinta pelos cristãos, porque ele ama seus pais. **É o respeito à vida, refletido na defesa da família, que explica boa parte das propostas e inclinações da direita.**

Defesa da Justiça (Deuteronômio 19:20: *"Para que os que ficarem o ouçam e temam, e nunca mais tornem a fazer tal mal no meio de ti. O teu olho não perdoará; vida por vida, olho por olho, dente por dente, mão por mão, pé por pé"*): Justiça está relacionada à correção daquelas ações que afetam a vida ou a capacidade de sua manutenção pela parte afetada. **Praticamente todas as ações reconhecidas como crimes derivam de alguma forma de agressão à vida ou às formas de preservá-la (a violência contra a liberdade e a propriedade). Justiça não é sobre terceiros dizendo o que alguém deve fazer para pagar por um ato que prejudicou você: justiça é sobre VOCÊ ter poder para dizer como alguém pode reparar um mal praticado contra você.** Além disso, justiça envolve o respeito ao princípio de proporcionalidade: *"vida por vida, olho por olho, dente por dente, mão por mão, pé por pé"*.
No dia a dia, problemas comuns que não afetam a estabilidade da comunidade podem muito bem ser resolvidos por um acordo entre as partes. Mas sempre que se torna necessário ajustar reparações e penas para manter a proporcionalidade entre causa e efeito, surge a demanda pelo juízo público. **Em sua concepção, justiça é sobre reparação e punição. Ela olha principalmente para a parte afetada, ou seja, a vítima. A justiça não olha primeiramente para a sociedade, mas para aquele que sofreu com a ação indesejada. Justiça é um processo de reparação e punição para compensar desequilíbrios causados por uma parte contra outra.** Ela não tem nada a ver com a reeducação do

responsável, mas com restauração do equilíbrio e compensação do valor perdido.

Começamos a formar nosso conceito de justiça na infância. Quando as crianças crescem e passam a ser capazes de jogar e competir, elas aprendem justiça quando reconhecem que não devem trapacear para vencer. Ao mesmo tempo, elas sentem alívio quando um trapaceiro é expulso ou punido adequadamente. O mesmo se repete em casa: elas sentem indignação quando são deixadas para trás e satisfação quando os pais punem o irmão que bateu nelas. Aos poucos, a presença da justiça se transforma em uma necessidade, que satisfaz a nossa sede por segurança e estabilidade. **Por isso, inevitavelmente a demanda por justiça acompanhará qualquer estrutura social formada por mais de uma pessoa. E ela poderá ser suprida individualmente ou em concerto com as demais partes.**

A primeira forma de suprir a demanda por justiça é a sua versão privada ou particular, onde as partes resolvem a desavença entre elas ou a parte ofendida faz vingança pelo dano recebido. Nesse caso, vingança é o próprio pagamento que se faz à justiça. Ela é a administração da justiça, direta ou indireta, em favor da parte prejudicada. **O mais comum é a concepção de vingança como a aplicação mais direta e instantânea da justiça, intimamente relacionada ao direito da parte ofendida em resgatar aquilo que lhe pertence. Vingança não é um crime: sua definição está ligada com a própria obtenção da justiça.** E fazer justiça é bom para a manutenção da estabilidade social e da segurança de seus membros. Desse modo, a mentalidade de direita reconhece o direito de vingança como legítimo. O direito de portar armas, proteger a sua família, defender sua propriedade e se vingar são formas de facilitar a satisfação da demanda por justiça. Assim, boa parte dos casos podem ser resolvido pela justiça privada, mas há duas situações particulares que criam a demanda pela justiça pública.

A primeira é a necessidade de garantir a justiça às partes que não têm condições de obtê-la em determinadas situações. Sem um aparato para garantir o direito de vingança dos que não têm capacidade de obtê-la, voltaríamos à anarquia e à barbárie. Se não existir uma justiça comum, quem vingará o órfão? Quem perseguirá o assassino do morador de rua? Quem vai defender o mais fraco da violência do mais forte? Quem vai proteger a casa do pobre? Nem todos conseguem ou têm condições de fazer justiça privadamente, surgindo então uma demanda pela justiça pública. A outra situação que justifica a criação de um aparato público de justiça é a necessidade de garantir aquela proporcionalidade nas punições e reparações.

Nessa modalidade, a justiça pública não aparece para atrapalhar ou anular a justiça privada, mas para complementá-la e garantir que o princípio da proporcionalidade seja protegido. Sempre que a vingança privada não ameaçar as demais famílias, ela deve estar fora da apreciação da justiça pública. Mas quando surgem elementos que usam o seu poder para barganhar compensações desproporcionais ou para receber penas que não reparam a parte ofendida, a justiça pública torna-se importante.

Vimos que o principal objetivo da justiça é preservar os direitos sobre a vida, a liberdade e a propriedade, atuando sempre que uma parte provoca um desequilíbrio nesses direitos. Para agressões contra a propriedade, é relativamente fácil alcançar a proporcionalidade da reparação. Contudo, para alguns crimes contra a liberdade e a vida, a compensação só é possível com a entrega da vida do agressor. Existem crimes, como estupro, pedofilia e latrocínio, que a entrega da vida do agressor é apenas parte do processo de compensação. Nem a mulher que foi estuprada nem os pais da criança que foi abusada sexualmente deveriam ter que lidar com a ideia de que os bandidos que praticaram tais atos estão sendo mantidos vivos em alguma instituição sustentada com o dinheiro dos impostos que pagam.

Do mesmo modo, eles também não deveriam lidar com a perspectiva de que os criminosos ficarão presos por um número limitado de anos e que, depois de um tempo, estarão livres até para serem seus vizinhos. Alias, nem mesmo eu nem você deveríamos ter que lidar com isso também. Existem crimes cuja compensação ultrapassa qualquer número de anos que o criminoso fique preso ou qualquer valor que ele possa pagar. **Desse modo, em muitos casos, se a pena de morte não estiver disponível no processo de compensação, a reparação jamais será alcançada e não estaremos falando de justiça. Assim, por definição, um sistema penal que não contempla a pena de morte não estará**

fazendo justiça, mas perpetuando a injustiça sempre que ela tiver que ser aplicada e não for.

Códigos penais que não contemplam a pena de morte ou que impõem limites à pena aplicada aos mais monstruosos crimes são perpetuadores de injustiças e convidam os doidos a sofisticarem cada vez mais as suas maldades. A justiça deve ser aplicada para que *"os que ficarem a ouçam e temam, e nunca mais tornem a fazer tal mal no meio de ti"*. Quando ela não existe, os que ficam não ouvem e não temem, e voltam a fazer o mal no SEU meio e no MEU meio. Inocentes SOFREM quando não há justiça e é por isso que o Brasil se tornou um dos países mais perigosos do mundo. Como vimos, para haver justiça, deve haver proporcionalidade na reparação: *"vida por vida, olho por olho, dente por dente, mão por mão, pé por pé"*. Quando não há proporcionalidade, não há justiça. Quando a vítima não é reparada, não há justiça.

Infelizmente, vemos uma tendência de desvalorização da vida nas sociedades ocidentais, caracterizada pela adoção de políticas penais que expressam um desdém criminoso pela segurança pública. O carro-chefe dessa tendência é a proibição da pena de morte em todos os países do mundo, campanha projetada para dar um tiro certeiro na concepção ocidental de justiça. Até mesmo o Vaticano engoliu esse papo-furado e retirou do seu ordenamento a pena de morte em 1969. Abandonando uma tradição milenar de manutenção da justiça, Paulo VI simplesmente resolveu ser mais que seus antecessores e abraçou a agenda da esquerda.

No Concílio de Trento (ocorrido entre 1545 e 1563), a igreja romana já havia decidido: ***"É lícito em juízo condenar à morte aos homens e tirar-lhes a vida. A segunda classe de morte permitida é a que pertence aos juízes, a quem se deu o poder de impor a pena de morte, em virtude da qual castigam os homens criminosos e defendem os inocentes de acordo com as leis e o que resulta do juízo.*** *Cumprindo realmente com esse dever, não só não são culpados de morte, como se ajustam perfeitamente à lei divina, que proíbe o homicídio"*.

O próprio Concílio concluiu que a pena de morte serve para o bem da vida humana: ***"Porque, tendo esse mandamento por fim olhar pela vida e a conservação dos homens, cuidam igualmente disso as penas impostas pelos juízes, que são os vingadores legítimos dos crimes, para que, reprimindo com castigos a audácia e a maldade, esteja segura a*** *vida humana. E assim disse Davi: Pela manhã exterminava a todos os criminosos do país, para extirpar da cidade do Senhor a todos os que obravam mal"*.

Do mesmo modo, Santo Agostinho escreveu em A Cidade de Deus: *"Algumas vezes, seja como lei geral, seja por ordem temporária e particular, Deus ordena o homicídio. Ora, não é moralmente homicida quem deve à autoridade o encargo de matar, pois não passa de instrumento, como a espada com que fere.* **Desse modo, não infringiu o preceito quem, por ordem de Deus, fez guerra ou, no exercício do poder público e segundo as leis, quer dizer, segundo a vontade da razão mais justa, puniu de morte criminosos"**.

No livro de Daniel, uma mulher chamada Suzana se recusa a fazer sexo com dois velhos juízes. Eles então conspiram contra ela e tentam fazer o povo apedrejá-la, acusando-a de ter buscado dormir com eles. É quando Daniel aparece para salvar a vida dela, provando a contradição no relato dos velhos. Ele conclui dizendo a um deles: *"Velho perverso! Eis que agora aparecem os pecados que cometeste outrora em julgamentos injustos, condenando os inocentes e absolvendo os culpados; no entanto, é Deus quem diz: não farás morrer o inocente e o íntegro. (...)* **Eis aqui o anjo do Senhor que, segundo a sentença divina, vai dividir teu corpo pelo meio"**.

Ou seja, quando se opta pela hipocrisia e se abandona a justiça, as pessoas morrem e o caos prevalece. A pena de morte é uma ferramente eficiente para preservar a vida dos inocentes, tanto que sete dos dez países com menor índice de homicídio do mundo têm pena de morte. E é justamente a mentalidade de direita que tem mantido esse instrumento de proteção da vida. A disposição da direita em rejeitar posições hipócritas apesar da pressão social está diretamente relacionada à consciência de sua missão de defender a vida.

3.2. Sobre a Liberdade

Por que a liberdade é importante? Por que na mentalidade da direita a liberdade também é um valor, e não mais uma variável política de um objetivo utópico? Por que reconhecemos o direito à liberdade como algo sagrado? Veja, em 1776 os americanos criaram um documento chamado Declaração de Independência dos Estados Unidos da América. Nele, eles pregavam: *"Nós temos essas verdades como autoevidentes, que todos os homens são criados iguais, que eles recebem do Criador certos direitos*

INALIENÁVEIS, dentre os quais o direito à VIDA, à LIBERDADE e à busca da felicidade".

Entenda que não foi por acaso que aqueles princípios, que depois se propagaram para o restante do mundo, foram desenvolvidos justamente em uma sociedade cristã. No documento, são estabelecidos parâmetros morais objetivos de valorização da vida, da liberdade e da busca pela felicidade (que para mim é um outro nome para *"liberdade"*). É interessante como não se tentou dar uma justificativa para considerar o direito à vida, à liberdade e à busca da felicidade como *"inalienáveis"*: eles simplesmente estabeleceram que têm *"essas verdades como autoevidentes".* E eles nem precisavam justificar: a sociedade americana naquela época era completamente cristã. Ou seja, TODOS viam essas verdades como autoevidentes.

Esse é o espírito da direita: nós temos como verdade autoevidente que recebemos de uma entidade superior certos *"presentes"* (a vida, a liberdade e a propriedade). E quanto mais alguém tem o respeito à vida como um valor, mais fácil fica de entender por que o direito à liberdade é importante. **Se a vida é um valor, então é lógico que os meios de preservá-la devem ser especialmente protegidos. Para que possamos proteger a vida e multiplicar sobre a terra, temos que ter LIBERDADE para usar nossa PROPRIEDADE nesse propósito.**

Se pergunte: qual a legitimidade de uma lei que tira a sua liberdade de se defender? Qual respaldo tem uma lei que cassa a sua liberdade de possuir os meios para preservar a vida dos seus entes queridos? Qual é o embasamento moral de uma lei que tira a sua liberdade de trabalhar como vendedor de armas, projétil humano ou lenhador para sustentar sua família? Todos esses exemplos mostram que a liberdade importa.

As pessoas têm visto suas liberdades sendo atacadas porque pararam de considerá-las como um VALOR. A liberdade, mais do que a vida, tem se transformado em uma variável política até mesmo na terra da liberdade. **Quando um povo aceita que o governo diga como o pão deve ser vendido, ele está só esperando votar *"democraticamente"* na cor das algemas que terá de usar.** As mesmas pessoas que votam para proibir feirantes de vender bananas por dúzia são as mesmas que marcharão contentes às urnas para decidir se as correntes que terão de usar serão de ferro ou de cobre. Pior, elas vão ficar felizes quando souberem que não vão precisar usar correntes vermelhas de ferro porque conseguiram o direito de usar algemas verdes de cobre. Sem saber, elas lutam pela própria escravidão.

Na mentalidade da direita, a liberdade é um VALOR. Ela não é uma variável política. Os esquerdosos adoram comparar a direita aos nazistas. Eles amam nos chamar de fascistas. Quando eu ouço isso, eu sorrio e respondo: *"Bem, o que me consola é que eu nunca, nunca, nunca li nenhuma citação de Hitler pregando liberdade econômica e privatização. O que me consola é que eu nunca vi aquele nacional-SOCIALISTA pregando a independência do cidadão perante o estado"*. Ou então, digo: *"Bem, eu quero o estado mínimo. São vocês da esquerda que buscam o estado total de Mussolini"*. A direita estima a liberdade porque ao mesmo tempo ela nos permite proteger e dar sentido às nossas vidas. Mas a liberdade tem valor apenas por isso? Na visão de mundo judaico-cristã, é importante que sejamos livres para fazer as escolhas que podem levar à nossa salvação espiritual. **Em nossa cultura, Deus pode escolher você se você escolher Deus.** Como é possível entregar ofertas e pagar os dízimos se o governo tira tudo que você tem? Como é possível ajudar o próximo se o estado não permite que você sustente nem a sua família?

Ou seja, sua liberdade é importante não só porque permite que você defenda melhor a sua vida. Ela também é importante por questões relacionadas a conceitos como salvação, felicidade e realização. Como é possível estar realizado se o governo proíbe você de ser o que você quer? Como é possível ser feliz se o estado não deixa você perseguir sua felicidade? Como você pode ser salvo se o governo tira a responsabilidade de suas decisões? Todas essas questões estão relacionadas à liberdade que todos devem ter para perseguir seus interesses.

O comprometimento da liberdade pode até ser aceito por um cidadão livre, mas como exceção, nunca como regra. E geralmente essas exceções têm a ver com a própria defesa da liberdade. **Por exemplo, é natural que os defensores da liberdade concordem com a privação da liberdade de alguém que pratica um sequestro ou outra violência contra a liberdade de alguém. Ocorre aqui um caso parecido com o que vimos acima: a pena de morte acaba com a vida daquele que tira vidas, testemunhando então em favor da vida.** De qualquer modo, na maioria das vezes o controle proposto pelo cidadão livre não vai afetá-lo, a menos que ele tenha a tendência de desrespeitar a vida, a liberdade e a propriedade dos seus próximos.

Liberdade de Expressão, Crença e Costumes (Gálatas 4:16: *"Por acaso me tornei vosso inimigo apenas por declarar a verdade?"*): a primeira frente na defesa prática da liberdade é ser livre para pregar uma opinião ou comunicar uma informação. **Enquanto a crença é individual e influencia as vontades do indivíduo, a expressão é a ação de externalizar suas opiniões e pensamentos.** São poucos os casos em que alguém de direita concorde com algum tipo de política que impeça o simples fato de expressar uma opinião. É mais comum que partidos de esquerda defendam propostas que, de algum modo, dificultam ou comprometam a comunicação entre as pessoas. Na antiga União Soviética, em Cuba, na Coreia do Norte, na Líbia de Muammar al-Gaddafi e em outros países onde o socialismo foi implantado, os jornais e televisões foram todos estatizados. Em países socialistas, os súditos do estado não podem ter mais de um meio para se informar. As informações, as opiniões e a verdade são criadas e controladas pelo governo.

Em estados onde a esquerda avançou, o governo criou uma rede de pilantras pagos com dinheiro público para dar uma *"opinião oficial"* ao povo. Exemplo disso é a porcaria da TV Brasil, um cabide de empregos para socialistas e artistas decadentes. Ao mesmo tempo, são criadas dificuldades para a atuação dos meios de comunicação privados, por meio da administração política de concessões de sinais de TV e de rádio. Isso aconteceu no Brasil, na Argentina, na Venezuela, enfim, em todos os países onde o povo foi burro o suficiente para colocar a esquerda mais radical no poder. Mas até em democracias consolidadas (como os países da Europa Ocidental e os Estados Unidos) o avanço da mentalidade de esquerda provocou agressões à liberdade de expressão, seja por meio de leis, seja pela promoção do *"politicamente correto"* e da *"cultura das minorias"*.

O politicamente correto e a cultura das minorias trabalham de mãos dadas para controlar a opinião pública em países ocidentais. Primeiro se forma um grupo de pessoas com interesses comuns, como os homossexuais. Depois, se inventa um termo para demonizar e marcar qualquer um que se oponha aos interesses do grupo, como *"homofobia"*.

O mesmo se vê com os movimentos negros e o uso abusivo da palavra *"racista"* contra qualquer um que não concorde com suas propostas. Com a ajuda do estado, se cria uma rede de apoio mútuo para infernizar a vida do cidadão que simplesmente não quer que seu filho seja exposto ao homossexualismo ou que se opõe às políticas de minorias. Com políticas direcionadas, a esquerda transforma cursos de ciências humanas em fábricas de macaquinhos domesticados para defender o politicamente correto. Com recursos internacionais, ela financia a ascensão desses macaquinhos ao editorial de jornais e revistas, tornando cada vez mais difícil a livre expressão da opinião. E o resultado é um mundo cheio de macaquinhos adestrados guinchando *"homofóbicos"*, *"racistas"* ou *"intolerantes"* contra qualquer um que não concorde com eles.

O que complica ainda mais é a estratégia socialista de criar um universo de gente supersensível. Pessoas que chamam você das piores coisas possíveis, mas que não suportam serem chamadas de *"feias"*, *"gordas"* ou *"burras"*. **A esquerda faz isso colocando na cabeça dessas pessoas uma ideia perversa que envolve o controle sobre o seu direito (sim, o SEU direito) de expressão: a ideia de que elas podem DETERMINAR a forma como VOCÊ deve se referir a elas.** Por exemplo, Joãozinho se torna homossexual e quer ser chamado de Mariazinha. Se você não o chamar de Mariazinha, ele acha que está no direito de processar você. Outro exemplo é o sujeito que nasceu amarelo, mas foi adestrado a se considerar preto e mesmo assim acha um absurdo quando alguém o chama de preto. Ou o caso de alguém que nasceu pintado de preto e que não quer ser chamado de negro. São situações que envolvem o controle da expressão e que se tornaram comuns, mesmo quando não há nenhum preconceito envolvido.

Os devaneios loucos da esquerda fizeram com que no III PNDH fossem colocados projetos para *"desconstruir os estereótipos relativos às profissionais do sexo"*. Alguém pode me dizer como é que se desconstrói a imagem que o povo tem de prostitutas? De tão absurda, a ideia é até engraçada. No mesmo documento, há a proposta de *"considerar o aborto como tema de saúde pública, com a garantia do acesso aos serviços de saúde"*. Esses exemplos mostram como o desrespeito à liberdade de expressão se traveste de politicamente correto para controlar o discurso. Primeiro são criadas leis para *"desconstruir"* palavras e *"considerar"* coisas.

Depois, quem não aderir ao *"idioma oficial"*, pode ser processado, perseguido ou chamado de *"intolerante"* sem poder fazer nada. De repente, uma garota de programa não é uma mulher que faz sexo por dinheiro e não está mais sujeita a um número de doenças que afetam a vida dela. De uma hora para outra, o assassinato de bebês não é mais *"considerado"* um crime e passa a ser *"tema de saúde pública"*.

Isso mostra como a liberdade de expressão também está relacionada à proteção da vida. Quando o governo tenta controlar o discurso para dizer o que as pessoas devem pensar, jovens desesperadas podem achar *"menos arriscado"* se prostituir e casais ignorantes podem pensar que abortar é um direito. Outro exemplo de como o politicamente correto pode perpetuar a ameaça contra a vida, é o discurso racista que muitos movimentos negros têm adotado. Eles fazem de tudo para jogar os negros contra os brancos. Eles inventam perseguições que não existem e criam ídolos para cantar a raiva contra a *"burguesia"* e a *"elite branca"*. Algumas facções acrescentam até elementos islâmicos ao movimento, tornando-o ainda mais radical. E qual é o resultado? Um estudo recente sobre a violência nos Estados Unidos mostrou que 81% dos brancos são mortos por negros e apenas 16% são mortos por outros brancos. Só por isso, poderíamos dizer que são os negros que são racistas. Entretanto, quando se analisa o perfil das vítimas negras, a situação piora: 97% dos negros foram mortos por outros negros e apenas 2% foram mortos por brancos.

As outras mortes ocorreram em confronto com a polícia, que mesmo assim matou MAIS BRANCOS. Onde está o racismo e a perseguição? O discurso vitimista dos movimentos negros não permite que seus membros se perguntem por que eles estão SE MATANDO. O controle do discurso e o politicamente correto criam esse tipo de situação. O resultado é que há uma tendência cada vez maior para que os crimes de negros contra brancos tenham um perfil racista. Ou seja: negros que matam brancos apenas porque aprenderam a ter raiva deles. Algo parecido tem acontecido no Brasil: a juventude pobre é domesticada com raps *"politizados"* que falam da opressão policial contra os *"pobres bandidos"* que só querem assaltar em paz. O resultado é a criação de um monte de idiotas com raiva dos policiais, dispostos a atacá-los sempre que têm a oportunidade.

E quando alguém se levanta contra essa agenda, há todo um ataque organizado da mídia contra a *"resistência"*. Quando as pessoas passam a usar a VERDADE contra o discurso oficial da esquerda, elas são atacadas pelo establishment globalista. Esse ataque à livre expressão da verdade já havia sido sentido por Paulo quando se dirigiu aos gálatas. Foi isso que fez com que ele dissesse: *"Por acaso me torno vosso inimigo dizendo a verdade?"*. A sina da esquerda por controle chegou a esse ponto: as pessoas estão tendo medo de dizer a verdade. A intenção é passar uma mensagem a todos que não se ajustam ao discurso oficial: tenham medo de dizer a verdade. E é dessa forma que surgem as maiores agressões à própria verdade. É isso que torna cidadãos livres em escravos de um enredo falso criado por imbecis.

Por isso a liberdade de expressão é vista pela direita como uma das maiores garantias para a manutenção da liberdade e da vida. Todas as tentativas socialistas de assumir o poder envolvem ataques à liberdade de expressão: seja por meio do controle do discurso (politicamente correto), seja por meio da criação de robozinhos hipersensíveis (transformação da expressão de críticas ou de verdades em agressão e crime), seja por meio do controle dos meios de comunicação (leis ou regulamentações). **Já a mentalidade da direita segue outro caminho: ela é favor do livre discurso, da maturidade dos cidadãos e da liberdade de comunicar.** O limite justo é a ameaça à vida no contexto moral já descrito. Um palhaço pode ser contra visigodos ou palhaços, mas quando começar a pregar a atitude agressiva contra a vida de visigodos e palhaços torna-se justo retaliar de alguma forma. Se torna mais justo quando o idiota dá nome ao visigodo ou ao palhaço. Entretanto, todos concordam que esses casos são exceções. Em regra, quanto mais o cidadão se sentir seguro para dizer o que pensa ou declarar sua opinião, melhor. E quanto mais meios ele possuir para se expressar, melhor.

Outra liberdade associada à expressão é a liberdade de costume. Aos poucos, o direito de fazer coisas toscas (ou legais) está sendo perdido no mundo que praticamente inventou o direito de fazer coisas toscas (e legais). Querem proibir a caça, as touradas, os circos e até rodeios sertanejos. E a reação contra essa violência à liberdade de costume me parece muito fraca quando olhamos o que estamos perdendo. **O**

costume é a manifestação prática de um conjunto de crenças. Nesse sentido, todos os costumes que não comprometem a vida, a liberdade e a propriedade de terceiros, devem ser respeitados ou tolerados. Note que na esquerda é mais ou menos comum *"não tolerar"*. Parece que todos os anos eles se reúnem numa grande orgia gay que termina em um sorteio com o próximo alvo que será atacado. Eles já sortearam a caça, as pesquisas com animais, os casacos de pele, o uso de sacos plásticos, as cantadas, os rodeios, as vaquejadas, as touradas, o fumo, enfim, essas orgias nunca acabam bem para as nossas liberdades.

Veja a quantidade de coisas que a esquerda não tolera. Ela não tolera católicos conservadores. Ela não tolera evangélicos. Ela não tolera os ruralistas. Ela não tolera quem caça. Ela não tolera música sertaneja. Ela não tolera pagode. Ela não tolera os norte-americanos. Ela não tolera combustíveis fósseis. Ela não tolera a emissão de gás carbônico. Ela não tolera brinquedos que lembram armas. Ela não tolera brindes em redes de fast food. Ela não tolera piadas de humor negro. Ela não tolera a polícia militar que a protege. Ela não tolera empresários bem-sucedidos. Ela não tolera a venda de pão por unidade. Ela não tolera carros grandes. Ela não tolera cidadãos armados. Ela não tolera muita coisa. Mas você, meu amigo de direita, que é intolerante. Pelo menos é isso que os dementes (como aqueles robozinhos que trabalham na GloboNews) pensam. Cristãos chamam homossexuais para suas igrejas querendo o bem deles. Ruralistas plantam gerando mais emprego para quem mora no campo. Caçadores caçam para oferecer banquetes aos amigos. Defensores da legítima defesa se armam para proteger seus vizinhos. Empresários arriscam seu capital para movimentar a economia. Policiais arriscam suas vidas até por quem não merece. E enquanto a esquerda odeia todos eles, é a direita que é acusada de intolerante.

Mas claro que há limites para a expressão prática dos costumes. Os ataques à vida, à liberdade e à propriedade devem ser punidos. Não se pode dizer que a proibição para matar alguém é uma agressão à liberdade de costume. Não se pode dizer que punir aquele que prejudica as liberdades de outras pessoas é atuar contra a liberdade. Nem que o castigo para aqueles que roubam é um limite intransponível na defesa da liberdade. A liberdade está (ou deveria estar) subordinada à vida e aos elementos que a sustentam. Um bandido que invade sua casa alegando que é livre, está comprometendo a sua vida naquilo que lhe protege. Um vândalo não pode destruir seus meios de trabalho alegando que é livre e que a liberdade de destruir coisas antecede a manutenção do trabalho alheio. Um pedófilo não pode abusar sexualmente de crianças alegando que a liberdade de costume (como o casamento de adultos com crianças em países islâmicos) antecede a integridade física e moral delas. Uma mulher não pode tirar a vida do filho em sua barriga alegando que a liberdade sobre seu corpo antecede o direito à vida do bebê.

Entretanto, esses limites são necessários para a própria manutenção da liberdade. Não se espera que haja muita liberdade em comunidades que praticam a mutilação genital feminina, por exemplo. Nem em sociedades onde a escravidão é encarada como normal. Ou seja, a liberdade de costume não permite que alguém prejudique o próximo sem sua autorização consciente. Mas o fato é que apesar desses casos, a mentalidade de direita é bem tolerante. Ninguém por aqui vai proibir você de sacrificar galinhas para oferecê-las com farofa ao seu deus. Ninguém vai incomodar você porque quer se vestir diferente (nós podemos até achar ridículo, mas incomodar, nós não vamos). Ninguém vai proibir você de se mutilar (voluntariamente) como penitência em sua crença. Ninguém vai tentar proibir você de usar a sua propriedade para plantar ou produzir. Nem vai obrigar você a pensar antes de gastar milhões de dólares em um rabisco que poderia ser feito por uma criança de quatro anos de idade que não desenha bem. E ninguém vai achar um absurdo se você gosta de caçar. Nada disso coloca em risco a vida e a liberdade das outras pessoas.

A mentalidade de direita é tolerante não porque concorda ou gosta de tudo, mas porque a liberdade também é um dos seus valores. Se a liberdade não fosse um valor, mas apenas a vida, talvez a direita se manifestasse contra práticas perigosas com mais frequência. Contudo, não temos nada contra fast food, dietas doidas, práticas perigosas, esportes radicais ou tradições controversas. **Muito pelo contrário: o posicionamento de defesa da liberdade pede garantias para que as pessoas possam seguir e manter os seus costumes.** Por exemplo, uma situação que se tornou frequente é a proibição de alguma coisa só porque se acredita que ela se tornou obsoleta, como aconteceu recentemente com as lâmpadas incandescentes. Os promotores do socialismo venderam a ideia de que, como a lâmpada incandescente gasta mais energia que a fluorescente, ela pode ser proibida. Logo os zumbis robóticos da esquerda estavam fazendo passeatas para proibir lâmpadas incandescentes. Para eles, não importa se, por uma questão de estética ou gosto, o sujeito as prefere. Não importa se ela é mais barata e os mais pobres têm mais condições de comprá-la. O que importa é o controle e a proibição. Logo, se proíbe um produto inofensivo apenas porque um grupo *"achou melhor"*.

Outro exemplo é o da caça. A campanha cultural nas grandes cidades conseguiu convencer as pessoas de que a caça é ruim. Elas foram convencidas de que caçar é uma maldade e que o animal tem mais direitos que o caçador. Em muitos casos, o caçador caça como lazer. Isso gera emprego para guias, para os fabricantes de armas, para os montadores de munição e até para as redes hoteleiras. Mas a mentalidade das antas animalistas é que o direito do animal está acima de todas as relações humanas e dos meios de subsistência daqueles que estão inseridos na cadeia produtiva da indústria da caça. Outro exemplo recente é a proibição das vaquejadas, que são festivais onde vaqueiros perseguem as vaquinhas, derrubam elas pelo rabo e as laçam no chão. O melhor vaqueiro ganha um prêmio. Para o cidadão verde que vota em tartaruga, isso tudo é um absurdo e deve ser proibido. Dane-se a profissão dos vaqueiros. Dane-se se aquela é uma prática comum no meio rural. O que importa na mentalidade da esquerda é PROIBIR. QUALQUER COSTUME SÓ PODE EXISTIR SE ELA QUISER. Por outro lado, foi a mentalidade de direita que levantou aqueles que se posicionaram em favor das vaquejadas.

Portanto, a direita abraça uma liberdade de costume que tem seus limites, mas que é muito mais abrangente do que outras alternativas. Até mesmo porque a liberdade de costume pode reforçar a manutenção da família, valor ligado à manutenção e reprodução da vida. Há muitos costumes dentro do seio familiar que não são apenas tolerados, mas justamente incentivados como forma de proteção da vida. Por exemplo, quando um pai bate no filho ou uma mãe coloca a filha de castigo, pode parecer um absurdo do ponto de vista da relação entre dois adultos desconhecidos, mas esses costumes são tolerados por estarem sujeitos a um princípio maior (o da família). O mesmo ocorre em relação às atividades que se tornaram polêmicas, como o arremesso de anões, a caça ou os rodeios. Essas liberdades estão relacionadas à subsistência e à manutenção da vida, mostrando como esse dueto vida-liberdade é capaz de criar um sistema mais livre do que aquele que tem apenas a vida ou só a liberdade como valor. E com certeza inspira um modelo político com muito mais liberdade do que um ancorado no controle e na igualdade.

Liberdade de Troca (Êxodo 20:15: *"Não roubarás"*): outra liberdade essencial na mentalidade da direita é a que nos permite trocar o que é nosso sem interferências de terceiros. Já vimos como parte do respeito que temos pela propriedade é herdada da cultura judaico-cristã. Quando estava ditando os mandamentos para Moisés, Deus pensou numa forma GENIAL de acabar com os socialistas: no oitavo mandamento, ele deixou claro *"Não roubarás"*. Desse mandamento deriva praticamente toda a dor de cabeça que os socialistas têm com os judeus, os cristãos e nossa cultura. E para garantir que os homens não comprassem o papo-furado da *"guerra de classes"*, ele determinou: *"Não cobiçarás as coisas dos outros"*.

Roubo não é troca. Distribuição de renda não é troca. Roubar dos ricos para dar aos pobres não é troca. Troca envolve algumas coisas que muita gente não se dá conta. Para haver uma troca é necessário: pelo menos duas pessoas; cada uma delas com algo para ser trocado; o interesse delas pela troca; a disposição das duas para se desfazer de algo que têm para receber algo que não têm, e; que as duas CONCORDEM com os termos de troca (como a quantidade e a qualidade dos bens). **Ou seja, ela precisa de pelo menos duas pessoas VIVAS com autoridade sobre as suas PROPRIEDADES e com LIBERDADE para trocar nas proporções e nas formas que bem entenderem.** E nesse processo OBJETIVO e MATERIAL esqueça qualquer papo-furado que você ouviu sobre o *"valor"* de um produto. Quando duas pessoas livres estão trocando, elas dão o valor que acharem melhor para aquilo que querem. O *"valor"* de um bem não é uma medida coletiva, pois ele depende do quanto o indivíduo está disposto a dar para recebê-lo. Você pode estar disposto a pagar mais por uma água dependendo da sua sede, mesmo que ela seja da mesma marca e tenha o mesmo sabor. Você até pode comprar uma água de pouca qualidade, por um preço mais caro do que o que está acostumado, dependendo do contexto. Mas você ESCOLHEU gastar mais por aquela água. Seu cérebro disse a você que vale a pena comprá-la, naquela condição e por aquele preço. Deixa de ser troca quando você é OBRIGADO a realizar a transação. **Se alguém obriga você a se desfazer de algo em condições que você NÃO CONCORDOU, isso não é uma troca, mas um tipo de apropriação ou roubo.** Mesmo que se tenha deixado algo para *"compensá-lo"*. A situação ideal de troca é a de um mercado: ali, todos trocando dinheiro por produtos nas condições mutuamente acordadas.

O cidadão pode até achar que o preço de algo está caro, mas se ele compra é porque ele acha JUSTO se desfazer de algo seu (um valor em dinheiro) para ter aquele bem. **Da mesma forma, o mercado (ou qualquer loja) é um lugar onde as pessoas vão para vender dinheiro ao dono de outras mercadorias.** Ninguém pensa nisso, mas num comércio não é só você que está comprando: o vendedor também está. Só que você está comprando produtos e vendendo dinheiro e o dono está comprando dinheiro e vendendo produtos. Pedir para qualquer uma das partes concluir a transação sem que ela concorde com os termos, é um tipo de violência contra a liberdade e a propriedade. Interferir nesse processo, obrigando o vendedor a se desfazer do seu produto em condições específicas (favoráveis ou não), é uma agressão ao direito dele. Manipular esse processo, forçando o comprador a satisfazer sua necessidade com um produto de qualidade diferente (melhor ou pior), é uma agressão ao direito dele. E a única instituição que tem poder para fazer dessas agressões uma rotina é o ESTADO.

Suponha um país onde o estado monopoliza a exploração e distribuição de petróleo. Ele vende esse petróleo estabelecendo uma proporção de adulteração (mistura com álcool, por exemplo) para ganhar mais. Se ele não permite que você tenha acesso a petróleos de outras qualidades, ele está agredindo a sua liberdade de troca. Uma empresa não tem poder para isso. Se ela possuir muitos recursos, ela poderá comprar algum político socialista para criar um monopólio para ela, mas terá NECESSARIAMENTE que usar o estado. Um vendedor não tem nenhum poder para proibir você de comprar em outras lojas, mas o estado tem. Por outro lado, o estado pode determinar que você só possa vender o que tem de um determinado modo. Quando você é OBRIGADO a se desfazer de algo que é SEU de um modo que você NÃO ESCOLHEU, sua liberdade já foi agredida.

Hoje em dia vemos casos bobos de agressão à liberdade de troca que acabam prejudicando a liberdade (e até a vida) das pessoas de uma forma mais ampla. Por exemplo, imagine que você é um tecelão amish em um país que obriga os vendedores a usar equipamentos eletrônicos para registrar as vendas. Os amish são membros de uma seita que não permite o uso de equipamentos eletrônicos. Uma regra que OBRIGA o uso de computadores necessariamente fere a liberdade de costume de um amish, mas também agride a sua liberdade de troca. O amish pode comprar um computador para emitir notas fiscais do jeito que o estado quer, mas a sua liberdade de trocar o que produz da forma que bem entender foi comprometida. Ele é OBRIGADO a comprar um aparelho eletrônico para manter a prática que lhe dá subsistência. E isso também terá um impacto no valor pelo qual está disposto a se desfazer do seu produto.

Vamos supor que o estado determina que a partir de agora os alimentos só poderão ser transportados em caminhões menores e com refrigeração. Todos aqueles donos de caminhões maiores e menos modernos NÃO PODERÃO trabalhar para produtores que estão perfeitamente dispostos a pagar por isso, apenas porque o governo resolveu determinar o MODO como um produto deve ser distribuído. Por outro lado, os agricultores terão que gastar mais para contratar os novos caminhoneiros e poderão repassar a diferença do valor ao consumidor. Nos dois casos, haverá uma obstrução na distribuição de comida que poderá afetar as famílias em suas VIDAS, seja pela escassez (temporária ou não), seja pelo preço (que podem se tornar tão altos que algumas pessoas não poderão comer).

Então, é muito fácil ver que um sistema onde as pessoas podem trocar o que têm sem obstáculos tende a manter ou ampliar as LIBERDADES, mas também tende a favorecer as condições de VIDA. Quanto mais fácil for o processo de troca, mais rápido alguém poderá satisfazer a sua demanda. Os bens irão chegar com mais rapidez aos consumidores e atenderão as necessidades do povo com menos contratempos. Por exemplo, o acesso a armas pode dar mais liberdade de movimento a uma família, tanto no meio selvagem quanto no urbano. O acesso a automóveis dá mais liberdade para conhecer novos lugares e novos mercados. O contato com um serviço de internet dá mais liberdade para alcançar novas informações e opções de emprego.

Mas, principalmente, o acesso aos alimentos ou aos produtos necessários para a manutenção da VIDA pode ocorrer com mais estabilidade e frequência, fazendo a humanidade florescer até em lugares onde não se espera.

Suponha que você está em uma cultura que condena a agressão contra a vida, mas onde as trocas são proibidas. Se você só souber cortar lenha, você não vai conseguir sobreviver e alimentar sua família. Se você só puder plantar, não vai conseguir proteger seus filhos do frio. Se você não souber fazer uma arma, corre o risco de ser morto por um animal ou um ladrão. Desse modo, a troca não é apenas importante para a sobrevivência: ela também permite que se viva com conforto. Ou seja, a justificativa moral da liberdade de troca não permite controles estúpidos, já que tais restrições afetariam DE FATO a forma como as pessoas mantêm suas vidas.

Mas do mesmo modo que vimos os limites aceitáveis à liberdade, não queremos que haja uma troca irrestrita de bombas nucleares, vírus mortais ou raios paraplegicadores. Quanto tempo vai durar uma cidade onde se vende ebola na farmácia ou granadas de antimatéria no supermercado? O que significa que um julgamento sobre a possibilidade de eliminar a vida de terceiros entra na função para calcular as fronteiras da liberdade de comércio. **Eu até posso ficar com um pé atrás ao propor limites ao comércio de bombas de fusão nuclear ou à venda de plutônio em supermercados, mas temos que ser realistas sobre as possibilidades de ter problemas se todos tiverem em suas casas uma bomba que pode explodir toda uma cidade ao toque de um botão.** Imagine se em todo controle de TV houvesse um botãozinho com as palavras *"lançar bomba atômica"*. Por mais que seja difícil dizer isso, eu não quero viver em um mundo onde qualquer um possa ter acesso a esse controle. Seria muito chato ter que mudar de bairro toda vez que um vizinho chamado Mohammad comprasse uma TV nova.

Um caso mais controverso é a legalização de algumas drogas. Digo algumas drogas porque muitas já são legalizadas (como os cigarros, os charutos, as bebidas alcóolicas e os cursos de graduação em sociologia). Eu acho que há proibição demais e que algumas substâncias conhecidas como drogas deveriam ser liberadas sem nenhum controle. O DHEA (desidroepiandrosterona) e a fosfoetanolamina (a famosa *"cura do câncer"*) são proibidas ou controladas no Brasil, mas podem ser encontradas com facilidade nos Estados Unidos ou em alguns países europeus. Eu mesmo tomo DHEA e nunca senti nenhum efeito colateral, apenas efeitos positivos na minha saúde. Do mesmo modo, creio que não deveria haver limitação para a venda da sibutramina, GH e outros suplementos. Normalmente as pessoas consomem coisas perfeitamente legítimas e que não devem ser tratadas como *"bens coletivos"* com uma *"função social"* a ser cumprida. Não se pode tratar o que é de alguém (qualquer bem que você sabe que PODE ter) como um objeto sujeito a um controle social ou coletivo. Na mentalidade da direita, não há muita diferença entre tabelamento de preços e roubo. Se você tem um bem, ninguém pode obrigá-lo a se desfazer dele por um valor que você não concordou. Se o dono do supermercado quer vender papel higiênico em pacotes de dez, ninguém pode obrigá-lo a vender por unidade. Se o padeiro quer vender os seus pães por unidade, ninguém pode obrigá-lo a vender por quilo. Afinal, de quem é o pão? Do padeiro, seu ou da sociedade? De quem são os papéis higiênicos? Do governo ou do português do mercadinho?

Países pobres geralmente chegaram onde estão porque têm uma massa de idiotas que não enxerga que tabelamento de preços, de salários ou de quantidade de produção são formas de ROUBO. Se você é obrigado a se desfazer de algo SEU por um preço que NÃO CONCORDOU, ou trocá-lo por algo que você NÃO PRECISA, qual é a diferença disso para roubo? Nenhuma. E por que seria diferente para o padeiro, para o comerciante ou o doleiro? O governo não pode dizer que você tem que vender esse seu computador ou essa sua camisa por um preço que você não quer. Alias, ele nem pode obrigá-lo a vender. Se o estado força você a trocar o seu carro por um papel de bala ou um cadarço de tênis, você foi roubado. Se ele força qualquer pessoa a vender suas coisas de um modo que ela não concordou, ela foi roubada. E por reconhecer isso, a mentalidade de direita busca proteger a liberdade de troca.

Representatividade (1 Samuel 8:4: *"Então todos os anciãos de Israel se congregaram, e vieram a Samuel, a Ramá, e disseram-lhe: Eis que já estás velho, e teus filhos não andam pelos teus caminhos; constitui-nos, pois, agora um rei sobre nós, para que ele nos julgue, como o têm todas as nações. (...) E Samuel orou ao Senhor. E disse o Senhor a Samuel:*

Ouve a voz do povo em tudo quanto te dizem, pois não te têm rejeitado a ti, antes a mim me têm rejeitado, para eu não reinar sobre eles"): você leu a passagem acima? Não? Então leia, porque ela é importante. Ela fala de como os judeus queriam abandonar sua liberdade sob os juízes para se entregar à autoridade de um *"rei"* que diria o que eles deveriam fazer para serem grandes. Ela fala de um povo que se esqueceu de que para ser grande, basta ouvir o que Deus tem a dizer. Eles não queriam apenas um rei: eles COBIÇAVAM um rei. Eles queriam um rei *"como o têm todas as nações"*. Era o sintoma de um povo que já desistiu de ser livre (imagine então o povo que abandona o direito de comprar pão por unidade). Não é por acaso que Deus respondeu a Samuel dizendo que eles *"não te têm rejeitado a ti, antes a mim me têm rejeitado, para eu não reinar sobre eles"*. Quando o indivíduo abandona uma de suas liberdades para se entregar aos desmandos dos homens, ele está só esperando para ser feito de escravo.

Representatividade é uma palavra que expressa bem o que a direita pensa sobre sistemas de governo. O estado NÃO DEVE ser visto como uma entidade suprapessoal que está acima do indivíduo. Ele deve ser visto como uma ferramenta que deve estar sob o controle dos adultos livres que são afetados por suas ações. Ele deve ter LIMITES intransponíveis. Para o cidadão de direita, o país ideal é uma república onde os municípios tomam as decisões mais importantes (segurança interna e administração da justiça), seguidos dos estados e da federação (se houver necessidade disso). O órgão central (a federação ou união) deve apenas manter e garantir uma constituição com os valores que devem ser protegidos (como os direitos à vida, à liberdade e à propriedade), além de cuidar da defesa coletiva (ou seja, proteger a vida para manter a liberdade e a propriedade do povo) e a coordenação entre os estados integrantes.

No processo de independência dos Estados Unidos, os colonos justificaram a separação com o argumento de que se não tinham representantes no parlamento britânico, também não tinham nenhuma obrigação de pagar impostos. Afinal, os impostos são usados em um aparato que afeta os pagadores. Se é para participar de uma vaquinha onde não se pode palpitar o que será comprado, qual a diferença disso para um assalto? Pense no caso de um ladrão, chamado Robin Hood, cuja profissão é *"roubar do rico para dar ao pobre"*. Só que o arco de Robin

Hood quebrou e ele tem que comprar outro. E como a profissão dele é ROUBAR, ele vai ter que tirar o dinheiro de alguém para comprar o novo Max Arrow 3000. Então ele vê você na floresta, todo pimposo, com seu tênis moderno, sua camisa bonita e seu livro legalzão e pensa: *"esse daí é um dos meus contribuintes"*. Ele se aproxima com uma pedra e ameaça agredir você caso não participe da vaquinha. Imaginou tudo isso?

Agora pense que você é um adulto que recebe mais do que a primeira alíquota do imposto de renda. Suponha também que Robin Hood seja o nome do seu país e que o arco Max Arrow 3000 tem um outro nome, digamos, Receita Federal. Se você for um adulto livre que não tem nenhum poder sobre as ações de Robin, você foi assaltado, meu amigo. E se você está pensando *"e não é que esse Robin Hood era um filho da puta?"*, você está no caminho certo. **O que eu quero dizer é que é natural que os homens se organizem em torno de governos (sejam municípios, países ou condomínios), mas que as ações desses governos só são justas quando aqueles que os sustentam e são afetados por suas políticas PARTICIPAM, de algum modo, do processo de decisão.** Se o estado toma o que você produz e não permite que você opine de algum modo (mesmo que seja por meio de representantes mentirosos), sua relação com ele não é nada diferente da de um escravo e seu dono. E não foi por acaso que a independência dos Estados Unidos produziu vários slogans legais como *"Me dê a liberdade ou me dê a morte"* e *"Sem taxação se não houver representação"*.

A representatividade deve ser vista como um instrumento da justiça (daquela mesma que serve para preservar a vida) e da preservação da liberdade. Você até pode ser obrigado, de modo legítimo, a fazer o que entidades maiores mandam você fazer, sem participar do processo de decisão. Você até pode ser forçado a ir a locais que você não gosta e comer coisas que você detesta, de modo legítimo. Mas isso se você for uma criança sendo educada pelos pais. Contudo, se você for um adulto nessas mesmas situações, você não é nada mais do que um escravo. **Na mentalidade da direita, a formação de um estado só se justifica moralmente se ele for uma ferramenta nas mãos de adultos, não para incentivar o "bem-estar coletivo", mas para garantir e defender esses valores que são tão estimados pelo ser humano (a vida, a liberdade e a propriedade).**

O princípio da representatividade na mentalidade da direita determina que certos limites devem ser respeitados no estabelecimento de qualquer governo formado para organizar as relações entre as pessoas que formam um grupo. Qualquer governo que ultrapassar tais limites deixa de ser legítimo, pelo menos moralmente, e passa a se apoiar puramente na força para se manter. Idealmente, a legitimidade moral de um governo pode ser limitada ao ponto de que todas as suas ações permanecerão restritas àquilo que jamais irá afetar os direitos e garantias fundamentais dos seus cidadãos (direito à vida, à liberdade e à propriedade). Toda a ação governamental que ultrapassar tal limite será considerada injusta e amparada puramente em sua força, de modo que se não houver um sistema de representação para a população anular ou reparar essa ação, corre-se o risco de perpetuar a injustiça e até ampliá-la.

Desse modo, na visão da direita, a democracia pura não é o melhor sistema, uma vez que a maioria pode decidir de tempos em tempos romper aqueles limites que serviriam para manter a legitimidade moral do governo. Mas essa rejeição da democracia pura não significa rejeitar a representatividade, muito pelo contrário. Em uma democracia, uma maioria pode decidir que uma minoria deve ser simplesmente eliminada, o que certamente vai afetar a representatividade nesse sistema. Ou então, se nessa democracia as cidades forem muito distantes e a maioria se concentrar em uma dessas cidades, a maioria pode estabelecer que a votação só será feita no local mais próximo de suas casas, comprometendo a capacidade de voto da minoria.

Por isso, a direita costuma buscar um sistema republicano, com uma constituição que imponha limites à atuação do estado, de modo que ele nunca chegue a ter que se apoiar em sua força para buscar legitimidade. De fato, boa parte das constituições contemporâneas (inspiradas no exemplo norte-americano) não surgiram como uma tentativa de controlar o povo ou promover o *"bem-estar social"*. Elas surgiram para garantir a vida, a liberdade e a propriedade do povo. Isso significa que a representatividade não é vista como uma ferramenta para controlar os membros de um grupo, mas para preservar a liberdade dos que participam dele (até porque a liberdade, como vimos, é ESSENCIAL para preservar a vida).

Resumindo: na concepção da direita, um sistema representativo nunca poderá passar de certos limites. Explicando de outro modo: o sistema representativo deve seguir um acordo que imponha LIMITES MORAIS à manifestação da vontade coletiva. Explicando melhor: todos os cidadãos que formam um estado devem (ou deveriam) ter consciência de quais LIMITES querem que ele tenha para julgar a legitimidade das ações dele. Infelizmente, muitas pessoas ainda hoje entendem o estado como se fosse uma entidade que pode NÃO TER LIMITES. E quando ele não tem limites, a representação delas fica comprometida. E com o comprometimento da representação, elas perdem a liberdade. E sem liberdade, elas colocam suas vidas em risco.

3.3. Sobre a Propriedade

Propriedade é uma situação de domínio que vincula algo a alguém. Quando alguém adquire algo justamente (não roubou de ninguém), pode-se dizer que esse algo pertence a essa pessoa. A cultura judaico-cristã foi a primeira a estabelecer a propriedade privada como um dos valores principais porque o próprio Deus se encarregou de criar um mandamento para protegê-la. Ele mandou que respeitássemos até mesmo a propriedade dos nossos inimigos. Mas por que Deus se preocuparia tanto com ela para criar um mandamento só para dizer que quem violasse a propriedade do próximo iria para o inferno? Por que Ele estabeleceu apenas *"Não roubarás"* e não *"Não roubarás, exceto se a propriedade não estiver cumprindo sua função social, blá, blá, blá"*? O respeito à propriedade é tão importante que Ele criou um outro mandamento só para dizer que até mesmo COBIÇAR o que é do próximo é pecado. Por que tanta preocupação com a propriedade?

E você? Você considera a propriedade privada importante? Você acha que as coisas alheias devem ser vistas como *"de propriedade comum"*? Melhor: você acha que AS SUAS COISAS podem ser usadas por qualquer um? O militante socialista sempre acha que a propriedade dos outros deve ser mais socializada do que a dele. Mas o que eu quero saber é de onde VOCÊ deriva o respeito que tem pela propriedade alheia? Digo, até pouco tempo eu era ateu, mas eu já via o direito à propriedade como algo que devia ser protegido. Eu tinha o VALOR do respeito à propriedade. Eu podia não acreditar em céu e inferno, mas eu sabia que roubar era errado e que eu deveria respeitar a propriedade dos outros. Por que eu pensava assim mesmo sendo ateu?

O motivo é que o direito à propriedade é uma garantia para os demais direitos. Você não consegue garantir sua liberdade sem os meios (propriedade) para isso. Você não consegue manter sua vida sem liberdade para responder às ameaças que surgem contra ela. Então, por outro caminho, a vida precisa de liberdade e a vida é a única coisa que se põe acima da liberdade no dia a dia. Mas a liberdade precisa de meios (de propriedade), pois sem as ferramentas adequadas, você pode perder sua condição de pessoa livre. Sem meios, você é pobre e fraco e não conseguirá proteger sua esposa da ameaça ou os seus filhos da fome. Sem propriedade, os cidadãos são fracos e feitos de escravos por estados fortes. A propriedade é uma garantia contra os eventuais excessos do estado e um seguro contra crises imprevistas. No Brasil, os maiores inimigos da esquerda se caracterizam por seus meios: não há nada que um petralha tenha mais medo do que um empresário bem-sucedido ou um pastor milionário. Não há nada que um estado perdulário tenha mais medo do que uma população que PODE cobrar a conta.

Por isso a propriedade é tão importante. E também deve ser por isso que Deus Se preocupou tanto em criar os meios para que a Sua criação vivesse e PROSPERASSE com vida e liberdade. E essa preocupação não busca apenas resguardar a propriedade dos ricos: ela é ESPECIALMENTE importante para proteger os pobres. Por exemplo, no século passado, um idiota chamado Giovanni Montini (também conhecido como Paulo VI) escreveu uma aberração chamada Populorum Progressio. O documento defende a relativização explícita da propriedade privada. No texto, ele prega: *"Ninguém tem direito de reservar para seu uso exclusivo aquilo que é supérfluo, quando a outros falta o necessário"*. Eu entendo que muitos humanistas idiotas (como o próprio Montini) pensam que estão fazendo a coisa certa ao dizer que a propriedade deve ser compartilhada e que a sua defesa intransigente só beneficia os ricos. Mas quando eles dizem que não reconhecem como legítimo aquilo que é do próximo, qual propriedade estará mais ameaçada: a do rico que trabalhou para construir muros e comprar armas ou a do pobre desarmado e desmurado?

Por isso o respeito à propriedade é tão importante. Quando um idiota como São Basílio diz algo como *"O pão que guardas em tua dispensa pertence ao faminto, como pertence ao nu o agasalho que esconde em teus armários"*, ele não está prejudicando os ricos a quem tanto odeia, mas aos pobres. Quando o idiota diz que o *"sapato que apodrece em tuas gavetas pertence ao descalço, ao miserável pertence a prata que ocultas"*, ele não está fazendo outra coisa além de sinalizar: ROUBEM. O que ele está fazendo é dizer aos invejosos: *"aquilo que vocês querem e está no armário, na dispensa e no cofre do próximo, é de vocês"*. Logo, muita gente vai pensar: *"Bem, se eu tenho algo que está com alguém, nada mais justo do que eu ir até a casa dele e buscar"*. E o maior problema (além da propagação dessa estupidez) é que o pobre mora do lado de outro pobre. E o caminho entre o pobre e o rico costuma ser gradual, com várias casinhas com famílias que SE ESFORÇARAM e TRABALHARAM para acumular um pouco e diminuir as incertezas e inseguranças que SÃO PRÓPRIAS DA VIDA (como desemprego, crises e catástrofes). E será justamente dos seus vizinhos pobres que o invejoso vai roubar em primeiro lugar.

O ladrão vai preferir sempre o caminho mais fácil. Então adivinha quem ele vai preferir roubar: o vizinho pobre que nem tem portão ou o vizinho rico que tem um muro alto e uma porta blindada? O discurso dos cretinos que relativizam a propriedade é CRIMINOSO. Mas é pior do que isso: quando esse papo-furado é repetido muitas vezes, o fraco pensa que TEM DIREITO sobre a propriedade do próximo. O problema não é mais que tal bem não pertence ao vizinho: o problema passa a ser que aquilo é DELE (do fraco, do invejoso) e se está na casa do vizinho é porque foi ROUBADO. Então o bandido justifica seu roubo com essa besteira de *"função social da propriedade"*, usando a violência para *"recuperar"* aquilo que ele foi induzido a acreditar que é dele. É uma loucura (mas note que é uma loucura que até alguns *"santos"* pregaram). No fim, temos uma sociedade com uma periferia perigosa onde os pobres sofrem com o discurso da propriedade coletiva. São eles que sofrem com a relativização da propriedade, não os ricos.

Então, o primeiro passo para propagar o caos em uma sociedade é abalar as fundações da propriedade. O golpe inicial não é necessariamente uma ordem de confisco ou impostos tão altos que empobrecem os cidadãos. **A decadência começa com a ideia de que aquilo que você tem não é tão seu; a ideia de que a propriedade não é**

tão propriedade; o pensamento de que o *"Não roubarás"* é um mandamento transitivo. Quando a sociedade compra essa ideia, ela está pronta para entregar a própria propriedade e, com ela, sua liberdade e sua vida. Ainda assim, isso não ocorre tão rapidamente, porque algo na cabeça das pessoas diz que elas dependem das SUAS propriedades. Elas querem seguir esse novo mandamento, elas querem acreditar na *"função social da propriedade"* e na sua relativização, mas elas não querem abrir mão das SUAS propriedades. Por isso que o próximo passo da agenda socialista é colocar a sociedade CONTRA ELA MESMA. É criar GUERRA DE CLASSES. E então vemos a esquerda pregando aumentos de impostos para *"o rico"*, proibições comerciais para *"o empresário"*, ataques contra as terras *"dos fazendeiros"*, campanhas contra os recursos *"das igrejas"*. **Sempre é mais fácil fazer os invejosos atacarem o que é dos outros do que cederem de boa vontade o que é deles.**

Nós podemos estar vivos e ter liberdade, mas se não temos recursos para lutar por nossas vidas e por nossas liberdades, perdemos tudo. Portanto, o direito à propriedade importa não porque *"é legal ter coisas"* (que é), mas porque apenas com propriedade conseguimos preservar os demais valores. E mesmo quando não parece ser o caso, qual o embasamento moral para dizer que ninguém tem direito de reservar para si algo considerado supérfluo? Pode não ser a melhor coisa do mundo, mas dizer que não se tem um direito sobre o que é seu é uma estupidez. Além do mais, por acaso estamos em um mundo tão previsível e seguro que não precisamos criar reservas e excedentes em tempos de bonança? Por acaso deixaram de existir os imprevistos, os acidentes, as catástrofes e as crises? Quando não houver nada disso, até haverá argumentos para dizer que não é necessário acumular bens e criar reservas, mas ainda assim ninguém poderá dizer que tal pessoa não tem autoridade sobre o que é dela.

As pessoas, ricas ou pobres, buscam juntar reservas o tempo inteiro. Todos querem mais de um sapato, seja para exibi-los, seja para não ficarem descalços quando um deles furar, seja para se adequar às ocasiões que a sociedade impõe. Todas as mulheres querem mais de um vestido, seja por vaidade, seja porque não querem ficar nuas caso um deles rasgue, seja para atender às diversas exigências da sociedade moderna. Todos querem ter uma geladeira farta, seja para ter o que comer quando todos os restaurantes estiverem fechados, seja para receber visitas com um ar de dignidade. **Por isso, na mentalidade da direita, ter propriedade é bom. Ela é a garantia da liberdade.**

Proteção da Propriedade (Êxodo: *"Se alguém furtar boi ou ovelha, e o degolar ou vender, por um boi pagará cinco bois, e pela ovelha quatro ovelhas (...). Se encontrares o boi do teu inimigo, ou o seu jumento, desgarrado, sem falta lho reconduzirás"*): já vimos que o capitalismo tem uma série de características positivas que ajudam as pessoas a se proteger das ameaças contra a vida, a liberdade e a propriedade. O meio capitalista para garantir essa proteção se chama mercado que, quanto mais livre for, melhor. Pense no mercado como um grande galpão onde as pessoas se encontram para conseguir o que querem ou se desfazer do que não querem. No mercado, pessoas se encontram livremente para trocar o que produziram. Claro que há espaço para situações imperfeitas, mas há limites. **Podem existir mercados onde pessoas sem tanta liberdade se encontram para trocar itens de uma lista limitada de bens imposta por uma autoridade maior. Essa é uma realidade que aos poucos se torna presente em muitos lugares do mundo.** Contudo, a direita atua no sentido de não permitir que isso ocorra e reverter essa situação onde ela já se tornou realidade (impondo garantias ao direito de propriedade). Se as pessoas querem TER os meios para defender as suas vidas e as suas liberdades, é bom que elas tenham ACESSO a eles. O mercado é um *"objeto"*. Ele é formado pela oferta e pela demanda de uma pluralidade de pessoas. Sem pessoas livres para trocar no mercado, nem há mercado. É normal ouvir críticas onde verdadeiros ignorantes personalizam o mercado e atribuem a ele vontades ou intenções que são típicas dos seres humanos. **Mercados não pensam e nem fazem projetos, são os homens que escolhem e planejam. São as pessoas que eventualmente podem se enganar em suas relações, não o mercado. Isso porque MERCADO NÃO É GENTE. Dizer que o mercado é injusto é o mesmo que dizer que** *"um grupo grande de pessoas escolhendo trocar livremente o que possuem"* **é injusto.**

Outra besteira vendida hoje em dia é que *"o mercado escraviza"*. Veja bem, dizer que o mercado escraviza é como dizer que *"uma instituição que consiste no encontro livre de pessoas para trocar aquilo que possuem pelos termos que acharem melhor"* escraviza. A única forma de um ser humano escravizar outro é fugindo dos fundamentos do mercado: seja com leis que proíbem a reunião pacífica do povo (como em áreas de conservação ambiental), seja com regras que limitam a liberdade de escolha (como com a regulamentação ou proibição da venda de certos produtos), seja com a proibição do acesso a algo (como as políticas de desarmamento).

O mercado tem outros pontos positivos. O primeiro é que há uma tendência para que todos sejam tratados do mesmo modo. Poucos estão interessados no perfil de quem vai comprar ou vender para eles. O que as pessoas querem é satisfazer suas necessidades. Se alguém tem dinheiro, ele consegue o que quer no mercado. Dinheiro não discrimina ninguém (afinal, dinheiro é só um objeto). Você pode ser um pária social, mas no mercado vai encontrar alguém com quem fazer negócio. Se você trabalhou direitinho e juntou dinheiro para comprar algo de qualidade, você vai conseguir o que quer no mercado. Isso nos leva ao segundo ponto positivo: a diversidade de opções. Quanto mais gente participar desse mercado, mais opções as pessoas terão para atender suas necessidades. E um terceiro ponto é que o mercado não costuma cobrar entrada. Qualquer um que tenha o que trocar pode entrar nele.

Portanto, é bom defender o mercado, tornando-o cada vez mais livre e próspero. Sua defesa também é uma forma de permitir que os agentes se responsabilizem pelas suas ações. Uma política de esquerda muito comum é distribuir dinheiro para cada empresa falida que aparece dizendo estar em crise. O estado entra no jogo para tirar o SEU DINHEIRO e garantir a sobrevida de empresas mal administradas apenas para manter alguns empregos. Ou seja, ele tira do povo que está passando pela mesma crise para concentrar recursos nas mãos de empresários incompetentes e políticos populistas que muitas vezes são os verdadeiros responsáveis pela crise. Não seria bom se todos os empresários que entraram numa fria não pudessem contar com o SEU dinheiro para se recuperar? Não seria bom se os grandes bancos e as grandes montadoras não tivessem acesso à SUA poupança para sobreviver a uma crise? **Então, a mentalidade da direita busca exatamente limitar o acesso de políticos populistas e empresários incompetentes ao seu bolso.**

O fracasso econômico dos países subdesenvolvidos repete sempre a mesma história. Você trabalha e ganha o seu dinheiro para criar uma poupança privada. O governo então aparece e diz que algumas empresas enormes estão em crise e precisam da SUA poupança. **Ou** seja, o PREJUÍZO PRIVADO daquelas empresas precisa ser SOCIALIZADO com VOCÊ. Então, o governo vem e pega uma parte da sua poupança, transformando-a em LUCRO PÚBLICO, só para PRIVATIZÁ-LO para meia dúzia de milionários que precisam menos daquele dinheiro do que você.

Então, o que fazer para acabar com essa farra? A resposta da direita para impedir que seu dinheiro seja confiscado por qualquer motivo idiota, é bem simples: LIMITAR O PODER QUE O GOVERNO TEM DE INTERFERIR NA ECONOMIA. Deve haver limites para o governo interferir no mercado. Esses limites devem ser claros e objetivos. Não se pode criar planos mirabolantes de salvação econômica sempre que algumas empresas dizem que vão quebrar. **Nem há nada de errado em deixar que os próprios agentes que tomaram decisões idiotas se responsabilizem por isso. Esse é o jeito adulto de se viver.** Mas para isso, é importante que o povo se acostume com a ideia de que empresas quebram e crises acontecem. E que ninguém deve ser obrigado a entregar seu dinheiro para compensar o prejuízo causado pelas decisões equivocadas de um punhado de empresas. **Por isso, a direita crê que é essencial defender a poupança dos cidadãos das garras do governo.**

Um dos grandes problemas do mundo contemporâneo é que muita gente ainda não internalizou o valor da propriedade. Suponha, por exemplo, que você não tem o costume de estocar gasolina e comida, mas que seu vizinho tem. Imagine então que os caminhoneiros entrem em greve, ou que acontece uma grande catástrofe, que causa a escassez de comida e gasolina. O seu vizinho, que foi precavido, começa a vender latas de milho e garrafas de gasolina por um valor vinte vezes maior do que o original. Você acha que ele tem direito de colocar os preços lá em cima ou você é uma daquelas pessoas que iriam pedir ao governo para exigir que ele vendesse seus estoques a um preço menor? **Um grande contratempo da prosperidade de uma nação é a quantidade de pessoas dispostas a tratar aquilo que é do próximo como seu ao primeiro sinal de instabilidade.**

É mais frequente que as pessoas expressem esse instinto libertário quando se deparam com outro dilema. Imagine que você tem o costume de estocar água e comida e que seu vizinho não tem. Sua cidade entra em crise e o acesso a esses bens se torna tão escasso que você sente que poderia vendê-los por um preço cinquenta vezes maior. Você acha que o vizinho tem algum direito sobre aquilo que você estocou no período de bonança? Você poderia colocar seus recursos à venda, claro, mas também poderia administrá-los para garantir o bem-estar da sua família e dos seus amigos durante essa crise. **É justo que o governo imponha a socialização dos seus recursos, só porque você foi mais prudente e esperto que os outros quando estava tudo bem?** Para a direita, a manutenção da autoridade das pessoas sobre seus recursos deve ser preservada nos dois cenários.

Enfim, não adianta nada o reconhecimento ao direito de propriedade se não houver uma preocupação em garantir que aquilo que as pessoas adquirem permaneça com elas (até que elas deem ou vendam). Ou seja, é importante que haja mecanismos para que as pessoas confiem na autoridade que elas têm sobre suas coisas. Melhor ainda: é importante que haja meios para garantir a autoridade das pessoas sobre seus bens, e que haverá retaliação caso alguém não respeite essa relação. Por isso é comum que a direita defenda propostas relacionadas à garantia do direito de portar armas, de um bom sistema policial e de um aparato de segurança pública confiável, dirigido para a proteção da vida, da liberdade e da propriedade das pessoas.

Propriedade do Trabalho (2 Tessalonicenses 3:10: *"Porque, quando ainda estávamos convosco, vos mandamos isto, que, se alguém não quiser trabalhar, não coma também"*): você se sente dono do seu trabalho? O trabalho é uma das propriedades mais importantes que alguém pode ter. O trabalho é uma propriedade especial, que nasce com as pessoas e morre com elas. Em muitos casos, as pessoas *"ganham"* o que precisam para sobreviver, mas na maior parte das vezes elas *"conquistam"* a sobrevivência por meio do trabalho. Quando o mundo acaba, quando uma catástrofe ocorre, quando a tempestade leva tudo que alguém tem, as pessoas sempre podem contar com o próprio trabalho para recuperar tudo. Por isso ele é tão importante. E é por isso que a direita busca garantir que os homens sejam livres para negociar o trabalho com a maior liberdade possível.

Só que o trabalho não é um bem como qualquer outro. Ele está vinculado ao seu dono de forma que, de fato, ele não pode ser vendido, apenas alugado. As pessoas trocam frações de tempo de trabalho em troca de algo que querem (como dinheiro, por exemplo). O trabalhador vai ao mercado negociar sua mão-de-obra, o trabalho DELE, de modo que não é bom que o governo ou sindicatos digam a qual preço ou em que condições ele deverá aceitar a transação. O trabalho é uma PROPRIEDADE do cidadão, que deve ter toda a liberdade para dizer quanto quer e em quais condições irá alugá-lo. É assim que a direita vê o direito ao trabalho. O trabalho é do cidadão, não do estado ou do sindicato. As condições de troca só podem ser terceirizadas COM CONSENTIMENTO do trabalhador, caso ele se filie LIVREMENTE a um sindicato, por exemplo.

Imagine você agora. Não sei se você trabalha ou quanto ganha, mas vamos supor que você conseguiu um emprego que paga R$ 2 mil por mês. Você concordou com o salário. O comprador concordou em pagar esse valor. E os dois estão felizes com a transação. Mas então vem o governo e diz que vai criar um salário-mínimo para defender você (note o estado sempre diz que está tentando ajudar você em tudo que ele faz). Ele estabelece um salário-mínimo de R$ 3 mil. Então você vai falar com o seu empregador e ele diz que não tem R$ 3 mil e que não poderá continuar empregando você porque o GOVERNO NÃO DEIXA. Você até diz *"Ei, tudo bem! Eu trabalho por R$ 2 mil. Não tem problema"*. Mas ele responde que não pode fazer isso porque o governo, de tão bonzinho, resolveu contratar um exército de cretinos para aplicar multas pesadas em quem descumprir a lei. **Então você se dá conta de que, graças ao governo, está DESEMPREGADO**.

Para a direita, até pode haver acordos coletivos para negociação de salários, desde que sejam voluntários. O que não pode ter é essa aberração que temos no Brasil (e em boa parte do mundo pobre) onde o trabalho parece não ser do cidadão. O estado determina a maior parte das condições de troca do trabalho e o trabalhador não tem muita liberdade para aceitar nem reduções de pagamento para manter o emprego. O estado impõe um salário-mínimo que exclui um bom número de pessoas, justamente aquelas que têm menos condições de se aperfeiçoar e progredir. Além disso, as relações de trabalho no Brasil podem ser mais fortes que um matrimônio. Não é em todo lugar que se pode colocar uma placa na fachada da loja dizendo: *"Oferece-se emprego a R$ 20 a hora, por duas semanas"*. O estado logo se mete na transação para criar um vínculo trabalhista mais difícil de desfazer que um casamento. Não é à toa que tantos apelam para o mercado informal.

Mas o Brasil é um caso especial de superfascismo trabalhista. Você já ouviu falar que a CLT (Consolidação das Leis do Trabalho) foi inspirada na Carta del Lavoro da Itália fascista? Creio que todo mundo já ouviu isso. Mas você já LEU a Carta del Lavoro? E você já VIU a CLT? A CLT é uma bíblia com mais de novecentos artigos para dizer o que pode e o que não pode nas relações de trabalho aqui no Brasil. Já a Carta del Lavoro não tem mais que cinco páginas. **Vou repetir: a nossa CLT, criada em 1943 pelo ditador Getúlio Vargas, é um calhamaço com mais de NOVECENTOS ARTIGOS, enquanto a Carta del Lavoro dos fascistas, escrita em 1927, não tem mais que CINCO PÁGINAS**. Ou seja, não é verdade que a nossa CLT tenha inspiração fascista. Na realidade, o código trabalhista dos fascista parece um tratado de liberdade anarquista quando comparado com a nossa CLT. O código brasileiro é mais fascista do que os sonhos mais depravados dos fascistas. Por isso que no Brasil se criou uma sociedade que não está acostumada a ver o trabalho como seu.

Do mesmo modo que as demais propriedades de alguém, o trabalho não tem uma *"função social"*. A função do trabalho é puramente individual: garantir a subsistência do seu dono. Por isso, o *"não roubarás"* se aplica também ao trabalho. Não se pode relativizar a propriedade do trabalho com leis idiotas que terceirizam à força a sua negociação. E um dos motivos é que isso pode afetar a VIDA do cidadão, uma vez que ele pode ser perseguido se conseguir alugar o seu trabalho em condições consideradas desvantajosas. Ou seja, o desempregado não tem outra opção a não ser continuar procurando emprego ou se submeter aos cuidados do governo. Então note que essas leis que *"pretendem"* proteger o trabalhador acabam tirando parte da autoridade que ele tem sobre o próprio trabalho, comprometendo assim a sua independência. Países onde o trabalho é mais regulado têm mais desemprego e sofrem com uma economia menos dinâmica. Já onde o mercado de trabalho é mais livre, o país cresce e a economia é saudável.

Quando o governo e os sindicatos se juntam para infernizar a vida do povo, pessoas perdem o emprego e ficam tentadas a seguir aquela máxima: *"do suor do rosto do VIZINHO, comerás o pão"*. A mistura de um mercado de trabalho extremamente regulado com *"bolsas"* de subsistência sem nenhuma contrapartida cria uma massa de pessoas acostumada a não trabalhar e que depende dos programas de governo para sobreviver. Essa é a tendência comum quando as pessoas se deparam com esse tipo de situação. Paulo escreveu aos tessalonicenses recomendando que *"se alguém não quiser trabalhar, não coma também"*. Ele não teria dado tal conselho se não soubesse de casos onde algumas pessoas estavam se aproveitando da boa vontade e dedicação dos demais para comer. Os primeiros cristãos viviam em comunidades mais ou menos funcionais, onde todos trabalhavam para o grupo. Isso pode parecer bom, mas se não houver alguém como Paulo para colocar o dedo na cara dos vagabundos e mandá-los trabalhar, o sistema quebra rapidinho (e não é à toa que aquelas organizações não duraram por muito tempo).

Governo Mínimo (1 Timóteo 5:8: *"Mas, se alguém não tem cuidado dos seus, e principalmente dos da sua família, negou a fé, e é pior do que o infiel. Nunca seja inscrita viúva com menos de sessenta anos, e só a que tenha sido mulher de um só marido"*): as primeiras comunidades cristãs eram formadas por pessoas simples, que buscavam se ajudar para sobreviver às rigorosas perseguições que sofriam. Eram pequenas comunidades privadas, que tinham regras para ajudar principalmente os órfãos e as viúvas. Mesmo nessas pequenas e bem-intencionadas comunidades, era necessário criar regras para dar destino aos recursos escassos. Por isso que, em instrução a Timóteo, Paulo recomendou que a *"viúva com menos de sessenta anos"* não recebesse o auxílio financeiro da comunidade, *"e só a que tenha sido mulher de um só marido"* recebesse. Claro que aqueles primeiros cristãos eram bem-intencionados e gostariam de ajudar todo mundo, mas estamos em um mundo com recursos escassos e eles precisavam fazer o melhor com o que tinham.

Paulo também aconselhou Timóteo a dar atenção às pessoas mais próximas, principalmente à própria família, de modo que aquele que finge preocupação com o estranho, mas fecha os olhos para os próprios familiares, *"negou a fé"* e era considerado *"pior do que o infiel"*. Essa passagem da primeira carta a Timóteo mostra que Paulo teve que lidar com gente parecida com aquela figura moderna que diz querer salvar o mundo, mas não que não arruma a própria casa e é visto como um peso pela família. É fácil ver que o que está por trás desses conselhos é o discernimento sobre a economia dos meios. Para sustentar sua própria família, ou ajudar melhor a comunidade, os homens devem saber administrar bem os recursos que têm, e é nesse sentido que uma sociedade saudável precisa não só de um estado limitado, mas também de um GOVERNO MÍNIMO.

Vamos separar aqui as duas coisas: estado mínimo é uma organização politicamente limitada, sem poder nem legitimidade para determinar algumas coisas (como a abolição da propriedade privada ou a legalização do aborto, por exemplo, como vimos ao falar de liberdade); governo mínimo é uma estrutura executiva enxuta com limites materiais de atuação. Assim, uma das agendas da direita é buscar um governo materialmente limitado para que ele saiba administrar o que tem da melhor forma possível e focar as suas ações em suas funções principais (defesa interna, defesa externa e administração da justiça). Em geral, governo não gera riqueza: ele apenas a consome. Para um governo se sustentar, ele precisa pegar os recursos que foram produzidos por alguém. Ou seja, a relação cidadão-governo é um jogo de soma-zero: o governo só ganha dinheiro se você perde dinheiro, principalmente por meio de impostos.

A consequência é que quando o governo é muito grande, ele só ficou assim tomando a riqueza produzida por alguém. O cidadão fica, então, com menos recursos para cuidar da sua família e com muito menos para fazer caridade. Para entender o perigo de um governo muito grande, imagine um monge franciscano. Os franciscanos fazem voto de pobreza e vendem a imagem de que, apesar de não poder ter coisas, ajudam os pobres. Como uma pessoa que não tem nada pode ajudar os outros? O que eles fazem é pedir o SEU dinheiro para ajudar quem eles acharem melhor. Ou seja, quem trabalhou e suou para gerar valor foi você. Quem CEDEU o recurso foi você. Tudo o que o franciscano faz é pegar esse dinheiro e repassar para quem ele acha que precisa. Só que ele não passa TUDO que recebe para quem precisa: ele tem que ficar com uma parte, já que precisa comer, beber, se vestir e morar em algum lugar.

Agora imagine que o franciscano não está conseguindo fazer o que quer com o que recebe. Ele vê que tem gente com muito dinheiro que não está dando o que tem de forma voluntariosa. Ele se revolta e resolve que tem o direito de TOMAR as esmolas à força. Ele sabe que aqueles que têm mais dinheiro conseguem se proteger melhor, de modo que ele compra um arco-e-flecha com uma parte do que arrecadou anteriormente. A desculpa sempre é que ele precisa de dinheiro para *"ajudar os pobres"*. Claro que ele mesmo não vai trabalhar para ajudar os necessitados. Se ele já não trabalhava antes como franciscano e todos diziam que ele era bom, por que ele começaria agora? Ele agora passa a usar seu nome verdadeiro, *"Robin Hood"*, e investe o que *"confisca"* na manutenção do seu arco (que ele apelida de *"Receita Federal"*, você já conhece essa história) e na propaganda do seu slogan: *"Robin Hood: rouba dos ricos para dar aos pobres"*. O povo é manipulável. Ele compra esse papo-furado e trata Robin Hood como um herói.

O problema é que por mais que Robin tenha uma arma razoável e um grupo de pessoas chegadas, a sociedade livre SEMPRE cresce mais do que o seu pequeno grupo e até consegue comprar equipamentos melhores para se defender dele. Robin resolve que para manter o seu poder tem que se reinventar. Ele joga o arco fora e compra uma metralhadora (que continua com o mesmo nome), passa a usar seu sobrenome no lugar de Robin Hood (o nome dele é Robin Hood Vito Corleone) e investe em uma nova estrutura organizacional para roubar mais e melhor. Ele ainda nota que as pessoas têm problemas com essa palavra *"roubo"* e diz agora que está cobrando *"imposto"* delas. No final, Don Corleone criou uma organização que *"cobra impostos"* de quem achar melhor e pune aqueles que não participam da sua *"rede de proteção"*. **Infelizmente, os governos têm se tornado exatamente isso: um mafioso truculento que arrecada, não para resolver os problemas da sociedade, mas para manter o seu controle sobre o povo.**

Idealmente, os governos são criados com o objetivo de minimizar os atritos que surgem no interior das comunidades que os formam. O que é dizer que os cidadãos pagam impostos para sustentar um governo que não tem a própria existência como um fim. Os governos formados por consenso popular são apenas um meio. **Contudo, hoje o governo diz aos cidadãos que cobra impostos para *"ajudar os necessitados"*, mas usa o dinheiro para sustentar a si mesmo. Ou seja, O GOVERNO SE TORNOU A FINALIDADE DO PRÓPRIO GOVERNO.** Não pagamos, hoje, os impostos para diminuir a pobreza ou investir em educação: isso é o que o governo vende e o cidadão mediano aceita. Hoje os impostos servem basicamente para sustentar o governo. E todas as funções que são inventadas para ele servem apenas para dar uma justificativa bonitinha para esse esquema de opressão e confisco. **O seu dinheiro é para manter e AUMENTAR o número de metralhadoras do Don**

Corleone, ou seja, para garantir que você NUNCA DEIXE de estar sob o poder da máfia.

Mas então, como resolver isso? Oras, tendo consciência do que é o governo e tirando os recursos que ele tem. É importante não apenas acabar com a legitimidade moral de certas funções do governo, mas também garantir que ele sempre viva no limite de sua subsistência. Na visão da direita, um governo deve ser tão forte quanto for necessário para as suas atividades primárias: defesa interna, defesa externa e administração da justiça. O que passar disso deve ser visto com cautela e reprovação. Como sempre, nesses casos as exceções devem ocorrer (se ocorrer) apenas em níveis mais locais, como bairros e cidades, respeitando a superioridade da representatividade (liberdade) sobre alguns temas da propriedade. Mas em uma organização maior como a federação ou até mesmo o estado, é bom não deixar a fera crescer demais.

Uma situação importante para entender esse tema é estar confortável com a resposta daquela velha pergunta: imposto é roubo? Não há *"sim"* ou *"não"* nesse caso. A resposta é: *"depende"*. Então, a próxima pergunta pertinente seria: em quais casos é legítimo sonegar imposto? E para responder a essa pergunta basta olhar para todo o histórico de genocídios e mortes de governos que receberam muitos meios e poderes dos cidadãos. Por exemplo, imagine que você é um egípcio pagador de impostos. Você vê que o faraó determinou a morte de todo bebê judeu do sexo masculino. Pagar impostos seria dar as condições para o faraó pagar os soldados e as parteiras que matariam as crianças. Você continuaria pagando seus impostos em dia nessa situação? Suponha que você tivesse como sonegar sem que o governo egípcio soubesse: você sonegaria? Pagar o faraó, nesse caso, não é consentir com o assassinato dos bebês?

Imagine então que você está em um socialismo onde é obrigado a entregar quase toda a sua colheita ao estado. Você sabe que o governo é tão truculento quanto o norte-coreano. Mas você está em uma comunidade que consegue *"traficar"* parte da sua colheita aos seus vizinhos, em troca de outros benefícios, claro. Sabendo que a sonegação de parte da colheita não trará dores de cabeça à sua família, você continuaria entregando tudo ao estado? Mesmo sabendo que o governo socialista usaria esse dinheiro para matar e perseguir aqueles que não concordam com ele? Não é melhor *"deixar a besta morrer de fome"*? Muitas vezes, o próprio cidadão oprimido acaba vestindo o pagamento de impostos com um significado moral e acaba sendo vítima do próprio monstro que ele ajudou a alimentar.

O fato é que em muitos casos recentes foi o próprio povo quem pagou pela corda com a qual foi enforcado. O século XX viu a migração do uso do governo na proteção dos direitos fundamentais (vida, liberdade e propriedade) para outras funções inventados para criar *"crises sistêmicas"* e *"rupturas institucionais"*. As pessoas deveriam saber que quando os políticos estão falando em criar polícias de jardim, instalar milhares de radares nas ruas e proibir suas armas, a hora de tirar recursos do governo JÁ PASSOU. Quando as propostas mais conhecidas nas eleições são a construção de ciclovias e a proibição da exposição de saleiros em restaurantes, sonegar se tornou uma forma de fazer a coisa certa. Por isso, para a direita, não basta defender um estado limitado em seus poderes, também é necessário garantir que ele NUNCA cresça o bastante para começar a ter ideias mirabolantes.

3.4. A Direita e a Proteção dos Direitos Fundamentais

Durante séculos, o desenvolvimento do pensamento político esteve ligado à evolução do pensamento de direita. O fio condutor desse processo sempre foi a crescente consciência da importância dos direitos à vida, à liberdade e à propriedade e a busca para protegê-los e garanti-los da melhor forma possível. O resultado desse processo foi justamente a consolidação da direita política como entendemos hoje. Então, para fechar este capítulo, vamos detalhar as três características principais desse desenvolvimento, mostrando a importância da mentalidade de direita para a humanidade.

A primeira delas é que aqueles três direitos sempre estiveram em perigo. Em qualquer período da história é possível encontrar algum povo ou civilização que estava lutando para preservá-los ou consolidá-los. **Isso não acontece por acidente: sempre que surge um grupo buscando mais poder ou querendo impor um controle maior sobre uma região, as maiores resistências que ele pode encontrar são de pessoas (vidas), amparadas pelos seus próprios recursos (propriedades) e com autonomia (liberdades) para usá-los em sua própria defesa.**

Não é por acaso que a história é marcada por episódios onde parte do povo sai de um repouso inercial e forma movimentos organizados para proteger suas vidas, suas liberdades e suas propriedades. Esses episódios não ocorreriam se esses direitos fundamentais não fossem ameaçados de tempos em tempos, obrigando as pessoas a encarar os seus medos e enfrentar o perigo para recuperar aquilo que perderam. **Portanto, o surgimento da direita é marcado pelo heroísmo de parte da humanidade para se organizar e lutar para defender esses direitos quando eles são ameaçados, mesmo sem ter consciência objetiva desses direitos.**

Contudo, a segunda característica desse processo é que os momentos mais nobres da nossa história costumam ser aqueles onde as pessoas tomaram consciência de que tinham que lutar por aqueles direitos e venceram as forças que os ameaçavam (ou que não permitiam que elas usufruíssem deles). Mesmo aqueles episódios onde o povo fracassou (como a Inconfidência Mineira) costumam ser vistos de forma romântica pelas pessoas. A fuga dos judeus do Egito, a Constituição de Sólon, a Lei das XII Tábuas (450 AC), a Lei Canuleia (445 AC) e a Declaração de Direitos (de 1689) são exemplos desses momentos que temperam a história com a exposição do melhor que a humanidade tem a oferecer.

Nessa luta do povo contra aqueles que querem tirar os suas vidas, suas liberdades e suas propriedades, esses episódios mostram que é possível superar as dificuldades e vencer. Note que, em todos esses episódios, as pessoas se mobilizaram e se arriscaram para proteger aquilo que mais estimam. **Dessa forma, outra importante característica do processo de amadurecimento da direita apareceu quando certos grupos abriram os olhos para esses valores e não apenas lutaram e arriscaram suas vidas para defendê-los, mas para garantir que eles não fossem violados no futuro.**

E a terceira e mais importante característica é que os maiores progressos na direção da consolidação desses valores contaram, ou com um componente sobrenatural associado ao Deus judaico-cristão, ou se confundiram com um esforço para garantir e proteger a liberdade para adorar esse mesmo Deus. O primeiro caso é a própria apresentação dos Dez Mandamentos aos hebreus. As pessoas deviam ficar mais impressionadas ao descobrir que a primeira lei que se preocupou com a defesa da vida, da liberdade e da propriedade dos homens apareceu nas mãos de um povo recém saído da escravidão que estava vagando pelo deserto depois de fugir do Egito.

Igualmente impressionante é que aqueles princípios constantes dos Dez Mandamentos aparecem em praticamente todas as constituições que visavam proteger os direitos do povo que surgiram depois. Os Dez Mandamentos e a própria Lei de Talião apareceram nas mãos de um povo recém liberto da escravidão, no meio do nada, com um conteúdo revolucionário até para a nossa época. Mesmo para quem não acredita na intervenção divina, é espantoso que tais leis tenham sido tão claras quanto aos direitos que deveriam ser protegidos. Outra revolução impressionante nesse sentido, mas que poucos dão o devido valor, foi a própria implosão do Império Romano em um monte de feudos.

O crescimento do cristianismo na Europa foi essencial para a destruição das estruturas anteriores e a formação de uma sociedade que ficaria conhecida pela busca da descentralização e pela criação de mecanismos mais eficazes para defender as vidas, as liberdades e as propriedades dos seus membros. Note que a Carta Magna (de 1215), o Estatuto em Favor dos Príncipes (de 1231), o Tratado de Vestfália (de 1648) e a Declaração de Independência dos Estados Unidos (de 1776) foram todos forjados no seio dessa sociedade profundamente cristã, e todos eles defendiam princípios fundamentalmente ligados à liberdade de adorar aquele mesmo Deus.

No preâmbulo da Magna Carta, por exemplo, os nobres escreveram: *"Saibam que nós, por respeito a Deus e à salvação da nossa alma, e a de todos os nossos ancestrais e herdeiros, para a honra de Deus e exaltação da santa igreja, (1) prometemos diante de Deus, em primeiro lugar, e por esta nossa presente carta confirmamos por nós e por nossos herdeiros, para sempre, que a igreja da Inglaterra será livre e gozará dos seus direitos na sua integridade e da inviolabilidade das suas liberdades"*. Ou seja, o primeiro direito que os barões procuraram defender foi a liberdade de sua religião, que estava sendo ameaçada pelo monarca. A proteção dos outros direitos também foi contemplada no documento, que foi complementado séculos depois pela Declaração dos Direitos de 1689.

O próximo documento criado nessa linha foi escrito em 1231 no Sacro Império Germânico. O acordo começa evocando o *"nome da Santa e Indivisível Trindade"* para estabelecer proteções aos nobres e à igreja contra o poder do rei. Ele ficou conhecido como *"Estatuto em Favor dos*

Príncipes" e garantiu que no território da atual Alemanha prevalecesse um modelo político de principados mais ou menos autônomos, descentralizando o poder e garantindo mais liberdade aos membros do corpo político. Um tema comum desses documentos era a necessidade de deixar claro que o estado só poderia cobrar impostos com o consentimento daqueles que pagariam a conta.

Aquela máxima que apareceu na Declaração de Direitos de 1689 e inspirou a Declaração de Independência dos Estados Unidos de 1776, *"nada de impostos sem representação"*, já havia aparecido em sua forma quase final na Comunidade Polaco-Lituana em 1573, com os chamados Artigos do Rei Henrique. Além do direito de participação nas decisões relacionadas aos impostos, os artigos garantiam que os monarcas passariam a ser escolhidos por eleição, que os membros da comunidade teriam suas liberdades religiosas respeitadas e que os monarcas não poderiam criar novas leis sem a autorização do parlamento. De qualquer modo, foi nos Estados Unidos que essa relação entre a cultura cristã e o esforço para garantir aqueles direitos fundamentais apareceu em sua forma mais explícita.

A introdução e o preâbulo da Declaração de Independência dos Estados Unidos mencionam o relacionamento com Deus que aqueles colonos estavam defendendo ao entrar em choque com a mais poderosa força militar do seu tempo. Depois de se referir a Deus para justificar a luta para proteger aqueles direitos, o documento fala: *"Consideramos estas verdades como evidentes por si mesmas, que todos os homens são criados iguais, dotados pelo Criador de certos direitos inalienáveis, que entre estes estão a vida, a liberdade e a procura da felicidade"*. **Note que o documento cita o Criador mais uma vez para afirmar como verdade autoevidente que todos os homens são dotados de certos direitos INALIENÁVEIS, entre eles a vida, a liberdade e a procura pela felicidade.**

Assim, existe um componente sobrenatural fascinantes na evolução do pensamento de direita e sua organização como movimento político preocupado com a defesa da vida, da liberdade e da propriedade. Pela própria constatação de que esses três direitos oferecem um obstáculo enorme aos interesses de tiranos e poderosos, era mesmo de se esperar que em algum momento surgissem grupos organizados com um pensamento direcionado à defesa consciente da vida, da liberdade e da propriedade. De fato, a história nos mostra que os maiores avanços nessa direção ocorreram, ou por intervenção divina, ou por pessoas inspiradas pela mensagem, não de qualquer deus, mas do Deus adorado por judeus e cristãos.

E mesmo quando se adota uma visão cética desse processo, é inegável que os valores que fundamentam aquelas normas contemporâneas que buscam proteger nossas vidas e liberdades estão associados ao desenvolvimento de uma cultura que nasceu no deserto com os hebreus, floresceu na Europa cristã e, dali, se espalhou para o mundo. **Alguns podem alegar que não houve tal componente sobrenatural, mas de forma alguma podem dizer que a importância que a sociedade ocidental deposita naqueles valores fundamentais não está diretamente ligada a esse caminho traçado exclusivamente por homens e mulheres que acreditavam nesse componente.**

4. Sobre a Moralidade e os Valores da Esquerda

Todos sabem que pessoas de esquerda pensam e agem de forma diferente das pessoas que se dizem de direita. Isso ocorre porque elas têm outros valores, que as direcionam para comportamentos e opiniões diferentes. Claro que na torcida de um time ou numa escola, dificilmente conseguiríamos dizer quem é de direita e quem é de esquerda. Mas não é por acaso que se formos perguntar para *"artistas de rua"* e *"grafiteiros"*, a maioria se dirá de esquerda. Não é à toa que em cursos de filosofia e ciências sociais, a maioria se dirá de esquerda, enquanto em cursos de engenharia é de se esperar encontrar mais pessoas de direita. É mais fácil encontrar pastores pentecostais de direita do que de esquerda. O contrário ocorre com franciscanos, *"ciclistas organizados"* e ambientalistas.

De um modo geral, esquerdistas, socialistas e comunistas se entendem como se fossem parte do mesmo *"coletivo"*. No processo de imposição da *"sociedade perfeita"*, há uma agenda para capitalismos republicanos e outra para estados socialistas. As propostas dessas agendas podem nem sempre ser iguais, mas elas são inspiradas nos mesmos valores e são elaboradas para alcançar os mesmos fins. Por exemplo, a esquerda prega a redução da jornada de trabalho em regimes democráticos, mas em todos os países socialistas ela não só aumentou a jornada, como também criou penas rigorosas para atrasos e faltas. Nos dois casos, a intenção é a mesma: CONTROLAR O TRABALHO. Da mesma forma, em países capitalistas a esquerda ataca a família com uma agenda de imoralidades e idiotices, enquanto em países socialistas o homossexualismo pode ser punido até com a morte. Nos dois casos, a intenção é a mesma: CONTROLAR A FAMÍLIA. E o padrão se repete SEMPRE.

A tabela abaixo mostra os valores mais importantes da esquerda e o desdobramento deles em suas propostas e políticas. Basicamente, ela tem dois valores principais: o poder para mudar a realidade e a igualdade como imperativo moral. Cada um deles inspira um pedaço da agenda socialista tanto em regimes republicanos quanto em regimes autoritários. **Primeiramente, temos o poder, a projeção como valor da necessidade de controlar TUDO para alcançar um fim considerado legítimo.** Desse princípio derivam a promoção da guerra de classes, o fortalecimento do estado e a justificação dos meios para alcançar o fim.

Depois, temos a igualdade, que para se manifestar materialmente precisa ser formatada como ideologia (comunismo) e atropelar os fundamentos da propriedade, do trabalho e da moralidade (principalmente, da judaico-cristã).

Propostas	Políticas
Poder	
Guerra de Classes (Ira)	Cotas, promoção de atritos entre grupos (raças, gêneros, religiões), uso político de minorias (políticas afirmativas)
Fortalecimento do Coletivo (Gula)	Centralização política, enfraquecimento do indivíduo (desarmamento, aborto, despopulação), transformação de estados e municípios em meros executores das decisões do governo central, aumento de impostos, eliminação do direito de herança, estatização de empresas
Nova Moralidade (Orgulho/Vaidade)	Igualdade e submissão ao estado como valores principais do cidadão, elevação do combate à desigualdade ao status de valor moral principal
Relativismo Moral (Igualdade como forma de justificar oPoder)	
Igualdade Material (Inveja)	Promoção ativa da igualdade, busca pela igualdade material, adoção do socialismo e do comunismo, defesa da sociedade sem classes
Igualdade	
Combate à Propriedade (Cobiça)	Promoção de ideologias que criam conflitos com a propriedade: ambientalismo, direitos dos animais, função social da propriedade, regulamentação forçada do uso da propriedade, anticapitalismo, promoção de ideologias que promovem a pobreza e a miséria
Combate ao Trabalho (Preguiça)	Uso político de sindicatos, controle do mercado de trabalho, controle das condições de contratação (desvinculando do empregador o direito de decidir o que fazer com o seu dinheiro), propostas que tornam o trabalho menos eficiente e mais caro, redução da jornada de trabalho, imposição de piso salarial obrigatório
Combate à Moralidade (Luxúria)	Desvalorização da família, ataques à família nuclear (adoção de crianças por homossexuais, promoção do incesto, aceitação da pedofilia, popularização de relacionamentos incomuns), anticristianismo, fortalecimento de grupos anticristãos (satanistas, muçulmanos, nova era)

O desejo pelo poder para mudar a realidade e a visão da igualdade material como ideal de justiça é o que praticamente todo o esquerdista tem em comum. É fácil de entender como algumas pessoas acabam compondo seus códigos morais com esses dois valores. Como já vimos, eles são os primeiros com os quais entramos em contato. As pessoas aprendem as vantagens do controle desde que nascem, quando aprendem que precisam chorar e gemer para ganhar a atenção dos pais. Ao crescer, as crianças descobrem que nem sempre o choro funciona, tendo que desenvolver outras formas de controle para serem alimentadas e fazer o que querem. Quando se tornam mais espertas, elas passam a ver a vantagem da igualdade idealizada, onde todos podem ser iguais a todos. A busca pela igualdade é, em parte, a aceitação de que não se tem o controle sobre determinadas situações, fazendo com que a criança questione: *"por que minha mãe pode dizer o que eu devo comer e eu não posso dizer o que ela deve comer?"* ou *"por que o meu pai me bate e eu não posso bater nele?"*. Ela passa a querer ser IGUAL aos pais, desenvolvendo um senso de justiça primário que coloca a busca por essa igualdade infantil na frente da relação com as outras pessoas.

Mas então o sujeito cresce. E quando ele cresce, ou ele adota os valores civilizados da sociedade adulta ou ele continua com seus princípios infantis. Não foi à toa que Lênin escreveu o livro *"Esquerdismo: Doença Infantil do Comunismo"*. Basicamente, o livro é um puxão de orelha nas alas mais inflexíveis dos partidos comunistas da Europa que queriam empurrar agendas específicas sem as condições necessárias. No livro, ele critica a teimosia de líderes de esquerda que queriam pular *"fases"* da implantação do comunismo em seus países. Não que Lênin também não fosse movido por aqueles dois valores infantis, mas ele sabia que devia se adequar à realidade se quisesse vencer. De qualquer modo, é interessante que o próprio Lênin, ao se referir aos seus aliados mais descuidados, lembrou do adjetivo *"infantil"* para defini-los.

Esse caso também é interessante para mostrar a muito antiga relação entre o comunismo e a esquerda. O curioso é que Lênin era, ele mesmo, um esquerdista. Lênin não tinha dúvidas de que o esquerdismo era uma característica dos comunistas. Em seu livro, ele não apresenta diferenças fundamentais entre ele e os comunistas alemães, russos e britânicos que ele estava chamando de esquerdistas. Todos eles queriam implantar o socialismo e defendiam ideias radicais. Todos adoravam Marx e pregavam o materialismo histórico. Todos pregavam a revolução e queriam o comunismo. Todos propunham a guerra de classes e a ditadura do proletariado. Só que eles queriam ir por um caminho e Lênin queria ir por outro. Só isso. Mas todos tinham em comum a vontade de acabar com a propriedade, ninguém ligava para a liberdade e poucos reclamavam quando suas políticas acabavam matando milhares de pessoas. Esquerdistas, socialistas e comunistas são iguais no sentido de terem os mesmos valores: poder e igualdade (note que as palavras *"esquerdista"*, *"socialista"* e *"comunista"* costumam ser intercambiáveis, já que a diferença que pode haver entre eles está apenas na forma como querem alcançar um mesmo objetivo).

No mesmo livro, Lênin divide o processo revolucionário na Rússia em cinco fases. A primeira ocorreu de 1905 a 1907 e foi chamada de Anos de Revolução, onde os bolcheviques testaram várias táticas para avançar o programa comunista. Nessa fase, tudo foi utilizado para facilitar o processo revolucionário, até o que não é aceito quando se instala o socialismo: militância parlamentar e não parlamentar, greves políticas e econômicas, formas legais e ilegais de luta, entre outros expedientes contraditórios entre si. O resultado dessa primeira fase foi a consolidação dos *"sovietes"*.

A segunda fase foi de 1907 a 1910 e ficou conhecida como Anos de Reação. Nesses anos, o czarismo russo revidou e perseguiu as forças revolucionárias. Lênin diz que esse momento foi importante porque os bolcheviques foram os que conseguiram *"recuar"* em melhor ordem que os demais elementos socialistas. Ele também conta como essa fase foi importante para separar os elementos mais indisciplinados do movimento e aprender como *"trabalhar legalmente com o mais reacionário dos parlamentos, com o mais reacionário dos sindicatos"* e outras organizações semelhantes. Os militantes mais revolucionários (que não sabiam a hora de recuar) foram expulsos do partido e a disciplina se instalou entre os bolcheviques.

Os Anos de Reanimação foram de 1910 a 1914 e o desafio principal foi fazer frente ao avanço dos mencheviques. Depois da fase de reação, o movimento socialista ficou basicamente dividido entre bolcheviques e mencheviques. Nessa fase de reanimação, os seguidores de Lênin souberam administrar a atividade ilegal com o uso de *"oportunidades legais"* para ganhar a dianteira do movimento revolucionário, inclusive com apoio dos operários. Depois disso, a revolução entrou na fase da Guerra Imperialista, que aproveitou a Primeira Guerra Mundial para avançar o programa comunista na Rússia.

Essa quarta fase foi de 1914 a 1917 e foi marcada pelo uso da guerra pelos bolcheviques para se fortalecerem ainda mais. A Segunda Internacional não conseguiu fortalecer a oposição socialista aos bolcheviques, que se organizaram na Rússia, na Suíça e em outros países para dar o golpe definitivo no czarismo em 1917. Assim, a última fase do processo revolucionário ocorreu entre abril e outubro de 1917, quando os bolcheviques de Lênin finalmente conseguiram dar o golpe e chegar ao poder.

É importante entender que até o caminho para a implantação do socialismo tem fases. E em todo o lugar, o processo revolucionário socialista vai passar por fases parecidas. Sempre será necessário: organizar a base ideológica, aprender a sobreviver às reações, centralizar a liderança do movimento, iniciar um processo de revolução e finalmente *"dar o golpe"*. Dificilmente se *"pula fases"* nesse roteiro. Há um grupo de propostas próprias para cada fase do processo revolucionário e, de uma fase para outra, o socialista deve estar preparado para: deixar de apoiar a autonomia sindical para subjugá-lo ao poder do estado; abandonar a proibição da pena de morte para os piores tipos de bandidos e passar a aplicá-la a qualquer um que discorde do governo; deixar de usar dispositivos ilegais para chegar ao poder para perseguir impiedosamente esses mesmos esquemas. **O socialista não tem um vínculo muito radical com uma política específica: a sua fidelidade está na implantação da utopia da igualdade.**

Então, o esquerdista e o socialista quase sempre são comunistas, no sentido de ambos buscarem a realização de uma sociedade sem classes e igualitária. Eventualmente, eles podem querer *"parar no meio"* e estacionar na fase mais avançada de socialismo. Isso geralmente ocorre depois que eles já mataram milhões de pessoas pensando que conseguiriam criar aquela massa de robozinhos retardados e terem percebido que isso não acontece. O ano de 1991 mostrou que mesmo depois de décadas de doutrinação e mais de CEM MILHÕES DE MORTOS, quando o povo tem alguma condição de ser ouvido em países socialistas, ele prefere voltar à liberdade e não avançar novas políticas socialistas (que ele sabe que NÃO VÃO FUNCIONAR).

Concluindo: diferente da direita, o esquerdista tem um *"programa"* a ser seguido na direção da igualdade material. **Para um militante da direita, o respeito à propriedade privada deve ser preservado ontem, hoje e amanhã, não importa o contexto. Já para a esquerda, é possível defender a propriedade hoje, mas se a propriedade se mostrar um obstáculo para seus fins, ela muda de opinião rapidinho. Para a**

direita, as liberdades vão ser defendidas hoje, amanhã e sempre. Já para a esquerda, é possível dizer que se defende uma liberdade hoje, mas se tal liberdade se tornar um obstáculo para sua distopia igualitária, ela vai tentar tirá-la do povo sem pestanejar. Por isso que todo o comunista é um socialista e todo socialista é um esquerdista. Os meios podem mudar, mas os valores e os fins nunca mudam.

4.1. Sobre o Poder

Não há nenhum problema em tentar controlar as situações que chegam a nós no dia a dia. Como vimos, o primeiro contato com o poder aparece de forma bem legítima, quando a criança chora e geme para ter suas vontades atendidas. Para atender à mesma necessidade, elas logo aprender várias formas de chamar a atenção. O conhecido *"chamar a atenção"* é a forma que algumas crianças desenvolvem para ter algum poder sobre o meio. Controlando os pais, elas conseguem o que querem (ou acham que querem, vai saber, são só crianças). Depois disso, quando estão um pouco maiores, elas podem adotar a mentira, a repetição insistente, a chantagem emocional e a frieza como formas de controlar os pais (e os adultos mais próximos).

De qualquer forma, não há nada de errado na busca pelo poder, desde que ela não se torne uma das suas bases morais. De um modo ou de outro, todos os dias buscamos ter o controle das diversas situações que temos que enfrentar. A adoção de um comportamento diferente conforme o local é uma forma legítima de controle. Quando um garoto está interessado em alguém, ele se veste diferente, tenta chamar atenção ou busca um contato com a pessoa amada para controlar o processo de aproximação. Quando uma mãe disciplina o filho com palmadas, ela está tentando controlar o comportamento dele. Ou seja, não há nenhum problema em tentar controlar o seu meio, desde que esse controle não seja o fim.

Vimos que no processo de amadurecimento, internalizamos valores mais nobres e a busca pelo poder se torna apenas um meio. Mas não com o cidadão de esquerda. Uma pessoa de esquerda continua tentando controlar tudo, reproduzindo aquele comportamento infantil. Por isso que muitas atitudes típicas da esquerda acabam se assemelhando ao comportamento de crianças: usar adereços chamativos, pintar o corpo em lugares estranhos, usar roupas ridículas, gritar durante uma conversa, mentir sobre suas intenções, tudo que uma criança faz quando quer alguma coisa.

Normalmente, um adulto usa argumentos para tentar convencer as pessoas do seu ponto de vista. **Mas o que os militantes de esquerda têm feito nos últimos anos? Eles gritam, defecam nas ruas, mijam em revistas, mostram a bunda, enfiam coisas dentro deles (em público), quebram coisas, agridem quem discorda deles, choram (choram mesmo), ofendem policiais e reclamam quando são pegos, enfim: a mentalidade de esquerda consegue transformar adultos em crianças de três anos de idade fazendo birra.** E essa comparação não é apenas uma percepção teórica. Um estudo alemão realizado em 2016 mostrou que mais de 90% dos ativistas de esquerda presos em protestos em Berlim ainda moravam com os pais e que boa parte deles não trabalhava. Apesar de não haver estudo parecido no Brasil, é de se esperar o mesmo resultado.

E note que esse comportamento não está apenas na *"base"* da esquerda. Um congressista de esquerda (e ex-participante do Big Brother Brasil) cuspiu no deputado Jair Bolsonaro em pleno Congresso Nacional porque não concordava com ele. Comentaristas da GloboNews mentem descaradamente em seus programas, como se a população não pudesse verificar que eles estão mentindo. *"Professores"* de universidades gritam em palestras para que convidados conservadores não consigam falar. *"Cantoras"* incompetentes tentam chamar atenção com vídeos obscenos e sem qualidade. A esquerda é infantil desde a base até os seus representantes mais conhecidos.

Por outro lado, o fato de eles perseguirem o controle a qualquer custo tem suas vantagens. **A busca pelo poder dá origem a três atitudes que estão visceralmente ligadas tanto à ideologia quanto às propostas da esquerda: o uso da violência, a busca pela centralização do poder e a adoção de um discurso que serve para justificar praticamente tudo que ela faz.** Quando se alavanca o poder ao status de valor, a adoção dessas três atitudes se torna comum porque elas ajudam grandemente no processo de alcançar e garantir o controle do que se quer. Mesmo entre os elementos mais moderados, há menos preconceitos quanto à adoção delas.

Quanto à aceitação do uso da violência, note que crianças também batem, mordem e são agressivas quando provocadas. Mas quando elas crescem, costumam aprender que a violência se justifica apenas na defesa e na proteção, não para impor as suas vontades. Esse processo é obstruído na mentalidade da esquerda. Não é a esquerda que sempre defende grupos guerrilheiros? Não é ela que elege assassinos e ladrões como ídolos (Fidel Castro, Nelson Mandela)? Foi por meio da violência que ela chegou ao poder, tanto na Rússia quanto na Índia. O militante de esquerda não tem nenhum problema em agredir, cuspir, empurrar ou azucrinar qualquer um que discorde dele.

Já em relação à centralização de poder, assim como crianças berram e querem ser o *"centro das atenções"*, militantes de esquerda também berram e querem ser o centro das atenções. Daquela fauna, brotam alguns seres mais ambiciosos que perseguem posições de autoridade sem se incomodar muito com o trabalho sujo. Quando colocados em posições de chefia, tendem a ser centralizadores e arrogantes. Por outro lado, de um modo geral, quando vão com a cara do chefe, tendem a criar todo um culto à personalidade constrangedor. Seguem ordens sem questionar e arriscam suas reputações sem precisar. Mas quando não gostam, deixam logo evidente um *"aparente"* problema com a autoridade. Nesse caso, eles podem tramar as armadilhas mais absurdas para atingir o chefe e provar que estão de algum modo no controle da situação. De uma forma ou de outra, eles pensam que deve haver um centro de decisões quase infalível para se sentirem seguros.

Quanto à adoção do discurso justificador, ele surge para validar tudo que a esquerda faz. Voltando ao caso das crianças, quando elas querem alguma coisa, elas não se importam muito se vão mentir, pegar o brinquedo de outra criança, bater no coleguinha ou berrar desesperadamente. Pois o sujeito de esquerda também se comporta como uma criança: quando ele mente, ele não se sente mal por mentir, porque a verdade está entre ele e o controle. Quando ele grita (em um debate), ele não se sente tão envergonhado, pois sua dignidade está entre ele e o controle. Quando ele agride alguém, ele não liga para o que acontecerá com a pessoa, pois ela está interferindo de alguma forma no seu controle. Cada um desses comportamentos tem um desdobramento ideológico. Cada uma dessas formas de manter e exercer o poder acaba tendo um reflexo interessante na ideologia que projeta a mentalidade de esquerda.

Para começar, a aceitação da violência está no núcleo da *"guerra de classes"*. O sujeito só aceita a guerra de classes se tem em seu sistema de valores algo que valide a agressão gratuita contra o *"diferente"*, mesmo que o estranho seja inofensivo. Nesse caso, qualquer coisa que o militante não goste no grupo *"inimigo"* será suficiente para buscar tirar um direito dele, seja a vida, a liberdade ou a propriedade. Depois, aquela sina pela concentração do poder faz com que o militante faça as maiores loucuras pelo seu *"centro de controle"*. E é por isso que você vê muito esquerdista apoiando as ditaduras mais loucas e sanguinárias da história. Quando alguém de esquerda critica uma ditadura específica, é só porque aquele regime em particular não defendia as mesmas coisas que ela. Mas ela nunca rejeitou a chamada *"ditadura do proletariado"*, por exemplo. Enfim, a busca pelo poder a qualquer custo faz com que o militante incorpore um padrão moral flexível, que justifica tudo que ele faz para alcançar os seus fins. Veremos cada um desses pontos a seguir.

Guerra de Classes (Karl Marx: *"O que eu trouxe de novo foi demonstrar: 1) que a existência das classes só vai unida a determinadas fases de desenvolvimento da produção; 2) que a luta de classes conduz, necessariamente, à ditadura do proletariado; 3) que essa ditadura, em si mesma, não é mais do que o trânsito para a abolição de todas as classes e para uma sociedade sem classes"*): o princípio da guerra de classes está no centro de boa parte das políticas de esquerda. É necessário acreditar em um mundo onde há desequilíbrios que necessariamente vão levar os homens ao conflito. **A guerra de classes é alavancada como valor porque, na mentalidade da esquerda, não há muitos casos em que grupos materialmente diferentes (e para ela tudo é material) vão conviver em paz.** O negro deve se revoltar contra o branco. O branco deve lutar contra o negro (a Ku Klux Klan foi fundada por membros do Partido Democrata). O alemão deve acabar com os judeus (Hitler era socialista e, portanto, de esquerda). O homossexual deve ser contra o heterossexual. O trabalhador deve ser contra o patrão. Os *"que não têm"* devem lutar contra os *"que têm"*. E todo mundo deve ser contra todo mundo.

Para a esquerda, não há muito espaço para tolerância e respeito ao diferente (ao contrário do que se prega). **A luta pela sociedade igualitária envolve a supressão da diferença. E a única forma de** alcançar essa igualdade em uma sociedade com tanta diversidade é fazer com que TODOS LUTEM CONTRA TODOS. Por isso as minorias se encaixam tão bem na agenda da esquerda: elas são uma forma de manifestar a guerra de classes. No fim, quando o estado se torna socialista, elas são facilmente reprimidas. Veja: EM TODOS OS LUGARES que a esquerda chegou o poder, ela suprimiu todas as minorias que deram o poder a ela. Sim, homossexuais foram perseguidos, sindicatos foram proibidos, negros foram maltratados e partidos foram fechados.

A estratégia dela é o velho: *"dividir para conquistar"*. A esquerda cria e manipula várias minorias, jogando todas elas contra os inimigos da sua agenda. Ela usa os interesses de seus militantes para jogá-los contra quem se coloca em seu caminho. Por exemplo, algumas pessoas são ricas, outras não são tão ricas. Outras pessoas não são pobres, mas também não estão tão bem assim. E outras são simplesmente pobres, mas não tão pobres quanto os miseráveis. A sociedade não é simplesmente dividida entre *"ricos"* e *"pobres"*. Ela é muito mais diversificada do que isso. Mas se não fosse pelo princípio de poder, a esquerda não conseguiria jogar tantos *"não ricos"* contra os ricos. Ela não conseguiria manipular tantos grupos que vivem de buscar compensações falsas e acertos de contas históricas subjetivas. Para fazer com que um grupo queira TIRAR A PROPRIEDADE (redistribuição de renda, transferência de renda, impostos FORTEMENTE progressivos) de outro SEM TER SIDO ATACADO por ele, ela precisa encontrar pessoas que tenham o PODER como valor moral.

Voltando ao caso da venda de pão. No final dos anos 1990, o governo brasileiro começou a pregar essa necessidade de OBRIGAR os padeiros a vender pão por quilo. A desculpa principal era que quando os padeiros vendiam pão por unidade, as pessoas eram enganadas. Uns padeiros vendiam um pão mais pesado, outros vendiam um pão mais leve e outros vendiam seja lá o que ficasse no meio. E começou-se a pregar que esses que vendiam um pão mais leve estavam *"enganando"* o consumidor. Então, sempre para proteger você, já que o governo é a personificação da bondade, claro, ele PROIBIU TODOS OS PADEIROS de venderem seus pães por unidade. Genial, não?

Bem, eu, que sempre fui de direita, desde que era uma pequena criança opressora, já naquela época achava isso um absurdo. E eu já dizia, naquela época, que tal proposta era idiota. Mesmo sem ter desenvolvido toda a argumentação que estou apresentando aqui, eu tinha certeza que obrigar o padeiro a vender o pão de um jeito diferente do que ele queria, era um tipo de violência. E eu comecei a pensar sobre por que pessoas que pareciam (e muitas vezes eram) boas gostavam dessa ideia de tirar o direito dos padeiros de venderem pão da forma que eles quisessem. Um tempo depois, eu descobri o motivo.

Quando as pessoas se deixam convencer por argumentos estúpidos para TIRAR DE ALGUÉM UM DIREITO FUNDAMENTAL (vida, liberdade e propriedade), elas estão cometendo uma VIOLÊNCIA contra esse alguém. Isso é um tipo de agressão. Tirar a propriedade, ou a liberdade, de outra pessoa, sem que ela tenha feito algo para sofrer essa ação, é um tipo de violência. Então, é necessário deixar claro: naquele momento, pessoas aparentemente boas estavam cometendo uma violência contra os padeiros sem um motivo que eu, como qualquer pessoa de direita, considerava justo. Elas tinham comprado as razões do governo e dos propagandistas da esquerda: seria melhor para todo mundo (não foi), o preço do pão iria cair (não caiu), o padeiro queria se aproveitar dos clientes (não queria), e tantos outros papos-furados que só alguém sem muito respeito pelo próximo podia comprar.

Eu queria saber o que fazia com que tantas pessoas *"normais"* comprassem tão facilmente essa estupidez? Bem, o que descobri era que, em primeiro lugar, elas não viam os padeiros como *"elas"*. Digo, elas foram convencidas que os padeiros não eram pessoas como elas. Eles eram diferentes. Eles eram os OUTROS. Eles não eram seus pais, seus filhos, seus cônjuges, seus peguetes. O discurso da esquerda conseguiu convencer uma parte das pessoas de que os padeiros eram os *"opressores"*. E, em segundo lugar, os promotores da ideia venderam uma desculpa para as pessoas *"odiarem"* os padeiros. Eu sei que muita gente pode achar a palavra *"odiar"* muito forte, mas as pessoas se entregaram a uma proposta de FORÇAR algo aos padeiros que afetava o negócio deles. Ou isso é ódio ou maldade pura. Mas elas tinham suas *"desculpas"*: o preço do pão diminuiria, o padeiro pararia de enganar os clientes, elas saberiam quantos gramas de pão estariam comprando, entre outras baboseiras.

Por fim, o que essas pessoas tinham que fez com que aceitassem essas *"desculpas"*? A resposta é: a busca pelo PODER como VALOR. Havia muitos motivos para uma pessoa normal não comprar o discurso da guerra de classes que se criou contra padeiros. Havia o respeito à propriedade do padeiro, havia o amor ao próximo, havia a possibilidade de um de seus parentes serem padeiros, havia o fato de não haver absolutamente nada que permitisse dizer que os padeiros estavam conspirando contra os clientes, entre outros. **Mas quando o sujeito tem o PODER como valor, ele passa por cima de tudo isso pela possibilidade de controlar uma situação. E as desculpas se transformam em acessórios para racionalizar esse ato de violência.**

Por isso, quando se vende uma desculpa para alguém de esquerda, com muita facilidade sua necessidade por controle vai fazer com que ele faça o que for necessário para manter ou recuperar o controle. No caso do pão, basta dizer que o sujeito PODE fazer o preço do pão ficar mais baixo para ele aceitar uma agressão contra o direito de propriedade. Ele teria controle. Basta dizer que ele PODE tornar previsível a forma com que vai comprar pão e ele vai apoiar uma violência contra a liberdade do próximo (de escolher como vender seu pão). Ele teria poder. **Note que se essas pessoas tivessem a propriedade como valor, elas não se entregariam tão facilmente a um discurso controlador para atacar o padeiro. Mas como o valor principal delas era a busca por CONTROLE, elas aceitaram esse tipo de violência com FACILIDADE.**

O mesmo ocorreu na década de 1980 quando o governo tabelou preços e alistou um monte de dementes para fiscalizar mercados e comércios. O governo dizia que era um crime guardar estoques e vender produtos pelo preço que o DONO bem entendesse. E um monte de idiotas, que com certeza não faziam ideia da importância da PROPRIEDADE PRIVADA, se entregaram voluntariamente à atividade de chamar a polícia para prender aqueles homens e mulheres que estavam simplesmente administrando os seus negócios da melhor forma possível. **E talvez seja por isso que ainda hoje existe tanta dúvida sobre o que é direita e esquerda no Brasil: uma boa parte dos brasileiros ainda não aprendeu o valor da PROPRIEDADE PRIVADA. Mas aquele instinto infantil de controlar a situação, isso os pobres ignorantes com mentalidade de esquerda têm em abundância. Esse princípio de busca pelo poder faz com que muitos se entreguem a qualquer guerra, contra qualquer classe, que os grupos organizados de esquerda proponham.** Quem é contra a polícia militar e quer acabar com ela? A esquerda. Quem é contra os *"ruralistas"*, mesmo sem fazer muita ideia do que é isso, e quer tirar as terras deles? A esquerda. Quem é contra os empresários e quer criar trocentas leis para fiscalizá-los e incomodá-los? A esquerda. Quem é contra os fazendeiros que querem plantar em suas próprias terras sem a idiotice conservacionista dos indigenistas e ambientalistas? A esquerda. Quem quer desarmar o cidadão legitimamente armado? A esquerda. Quem quer cobrar impostos de igrejas pensando em enfraquecê-las? A esquerda.

Pode-se dizer então que a estratégia da guerra de classes usa uma promessa de poder para criar minorias que atacarão os grupos que se colocarem contra a agenda maior da esquerda, que seria a implantação da igualdade material (o comunismo ou algo parecido). **Prometendo poder para pequenos grupos, a esquerda ganha poder para lutar contra seus inimigos. Mas muitas de suas propostas só se tornam possíveis quando se trabalha com pessoas que buscam o PODER e o CONTROLE como se fosse a coisa mais importante da vida delas, ou seja, com pessoas que têm a mentalidade da esquerda.** Por mais que existam pessoas por lá que não seguem especificamente esse princípio da guerra de classes, a maior parte delas segue. Desse modo, boa parte das políticas de esquerda deriva dessa necessidade que as pessoas com essa mentalidade têm pelo controle: políticas afirmativas, reforma agrária, redistribuição de renda, impostos fortemente progressivos, imposto sobre grandes fortunas, entre outras idiotices.

Ditadura do Proletariado (Manifesto Comunista: *"(...) o primeiro passo da revolução proletária é a elevação do proletariado a classe dominante, a conquista da democracia. Essa dominação será utilizada (...) para arrancar paulatinamente todo o capital da burguesia e para centralizar todos os meios de produção nas mãos do estado (...). Obviamente, no começo, esse objetivo só poderá ser alcançado na medida em que o direito da propriedade (...) seja ultrajado de maneira despótica"*): ditadura do proletariado é o segundo passo do esquema revolucionário socialista que encontra amparo na mentalidade de esquerda. Primeiro as classes brigam e depois a classe vencedora (que eles acham que necessariamente será o *"proletário"*) assumirá o poder. Essa classe estabelecerá uma ditadura que tem o objetivo de avançar a proposta final dos socialistas (e da esquerda): a extinção das classes, ou seja, o fim de todas as diferenças materiais entre as pessoas (que seria a realização do comunismo). Mas o caminho até lá é duro. Engels e a cadela dele já diziam no Manifesto Comunista que a ditadura do proletariado vai tirar TODO o capital da classe inimiga, reconhecendo que inicialmente isso só poderia *"ser alcançado na medida em que o direito da propriedade (...) seja ultrajado de maneira despótica"*.

Portanto, a ditadura do proletariado seria algo parecido com uma democracia imoral, com carta branca para agir *"de maneira despótica"* para alcançar um fim lindo, maravilhoso, perfeito, onde todos são igualmente lesados e previsíveis. Esse ideal de poder, de fortalecer uma ferramenta para alcançar um fim específico, respalda boa parte das políticas de esquerda: impostos deixam o governo mais forte, taxas e obstáculos à herança enfraquecem as pessoas e fortalecem o estado, políticas desarmamentistas deixam a população à mercê do poder estatal, expropriações e confiscos de propriedades igualmente alimentam o governo com as ferramentas que poderão ser usadas contra a oposição, sem contar com outras propostas mais sutis que revelam essa necessidade de criar um ente superpoderoso com capacidade de resolver todos os problemas sociais.

Esse princípio explica algumas atitudes aparentemente incoerentes da esquerda, como a defesa de uma *"reforma agrária"* que compra terras de particulares para não usar as terras públicas. Ele também explica porque as políticas afirmativas de cotas, preferência em concursos, bolsas de auxílio, entre outros programas de redistribuição de renda, dificilmente envolvem abatimento no imposto de renda ou isenção fiscal. Os tão bonzinhos defensores das minorias nunca propõem alíquotas mais baixas para os grupos protegidos. Eles não falam em deixar o homossexual, o negro, o índio, o azul, mais livres para perseguir os seus desejos. **A esquerda não quer um negro independente. Detesta um homossexual livre. Despreza uma mulher armada. Ela odeia qualquer indivíduo que possa viver e pensar por si mesmo. Por isso, ela prefere políticas que mantenham as minorias vinculadas ao governo. Ela não tem qualquer interesse em minorias independentes: o que ela quer é ESCRAVIZAR os protegidos comprando-os com esmolas e favores.**

A campanha do desarmamento expõe essa face totalitária da esquerda. Por que todas essas antas querem desarmar o cidadão e enfraquecer a polícia? Porque quando o cidadão está desarmado e a polícia não funciona, as pessoas ficam tão desesperadamente impotentes que passarão a querer um governo mais forte para protegê-las, sem entender direito que foi o próprio governo que as deixou naquela situação quando tirou delas o direito de COMPRAR ARMAS. Recentemente, a polícia militar do estado do Espírito Santo entrou em greve e logo a população desarmada viu uma explosão de roubos, latrocínios e homicídios. Esse é o desespero que a esquerda política quer plantar na cabeça do indivíduo, para que ele aprenda que não é ninguém sem um estado grande e bem alimentado.

Em 2014, o total de lavouras particulares no Brasil era de 70 milhões de hectares. Desse total, saia quase toda a produção alimentar do país. No mesmo ano, o Instituto Nacional de Colonização e Reforma Agrária (INCRA) tinha 88 milhões de hectares para assentar camponeses sem terras e outros pobres. E ainda assim a esquerda procura tirar terras de particulares para dar aos seus militantes. No MST, não se procura ocupar terras públicas. Eles querem mesmo é invadir a terra privada, a SUA terra. Por exemplo, em 1996 o INCRA apoiou a invasão de uma centena de vagabundos a uma fazenda no sudeste de Goiás. A família que habitava o local entrou com o recurso de reintegração de posse, ganhando o direito de RETORNAR À PRÓPRIA FAZENDA apenas em 2014. Só que a enrolação do governo para tirar os vagabundos do local acabou rendendo uma indenização de quase MEIO BILHÃO DE REAIS (R$ 469 milhões, em valores da época) à família. Mas não tem problema, É VOCÊ quem vai pagar, não os bandidos que invadiram a fazenda, nem os cretinos que os apoiaram.

Muitos acabam defendendo esse fortalecimento do governo pensando que *"só um estado forte é capaz de resolver o problema da pobreza"*. O raciocínio geralmente é o seguinte: com uma entidade superpoderosa e centralizadora, há vantagens como ganhos de escala nos gastos, maior poder de barganha para receber descontos e maior capacidade de resolver *"qualquer problema"* que demande força. Entretanto, as coisas não funcionam assim. Se tamanho e centralização fossem tão importantes, os Estados Unidos ainda seriam apenas um punhado de colônias inglesas. Se essas coisas fossem capazes de resolver grandes problemas, os judeus jamais teriam conseguido sair do Egito. Por maior e mais forte que um estado possa ser, ele nunca saberá melhor do que VOCÊ qual a melhor forma de investir o SEU dinheiro ou de cuidar da

SUA família. **De fato, quanto mais o estado cresce, mais você se transforma em um *"nada"* e mais ele começa a trabalhar com grupos maiores de pessoas, sem levar em consideração as particularidades de cada uma delas.**

Mas os amantes do poder não se importam com nada disso. Para eles, os ganhos de escala e o poder absoluto são capazes de resolver qualquer coisa, e eles continuarão apoiando a criação de um superestado capaz de resolver todos os problemas. Como para eles o poder é um valor, se torna óbvio (na cabeça deles) que quanto mais forte o estado for, mais capaz ele será de acabar com a pobreza ou com a *"desigualdade"*. Pior ainda, se esses problemas (ou quaisquer outros) ainda não foram resolvidos, é porque o estado não cresceu o suficiente. Porque, claro (na cabeça deles), se o estado já tivesse alcançado seu tamanho ideal, tais problemas nem existiriam mais. Então, por que não dar mais poder a ele? Por que não alimentar ainda mais a besta? Por que não confiscar os recursos dos ricos e tirar as armas dos pobres, para facilitar todo o processo de *"resolução dos problemas gerais que afetam a sociedade"*? Por que não dar ao estado poder sobre a vida de crianças e sobre a liberdade de inocentes? Essa é a mentalidade de alguém que tem o poder como um valor.

Utopia Justificadora (Karl Marx: *"(...) essa ditadura, em si mesma, não é mais do que o trânsito para a abolição de todas as classes e para uma sociedade sem classes"*): uma das características daqueles seguem o princípio do poder é a capacidade de criar desculpas para justificar as suas ações. No caso da esquerda, a desculpa principal pode ser essa *"abolição de todas as classes"* para criar uma *"sociedade sem classes"*. Entretanto, nem todo esquerdista se diz comunista. Muitas vezes, o fim que eles esperam alcançar não envolve o fim das classes, mas a implantação de algum tipo de utopia igualitária. O que todos eles têm em comum é a facilidade com que criam desculpas bobas ou cabulosas para justificar o que fazem.

A esquerda é a mentalidade do *"nunca diga nunca"* e do *"não existe verdade absoluta"*. É o partido do *"tudo é relativo"* e do *"é a ocasião que faz o ladrão"*. É entre as pessoas com essa mentalidade que encontramos aqueles rapazes que se dizem homens, mas *"nunca dizem que nunca"* vão dormir com outros marmanjos. **Enfim, a esquerda é a**

projeção do relativismo moral ao nível de justificador de agendas. Quantas vezes você não ouviu seus conhecidos de esquerda dizer EXATAMENTE essas mesmas frases? Quantas vezes não os ouviu dizendo *"Nunca diga nunca"*? Ou *"Não existe verdade absoluta"*? **Na civilização judaico-cristã não há muito espaço para esse besteirol, pois ela é fundada na crença em um Deus que não é relativo. Em um Deus que é bem absoluto e cujas revelações são vistas como verdades.** Na cultura ocidental, pelo menos tradicionalmente, o sim deve ser *"sim"* e o não deve ser *"não"*. Não há lugar para relativismos que tentam justificar a morte de inocentes ou o roubo organizado.

Todos sabem que, ainda por volta dos primeiros anos do terceiro milênio, a esquerda se vendia como uma cultura *"legal"* que defendia a liberdade e a rebeldia. Mas hoje, início de 2018, todos descobriram que isso é uma mentira (pelo menos aqui no Brasil). Aqueles que cantavam que era *"proibido proibir"*, hoje querem proibir as pessoas de andarem armadas, de comprar pão por unidade, de andar com o farol do carro desligado (durante o dia) e de comprar bananas por dúzia (o certo seria por quilo, dizem eles). Aqueles que diziam ser a favor da liberdade de expressão querem calar qualquer um que critique o pensamento deles. Isso tudo porque pessoas com essa mentalidade têm essa capacidade de encontrar desculpas lindas para justificar as contradições mais absurdas. De fato, uma das consequências da sede pelo poder é aceitar qualquer bobagem como justificativa para qualquer coisa. Isso para não falar da adoção de ideias absurdamente RADICAIS como se fossem *"normais"*. Ou vai me dizer que você não conhece pelo menos um maluco que defende a PROIBIÇÃO da distribuição DE GRAÇA de sacos plásticos? Proibir sacos plásticos é o quê? Normal? Comum? Quem defende a proibição da distribuição DE GRAÇA de sacos plásticos é, no mínimo, radical. O imbecil acha que o mundo vai acabar, que a floresta amazônica está a duas árvores de ser dizimada e que o próximo verão irá pulverizar ursos polares. Isso é ser radical. Isso é ser extremista. Esse é o papai-mamãe da mentalidade de esquerda. **E é por isso que não se fala tanto em *"extrema-esquerda"*: o normal na esquerda é o extremismo.**

Quando esse tipo de situação ocorre, de estarmos convivendo com pessoas com uma visão de mundo TOTALMENTE diferente da nossa, é porque um dos dois está COMPLETAMENTE E INEXORAVELMENTE errado. Então, claro, aquele esquerdista que se acha esperto pode perguntar: *"E por que não são VOCÊS que estão errados?"*. Bem, talvez seja porque não queremos proibir donos de mercados de dar sacos plásticos aos seus clientes. Ou talvez porque não queremos proibir padeiros de nos venderem pães da forma que eles acharem melhor. Ou então porque não defendemos propostas que vão tirar milhares de empregos só porque vimos um urso polar nadando no meio do nada (sendo que normalmente os ursos polares nadam dezenas de quilômetros em busca de comida). Então, relaxa (cidadão de direita que comprou este livro para aprender mais sobre política): você está certo. Você não é extremista. Pessoas que fazem o que você faz escolhem políticas muito mais sensatas do que o hippie que segue opiniões de artistas para se posicionar politicamente. **Assim, também não falamos muito de *"extremista de esquerda"* porque a marcha mais comum de qualquer esquerdista já é estupidamente contraditória.**

Portanto, a mentalidade de esquerda tem facilidade para criar *"fins"* que justificam todos os excessos que ela comete. Num mundo em que a sede pelo poder precisa de uma desculpa, discursos como *"acabar com a pobreza"*, *"atender ao bem comum"*, *"acabar com a desigualdade"* e, principalmente, *"alcançar o comunismo"* cumprem bem essa função. É com a defesa de uma utopia igualitária, sem diferenças, onde todos teriam as mesmas oportunidades, que a esquerda justifica boa parte da sua busca pelo poder. Pessoas que têm o PODER como valor, aceitarão mais facilmente lançar mão de todo o tipo de meio para alcançar as utopias que criam para a sociedade. **Resumindo: é a sede pelo poder que faz com que as pessoas tenham essa propensão de aceitar qualquer desculpa para justificar seus excessos e contradições mais absurdos. E é por isso que vemos na esquerda um comportamento descaradamente autoindulgente que justifica todos os crimes cometidos em nome da sua agenda.**

4.2. Sobre a Moralidade da Esquerda: o Papel da Emancipação Social

Certa vez, Marx escreveu: *"Não basta emancipação política, conseguida por americanos e franceses em 1776 e 1789. É necessário a emancipação social"*. Vimos acima que há na esquerda uma forte disposição para aceitar desculpas para justificar suas ações. Mas o que diferencia o esquerdista dos outros doidos? O que os esquerdistas têm em comum em relação à desculpa usada para justificar seus atos insanos? O que torna um esquerdista diferente de um louco ou de um psicopata (ou de alguns loucos e psicopatas)? **Esquerdistas, socialistas e comunistas justificam seus excessos com um discurso aparentemente bonitinho, sempre procurando alcançar alguma utopia igualitária.** E qual é a base principal dessa utopia igualitária? É o que Karl Marx chamava de emancipação social. Então, precisamos entender o que seria essa emancipação social que é tão comum no pensamento da esquerda moderna.

A emancipação social é uma situação em que todos são materialmente iguais. É um estado em que ninguém tem mais que ninguém. E onde ninguém tem menos que ninguém também. Você deve estar se perguntando: mas como isso é possível? Para os marxistas, isso só seria possível com a ABOLIÇÃO DA PROPRIEDADE. **Veja bem, se você permitir a propriedade privada, levando em consideração que as pessoas têm diferentes concepções de felicidade, a emancipação social NUNCA vai acontecer. Por isso a agenda contra a propriedade é tão importante na mentalidade de esquerda: ela é um obstáculo para a manifestação da utopia igualitária aqui na terra.** A esquerda sabe que, enquanto for permitido que você sonhe e busque algo diferente do seu próximo, a diferença vai acabar aparecendo e estragando todo aquele paraíso estúpido almejado por pessoas inofensivas como Lênin, Stalin e Mao Tsé-Tung.

Em parte, é por isso que o processo que conduz ao comunismo é tão sanguinário: na busca pela emancipação social, a ditadura do proletariado sempre vai tentar fazer uma lavagem cerebral nos escravos da socialistolândia para que eles não queiram *"ter"* coisas. Veja que os ideólogos do comunismo sabiam que os seres humanos não se entregariam voluntariamente a essa nova moralidade. Por isso que as políticas dos comunistas, dos socialistas e da esquerda não tentam apenas reformar as leis e a sociedade, mas também reformar os SERES HUMANOS de modo que eles passem a QUERER alcançar aquela EMANCIPAÇÃO SOCIAL.

Ou seja, eles não buscam apenas tirar toda a propriedade de todos (não só da burguesia): eles também querem formatar toda a noção que eu e você temos de propriedade, para construir um *"homo comunistus"* que naturalmente considere um absurdo o ímpeto que o

ser humano tem para *"possuir"* coisas. E, basicamente, quando analisamos os objetivos estratégicos da esquerda para conseguir a emancipação social, vemos que eles atuam em três frentes: eles querem eliminar toda a propriedade, querem acabar com o trabalho e querem eliminar a moralidade judaico-cristã (e todas aquelas que de algum modo tratam a vida, a liberdade e a propriedade como princípios fundamentais).

4.3. Sobre a Igualdade

De onde vem a nossa estima pela igualdade? Digo, eu mesmo tenho algum tipo de gosto pela igualdade (eu só não a tenho como valor). Creio que todos acabam passando por experiências que naturalmente fazem com que tenham alguma demanda por ela. Entretanto, é uma realidade que o mundo é desigual. E isso não é necessariamente ruim. Homens e mulheres são diferentes e se espera coisas diferentes de cada um, mesmo que levemos em consideração apenas fatores biológicos. Não se espera que um homem engravide nem que uma mulher tenha barba. Homens são mais fortes e mais altos que as mulheres e as mulheres são mais bonitas e comunicativas que os homens. Adultos e crianças também são diferentes e isso é natural. Crianças são dependentes e se espera que os pais cuidem delas e não o contrário. Espera-se responsabilidade de um adulto, mas não tanta de uma criança. De fato, a desigualdade está em todo lugar. **O mundo não é igual, ele é diferente. E ISSO É BOM. A diferença é BOA. LIDE COM ISSO, ESQUERDA.**

É esperado que adultos (em praticamente todas as culturas, mas principalmente no mundo judaico-cristão), em seu processo de amadurecimento, aprendam a reconhecer as diferenças e desigualdades do mundo, e não que fechem os olhos em uma cruzada cega por igualdades inexistentes. O amadurecimento das pessoas passa pela compreensão das desigualdades e por saber lidar e conviver com elas. Entretanto, infelizmente, algumas pessoas ficam presas a experiências infanto-juvenis que fortalecem a estima por uma igualdade idealizada em seus sistemas de valores. E isso não deixa que elas cresçam normalmente e se tornem adultos responsáveis com uma compreensão madura do que é ser pai, mãe, homem, mulher, cidadão, cidadã, filho, filha, entre outros papéis diferentes que surgem naturalmente. É por isso que é na esquerda que se encontra o maior número de *"desarranjos sociais"* construídos pelo não entendimento desses papéis. É lá onde estão os homossexuais que se vestem como se fossem do outro sexo, e não os que simplesmente são homens e mulheres que gostam (sexualmente) de homens e mulheres. É lá onde estão os adultos que planejam sua vida colocando a sua utopia primeiro, e não a necessidade de ser uma pessoa útil para o mundo ou a capacidade de criar uma família. É lá onde estão as pessoas que não se entendem nem como gente, pintando o cabelo com cores esquisitas, se vestindo dos modos mais estranhos e agindo das formas mais bizarras. E tudo isso geralmente não para se *"diferenciar"*, mas para satisfazer uma demanda inconsciente por igualdade.

Já vimos que, ao longo do crescimento, as crianças chegam a uma fase em que começam a fazer perguntas complicadas. Elas se perguntam: *"Por que meus pais mandam em mim?"*, *"Por que eles dão mais atenção ao meu irmão mais novo?"*, *"Por que eles me bateram?"*, *"Por que os pais do meu primo não batem nele?"*, *"Por que meus pais não moram juntos como os pais de todos os meus colegas?"*, entre outras questões realmente relevantes. Mas elas são só crianças e geralmente não conseguem respondê-las. De fato, nenhum desses problemas pode ser resolvido por elas. Elas não têm poder para isso. E mesmo que fossem mestras nas artimanhas que costumam usar para manipular o mundo (choros, manhas, repetições, chantagens emocionais, etc.), isso não faria nada para melhorar a situação. Então, é comum que elas comecem a almejar uma situação de igualdade impossível. Elas querem ser como os seus pais, mas elas não são adultas. Elas querem ser como o irmão mais novo, que recebe mais cuidado que elas porque ainda é um bebê, mas elas já cresceram. Elas querem ser como o primo cujos pais não batem nele, mas elas já têm suas famílias. Elas querem que os SEUS PAIS sejam iguais aos dos coleguinhas, mas elas não têm controle sobre a vida deles.

Tudo isso reforça na criança uma busca inconsciente por uma igualdade impossível e idealizada. Disso vem toda a questão do amadurecimento para reconhecer, respeitar e trabalhar com as diferenças, abandonando aquele desejo infantil de buscar igualdades onde elas não se aplicam. E quando isso não acontece, o sujeito acaba crescendo com uma noção idealizada de igualdade. Em alguns casos, ele assimila parcialmente outros valores, mas a vontade de impor uma igualdade unilateral no mundo acaba prevalecendo sobre eles. E é por isso que muita gente de esquerda acaba se alinhando naturalmente às propostas mais extremas do socialismo moderno. O ímpeto de tornar o mundo *"mais igual"* prevalece sobre o respeito à propriedade, à liberdade e até à vida alheia. E é por isso que a mentalidade de esquerda não têm nenhum problema em acabar com toda uma tradição (rodeios, caças, touradas) ou com toda uma indústria (lenha, foie gras, carne de baleia) do dia para noite. Para quem coloca a igualdade acima de tudo, o seu costume ou o seu emprego pode ser apenas uma diferença a mais que deve ser eliminada para alcançar a sociedade perfeita.

Essa busca pela igualdade se materializa em políticas que visam alcançar aquela tal *"emancipação social"*. O pensamento por trás disso é que apenas em um mundo onde TODOS tenham acesso a TUDO, as pessoas serão realmente livres. Essa não é uma desculpa inocente criada pela mente de crianças, mas uma construção que toma como premissa a afirmação de que *"um mundo com desigualdades é ruim e deve ser reformado"*. Note que a proposta da emancipação social estabelece que existe uma desigualdade no mundo, que ela é ruim e que todas as nossas ações devem buscar o seu fim. Para mim, essa é uma premissa extremamente idiota. Não há nada que justifique a atribuição de uma qualidade intrinsecamente negativa à desigualdade.

De fato, os socialistas, a ONU e a Nova Ordem Mundial (que é socialista) fizeram uma lavagem cerebral na sociedade para as pessoas pensarem que elas *"devem combater a desigualdade social"*. Mas isso é pura estupidez. Os momentos mais prósperos da humanidade ocorreram com uma ampliação da desigualdade. Isso porque a fuga da mediocridade envolve justamente premiar o trabalhador e punir o preguiçoso. Aqueles que antes estavam parasitando a sociedade (como os burocratas, a nobreza e alguns tipos de sacerdotes) passam a ter que *"comer o pão do suor do próprio rosto"*. Ao mesmo tempo, a maioria miserável passa a ter a oportunidade de se diferenciar pelo fruto do seu trabalho. Prosperidade econômica envolve liberdade de escolha e de ação para produzir. Ela envolve permitir que o corajoso seja recompensado por suas apostas e fazer os preguiçosos almejarem o bem-estar adquirido pelo trabalho.

Em um mundo sério e próspero, a igualdade não se coloca na frente da liberdade. Empresas quebram. Deixemos que quebrem. Empresas prosperam. Deixemos que prosperem. Trabalhadores são demitidos. Deixemos que sejam. Trabalhadores são promovidos. Deixemos que sejam. Trabalhadores se tornam empresários. Deixemos que se tornem. Tudo isso vai contra o ideal de igualdade da esquerda: empresas não podem quebrar, elas também não podem prosperar; trabalhadores não podem ser demitidos, mas eles também não podem se destacar dos demais. O socialista H. G. Wells escreveu dois livros sobre o funcionamento da sociedade igualitária: Conspiração Aberta e Nova Ordem Mundial. É nesses livros que ele prega a necessidade de a humanidade abrir mão da escolha do próprio destino, que seria decidido por um *"diretorado global"*. Um amigo de Wells, Bernard Shaw, outro socialista fabiano, dizia que o governo daria as coisas para as pessoas, mesmo que elas não quisessem. Afinal, quem precisa tomar decisões, não é mesmo? Se você discorda de Wells e Shaw (e das baboseiras que a esquerda inventa de um modo geral) é porque os seus VALORES são diferentes dos deles.

Na cultura judaico-cristã, a desigualdade é uma constante na relação entre Deus e a humanidade. Quando Deus cria o homem, Ele não faz para ele um parceiro idêntico. Ele não fez Adão I e Adão II. Ele criou homem e mulher. Adão e Eva. Diferentes. Um tem cromossomos XY e outra tem cromossomos XX. Nem a forma como foram feitos foi igual: Adão foi feito do barro e Eva foi feita da costela dele. Pouco depois, ambos são enganados pelo capeta e os castigos também são diferentes: homens e mulheres têm responsabilidades diferentes e suas penas são conforme suas diferenças. Em seguida, Deus escolhe a oferta de carne de Abel sobre a oferta de mato de Caim (note que Deus não é vegetariano). Deus ESCOLHE. Deus PREFERE. Não há tratamento igual. É nesse sentido que somos feitos à imagem e semelhança de Deus: diferente das demais criações, podemos escolher e preferir coisas. Mas a lição vai além: a salvação judaico-cristã é INDIVIDUAL. Ela NÃO É coletiva. A SUA salvação não está condicionada à salvação do outro. Você vai para o céu se for um bom menino (ou uma boa menina). Sua salvação não está condicionada à propensão DO VIZINHO para pecar. Sua salvação está condicionada à SUA decisão de seguir os mandamentos e os ensinamentos de Jesus. Desse modo, a sina pela igualdade material constante da mentalidade de esquerda age como um contraponto à cultura ocidental, de modo a acumular em suas fileiras todos aqueles grupos que manifestam ódio ou desprezo pelos valores cristãos.

Extinção da Propriedade (Manifesto Comunista: *"1. Expropriação da propriedade territorial e emprego da renda da terra para os gastos do Estado. 2. Forte imposto progressivo. 3. Abolição do direito de herança. 5. Centralização do crédito nas mãos do Estado por meio de um Banco Nacional com (...) monopólio exclusivo. 6. Centralização no Estado dos meios de transporte"*): de onde vêm as propostas mais comuns que a esquerda lança contra a propriedade privada? Os ataques organizados mais modernos contra a propriedade nasceram em 1847, com a publicação dos Princípios do Comunismo, e em 1848, com a divulgação do Manifesto Comunista. Nessas duas obras, Marx e Engels propuseram algumas medidas para acabar com a propriedade privada que ainda hoje são promovidas por praticamente todas as vertentes da esquerda. Dentre elas, destacam-se:

1. *"Expropriação da propriedade territorial e emprego da renda da terra para os gastos do Estado"*: eles queriam tirar a propriedade não só dos imóveis rurais, mas também dos urbanos. Toda a propriedade territorial pertenceria ao estado. Leia a Constituição de 1988 para ver a quantidade de terras declaradas como pertencentes ao governo federal, mostrando que a defesa dessa ideia absurda é mais comum do que se imagina.

2. *"Forte imposto progressivo"*: note que eles não falam apenas em *"imposto progressivo"*. Eles pregam um FORTE imposto progressivo. Ou seja, quanto mais você ganha, mais a proporção do que você deve entregar ao estado cresce. Afinal, o que você ganha não é seu por direito: só é seu por direito aquilo que o deus-estado deixa ficar com você.

3. *"Abolição do direito de herança"*: então você trabalha a vida inteira para dar uma boa vida para sua família e, quando você morre, o governo fica com tudo. A ideia por trás disso é: o estado nunca vai conseguir produzir tanto quanto a sociedade; a esquerda sabe que muitos insistem em trabalhar mais para acumular recursos, ficando cada vez mais fortes

perante o estado; por isso, nada melhor do que deixar o sujeito trabalhar a vida inteira e tomar tudo que é dele quando ele morrer.

4. *"Centralização do crédito nas mãos do Estado por meio de um Banco Nacional com (...) monopólio exclusivo"*: e você pensando que a proposta de criar um Banco Central era nova, não é? Não. Os socialistas do século XIX já achavam uma boa ideia ter um banco poderoso para controlar todo o fluxo de dinheiro. Você não pode usar seus recursos para fazer empréstimos. O monopólio do crédito é do Estado. Tem forma melhor de escravizar uma sociedade?

5. *"Centralização no Estado dos meios de transporte"*: outro ataque à propriedade privada. Não pode haver meios de transportes privados. Você não pode usar seu carro para *"vender"* carona. Claro que não. O carro não é tão seu, entende?

As propostas do Manifesto Comunista basicamente repetem aquelas que foram apresentadas por Engels em 1847. Em Princípios do Comunismo, ele já havia proposto doze metas para alcançar a sociedade sem classes. Uma das metas era institucionalizar o *"dever obrigatório de trabalho para todos os membros da sociedade até a supressão completa da propriedade privada"*. Que bonzinho! Ele queria *"dever obrigatório"* de trabalho para todos. Dever obrigatório de trabalho, para mim, é escravidão. De qualquer modo, a mentalidade por trás dessas propostas é a noção de que a propriedade privada, a ideia que as pessoas têm de que tais e tais bens são seus, é um obstáculo para a implantação da sociedade perfeita. Por isso, a esquerda expressa naturalmente um corpo de propostas cujo principal objetivo é enfraquecer e relativizar a propriedade.

Extinção do Trabalho (Princípios do Comunismo: *"5. Igual dever obrigatório de trabalho para todos os membros da sociedade até a supressão completa da propriedade privada"*): Marx e Engels escreveram que, para alcançar a sociedade sem classes, seria necessário acabar com o que conhecemos como *"trabalho"*. Marx pregou o seguinte em A Ideologia Alemã: *"Portanto, (...), os proletários devem (...) abolir sua própria condição anterior de existência, (...) quero dizer: ABOLIR O TRABALHO"*. O que isso quer dizer? Eu entendo que pode ser difícil para nós, seres humanos normais sem alterações psiquiátricas (e até alguns com alguma alteração), compreender como seria um mundo sem trabalho. Isso porque muitas vezes não conhecemos os interesses de quem propõe esse tipo de estupidez. Então, o que os socialistas querem dizer com abolir o trabalho? **O conceito de trabalho usado por Marx pode ser resumido assim: uma relação entre duas partes que envolve a realização de uma tarefa em troca de um pagamento. O trabalho como conhecemos é essa relação entre duas pessoas em que uma vai realizar um conjunto de tarefas e a outra vai pagar**. O que os socialistas querem é acabar com essa relação. As pessoas vão continuar realizando tarefas, mas em um outro tipo de relação que não envolve um pagamento pelo que elas fazem.

É como Engels propôs: *"Igual dever obrigatório de trabalho para todos os membros da sociedade até a supressão completa da propriedade privada"*. **Então, todos deverão *"trabalhar"* (realizar tarefas) num mundo sem propriedade privada (sem pagamento).** No mundo sem classes visualizado pelos socialistas, o pagamento que você vai receber não tem absolutamente nada a ver com sua produtividade, sua capacidade, seu esforço ou sua atenção. Em relação a essa *"mão invisível"*, os igualitaristas acreditam que os recursos para sua subsistência vão chegar automaticamente até você. Portanto, a proposta socialista de extinção do trabalho não significa que as pessoas simplesmente vão cruzar os braços e fumar maconha o dia inteiro. Não vai nem ter tanta maconha assim nesse mundo de idiotas. A ideia é acabar com essa relação em que você é dono do seu trabalho e tem liberdade para alugá-lo por dinheiro ou qualquer outra coisa. **Essa é a raiz do envolvimento dos socialistas com os sindicatos.** Muitos sindicalistas aderem à cartilha esquerdista sem ver que, onde os socialistas chegaram ao poder, as pessoas se transformam em escravas do estado, como na União Soviética, em Cuba e na Coreia do Norte. Ou então, ficam no meio do caminho da escravidão, como aconteceu com os argentinos de Perón, com os italianos de Mussolini e os alemães de Hitler.

No Brasil, você não pode conversar com seu contratante e dizer: *"O meu plano de previdência, pode deixar que eu faço. Esse dinheiro que o governo te obriga a depositar todo o mês para pagar um plano de previdência público, dê diretamente a mim"*. Você não pode! Você não é tão *"dono"* do seu trabalho quanto você pensa. Você não pode fazer contratos de trabalho de uma ou duas semanas sem ter que passar por uma burocracia maluca. Você nem pode negociar com seu chefe uma redução do salário para não ser demitido. **Ou seja: você – já – não – é – tão – dono – do – seu – trabalho.** Os socialistas sabem que a sociedade sem classes não funciona se os seus membros continuarem sendo donos do próprio trabalho. As pessoas têm temperamentos e vontades diferentes. Se eles permitirem que você seja dono do seu trabalho, você pode acabar com o inferno comunista. Se você for esforçado, vai ter mais coisas do que a média de comunistas estúpidos, que vão ver que é possível ter uma vida mais confortável. Alguns deles passarão a trabalhar mais para comprar mais coisas e se diferenciarão dos demais, acabando com a sociedade sem classes. E é por isso que os socialistas precisam abolir o trabalho antes que o trabalho acabe com a igualdade.

Essa agenda para o trabalho fica clara em algumas políticas de esquerda. Por exemplo, inventaram no Brasil que o trabalhador tem direito a um *"descanso semanal remunerado"*, como se o salário que o empregado recebe levasse em conta o que ele não produziu durante seu descanso de final de semana. A mentalidade de esquerda gera esse tipo de retardamento: pessoas que *"pensam"* que na remuneração delas está contido algum tipo de valor relacionado ao ato de *"descansar"* ou *"repousar"*. É óbvio que os trabalhadores recebem conforme o que eles produzem, mas as LEIS manifestam uma mentalidade que faz o cidadão mais burrinho pensar que ele também pode ganhar POR DESCANSAR. O fato é que ninguém recebe ou merece um salário para descansar, mas a legislação brasileira, contaminada pela mentalidade de esquerda, acha o contrário.

Outras propostas, como a diminuição da jornada de trabalho, a imposição de pisos salariais, a fixação de prazos de contratação, a garantia de greves remuneradas e todo o lixo programático da ultrafascista legislação trabalhista brasileira, atuam no mesmo sentido. Infelizmente, há muitas pessoas que concordam com tudo isso como se nada disso fosse um absurdo. É conveniente pensar nelas como pessoas alienadas ou desinformadas. Mas é verdade que há milhões nessa massa que estão apenas atuando dentro de uma mentalidade de esquerda. Existem milhões de brasileiros que nem ligam muito para o escândalo que é a CLT porque simplesmente concordam com ela. E o resultado prático dessa mentalidade é o inferno burocrático que os brasileiros enfrentam todos os dias, dificultando tanto a vida de quem quer empregar, quanto de quem quer ser empregado.

Extinção da Moralidade Judaico-Cristã (Manifesto Comunista: "*A família, plenamente desenvolvida, não existe mais do que para a burguesia; mas encontra seu complemento na supressão forçosa de toda família para o proletariado e na prostituição pública (...). Nos reprovam por querer abolir a exploração dos filhos por seus pais? É um crime que confessamos*"): o terceiro alvo dos igualitaristas é a moralidade. Como vimos, o alvo não é qualquer moralidade, mas apenas aquelas cujos valores se colocam no caminho da implantação da utopia. No Manifesto Comunista, se prega: "*A família, plenamente desenvolvida, não existe mais do que para a burguesia; mas encontra seu complemento na supressão forçosa de toda família para o proletariado e na prostituição pública*". A mentalidade de esquerda acaba tendo uma visão negativa da família nuclear. Para que a sociedade possa ser controlada, e que haja alguma pressão no sentido da igualdade, não pode haver o papel do "*pai*", da "*mãe*" e dos "*filhos*" como conhecemos. As pessoas não podem se preocupar mais com as próprias famílias do que com o estado. Em sociedades mais conservadoras, a primeira fidelidade costuma ser com os membros do círculo familiar. Mas no mundo igualitário da esquerda, o "*bem comum*", o "*bem coletivo*", o "*bem geral*", o estado, devem estar acima de tudo.

É por isso que se pode dizer que, como a esquerda elege a igualdade como um dos mais importantes princípios, as propostas que ela defende sempre acabam afetando ou desprotegendo o que se entende como família. Por exemplo, por volta da década de 1960, militantes de esquerda se infiltraram em diversas comunidades negras com o intuito de controlá-las para fins políticos. Quando eu estava crescendo ao longo da década de 1980, ainda conhecia filmes que apresentavam o negro norte-americano como um sujeito descontraído, honesto, bem-vestido e que ia cantar na igreja nos finais de semana. Os seriados ainda apresentavam famílias negras com pais e mães conservadores que tentavam criar seus filhos da maneira tradicional. De fato, isso refletia o perfil da população negra em uma época (em 1965), onde apenas 25% dos negros nasciam sem conhecer o pai. Entretanto, depois de cinquenta anos de esquemas socialistas para "*desconstruir*" e "*reconstruir*" os negros nos Estados Unidos, mais de 70% deles passaram a nascer sem pai.

O Brasil está indo no mesmo caminho. A agenda de promiscuidade, sexualização de crianças e condenação das palmadas conseguiu os seguintes resultados: no Rio de Janeiro, 62% das crianças nascem sem pai. São Paulo está um pouco melhor (ou menos pior), com 41% das crianças nascendo em famílias desestruturadas. Essas são as consequências da corrupção moral da sociedade. E é importante que se entenda que esses resultados não estão avulsos na agenda da esquerda: eles estão relacionados com a meta de acabar com qualquer moralidade que se coloque no caminho da utopia da igualdade. Na sociedade ocidental, parte do respeito que se dá à família tem origem na teologia judaico-cristã. Desse modo, é de se esperar que a mentalidade de esquerda crie formas de atacar as bases da família, ou seja, as religiões de cunho judaico-cristão. **De fato, Marx escreveu:** *"A religião é o ópio do povo. A abolição da religião, enquanto felicidade ilusória dos homens, é a exigência da sua felicidade real"*. **Ou seja, para Marx, o fim da religião se torna uma EXIGÊNCIA da felicidade real dos homens.**

O que Marx quis dizer quando escreveu que a religião é o ópio do povo? Eu já expliquei que o socialismo moderno tem (assim como as religiões) seus dogmas. Um desses dogmas é que a sociedade está dividida em classes e que essas classes DEVEM brigar. Sem guerra de classes, não tem ditadura do proletariado. Sem ditadura do proletariado, não há comunismo. Por isso, é importante que as pessoas sejam tristes, infelizes, invejosas e raivosas. É importante que você brigue com seu vizinho sem nem saber porquê. Mas então se pergunte: o que pode fazer com que as pessoas não briguem? O que pode fazer com que elas não se sintam incomodadas quando os outros ficam mais ricos do que elas? O que pode fazer com que as pessoas tenham paz na adversidade? Enfim, o que pode *"anestesiar"* as pessoas para que não mergulhem nesse conflito?

Para Marx, um desses agentes *"anestesiadores"* era a religião. Por isso, ele disse que a religião era o ópio do povo. Ele via que as pessoas que seguiam uma religião não costumavam concordar com ele. Só que ele achava isso ruim. Oras, como alguém pode simplesmente aceitar que o vizinho tenha dois carrões? Quem pode ter paz quando tantas pessoas ficam milionárias? **Marx sabia que a religião era uma fonte de paz para**

a maioria das pessoas. Que quando as pessoas seguiam direitinho os princípios judaico-cristãos, elas não faziam guerra de classes, elas não cobiçavam nada do próximo e elas não ficavam com raiva do chefe só porque dois barbudos gordos e malvestidos mandaram.

Enfim, é por isso que a mentalidade de esquerda arruma tanta confusão com cristãos e judeus. A visão de que a moralidade judaico-cristã não permite que o povo siga os princípios da esquerda é a base de sustentação de todas as políticas que atacam a ascese ocidental e a família nuclear. Para ela, a moralidade ocidental é um obstáculo para a imposição de uma sociedade igualitária. Mas é o princípio de igualdade que faz com que a esquerda defenda propostas como: educação sexual para crianças, aceitação da pedofilia, ataques direitos e indiretos ao cristianismo, promoção do aborto (um casal sem filhos não forma família), desconstrução do casamento, criação de mecanismos para fomentar a separação e banalizar o divórcio, campanhas culturais com mulheres que pregam que *"é ruim ser mãe"*, exploração de notícias (muitas vezes falsas) de relacionamento sexual entre pais e filhos, campanha educacional de longo prazo para a desconstrução da sexualidade de garotos e garotas, alavancagem da vida sexual promíscua como ideal de felicidade, entre tantas outras barbaridades.

4.4. A Esquerda e o Socialismo como a sua Religião

Se você leu bem este capítulo, percebeu que o socialismo é algo como uma religião de esquerda. O socialismo é um meio que contém nele mesmo o próprio fim. Ele não só inspira a agenda política da esquerda, mas também a cultura, o comportamento e a própria noção do que é certo e errado. Mas o socialismo não é o ópio das esquerdas. Ele é o crack. É o LSD. É a cocaína. Ele não foi feito para trazer paz ou conforto aos seus seguidores. O socialismo revela o que as pessoas têm de pior: a ira, a ganância, o egoísmo, a preguiça, a promiscuidade. No final, o socialismo parece uma religião do mal, criada para reforçar cada um dos impulsos mais negativos dos seres humanos.

Você se lembra dos sete pecados capitais? Os pecados capitais são aqueles vícios que devemos controlar para seguir uma vida saudável e tranquila. Quando deixamos nossos instintos nos dominar, esses vícios surgem com os seguintes nomes: ira, gula, vaidade, inveja, cobiça, preguiça e luxúria. Pode-se dizer que a nossa capacidade de controlá-los dá origem a certas virtudes. Quando conseguimos controlar a ira, aprendemos a perdoar. Quando controlamos a gula, aprendemos a temperança. O controle da vaidade faz nascer a sinceridade. Para vencer a inveja, temos que aprender a satisfação. Quando deixamos de cobiçar, aprendemos a amar o próximo (a ter felicidade pelo bem-estar alheio). Quando vencemos a preguiça, nos tornamos laboriosos. E quando conseguimos controlar nossa luxúria, aprendemos o valor da família.

Você consegue perceber a manifestação de cada pecado capital na construção do pensamento socialista? Veja:

O que é o socialismo? É a ideia de que a sociedade é dividida em grupos que iniciarão uma GUERRA DE CLASSES, que essa guerra vai culminar com a DITADURA DO PROLETARIADO e que essa ditadura vai servir para trazer a SOCIEDADE SEM CLASSES.

Para que serve o socialismo? Para a implantação dessa SOCIEDADE SEM CLASSES, ou seja, do COMUNISMO, uma sociedade em que nada nem ninguém é de alguém (a EMANCIPAÇÃO SOCIAL).

Como se espera chegar lá? Com a EXTINÇÃO DA PROPRIEDADE, a ELIMINAÇÃO DO TRABALHO e a abolição da MORALIDADE e da RELIGIÃO.

Note a relação com cada um desses pontos com os pecados capitais. A guerra de classes é uma manifestação da IRA. A ditadura do proletariado, que vai confiscar tudo das classes mais elevadas, é a personificação da GULA do povo. O ímpeto na promoção da utopia igualitária, sem olhar para o mar de sangue que o socialismo deixa no caminho, é a face do ORGULHO e da VAIDADE. O próprio comunismo, o ideal de que o mundo perfeito é aquele em que todos têm as mesmas coisas, é a projeção maior da INVEJA: apenas uma pessoa com muita inveja acharia que o mundo perfeito é aquele onde ninguém tem mais do que ela. O projeto de extinção da propriedade é também uma manifestação da COBIÇA: não basta almejar o que é do próximo, é necessário arrancar tudo que é dele. Propostas como a redução da jornada de trabalho, remuneração pelo descanso e férias remuneradas são expressões da PREGUIÇA, a vontade de receber sem trabalhar. E o fim da moralidade está diretamente relacionado com a imposição da LUXÚRIA.

Quando me dei conta dessa relação do socialismo com os sete pecados capitais, eu me assustei. Existem livros que mostram um lado de Marx pouco conhecido, relacionado ao satanismo (Torturado por Amor a Cristo e Era Marx um Satanista?, do pastor Richard Wurmbrand), e quando analisamos tudo que ele fez durante a vida, temos que considerar essa possibilidade. Ainda mais quando estudamos os efeitos da sua ideologia na sociedade moderna. As pessoas que aderiram ao esquema marxista e aos valores da esquerda acabam fazendo o que não se espera de pessoas normais. Elas abandonam dignidades básicas, enfiam coisas sagradas nos lugares errados, urinam e defecam em público, matam os irmãos, corrompem as igrejas, apoiam bandidos, e fazem tudo isso em nome dos mesmos objetivos de Marx. Elas agem como membros de uma RELIGIÃO. Mas nessa religião o crescimento espiritual não envolve a adoção de um padrão de vida temperado, mas de atitudes extremas que envolvem a agressão ao próximo e a AUTOANULAÇÃO. Seus rituais envolvem a demonstração da raiva pelos inimigos, a participação em protestos agressivos, a propagação da mentira, o comprometimento com causas absurdas e, eventualmente, a sodomia.

Eles zombam dos cristãos por seguirem rituais que existem há séculos, mas eles mesmos acham que vão salvar o mundo por dar menos descargas depois de urinar, abraçar árvores ou fumar maconha. O esquerdismo é coisa de doido, ainda mais depois de ter sido organizado como uma religião por Marx. Na religião da esquerda, o fiel tem mais pontos quanto mais pecados ele comete. Ele não ganha pontos quando perdoa as diferenças entre duas classes: ele só evolui espiritualmente quando consegue ATIÇAR e AMPLIAR o conflito entre elas. Ele não é considerado um *"bom menino"* quando trabalha com afinco: ele só é considerado bom quando adere às propostas dos sindicatos e participa de greves sem questionar. Ele não é incentivado a dar esmolas e ajudar ao próximo: ele é forçado a propor impostos cada vez mais altos para que o *"deus-estado"* tenha os recursos para *"acabar com a pobreza"* ou *"distribuir a renda"*. **Então vamos ver, ponto por ponto, como o socialismo moderno foi cunhado para ser a religião da esquerda. E como essa religião da esquerda pode ser vista como uma *"religião do mal"*.**

Ira e a Guerra de Classes

O papel da guerra de classes no projeto socialista não é opcional, como se ela pudesse não ocorrer. Eles não pensam assim: *"CASO haja guerra de classes, vai acontecer tudo isso"*. Nada disso. A ideia deles é: *"VAI haver guerra de classes e, se não houver, vamos criar uma"*. Ou seja, para ser realmente socialista, você tem que ter a ira como um princípio. Você TEM que odiar alguém. Você TEM que arranjar um motivo para brigar. Você TEM que escolher um inimigo (na lista de inimigos que os socialistas deixam você ter). Você TEM que demonizar algum grupo. A ira é um dogma na religião da esquerda. Não se faz revolução socialista sem guerra de classes. Então, se sua vida está tranquila, parada e monótona, não se preocupe: os socialistas já estão pensando em como colocar algum movimento nela. **O fato é que ter raiva não é errado. O que é errado é a ira, que seria a vontade de maltratar ou atacar outra pessoa por motivos egoístas ou injustos.** E a esquerda usa essa raiva natural dos seres humanos para construir um ódio injustificado contra seus alvos.

Por exemplo, veja o livro Cinquenta Tons de Cinza. A história é basicamente a seguinte: uma garota virgem e inocente (não pode) chamada Anastasia Steele se apaixona por um bilionário bem-sucedido (não pode também) de uma família tradicional e bem estruturada (que horror) chamado Christian Grey. Tirando o fato de que Christian tem um fetiche que envolve chicotes, algemas e aquelas roupas esquisitas de couro, o que acontece é que os dois se apaixonam, se amam, SE CASAM, têm muitos filhos e vivem felizes para sempre. Eles são fiéis e Anastasia é feminina e delicada. Como resposta, grupos feministas e progressistas criaram uma campanha organizada de demonização cultural ao livro, buscando envergonhar qualquer um (na verdade, qualquer uma) que expressasse qualquer simpatia pela história. Pouco tempo depois havia um monte de gente achando que bastava criticar o livro para receber um diploma de doutor.

Outro exemplo é o movimento que se criou contra a Teologia da Prosperidade. Boa parte das pessoas que criticam a Teologia da Prosperidade não sabem nem o que as suas PRÓPRIAS teologias pregam. Além disso, há um grupo de *"teologias"* realmente anticristãs que não recebem a mesma atenção daqueles que a odeiam, como a Teologia da Libertação, a Doutrina Social da Igreja e a Teologia da Missão Integral, todas as três fortemente inspiradas pela mentalidade de esquerda. Todas elas demonizam o livre mercado, falam mal dos ricos e defendem o estado como agente promotor do desenvolvimento. É bonito criticar privatizações dizendo que é para proteger os pobres, mas não é bonito dizer que os escolhidos de Deus são mais prósperos. É bonito defender políticas públicas gastadoras, mas não é bonito deixar os crentes se responsabilizarem por suas escolhas. Mas nem precisava existir essas alternativas anticristãs para dizer que as críticas feitas contra a Teologia da Prosperidade são idiotas: só um rebanho de ovelhas retardadas vai rejeitar a ideia de que, se você seguir direitinho aquilo que Deus manda, vai prosperar de alguma forma.

A Gula e a Ditadura do Proletariado

A gula socialista é centrada no estado. Como está escrito no Manifesto Comunista, o plano é criar uma ditadura que vai *"arrancar paulatinamente todo o capital da burguesia (...) para centralizar todos os meios de produção nas mãos do estado"*. A gula social está na ideia de que se deve arrancar todo o capital das classes mais altas, não para sair distribuindo (que também é errado na visão socialista), mas para centralizá-los nas mãos do estado. Novamente, não basta a pessoa apenas gostar da ideia de um estado grande e gastador. Esse estado deve ser tão grande que possa acabar com as classes sociais e reformar os seres humanos para viverem felizes para sempre na distopia igualitária. **Quem quer estado grande é o centro, que acha que problemas sociais podem ser resolvidos se deixarmos o governo tirar mais de nós. A esquerda quer o ESTADO ABSOLUTO.** O estado com um governo tão grande que vai conseguir realizar a tarefa impossível de criar um sistema onde todos são materialmente iguais sem que ninguém tente acabar com ele.

A esquerda pensa que quanto mais o estado consegue tirar das pessoas, melhor. E ela até gosta de participar disso, como se fosse um ritual religioso. Esquerdistas muitas vezes acabam vendo o pagamento de impostos como a entrega do dízimo. Pesquisas mostram que as pessoas de esquerda dão menos esmolas e ajudam menos instituições de caridade do que as pessoas mais conservadoras. Por outro lado, elas costumam defender maiores impostos como forma de resolver os problemas sociais. **É como se o imposto fosse o dízimo da religião da esquerda.** O esquerdista acha que pagar imposto é um ato moral que o livra de atuar de uma forma mais direta para solucionar os problemas do seu meio. Na cabeça dele, com impostos maiores, o governo terá os meios para resolver problemas sociais, diminuir desigualdades, preservar as florestas e defender os animais. **O resultado acaba sendo parcialmente alcançado: de fato, o governo consegue acumular mais recursos quando a esquerda chega ao poder. E depois de um tempo, o estado não só ficou grande: ele se tornou um monstro plus size XXXL obeso fat bastard supergordo. Mas como qualquer pessoa nessa situação, ele se torna preguiçoso e incapaz de fazer as coisas mais simples.**

A Vaidade, o Orgulho e a Utopia

Quando dizemos que uma pessoa é vaidosa, geralmente não temos a intenção de ofendê-la. Em alguns casos, a vaidade é boa, já que mostra um cuidado para se tornar mais *"apresentável"*. É normal que as mulheres se maquiem para ressaltar detalhes positivos em seus rostos. Não há nenhum problema em querer parecer agradável aos outros. O problema é quando aquela beleza, aquela vaidade, serve para ocultar uma pessoa má, quando uma pessoa ruim usa da vaidade e da beleza para seduzir e machucar outra pessoa. Do mesmo modo, o orgulho não é necessariamente ruim. É natural que pais tenham orgulho de seus filhos e que os filhos se orgulhem de suas famílias. É comum que as pessoas deixem seus méritos massagearem suas estimas ocasionalmente. Mas o orgulho se torna um vício quando, por orgulho, não reconhecemos a verdade e acabamos prejudicando outras pessoas. Ele se torna um problema quando deixamos o orgulho corromper nossa estima e passamos a fazer coisas erradas para manter o que conquistamos.

Tanto a vaidade quanto o orgulho envolvem um mascaramento da verdade. Orgulho e vaidade, quando levados ao extremo, sequestram a verdade para alcançar um objetivo. **Enquanto a vaidade envolve o mascaramento dos nossos defeitos para nos apresentarmos como alguém melhor do que somos, o orgulho nos cega para nossos defeitos, justificando um discurso que facilita nossa conquista. Ou seja, levados ao extremo, orgulho e vaidade levam à mentira e à enganação. E é isso que o socialismo provoca em seus fiéis. Um socialista é capaz de mentir, omitir, inventar, mentir de novo, fingir, rementir, desmentir (com uma nova mentira) e negar a versão que teve** que inventar quando desmentiu a primeira mentira, sem nem mesmo corar. Sempre mascarando a verdade e embelezando a mentira (quem nunca ouviu um colega de esquerda defendendo tal e tal porcaria como o melhor país do mundo?). Do mesmo modo, o esquerdista é orgulhoso com sua ideologia. Ele não se importa se o socialismo matou milhões de pessoas. Ele não revê os seus princípios quando descobre que Cuba é um inferno e que as políticas que ele defende fracassaram. Não adianta mostrar os melhores documentários para explicar como e por qual razão os socialistas matam tanta gente, ele vai continuar amando seus genocidas de estimação.

Na religião socialista, a vaidade exagerada é uma virtude: quanto mais você mente pelo socialismo, mais perto do *"céu"* está. Por isso, vale dizer que Cuba tem o melhor sistema de saúde do mundo (deve ser por isso que tem tanto americano fugindo para lá, não é?). Vale dizer que o Irã não é um país radical (mesmo que seus líderes queiram varrer Israel do mapa). Vale dizer que o PSDB é um partido de direita (o pior é que muitos idiotas que dizem isso realmente pensam que isso é verdade). E vale dizer que os africanos ficaram mais pobres por causa do capitalismo (apesar de praticamente todos os países da África estarem nas mãos de socialistas há mais de 50 anos). **Na religião da esquerda, mentir é bom, desde que seja para promover a igualdade.**

De igual modo, o orgulho extremado acaba se tornando uma virtude, principalmente quando transforma a distopia igualitária em uma desculpa que justifica arruaças, vandalismo, assassinatos, conspirações, roubos e orgias gays com anões (com e sem o consentimento dos anões). É por isso que eles acham que estão fazendo um favor para você quando estão deliberadamente mentindo. Eles não ligam se o que estão falando é uma mentira, porque eles querem que você faça parte dessa maravilhosa religião igualitária. Quanto mais orgulho tiver o fiel socialista, mais ele será capaz de cometer praticamente qualquer atrocidade sem sentir remorso. Essa capacidade de se explodir, de matar inocentes, de manipular eleições, de cometer fraudes, de roubar, de promover a violência, ou de cometer as mais criminosas perversões, é vista como um diferencial positivo no seguidor da fé socialista.

A Inveja e a Emancipação Social

Na religião socialista, a inveja é algo mais que uma virtude. O que se passa na cabeça de alguém que pensa que o mundo ideal é aquele em que ninguém tem mais do que ele? Não seria um desprezo pela diferença? Não seria o fato de que ele NÃO SUPORTA quando os OUTROS têm mais? Se fosse porque ele não aguenta quando encontra alguém com MENOS, veríamos muito mais gente de esquerda entregando seus salários e oportunidades aos menos afortunados que elas. **Mas não é isso que vemos: o que é comum na esquerda é a altíssima propensão à serem generosos com o DINHEIRO DOS OUTROS, mas um egoísmo abissal com tudo que pertence a eles.** Portanto, o que faz com que tantas antas sejam seduzidas pela emancipação social, ou seja, pela imposição da igualdade material entre as pessoas, é uma inveja exagerada que contamina todo o pensamento delas.

O esquerdista geralmente é extremamente caridoso com o DINHEIRO DOS OUTROS, mas não com o dele. Os políticos de partidos de esquerda não têm nenhum problema em gastar milhares de reais para comer tapioca ou comprar caviar com dinheiro público. Quando se envolvem em falcatruas, são conhecidos por comprar carros de luxo e coberturas milionárias. Eles não têm nenhum problema em elevar os próprios salários e viver como empresários gastadores. Ou seja, se eles lutam pela igualdade material entre as pessoas, estão muito pouco dispostos a fazer a parte deles. Parece muito mais que buscam um padrão de vida mais elevado, como se invejassem os próprios ricos que tanto demonizam. E isso acontece justamente porque a visão de mundo deles tem a inveja como princípio.

É importante ter consciência de que alguém só irá defender um mundo onde todos são iguais se o incômodo com a desigualdade ocupa algum lugar de destaque no seu sistema de valores. E o mais comum é que esse incômodo pela desigualdade venha de um descontentamento com a felicidade alheia, quando os outros conseguem resolver os mesmos problemas que afetam o invejoso. Quando ele está por cima, a desigualdade o incomoda muito menos. Na religião da esquerda, a inveja é uma virtude que ajuda a alimentar a busca pela emancipação social. **Em um mundo naturalmente desigual, onde se pode dizer que há apenas um homem mais rico (a menos que haja empate), a ideologia da inveja pode ser vendida a praticamente todo**

mundo. **Para piorar, até o homem mais rico pode invejar a mulher do mais pobre, de modo que, quando os socialistas falam em emancipação social, eles também precisam avançar uma agenda para os relacionamentos (como o fim da moralidade e a promoção da luxúria).**

Então, o fim dessa religião do mal é uma sociedade onde todas as fontes de inveja sejam eliminadas. Contudo, só aqueles que têm a inveja como princípio acabam buscando essa utopia. É a inveja que faz com que as pessoas busquem esse *"mundo igualitário"*. Sem inveja, as pessoas são menos suscetíveis a comprar o papo-furado da emancipação social. Por isso, assim como as religiões cristãs pregam a humildade como virtude, a esquerda vende inveja em seu trabalho de conversão. Ela vende ao negro a inveja contra o branco. Ela vende aos homossexuais a inveja contra a família. Ela vende ao pobre a inveja contra o rico. E vice-versa em todos os casos. Ela vende inveja para todo mundo.

A Cobiça e o Fim da Propriedade

Mas não basta só ter inveja. A inveja é apenas um dos dogmas da religião socialista. É necessário FAZER ALGO para corrigir as desigualdades. Existe um modo legítimo de corrigir a desigualdade que pode incomodar alguém: trabalhar para ter aquilo que se quer. Mas na visão socialista, a melhor forma de acabar com as desigualdades e fundar a sociedade do tudo-igual é extinguindo a propriedade. Ou seja, ROUBAR. Os sacerdotes da esquerda não querem apenas que as pessoas sentem em rodinhas de maconha para filosofar sobre o quanto invejam quando percebem que existem pessoas mais felizes do que elas. Eles querem algo mais do que isso. Eles querem ação. Eles querem soluções materiais para corrigir essas desigualdades. Nesse sentido, a inveja se transforma em COBIÇA. **A vontade de ter o que é do próximo deve ser grande o suficiente para que se pregue aquele *"arrancar paulatinamente"*, *"de forma despótica"*, tudo que for de outras pessoas.**

É importante notar que sem uma cobiça extrema, mesmo o invejoso pode viver com alguma tranquilidade ao lado do vizinho mais rico. Ele pelo menos não vai tentar roubá-lo. **Contudo, a cobiça é tão mais perigosa que Deus escreveu um mandamento só para nos alertar contra ela. Na maior parte das vezes, é a cobiça que faz os homens**

descumprirem outros mandamentos, principalmente o oitavo: NÃO ROUBARÁS. Quando se decreta que ninguém tem direito às coisas que possui, o que se está fazendo é promover um grande ato de roubo. Vamos voltar ao caso dos fiscais de preços do final dos anos 1980. Os sucessivos planos do governo para controlar a inflação só estavam gerando mais inflação. Os economistas do governo chegaram à conclusão de que, se os preços não paravam de subir, bastava criar uma tabelinha para que eles não subissem. Oras, às vezes os preços sobem porque eles não têm uma tabelinha para saber quando passaram do limite, não é? O que aqueles economistas geniais fizeram, então? Eles decretaram que toda a propriedade de quem tinha mercados e vendinhas não era mais deles (não foi com essas palavras, eu sei). Para controlar o que acontecia em suas novas propriedades, eles criaram um exército de pessoas estúpidas e as mandaram dedurar todo o dono de comércio que ousasse vender O QUE ERA DELE pelo preço QUE ELE QUISESSE, e não pelo preço da tabela.

Só que esse conto de estupidez não parou por aí. Os malvados comerciantes começaram a vender parte do que tinham de acordo com a tabela, mas não disponibilizavam todo o estoque para venda, com medo de ter prejuízo (ato que os jornalistas idiotas da época alardearam como: *"escondiam mercadorias dos consumidores"*). E mais uma vez aquele exército de cretinos com crachazinho apareceu para violar a propriedade. Os *"fiscais"* mais uma vez se tornaram o horror dos comerciantes que não queriam vender O QUE ERA DELES. E, de estupidez em estupidez, se criou a história econômica do Brasil na década de 1980. A moral dessa história é que tínhamos, naquela época pelo menos, um monte de gente que via como anátema a prosperidade material dos donos de mercados. Brasileiros e brasileiras deram as mãos com o governo para ajudar nesse grande roubo contra os comerciantes do país. **Atordoados pela inflação, jogaram fora o oitavo mandamento para tomar aquilo que era dos outros pelo valor que o governo determinava. Isso é roubo.** E não há socialismo ou política de esquerda sem uma massa que exagere sua COBIÇA para apoiar o roubo organizado pelo governo.

A Preguiça e o Fim do Trabalho

Quando acompanhamos as propostas da esquerda para o trabalho, não podemos deixar de notar a presença de demandas típicas de pessoas preguiçosas. Jornadas de trabalho de seis horas, redução da jornada semanal, dois ou mais meses de férias, salários sem relação com a produtividade, enfim, é como se quisessem receber sem trabalhar. De igual modo, as demandas dos *"socialistas de mercado"*, aqueles empresários que o cidadão confunde com capitalistas, mas que vivem de ter fortes relações com o governo, são típicas de homens indolentes. **O fato é que o socialismo não atrai o esforçado e o trabalhador: são justamente os fracos e preguiçosos que se entregam a essa religião do mal.** São justamente os preguiçosos, os que querem viver de facilidades injustas, que acabam seduzidos pelas políticas socialistas.

Por um lado, temos casos como os taxistas que, para defender sua reserva miserável de mercado, apoiam a intervenção estatal contra aqueles que querem usar seus próprios veículos para *"vender"* carona. Todos viram cenas de violência por parte de taxistas em seus protestos contra aplicativos de carona. E o pior é que muitos deles SABIAM que o problema é a burocracia que existe até para o motorista de táxi, mas nunca se mobilizaram para resolver isso. Quando agiram, foi justamente contra trabalhadores que, novamente, estavam usando seus próprios carros para vender carona. É um sintoma da preguiça: eles nem tinham disposição para lutar contra a burocracia envolvida na atividade de taxista, nem estavam dispostos a sair do comodismo e procurar outro emprego. Porque, de uma forma ou de outra, muitos deles sabiam que não tinham ânimo ou vontade para aprender coisas novas. Para eles, era mais fácil lutar contra outros trabalhadores, quebrando propriedade privada e agredindo seres humanos, do que procurar outro emprego ou trabalhar mais.

Do outro lado, temos casos de *"empresários bem-sucedidos"* que usam seu poder para promover a injustiça: dificultar a entrada de outras empresas em seu setor (com a desculpa de querer protegê-lo de *"aventureiros"*), forçar subsídios para garantir melhores preços (com a desculpa de incentivar os *"campeões nacionais"*), fechar o mercado contra produtos estrangeiros (dizendo que devemos proteger as *"empresas nacionais"*), entre outras babaquices. No Brasil, operações como a Lava-Jato e o caso do Mensalão mostraram bem como empresários preguiçosos cultivam relações com políticos corruptos para garantir lucro sem o necessário trabalho. Os bandidos do PT mostraram que há estruturas políticas prontas para receber essas demandas. Os partidos de esquerda não vivem só de pobres. De fato, eles nem vivem de pobres: os pobres são só a massa de manobra escravizada por eles. Eles vivem mesmo é de empresários preguiçosos demais para garantir o seu lucro com honestidade, competência e trabalho duro.

Se você não está convencido de que é a preguiça que faz esses *"socialistas de mercado"* procurarem políticos para facilitar a vida deles, suponha que você conseguiu gerar um império da construção civil. Você é milionário. Não, bilionário. Por que você comprometeria parte do seu dinheiro para sustentar vagabundos (políticos socialistas) só para ganhar um pouco mais? A primeira coisa a considerar é que você já tem muito dinheiro e, portanto, não precisa vender a sua alma para conseguir mais. Pense: se sua empresa for uma máquina lucrativa, por que arriscar ser feito de mulherzinha na cadeia se envolvendo em corrupção? Se sua empresa está funcionando bem, não há nenhum motivo para arriscar seu futuro pagando corruptos para facilitar o jogo para você. **Por isso, o empresário produtivo e trabalhador tem poucos motivos para procurar proteções injustas do governo. Ele não precisa disso. São justamente os preguiçosos que administram mal as suas empresas e se envolvem em esquemas de corrupção para arrancar proteções, subsídios ou dinheiro do governo.**

Mas mesmo um empresário honesto e trabalhador pode ter prejuízos. Mas o meio que ele usa para reverter as perdas é, advinha? Trabalhar! Colocar a mão na massa! Lembrar dos valores que fizeram com que sua família construísse o sucesso da empresa. **Mas para o empresário preguiçoso, ou que se tornou preguiçoso, há outros caminhos mais cômodos, como culpar os outros, acusar a concorrência e se achar no direito de receber nosso dinheiro para manter o seu negócio.** Então, esses preguiçosos começam a vender um discurso infantil, para não terem que enfrentar a crise como adultos. Eles passam a culpar fatores externos pelos próprios fracassos. Eles culpam a facilidade com que *"aventureiros"* entram no setor. Culpam a economia. Eles nem pensam mais em se envolver na administração da empresa para torná-la lucrativa novamente. Eles se tornaram indolentes e preguiçosos. Muitas vezes, eles se esqueceram do que é trabalhar, adotando vidas opulentas e cheias de farra. Então, eles vão até esses políticos que pregam que o governo pode resolver todos os problemas do mundo e dizem: *"Se vocês me ajudarem, eu ajudo vocês"*. Em muitos casos, os políticos respondem: *"E o que eu ganho com isso?"*. E é nesse momento que a coisa fica feia para você.

Os resultados mais comuns dessa conversa são: uma troca envolvendo compras fraudadas do governo, empréstimos públicos e fechamento de mercados. Compras fraudadas do governo é tudo que você viu na Operação Lava-Jato. Empresários pagavam políticos corruptos em troca de compras gigantescas com dinheiro público. **O esquema é simples: (a) uma empresa como a Petrobrás tem recursos multibilionários e é controlada por gente indicada pelo governo. (b) O dono socialista de uma empresa com problemas entra em contato com algum político influente e propõe pagar, digamos, 10 milhões de dólares para ele fazer a Petrobrás comprar por 100 milhões de dólares um serviço que sua empresa faria por 50 milhões.** Desse modo, o empresário preguiçoso não precisa TRABALHAR ou reformar a gestão da sua empresa para sobreviver. Ele acha mais fácil comprar um político desonesto e arriscar ser feito de mulherzinha se for pego. **O mesmo acontece com empréstimos de bancos públicos: (a) o empresário indolente promete um valor ao político (ou aos representantes do político) em troca da (b) aprovação de um crédito público.**

Essas formas de superar prejuízos já comprometem a competição entre as empresas. As empresas de cidadãos honestos, enfrentando as vicissitudes do dia a dia, saem prejudicadas quando a empresa de um desses canalhas consegue prolongar sua existência de forma ilegal e usando dinheiro público. **Todo o esforço do trabalho honesto é colocado em xeque quando esses bandidos conseguem se manter no mercado tirando dinheiro do povo e repassando aos preguiçosos. Mas o problema é ainda maior quando se cria uma pesada regulamentação para reservar um setor para alguns poucos espertinhos que não estão dispostos a enfrentar a concorrência com trabalho e dedicação.** Um exemplo disso é o setor bancário brasileiro. Tente abrir um banco. Você não vai conseguir sem passar por um monte de burocracia desnecessária criada justamente para que você não possa competir com alguns poucos bancos enormes.

A Luxúria e o Fim da Moralidade

A luxúria é um dos vícios que mais aproximam as pessoas da esquerda. Hoje em dia, a promoção do fim do casamento, do sexo livre, da aceitação de todas as formas de relacionamento, da ridicularização da fidelidade e da manipulação da sexualidade está em todos os lugares. Está em revistas, em livros, nas músicas, em programas de televisão e nas escolas. O marxismo cultural conseguiu fazer com que o até então *"moralista"* povo brasileiro aceitasse como normal a existência de crianças rebolando e cantando músicas que falam de sexo. O povo passou a achar normal o adultério e a traição. Nos filmes, quantas famílias tradicionais vocês encontram? E nas novelas? Nem os filmes infantis escapam dessa tranformação. Filmes como Madagascar e Malévola mostram como indivíduos com uma agenda de luxúria não medem esforços para influenciar a sociedade, mesmo que seja doutrinando crianças. De fato, movimentos que defendem a pedofilia sempre estiveram associados a grupos de esquerda.

No Brasil, um programa do governo chamado *"Humaniza Redes"* passou a relativizar a pedofilia, pregando publicamente que não se trata de um crime. Um colunista publicou na Folha de S. Paulo um artigo chamado *"Pedofilofobia"*, indignado com o fato de que *"nossa época vive uma verdadeira histeria da pedofilia"*. Ele defendia mais moderação no tratamento desses casos, afinal, para a esquerda o abuso sexual de crianças não é tão grave assim. Não é só a promoção da pedofilia que preocupa: os ataques contra a família tradicional promovidos por grupos GLS também acabam produzindo uma sociedade problemática. Já vimos que, em alguns estados do Brasil, as crianças que nascem sem pai chegam a 60%. Isso é consequência do papel da luxúria na agenda socialista: *"façam sexo, qualquer tipo de sexo"*, *"a única responsabilidade que as pessoas devem ter é com a própria felicidade"*, *"é ruim ter família, dá muito trabalho"*, *"fuja da família patriarcal"*, *"durma com tudo, com todos e com todas"*.

O que ocorre é que quando alguém tem a luxúria como princípio, ele fica disposto a tudo para satisfazer seu desejo. Ele simplesmente se agarra a qualquer coisa que pode protegê-lo em sua perversão. E quando se fala em sexo com crianças, sexo com animais, sexo com familiares, sexo com estranhos, sexo com estranhos sem consentimento, entre outras perversões, a esquerda é mestra em abrir portas para a representação dessas doideiras. Não que o fim do socialismo seja exatamente esse. Mas lembre-se: o socialismo precisa acabar com a moralidade judaico-cristã para impor seu projeto final. Então, não é à toa que a International Gay and Lesbian Association (Associação Internacional de Gays e Lésbicas) ganhou grau de consultora da Organização das Nações Unidas em 1993, mesmo sendo parceira de uma associação que defende ABERTAMENTE a pedofilia, a NAMBLA (Associação Norte-Americana pelo Amor entre Homens e Meninos). **Ou seja, a organização que todos acham que pode salvar o mundo pregando aborto e desarmamento também queria ouvir a opinião de pedófilos antes de tomar decisões.** O problema só foi resolvido algum tempo depois, graças à pressão do congresso norte-americano (e não de algum país socialista).

Os alemães também viram um crescimento de organizações pró-pedofilia durante a década de 90 (não é mera coincidência que tenha sido justamente depois da queda do muro de Berlim). O Partido Verde Alemão tem uma divisão chamada *"Grupo de Trabalho de Gays, Pederastas e Transexuais"* que milita abertamente pela legalização da pedofilia. Por que todos esses grupos têm relações com organizações de esquerda? Por que parece que a esquerda tem um ímã para esse tipo absurdo? **A resposta é que aqueles que têm a luxúria como princípio são mais suscetíveis a lutar contra o moralismo judaico-cristão para poder praticar suas perversões em paz. Estruturas morais que impedem ou condenam suas depravações se tornam alvos da militância política dessas pessoas. E é na agenda socialista que busca acabar com a religião e a família (na concepção cristã, conforme Marx e Engels deixam claro em seus escritos) que os interesses dos devassos convergem com os da esquerda.**

5. A Construção do Espectro Político

O básico deste capítulo se baseia na seguinte verdade: valores determinam ideologias; ideologias determinam opiniões e ações. Essas relações só são quebradas quando há engano por parte da pessoa. Ninguém defende de forma perfeitamente consciente uma opinião que não tenha nada a ver com sua ideologia ou seu sistema de valores. Do mesmo modo, pessoas com ações consistentes com uma ideologia não podem alegar que possuem valores muito diferentes do que se espera dessa ideologia nem uma ideologia contraditória com suas posturas. Posições políticas (opiniões) não *"brotam"* das profundezas da nossa massa cinzenta sem conexão com o contexto mais geral do meio, dos valores e das ideologias que possuímos.

Todos usamos nossas experiências no processo de tomada de decisão, mesmo que de forma inconsciente. Nossas decisões morais e políticas não se formam como nuvens com formatos aleatórios soprados pelo vento (só as de quem tem cabeça de vento mesmo). Nossos valores fazem a *"crítica"* costumeira e entregam ao nosso centro de decisões um produto pronto para ser aproveitado ou jogado fora. Nossa ideologia, pequenas lembranças de decisões passadas, nossas opiniões formadas, reforçam o processo de crítica, favorecendo as informações que podem nos engrandecer de uma forma mais prática. No final, quase tudo do que internalizamos passou por algum tipo de processo validador, de modo consciente ou não.

Até mesmo as opiniões que as pessoas assimilam de modo emocional têm algum tipo de relação com o sistema de crenças delas. Claro que podemos imaginar pessoas extremamente passivas, sem muitos filtros e preconceitos, que vão internalizar qualquer porcaria que se apresente a elas. **Mas a maior parte das pessoas tende a seguir essa verdade: valores determinam ideologias; ideologias determinam opiniões e ações. Quanto mais consciente desse processo o sujeito estiver, mais isso se tornará uma verdade e mais alinhadas serão suas ações com o seu sistema de crenças.** E uma vez que as pessoas acabam montando uma *"salada"* de propostas que representa seu posicionamento político, podemos definir quase todo mundo dentro do espectro direita-esquerda.

5.1. As Doze Regras do Espectro Político

Duas verdades que todos conhecem são: que há muita gente que NÃO SABE o que é direita e esquerda e, por isso, diz que esses conceitos não existem, e que; apesar disso, a todo momento as pessoas falam de direita e de esquerda (mesmo aquelas que acabaram de dizer que elas não existem). Todos os dias nos deparamos com esses conceitos, seja quando um jornalista burro fala que tal político mais conservador é de *"extrema-direita"*, seja quando a celebridade engajada diz ser *"uma pessoa de esquerda"*. Eventualmente, essas mesmas antas podem se reunir e dizer que *"não existe esse negócio de direita e esquerda"*, principalmente quando ficam em dúvida sobre alguma coisa que defendem ou quando querem omitir seu posicionamento.

O fato é que, como vimos, existe, sim, uma direita e uma esquerda, com suas ideias, opiniões, valores e agendas. O que confunde muita gente é a dificuldade de conhecer os princípios e propostas das pessoas que querem classificar para saber quem é o quê. Mas existem doze regras simples que podem nos ajudar a fazer essa classificação, levando em consideração os valores e a agenda de cada um dos lados. Essas doze regras estão consolidadas no quadro abaixo:

Regras do Espectro Político
1. Regra do Espectro Político (Espectro Contínuo).
2. Regra da Possibilidade de Conhecimento (Voto ou Declaração).
3. Regra da Superioridade da Declaração sobre o Voto.
4. Regra da Inconsciência Moral (muitos não têm consciência da própria base moral).
5. Regra da Inconsciência Política (quanto menor a consciência, mais emocional ou utilitária é a agenda).
6. Regra da Centralidade da Opinião Emocional (existem idiotas na direita e na esquerda).
7. Regra do Esquerdismo Utilitário (esquerda puxa os utilitaristas).
8. Regra dos Niilistas Utilitaristas (pessoas sem valores, niilistas, tendem a ser utilitaristas).
9. Regra dos Valores Excludentes (Poder X Vida e Igualdade X Liberdade).
10. Regra da Hierarquia de Valores (Poder > Igualdade) (Vida > Liberdade > Propriedade).
11. Regra da Mediocridade do Centro Ideológico (porque praticamente TODOS os valores que centristas DECLARAM seguir entram em contradição com boa parte das propostas que elas ESCOLHEM defender).
12. Regra da Exceção Possível (falta de informação legítima ou idiossincrasia).

1. Regra do Espectro Político: a primeira regra é a própria certeza de que EXISTE um espectro político com dois polos. O caminho entre esses dois extremos pode ser visto como contínuo (sem interrupções bruscas, passando por um centro nulo) ou discreto (de política em política ou proposta em proposta). Então, se queremos fugir da estupidez tradicional que diz não existir direita ou esquerda, ou que relativiza os seus valores, tornando virtualmente impossível comparar agendas no tempo e no espaço, temos que dizer em alto e bom som: existe um espectro político que tem a direita em uma ponta e a esquerda em outra. É engraçado como até quem diz que eles não existem, fala deles na frase seguinte com a maior naturalidade. **Portanto, relaxa, existe uma direita, existe uma esquerda e podemos classificar as pessoas dentro do espectro que os separa.**

2. Regra da Possibilidade de Conhecimento: a segunda regra nos diz que só é possível classificar alguém dentro do espectro se a pessoa, de algum modo, INFORMAR suas posições políticas. E há dois modos de conhecer o posicionamento de alguem: o histórico de votos e a declaração própria. Eu vou excluir dessa regra a possibilidade de classificação por outros meios (por exemplo, um aluno de pedagogia que quer ser chamado de Shana, que usa barba e coque samurai, veste saias e roupas femininas, se pinta como uma dragqueen e diz que é vegetariano, COM CERTEZA é de esquerda). O importante aqui é que se tenha consciência de que temos que trabalhar com informações CONHECIDAS e que só saberemos se alguém é de esquerda ou de direita se soubermos em quem ele vota ou se tivermos algum tipo de declaração dele.

3. Regra da Superioridade da Declaração sobre o Voto: a terceira regra diz que a declaração do indivíduo é mais importante do que o seu histórico de voto para classificá-lo no espectro. Nem sempre o voto expressa corretamente o posicionamento de alguém, ainda mais em países como o Brasil em que praticamente todos os partidos são de esquerda. Em muitos lugares, a total falta de candidatos alinhados ao pensamento político do eleitor faz com que as pessoas votem ou no *"menos pior"* ou naquele que tem mais propostas similares às delas. Além disso, nem sempre os candidatos disponíveis defendem exatamente as mesmas ideias que seus eleitores. Por isso, a declaração do sujeito sobre seu posicionamento tem muito mais valor que o histórico de voto para classificá-lo no espectro político.

O brasileiro come e respira essa realidade onde as pessoas buscam votar naquele candidato *"menos pior"* ou em alguém que defende uma ou duas propostas da sua agenda. Isso para não falar do miserável *"voto de protesto"*, quando se vota em qualquer palhaço, analfabeto ou ignorante, para mostrar descontentamento com o cenário político. Esses fatores aumentam a importância da declaração da pessoa no processo de classificação. Ademais, se alguém diz que é de direita ou de esquerda, até porque o sujeito geralmente se conhece melhor do que nós o conhecemos, pode ser (mas não necessariamente) que ele seja.

4. Regra da Inconsciência Moral: de fato, a maior parte das pessoas não reflete sobre o que é certo e errado e quais são os seus valores. E o resultado dessa regra é que elas geralmente se posicionam politicamente sem fazer uma reflexão sobre a adequação da proposta com o seu código moral. **As pessoas não costumam fazer esse *"teste de consistência das suas posições com os seus valores"*. Isso não quer dizer que elas não tenham valores ou que não sigam um código moral, mas que muitas delas não têm consciência deles. De fato, a maioria das ideias que as pessoas defendem acaba se alinhando com seus sistemas de valores.** Mas isso costuma acontecer de forma involuntária, porque boa parte delas não tem *"consciência moral"*. Ou seja, elas seguem um código moral sem refletir sobre ele.

5. Regra da Inconsciência Política: a quinta regra diz que quanto menos alguém REFLETE sobre as propostas que assimila, tanto no nível de conhecimento político, quanto de adequação ao seu código moral, mais as suas posições serão determinadas por fatores utilitários ou emocionais. Quando o sujeito não reflete sobre seu posicionamento político, ele acaba montando uma agenda com aquelas ideias que forem *"vendidas"* de uma forma mais arrojada (assimilação por emoção) ou pelo benefício que espera receber em troca (utilitarismo). A quarta e a quinta regra explicam boa parte das inconsistências na composição da agenda que as pessoas fazem (como o liberal que quer proibir carne ou o ambientalista que é a favor do livre mercado).

No primeiro caso (quarta regra), o que se estabelece é que a maior parte das pessoas não conhece os próprios valores, facilitando a assimilação de propostas que os contradizem. Já a quinta regra diz que, quanto menos o cidadão reflete sobre as ideias que assimila, e quanto menos conhecimento político ele tem (principalmente em relação às definições dos conceitos), mais ele terá uma agenda montada por propostas que atendem aos seus interesses práticos ou que fazem ele *"se sentir bem"*.

Isso gera inconsistências de agenda que muitas vezes atrapalham a correta classificação no espectro político.

6. Regra da Centralidade da Opinião Emocional: a sexta regra diz que pessoas que assimilam opiniões ou posições políticas por *"emoção"* não podem ser eficazmente classificadas nem na direita nem na esquerda. As opiniões assimiladas por emoção podem ser, individualmente, de direita ou de esquerda. Mas se alguém monta uma agenda apenas com as propostas que dão mais satisfação emocional ou que têm mais apelo em seu meio, ela não terá consistência nem com os fundamentos da direita, nem com os da esquerda. **Tudo vai depender do marqueteiro e do meio em que ela está.** Ou seja, teoricamente, agendas políticas montadas com base na emoção tendem a ser de centro.

Isso não significa que todas as agendas montadas dessa forma (muito comum no pensamento político dos mais jovens) sejam indefinidas no espectro. O meio pode oferecer às pessoas opiniões e propostas direcionadas, tanto de direita, quanto de esquerda. Em um meio cristão tradicional, o jovem pode acabar assimilando opiniões mais à direita, mesmo sem ter consciência política. O mesmo vale para estudantes de universidades públicas, onde a oferta de ideias de esquerda é maior.

7. Regra do Esquerdismo Utilitário: a sétima regra diz que quando o cidadão resolve se posicionar politicamente por motivos utilitários, ou seja, na base do *"toma lá, dá cá"*, ele costuma se alinhar mais à esquerda do que à direita. Isso porque a própria natureza das políticas de esquerda dá mais oportunidade para oferecer favores ou garantir privilégios. Por exemplo, no Brasil todos conhecem o PMDB como um partido fisiológico, utilitário, sem ideologia (na realidade, o PMDB tem sua origem na esquerda mesmo). Os políticos do PMDB definem suas alianças conforme quem paga mais (sim, são prostitutas políticas), como vimos no episódio do Mensalão e na Operação Lava-Jato.

Então, como a direita que prega o corte de gastos e a desregulamentação poderia ter utilidade a esses políticos? Como a direita pode ter algum apelo para utilitaristas de carteirinha, se ela não propõe nada que abra espaço para aumentar gastos e fazer grandes obras? Como esses políticos escrotos podem se interessar por uma posição política que quer cortar impostos e diminuir o estado, tirando o ganha-pão deles? É por isso que todos os partidos fisiológicos (ou seja, partidos sem ideologia, que apoiam quem tem mais dinheiro para dar) orbitam em torno de partidos de esquerda, sejam os mais radicais (como o PT) ou os gradualistas (o PSDB). O que importa nessa regra é a certeza de que os utilitaristas QUASE SEMPRE vão encontrar alguém para satisfazer suas ganas na esquerda.

8. Regra do Niilismo Utilitarista: a oitava regra completa a sétima. Ela diz que niilistas, ou seja, pessoas que têm o *"nada"* como ideologia, tendem a ser utilitaristas. Essa regra é um caso particular quando levamos os valores em consideração para definir o posicionamento político de alguém. Nesse caso, podemos imaginar que existem pessoas que simplesmente não adotam valor nenhum e nem têm um código moral (seja isso verdade ou não). Niilistas não se importam com verdades, fundamentos ou valores. Por isso, o que se espera é que o niilista seja um utilitarista, ou seja, que monte sua agenda conforme ela possa atender às suas necessidades PRÁTICAS, sem verificar se as propostas atendem aos seus princípios (que podem nem existir).

9. Regra dos Valores Excludentes: a nona regra é uma das mais importantes para entender a firmeza do espectro político conforme demonstramos. **Ela diz que o valor da vida não convive com o valor do poder, assim como o valor da liberdade não vive bem ao lado do valor da igualdade.** Quando um desses valores é adotado com firmeza, ele praticamente desinveste a contrapartida de toda a autoridade que eventualmente possa ter na matriz moral de alguém. Uma vez que se escolhe o PODER como valor principal, ou o respeito à VIDA assume uma participação muito secundária, ou ele é excluído. Do mesmo modo, quando alguém adota a LIBERDADE como valor forte, dificilmente a IGUALDADE estará no mesmo patamar, podendo até ser excluída do sistema de valores da pessoa.

10. Regra da Hierarquia dos Valores: essa regra estabelece que os valores se posicionam hierarquicamente no código moral das pessoas. Até mesmo porque é muito difícil a pessoa simplesmente decidir não fazer nada no caso de um conflito entre eles. Lembre-se que os valores são basicamente aqueles que usamos para julgar nossas relações com o mundo. Geralmente, eles seguem uma hierarquia e a mais comum é essa:

Direita: VIDA > LIBERDADE > PROPRIEDADE
Esquerda: PODER > IGUALDADE

Podem existir códigos morais com outras composições, mas o mais comum é que a Regra dos Valores Excludentes funcione como uma força gravitacional que reproduz esses dois padrões básicos. De qualquer modo, é possível que pessoas de esquerda encaixem o valor à vida em algum canto do seu sistema moral. Em parte (mas não só por isso) é por isso que só vemos o descontrole sanguinário delas nas etapas finais de implantação do socialismo. Da mesma forma, há muita gente de direita que encaixa o poder em alguma fresta de sua coluna moral, o que explica a quantidade de intervencionistas e nacionalistas envolvidos com a direita.

11. Regra da Mediocridade do Centro Ideológico: a penúltima regra diz que quanto mais consciência o sujeito tem de seus valores, mais ele vai ajustar sua agenda a eles e mais ele migrará para um dos polos do espectro político. Isso é uma consequência da nona e da décima regra. Por isso, quando há uma composição mais inesperada na agenda da pessoa, ou ela ainda não tomou plena consciência dos seus valores (caso, talvez, da maior parte das pessoas), ou ela, de fato, carrega princípios excludentes em seu sistema de crença (situação bem menos frequente, conforme a nona e a décima regra).

A Regra da Mediocridade do Centro Ideológico afirma que na maior parte das vezes as pessoas que se posicionam como centristas ou têm uma consciência limitada sobre seus valores ou estão ali porque a pressão do meio as afastou do seu verdadeiro sistema de valores. É muito comum encontrar pessoas que andam em meios de direita ou de esquerda fazendo concessões à outra extremidade por motivos sociais ou particulares. Por outro lado, reconhecendo a existência de um sistema de crenças composto por princípios excludentes, seria muito difícil encontrar pessoas com um código moral *"centrista"* e que tivessem consciência dos próprios valores, já que praticamente TODOS os valores que elas DECLARASSEM seguir entrariam em contradição com boa parte das propostas que elas ESCOLHERAM defender.

12. Regra da Exceção Possível: enfim, é possível haver exceções na composição da agenda de alguém bem posicionado no espectro político. Escolher uma ou duas políticas do outro lado não coloca ninguém automaticamente naquele lado. Geralmente, essas pinceladas ocorrem por um problema de informação ou pela própria vivência da pessoa, parâmetros difíceis de reproduzir em uma teoria. Por exemplo, eu conheço pessoas de direita que eram a favor do aborto em casos de anencefalia porque pensavam que os bebês nasciam literalmente SEM CÉREBRO. Entretanto, quando verificaram que os bebês anencéfalos apresentam, de fato, parte do cérebro (mesmo que pequena) e que o termo *"anencefalia"* é enganador (faz com que as pessoas pensem que todo anencéfalo nasce sem qualquer parte do cérebro), mudaram de opinião. Nesse caso, elas ajustaram sua opinião não porque receberam novos valores, mas porque a opinião anterior era ancorada em informações ruins. De fato, na maioria das vezes, esse tipo de situação ocorre por problemas de comunicação ou falta de informação. O que é importante evitar é a reação que muitas pessoas têm de simplesmente chutar para fora de uma classificação alguém que expressou apenas uma ou duas posições contrárias àquele lado.

A Regra da Exceção Possível fecha as doze regras com a mensagem: àqueles que sempre esperam pureza absoluta quando se fala em uma composição de várias propostas políticas, acordem e sejam realistas. O mais comum é que haja convergência NA MAIOR PARTE da agenda, mas é pedir demais de seres humanos livres que concordem com cada ponto, de cada tópico, de uma agenda política. As pessoas que compõem um movimento vêm de famílias diferentes, com formações diferentes, com ideologias diferentes e EXPERIÊNCIAS diferentes. É perfeitamente normal que não haja uma adequação total. **O que importa preservar é a consciência de que essa contradição existe porque o sujeito defende uma e outra propostas estranhas à classificação dele, e não que essas propostas diferentes determinam a sua agenda.**

5.2. Como Identificar os Valores de Alguém?

Mesmo com essas doze regras, algumas pessoas podem ter problemas para dizer quais são os princípios que elas seguem. Esse é um problema da moralidade, onde alguns casos parecem não ter resposta mesmo. Há casos que são extremamente complicados, principalmente quando envolvem um parente ou uma pessoa muito querida. Entretanto, por mais que tenhamos consciência desse contratempo, o fato é que no dia a dia não temos que decidir com tanta frequência quem morre e quem vive e quando parece legítimo passar por cima de um valor para fazer o que pensamos ser melhor no momento. Casos envolvendo a moralidade tendem a ser mais complexos quanto mais se aproximam de situações extremas.

Então, uma primeira constatação que podemos fazer ao identificar os valores de alguém é que HÁ CASOS DE FRONTEIRA onde se torna extremamente difícil julgar se era de se esperar uma tal atitude de um pai, de uma mãe, de um filho, de uma filha, de um marido, de uma esposa, de um irmão, de uma irmã ou de amigos. Contudo, essas situações costumam ser hipotéticas e nunca (ou quase nunca) acontecem na prática (por exemplo: quem mataria o próprio irmão para salvar uma cidade inteira?). E o fato de essas situações hipotéticas existirem não torna menos verdade que existem OUTRAS SITUAÇÕES, que ocorrem com muito mais frequência, e que podem revelar o vínculo das pessoas com um valor específico.

Para facilitar o entendimento de algo que parece tão subjetivo, devemos observar as informações que SÃO CONHECIDAS, de modo que tenhamos uma base para formar nosso julgamento. Lembre-se que, DE FATO, as pessoas agem e formam opiniões conforme certos princípios que foram internalizados nelas pela vivência, formação, educação ou consciência. Por mais que seja possível encontrar casos em que a pessoa acabe fazendo algo que escapa da sua visão de mundo, é natural que ela acabe percebendo por si mesma e se ajuste ao refletir sobre o assunto. Vou apresentar um conjunto de afirmações, com as informações conhecidas que dizem respeito à moralidade, para ajudar no processo de identificação dos valores de alguém. São apenas sete afirmações que facilitam a tarefa de dizer se fulano ou ciclano segue ou não segue um determinado valor.

1. Valores (ou princípios) são os limites que nos dizem o que vale e o que não vale na interação com o mundo. Eles marcam o ponto, como um risco no chão, que, se for ultrapassado, trará arrependimento e insatisfação psicológica à pessoa. É o que já foi estabelecido em capítulos anteriores. São os valores que nos dizem o que se pode e o que não se pode fazer no relacionamento com o próximo. Eles costumam ser internalizados de forma a permitir julgamentos mais rápidos diante das situações que enfrentamos. Quando estão para ser violados, acionam gatilhos psicológicos que incomodam a pessoa, alertando-a de que há algo de errado acontecendo.

2. Praticamente qualquer coisa pode ser elevada ao status de valor ou princípio: vida de animais, um sonho de criança, um desejo sexual. Vimos nos primeiros capítulos que existem três tipos de valores, dos quais a vida, a liberdade, a propriedade, a igualdade e o poder são apenas os mais comuns. De um modo mais geral, praticamente qualquer proposição pode ser tratada como um valor. Até mesmo a racionalização dos instintos mais básicos pode ser considerada um valor, como naquelas pessoas que respeitam apenas os próprios interesses. O que importa deixar claro é que podemos projetar praticamente qualquer coisa como valor, desde que ela seja usada como parâmetro de julgamento no trato com o mundo. É comum elevar até mesmo ideologias à situação de valor, determinando uma escolha quase natural de agendas políticas e ações coerentes com elas.

3. O conjunto de valores de uma pessoa forma o que se conhece como moralidade ou código moral. Ou seja, moralidade é o conjunto de valores que dita as regras de relacionamento com o mundo. Também já vimos isso. Os valores formam o nosso código moral que, espera-se, não possui pares de princípios contraditórios entre si (como a igualdade e com a liberdade ou a busca pelo controle com o livre mercado). Os valores que adquirimos durante a vida se consolidam em nosso código moral, agindo como validadores das nossas interações com o mundo. Por exemplo, o sujeito que tem como valor a sua masculinidade vai se incomodar se for obrigado a vestir roupas femininas e se maquiar. O cidadão que ama demais os bichos, não vai se sentir bem caçando. O vegano vai se sentir desconfortável ao saber que havia presunto na sua salada. Veja que há homens que se vestem de mulher, que caçam e que comem carne (não necessariamente ao mesmo tempo) e não se afetam com nada disso. Isso ocorre pela diferença de princípios que cada um internaliza.

4. As pessoas não precisam estar conscientes dos valores que definem o seu código moral. Elas TENDEM a segui-los mesmo assim. Também já falamos sobre isso. As pessoas nem sempre estão plenamente conscientes dos valores que seguem. Isso não as impede de seguirem um código moral mais ou menos estável que *"critica"* as interações que elas têm com o mundo de modo quase inconsciente. Não é porque o sujeito nunca pensou *"eu tenho a vida como valor"*, que ele vai matar. Não é porque ele nunca falou em voz alta *"eu respeito a propriedade"*, que ele vai roubar. Quando internalizamos um valor, ele nos manda sinais psicológicos quando estamos nos aproximando da sua ruptura. Esse mecanismo faz com que as pessoas sigam os seus valores NA MAIOR PARTE DAS VEZES. Ou seja, o valor internalizado não carrega em si uma GARANTIA de inviolabilidade, apesar de estabelecer uma tendência de comportamento.

5. Emoções, desejos, pressões do meio e falta de reflexão são os principais fatores que fazem as pessoas tomarem decisões e agir de forma contraditória com os seus valores. Como vimos na afirmação anterior, o fato de alguém possuir um valor não garante que ele não irá violá-lo. De fato, não é raro as pessoas ultrapassarem as linhas impostas por seus valores ao longo de suas vidas. Isso não necessariamente significa que elas não têm um tal valor ou que ele é pouco importante para elas (apesar de poder indicar justamente isso). Contudo, vários fatores concorrem para fazer as pessoas romperem limites que elas, em sã consciência, não romperiam. O primeiro deles é bem chato e se chama hormônio. Pessoas podem ficar agressivas ou extremamente passivas dependendo da descarga de hormônios que recebem. Não que isso sirva como justificativa, mas é um processo de amadurecimento saber conviver com essas descargas que muitas vezes fogem do nosso controle. O segundo deles se chama CACHAÇA (ou pinga, ou álcool, ou cerveja, ou qualquer produto químico que altere o seu nível de consciência). Muitas pessoas acabam perdendo suas vidas e fazendo o que não queriam quando estão embriagadas (ou sob influência de alguma outra droga). O terceiro fator é a pressão do meio, que igualmente pode forçar alguém a fazer uma loucura (como virar feminista ou apoiar comunistas). Enfim, a falta de reflexão e a cobiça assumem um papel importante nesse processo de fazer o sujeito ignorar os seus valores, com consequências potencialmente perigosas.

6. As decisões das pessoas irão se adequar ao código moral delas quanto mais conscientes da situação elas estiverem. O fato aqui é que nem sempre as pessoas estão plenamente conscientes das consequências das suas decisões. E eu concordo plenamente: deveriam estar. Mas é uma realidade que em boa parte das vezes, ELAS NÃO ESTÃO. Existem muitas situações que são difíceis de se contemplar integralmente, principalmente pela falta de acesso às informações. E isso pode acontecer até em casos bem objetivos onde os valores têm menor relevância. Por exemplo, suponha dois alunos que apostam a probabilidade de encontrar duas pessoas que fazem aniversário no mesmo dia em uma sala com 25 crianças. Quem você acha que tem mais chance? O que aposta que eles vão encontrar as duas pessoas ou o que aposta que não? Acontece que quando o número de pessoas é maior que 23, a chance de encontrar duas que fazem aniversário no mesmo dia é maior que 50%.

Suponha agora que você está jogando pôquer. O que é mais fácil? Receber cinco cartas de um mesmo naipe ou qualquer sequência de cinco cartas? Muitos consideram mais difícil fazer uma sequência qualquer (um straight), mas na realidade é mais raro conseguir cinco cartas do mesmo naipe (um flush). Ou seja, se podemos estar enganados em situações bobas do dia a dia, é de se esperar que quando falamos de valores e moral enfrentemos problemas parecidos. Contudo, podemos superar esses problemas adotando os mesmos meios que usamos para fazer uma boa apostar: quanto mais informações e mais consciência temos da situação, mais a nossa escolha irá se conformar com nossas ideologias e nosso código moral. Quanto menos informações e menos reflexão fizermos, mais estaremos sujeitos às vicissitudes das emoções, dos desejos e das pressões culturais que nos desviam dessa conformidade.

7. Não existe mágica na formação de opinião: os valores determinam ideologias; as ideologias determinam as opiniões. Enfim, claro que é perfeitamente possível estar consciente de todo o processo de julgamento de uma opinião, resultando em sua recepção racional. Entretanto, é bem mais comum (principalmente entre as massas) que se assimile propostas sem uma reflexão mais profunda. Nesse caso, quanto mais comprometida for a pessoa com seus valores e quanto mais *"versada"* ela for nos fundamentos de suas ideologias, mais naturalmente haverá um alinhamento com eles. As opiniões que são formadas pelas pessoas geralmente derivam do sistema de valores delas. É como diz o ditado: de onde menos se espera, daí que não sai nada mesmo.

Por exemplo, é de se esperar que pessoas de esquerda militem contra Israel e a favor de seus inimigos. O antissemitismo generalizado na esquerda não é nem coincidência nem espontâneo: é um subproduto de um pensamento mais complexo. Do mesmo modo, não vai ser surpresa para ninguém descobrir que alguém de direita prega a pena de morte para pedófilos. Esse tipo de conclusão mais elaborada dificilmente surge do nada. Os valores direcionam as ideologias. E as ideologias determinam opiniões e ações. Há espaço para desvios? Há. Esses desvios são raros? Não. O que pode ocasioná-los? Problemas de comunicação, falta de informação, pressão do meio, conflito com outros valores, entre outras situações.

Com essas sete afirmações, fica mais fácil investigar os princípios que guiam as pessoas e identificar melhor seus posicionamentos políticos. Lembre-se que ainda não inventaram uma máquina que nos permita ler a mente das pessoas. Para dizer se tal e tal são de direita ou de esquerda, temos que ter acesso às ideias que eles defendem. Ou seja, como vimos no começo deste capítulo (Regra da Possibilidade de Conhecimento), para dizer se alguém está à direita ou à esquerda, temos que saber o que elas pensam. Vimos por lá que a declaração e o voto são importantes ferramentas nesse sentido.

O voto é mais objetivo, mas nem sempre expressa o que alguém pensa politicamente. O sujeito pode estar votando em alguém por protesto ou consciente de que o seu candidato é o *"menos pior"*. Por outro lado, a declaração verbal informal está sujeita a certos ruídos que podem atrapalhar o julgamento. Entretanto, há uma modalidade de expressão que nos permite ter uma ideia melhor do sistema de crenças de alguém: é a declaração pela atitude. Existem ações que revelam com clareza os valores de alguém. É intuitivo que um assassino não valoriza a vida, que um ladrão não valoriza a propriedade, que um sequestrador não valoriza a liberdade e que um tirano ama o poder.

De qualquer modo, quanto mais informações tivermos para julgar, melhor. Nesse sentido, é importante comparar as declarações e atitudes de alguém para saber se há concordância ou contradição no seu comportamento. E o mais importante de tudo, as declarações que devemos analisar POR ÚLTIMO são aquelas que concluem precipitadamente o nosso julgamento. Qualquer um pode dizer *"sou de direita"* ou *"sou de esquerda"*, mas em muitos casos isso não significa nada. Todos conhecem um qualquer que se diz uma coisa ou outra e não é nada disso. Por isso que, em todos os casos, antes de concluir o julgamento, temos que saber quais são as ideias e as ações de alguém.

Declaração pela Atitude

É a forma mais fácil e mais certa de identificar os valores de alguém. Por exemplo, quando um ladrão mata alguém que está atrapalhando o seu roubo, ele EXPRESSA o tipo de estima que tem pela vida alheia. Quando o sujeito rouba ou furta alguma coisa, ele MOSTRA um tipo de relação com o direito à propriedade. Quando um sistema de justiça prende proprietários que não venderam seus produtos por um preço pré-estabelecido, ele EXPRESSA um desrespeito pela liberdade e pela propriedade. Ou seja, é possível identificar o posicionamento das pessoas por meio da análise de suas atitudes. O sujeito que bate no carro de alguém e foge para não pagar o prejuízo, PROVA que em seu sistema de valores o direito à propriedade não é tão importante. A pessoa que quer OBRIGAR o próximo a lhe vender algo de uma forma que ele NÃO CONCORDA, mostra que não se importa tanto assim nem com a propriedade nem com a liberdade dos outros. O fato de alguém não querer ser prejudicado só mostra um comportamento muito parecido com o de qualquer ANIMAL que age pelo instinto de autopreservação.

Nos últimos anos, a sociedade viu episódios de saques e vandalismo ao menor sinal de catástrofe ou insegurança. No Brasil e no mundo, cidadãos aparentemente comuns tiraram suas máscaras e se lançaram ao roubo e ao saque na primeira oportunidade que tiveram, mostrando a forma como muitos se relacionam com a propriedade alheia. Na internet, qualquer pesquisa envolvendo caminhões tombados no meio da estrada nos traz imagens de pessoas aparentemente humildes competindo para ver quem rouba mais da carga jogada, como se fossem ladrões esperando a oportunidade para agir. O que quero dizer aqui é que, nesses casos, o sujeito até pode dizer que respeita a propriedade ou que tem a propriedade como valor, mas as ATITUDES dele PROVAM o contrário. **Ou seja, existem atitudes que são suficientes para deixar claro que alguém não tem a propriedade como valor.**

Declaração Verbal ou Escrita

Claro que as atitudes denunciam mais o sistema de valores de alguém do que a expressão verbal ou escrita. Entretanto, o que as pessoas falam e escrevem também pode indicar o comprometimento com um valor. Sem dúvida, o que o cidadão diz defender pode indicar os valores que ele carrega. Do mesmo modo, pode ser dada confiança ao que alguém responde em uma pesquisa escrita. Contudo, o documento de autoria conhecida é ainda mais confiável. Papéis assinados são importantes fontes de declaração de valores por dois simples motivos: eles permitem a confrontação das afirmações escritas, VALIDANDO ou AFASTANDO a consistência do discurso com um valor, e; os registros escritos demandam mais comprometimento por parte dos autores (principalmente em documentos oficiais).

Por exemplo, o item 229 do famoso Código de Hamurabi dizia: *"Se a habitação for construída por um construtor com negligência, de modo que venha a cair e matar o morador, o construtor deverá ser condenado à morte"*. Em um primeiro momento, pode parecer que o rei tinha algum tipo de estima pela vida dos seus súditos, pelo menos daqueles que não eram engenheiros incompetentes. Entretanto, no item seguinte (230) lia-se: *"Se morrer o filho do dono da casa, o filho do construtor deverá ser condenado à morte"*. Ou seja, a LEI contemplava situações que determinavam a MORTE de pessoas que não tinham nada a ver com o crime cometido (o filho do culpado). Portanto, não podemos dizer que os artigos de Hamurabi levavam em consideração a *"proteção da vida"* como um valor. Se assim fosse, o rei não incluiria no código situações onde inocentes fossem mortos *"de forma legal"*.

O que se conclui é que o Código de Hamurabi tinha como preocupação principal, não a proteção da vida, mas a necessidade de controlar o povo pelo medo. O mesmo pode ser observado em relação à propriedade. O item 22 do código pregava: *"Se (alguém) estiver cometendo um roubo e for pego em flagrante, ele deverá ser condenado à morte"*. Pode parecer que a propriedade era tão estimada por Hamurabi que o ladrão era morto pelo crime. Entretanto, todos os itens que vão de 268 a 277 falam do TABELAMENTO de preços e salários, indicando uma relativização da propriedade e o revestimento dela com uma *"função social"* que permitia o controle do seu uso pelo estado. Isso reforça a conclusão de que o interesse do tirano estava mais relacionado ao controle dos súditos do que à preocupação com suas vidas e propriedades.

Note que, nesses casos, uma hipótese inicial formada pela análise de uma afirmação isolada foi afastada pela comparação com outra afirmação. Mas é comum também que as declarações convirjam na direção de um entendimento. Por exemplo, a mentalidade de esquerda do papa Paulo VI pode ser verificada pelo conjunto de suas declarações na encíclica Populorum Progressio. Falando de um *"destino universal dos bens"*, ele escreveu (no item 23): *"Ninguém tem direito de reservar para seu uso exclusivo aquilo que é supérfluo, quando a outros falta o necessário"*. O que podemos deduzir a partir dessa afirmação? Que o autor acredita que NINGUÉM pode se dizer proprietário de algo considerado *"supérfluo"*, principalmente quando faltam outros tipos de bens a outras pessoas. Podemos concluir, portanto, que o direito à propriedade não era um valor defendido por aquela anta.

Esse entendimento é corroborado por outras declarações da encíclica. No item 24, ele prega: *"O bem comum exige por vezes a expropriação, se certos domínios formam obstáculos à prosperidade coletiva"*, o que reforça a conclusão de que para ele o direito à propriedade podia ser violado por motivos *"sociais"*. Em seguida, (no item 26) Paulo VI declara que realmente não vê o direito à propriedade como absoluto, dando a entender que o *"Não roubarás"* devia ser relativizado. Ele escreve: *"Infelizmente, sobre estas novas condições da sociedade, construiu-se um sistema que considerava o lucro como motor essencial do progresso econômico, a concorrência como lei suprema da economia, a propriedade privada dos bens de produção como direito absoluto, sem limite nem obrigações sociais correspondentes"*. O padrão se repete em outros documentos oficiais do papa, revelando que ele não tinha a propriedade como um valor, mas como acessório de uma ideologia mais alinhada com a esquerda.

5.3. Método de Classificação no Espectro Político

Depois de analisar todas essas regras, podemos finalmente classificar as pessoas no espectro político. Abaixo estão dois quadros com o resumo de algumas das expressões mais comuns da esquerda e da direita. Eles estão organizados com as ideologias com mais afinidade com cada um daqueles cinco valores principais, bem como com as propostas mais alinhadas a eles e as ações e comportamentos mais comuns de cada grupo.

Perceba que podemos encarar a direita e a esquerda como macroideologias das mentalidades formadas por esses dois padrões morais. Ou seja, a direita seria uma ideologia comum àqueles que privilegiam o direito à vida, à liberdade e à propriedade, enquanto a esquerda seria a ideologia daqueles que perseguem o poder e a igualdade. Seguem algumas sugestões para a classificação:

a) Classificação Informal: fazer uma leitura rápida de cada quadro e, com base no seu conhecimento sobre a pessoa que você quer classificar, dizer em qual lado do espectro ela está.

b) Classificação por Pontuação: atribuir uma pontuação a cada campo dos quadros e contar quantos pontos o sujeito analisado fez em cada um, classificando-o no lado que tiver mais pontos.

c) Classificação por Ideologia e Propostas: método idêntico aos dois anteriores, mas olhando apenas para as ideologias e as propostas de cada lado.

Direita		
Ideologia	Propostas	Ações
Vida		
Família Nuclear	Contra o Aborto	Ter muitos filhos
Conservadorismo	Contra o Casamento Gay	Faz a própria proteção
Cristianismo	Contra o Desarmamento	Quer formar uma família
Moralismo	Defesa do Cristianismo	Participa da igreja
Proteção da Vida	Fortalecimento da Polícia	Defesa Pessoal
Liberdade		
Libertarianismo	Proteção dos Costumes	Homeschooling
Individualismo	Liberdade de Expressão	Contra sindicalização
Armamentismo	Contra Proibições	Caça e Pesca
Municipalismo	Descentralização	Acampamento
Minarquismo	Estado Mínimo	Atividade Física
Propriedade		
Capitalismo	Contra Ambientalismo	Comércio e compras
Livre Mercado	Privatização	Coleção
Teologia da Prosperidade	Contra Banco Central	Poupança
Prosperidade	Defesa da Herança	Gosta de conforto
Laboriosidade	Governo Mínimo	Gosta de trabalhar

Esquerda		
Ideologia	Propostas	Ações
Poder		
Socialismo	Controle Populacional	Culto ao Líder
Eugenismo	Aborto	Legalismo
Fascismo	Fortalecer sindicatos	Intolerância
Globalismo	Estatização	Engajamento Político
Nacionalismo	Desarmamento	Controlador
Relativismo Moral		
Teologia da Libertação	Controle do Discurso	Politicamente Correto
Antinomianismo	Adoção por Homossexuais	Autoindulgência
Ideologia de Gênero	Redução da Maioridade Penal	Homossexualismo
Ambientalismo	Políticas Ambientais	Veganismo
Ateísmo	Contra Israel	Direito dos Animais
Igualdade		
Comunismo	Políticas Afirmativas	Uniformização
Feminismo	Casamento Gay	Identidade de Grupo
Igualitarismo	Anticapitalismo	Ecumenismo
Anarquismo	Antiamericanismo	Androgenia
Coletivismo	Função Social da Propriedade	Poliamor

E no caso de empate? Isso pode acontecer, mas o mais comum é que haja preponderância de concordância com um dos quadros. Geralmente, as pessoas ou organizam suas propostas conforme os valores de direita (vida, liberdade e propriedade) ou conforme os de esquerda (igualdade e poder). Mas é evidente que pode haver casos difíceis de julgar. Não há nenhum problema nisso, sendo que já vimos como tratar esses casos: ou o sujeito não está tão consciente dos valores que prega, ou é um utilitarista, ou precisa se informar melhor. **Portanto, claro que é de se esperar que haja pessoas no centro, mas é muito mais comum encontrar padrões DENTRO dos espectros, com preponderâncias de dois valores sobre os demais.**

5.4. Os Padrões Mais Comuns

Concluindo, apesar da tradicional classificação entre direita e esquerda, esses grupos tendem a ter suas próprias categorias. Existem quatro modelos ideológicos que concentram o maior número de militantes de direita e de esquerda. Na direita, o grupo principal é composto por aqueles que se declaram conservadores, seguido dos que se reconhecem como libertários. Já na esquerda, os dois principais grupos são os progressistas (ou liberais) e os globalistas (apesar de muitos deles não se definirem assim). De uma forma flexível, podemos colocar os conservadores e os progressistas nas regiões mais bem definidas dos seus respectivos lados, enquanto os libertários e os globalistas estariam mais próximos do centro. Então, antes de fechar este capítulo, vamos ver cada um desses grupos.

Os Conservadores

Eu mesmo me considero um conservador. Mas é uma realidade que muitos conservadores não sabem o que é conservadorismo ou não saberiam defini-lo se alguém perguntasse. Muitos deles se definem dessa forma por associarem o conservadorismo com uma agenda de valorização da religião, da família e da propriedade privada. Além disso, é comum ver as pessoas confundindo o conservadorismo com qualquer resistência à mudança ou com o apego a uma determinada tradição que se quer conservar. O fato é que o conservadorismo é muito mais abrangente do que as pessoas imaginam, de modo que ele quase se confunde com o que é ser de direita.

O norte-americano Russell Kirk listou dez princípios do conservadorismo que podem ser usados para associá-lo à direita política. Nos Estados Unidos, até hoje se usa o termo *"conservative"* (conservador) para definir alguém que se considera de direita, enquanto *"liberal"* é o termo usado para definir o sujeito de esquerda. Esses princípios apareceram originalmente em 1953, no livro A Mente Conservadora, mas foi só em seu livro A Política da Prudência, de 1993, que Kirk os consolidou do seguinte modo:

1º Princípio: *"o conservador acredita que existe uma ordem moral perene. Que a ordem é feita para o homem e o homem é feito para ela: a natureza humana é constante e as verdades morais são permanentes"*.

2º Princípio: *"o conservador adere ao costume, à convenção e à continuidade. É o velho costume que permite as pessoas a viverem pacificamente em comunidade; os destruidores dos costumes acabam com mais do que eles sabem ou desejam destruir"*.

3º Princípio: *"conservadores acreditam no que pode chamar de princípio da continuidade. Conservadores sentem que seus contemporâneos são anões nos ombros de gigantes, capazes de ver mais longe que seus ancestrais por causa da grande estatura daqueles que nos precederam no tempo".*

4º Princípio: *"conservadores são guiados pelo princípio da prudência (...). Qualquer medida pública deve ser julgada por suas prováveis consequências de longo prazo, não meramente por uma vantagem ou popularidade temporária".*

5º Princípio: *"conservadores prestam atenção ao princípio da variedade. Eles sentem afeição pela complexa proliferação de modos de vida e de instituições sociais há muito tempo estabelecidos, em distinção à uniformidade convergente e ao igualitarismo progressivo dos sistemas radicais".*

6º Princípio: *"conservadores são atormentados pelo princípio da imperfeição humana. Os conservadores sabem que a natureza humana sofre irremediavelmente de certas falhas graves. Sendo que o homem é imperfeito, nenhuma ordem social perfeita poderá ser alcançada".*

7º Princípio: *"conservadores estão convencidos de que a liberdade e a propriedade estão fortemente ligadas. Separe a propriedade da possessão privada e o Leviatã se tornará mestre de todos. Grandes civilizações foram erguidas sobre a fundação da propriedade privada".*

8º Princípio: *"conservadores defendem a comunidade voluntária, assim como eles se opõem ao coletivismo involuntário. Embora os americanos tenham se apegado fortemente aos direitos privados e de privacidade, eles também foram notórios por seu bem-sucedido espírito de comunidade".*

9º Princípio: *"os conservadores percebem a necessidade por restrições prudentes sobre o poder e sobre as paixões humanas. Politicamente falando, poder é a habilidade de fazer o que se quer, a despeito das vontades dos seus próximos".*

10º Princípio: *"o conservador pensante entende que permanência e mudança devem ser reconhecidas e reconciliadas em uma sociedade vigorosa. O conservador não se opõe ao melhoramento social, apesar de duvidar sobre se há um Progresso místico (...) trabalhando no mundo".*

Em outras palavras, o conservador é um sujeito de direita. **Dentro de uma definição mais esclarecida, que leva em consideração o movimento norte-americano e parte do que se popularizou como conservadorismo no resto do mundo, podemos dizer que o conservador tem em sua matriz o respeito à vida, à liberdade e à**

propriedade. Entretanto, muitos não conhecem formalmente o pensamento conservador e confundem o seu uso. Teoricamente, um conservador também é um libertário. O conservador vai ter uma rejeição àquelas tentativas políticas e culturais de vincular sua agenda com o fortalecimento do estado, como tentam fazer alguns setores católicos tradicionalistas (principalmente aqueles que pregam a Doutrina Social da Igreja). De qualquer modo, o conservadorismo geralmente está associado a um apego mais sério ao cristianismo, enquanto no meio libertário há predominância de um comportamento menos religioso.

Os Libertários

Um libertário é alguém consciente de que seu posicionamento político é dirigido pela defesa da liberdade. O consenso é que há uma posição elevada da liberdade no sistema de valores do libertário. E é por isso que, apesar de toda a confusão sobre definições, os libertários ainda estão mais para a direita do que para a esquerda. Ainda assim, é possível classificar os libertários em dois grupos principais: os anarquistas (ou pseudolibertários) e os minarquistas (ou libertários clássicos, ou conservadores-libertários).

O libertário anarquista é, na verdade, um pseudolibertário, uma vez que tradicionalmente não reconhece a propriedade privada como um princípio construtivo da civilização. Desde SEMPRE, os anarquistas se alinham aos socialistas para alcançar a sociedade sem classes conhecida como *"comunismo"*. Recentemente, um movimento conhecido como anarcocapitalismo ganhou força entre os jovens, crescendo entre aqueles anarquistas que não estão prontos para abandonar a propriedade privada, mas há muitas contradições nele. **Já o minarquismo seria a ideia por trás do libertário clássico, um cidadão com suas preocupações políticas, mas com uma agenda que enfatiza a defesa da liberdade. Note que, nesse caso, não há nada que coloque o libertarianismo em choque com o conservadorismo ou com o cristianismo.**

Um dos problemas culturais da direita contemporânea é a confusão causada por libertários que vieram diretamente da esquerda, carregando vícios da mentalidade passada. Por exemplo, quando se fala em casamento gay, muitos libertários ainda compram integralmente a proposta da esquerda, de criar uma lei para que todos reconheçam a união entre duas pessoas do mesmo sexo como se fosse um casamento como qualquer outro. É como se eles não percebessem que quando o governo nos diz O QUE PENSAR sobre o relacionamento entre duas (ou mais) pessoas (ou animais), já não se tem liberdade. Eu poderia querer criar um clube exclusivo para famílias bonitinhas, com papai, mamãe e filhinhos. Mas se houvesse uma lei que me obrigasse a tratar o casal de dois barbudos e um chihuahua como uma família, eu poderia ser processado por negar a filiação deles. Do mesmo modo, se um cristão tivesse uma empresa de saúde com planos familiares, ele não poderia negar o pacote ao casal de machos com seu bichinho sem ter medo de um processo.

Ou seja, esses libertários sem pedigree acabam aumentando a propensão dos grupos libertários a abraçar certas propostas da esquerda. Contudo, eles sempre se afastam do pensamento libertário quando fazem isso. É o caso do aborto. Não há nada que diga que defender o aborto seja bom para a defesa da liberdade, a menos que se creia que liberdade é a permissão para fazer tudo e qualquer coisa, inclusive roubar e matar, sem consequências. O aborto, na verdade, resulta no oposto da liberdade, já que acaba roubando vidas. Mas basta que uma besta de esquerda faça um discurso sobre *"o direito da mulher sobre o próprio corpo"* para essas antas esquecerem que a mulher não tem o direito de tirar vidas, mesmo que estejam dentro dela. Enfim, felizmente muitos acabam se dando conta dessas contradições e ajustam suas posições para uma agenda mais convergente com a direita tradicional.

Os Progressistas (ou Liberais)

Muita gente ouve esse termo nos dias de hoje, *"progressista"*, e não sabe do que se trata. Muitos acabam assumindo que ser *"progressista"* é adotar uma postura boa para o *"progresso"* de uma forma genérica, dando uma conotação boa à palavra. Na verdade, o que se estabeleceu é que o progressista é aquele que adota uma agenda progressiva na direção da sociedade igualitária. Os progressistas querem o progresso na direção de um mundo onde todos são iguais. Por isso, o progressista é o típico sujeito de esquerda, que conduz sua vida com base na busca pelo controle e pela expectativa de ver o mundo do tudo igual ainda em seu tempo de vida. Sabemos que isso não vai acontecer, mas ele não liga. Nos Estados Unidos, e até no Brasil, os progressistas também são conhecidos como liberais. **O termo liberal não tem absolutamente nada a ver com a liberdade como eu e você entendemos, mas com a disposição de relaxar e degradar a moral e os bons costumes nas piores direções possíveis.**

Esses progressistas, ou liberais, são a massa de manobra dos movimentos de esquerda. Eles não são conhecidos por serem bons debatedores ou por sua cordialidade. Eles recebem suas ideias e propostas daqueles que os controlam e as defendem com unhas e dentes, por mais que não façam sentido. Além disso, muitos utilitaristas acabam aumentando as fileiras progressistas, já que podem ser mais facilmente comprados ou convencidos da *"utilidade"* de certas políticas públicas. Por exemplo, um utilitarista pode ser convencido a apoiar o desarmamento se o convencerem que a criminalidade vai diminuir se a população for desarmada (na verdade, a criminalidade costuma aumentar). Se ele não possuir o respeito à propriedade privada em seu sistema de valores, ele tende a engrossar as fileiras progressistas. De fato, o utilitarista que concorda com o controle da propriedade ou com o aborto porque acredita que essas políticas vão diminuir a pobreza ou *"aumentar o bem-estar social"*, tende a ser um progressista.

Não é por acaso que as piores invenções dos últimos séculos acabaram encontrando espaço nos movimentos progressistas de suas épocas. Controle populacional, políticas de expansão de gastos públicos, keynesianismo, racismo político, eugenia e a criação de uma organização internacional para controlar o mundo, são todas propostas que progressistas de várias épocas apoiaram. Note que o progressista não é um conservador. Não há nada que ele se sinta propenso a conservar. Para ele, não há uma moralidade perene que diga que há alguns princípios que devem ser protegidos. Se alguém conseguir convencê-lo de que tal política vai ser boa para uma maioria, ele costuma estar dentro. **Por isso que há tanta gente se dizendo progressista por aí: é fácil se apresentar como uma pessoa de bem defendendo propostas que *"especialistas"*, *"cientistas"* ou *"médicos"* dizem que vão beneficiar a todos.**

Os Globalistas

O globalista é a parte da esquerda que coloca a construção de uma forte estrutura de controle em primeiro lugar. Atualmente, os globalistas estão associados à tentativa de implantar um socialismo de mercado, mantendo em algum grau a propriedade privada. Na prática, todo globalista pode também se declarar progressista, apesar de serem mais flexíveis e fazer algumas concessões para a direita, sempre buscando se fortalecer para um golpe posterior. Assim como os progressistas, o globalista também busca a implantação de uma utopia, mas no seu cálculo de decisões existe espaço para cessões e retiradas estratégicas, deixando seus lacaios progressistas manterem a pressão na direção do objetivo principal.

O globalista não costuma estar na base dos movimentos de esquerda. Ele geralmente é colocado em uma posição de formador de opinião ou na administração de alguma ONG ou fundação. Empresários de esquerda também costumam ser classificados como globalistas, principalmente quando tentam levantar barreiras de entrada para seus negócios (alegando cuidados ambientais ou preservação de culturas e de animais) ou financiamento para suas empresas que, naturalmente, não conseguiriam sobreviver em uma sociedade desregulamentada (como consultoria de meio ambiente). Há muitos globalistas em ONGs ou empresas que não sobreviveriam sem seus contatos com o poder.

Por exemplo, imagine que você tem uma empresa e ela passa por problemas. Você gastaria dinheiro para contratar esses palhaços para falar como o seu negócio pode ser mais *amigável com o meio ambiente*? Suponha que você está em um país que não tem uma lei de licitação cheia de pegadinhas. Você pagaria por consultorias para fazer *estudos de impacto ambiental*? Não. Esses *serviços*, e muitos outros, não teriam demanda se não fosse a disposição dos socialistas para criar leis estúpidas que garantem o emprego dos seus amigos globalistas. **Por isso, globalistas e socialistas costumam dar as mãos para conseguir o controle da sociedade. Eles se unem em uma agenda internacionalista (globalista) para que, cada vez menos, os países decidam algo com base no interesse de seus cidadãos.**

O globalista não vai gostar se você não quiser colocar um limite nas emissões de carbono do seu país porque você sabe que isso acabaria com o seu emprego. De fato, ele não está nem aí para o seu emprego (e, muitas vezes, ele não está nem aí para o meio ambiente também): o que ele quer é o controle sobre você. O globalista detesta quando o seu país resolve dar as costas para a agenda feminista e abortista da ONU. O interesse dele é que você compre a agenda da ONU mesmo sem estar certo sobre os benefícios dela, já que ELE SABE POR VOCÊ o que é melhor para o seu país. **O globalista inventa e promove limitações às ações regionais para poder controlá-las melhor. O desejo dele sempre está relacionado com o aumento do poder que ele tem sobre as decisões que VOCÊ deveria tomar.**

6. Como a Esquerda Corrompe a Humanidade

Você deve ter ouvido falar das coisas horríveis que os socialistas fizeram pelo mundo, não ouviu? Você deve ter ouvido falar do Holocausto produzido pelos nacional-socialistas, onde milhões de judeus foram mortos em campos de concentração. Deve ter ouvido do Holodomor, quando os comunistas mataram milhões de ucranianos no começo dos anos 1930. Talvez tenha ouvido falar do genocídio promovido pelos turcos otomanos contra a população armênia em 1915, ceifando a vida de quase dois milhões de cristãos. Ou então de como os comunistas do Camboja mataram quase 20% da sua população.

Quando governos e grupos tiram vidas, as pessoas ficam mais alarmadas com razão. Mas outras políticas foram registradas ao longo da história que, por algum motivo, as pessoas parecem esquecer quando elencam os *"piores momentos da humanidade"*. Poucos lembram (ou sabem) da expropriação massiva de terras (sem indenização) promovida pela China durante o *"Grande Salto para a Frente"* que contribuiu para os cerca de quarenta milhões de mortos atribuídos ao comunismo chinês. Poucos falam que os comunistas roubaram as terras de praticamente todo mundo antes de amontoar uma cordilheira de cadáveres na União Soviética.

Na Tanzânia de Julios Nyerere (e em outros países africanos que abraçaram o socialismo depois de 1960), o governo socialista coletivizou quase toda a propriedade rural, causando a morte de milhões de pessoas pela queda da produção de comida. Esse caso é pouco conhecido porque, bem, os socialistas nas academias não querem que as pessoas saibam que a culpa do fracasso africano é do socialismo. De qualquer forma, as pessoas parecem não se incomodar com os ROUBOS EM MASSA promovidos pelos governos ao longo da história.

O ROUBO praticado por governos, ou seja, a expropriação unilateral da propriedade privada, sem e com indenização, seja visando a utopia comunista, seja com a desculpa de *"melhorar a vida do povo"*, seja com a intenção de promover um *"mundo melhor"*, costuma ser grandemente negligenciado no estudo da história. Por que isso acontece? Os roubos em massa promovidos por governos socialistas deveriam ser vistos com tanto medo quanto o genocídio que esses roubos provocam. No entanto, nos programas e estatutos de meia dúzia de partidos de esquerda encontramos EXATAMENTE ESSA MESMA VONTADE.

Outro absurdo que costuma ser visto com negligência é o ROUBO DA LIBERDADE da população por governos tirânicos. Como já vimos, Alexis de Tocqueville chamaria isso de *"ditadura da maioria"* e até sociedades vistas como *"democráticas"* podem acabar incorrendo nesse crime quando o seu povo se corrompe. Recentemente, o governo russo proibiu cristãos de evangelizarem fora de suas igrejas. Na Coreia do Norte, o governo nem permite que cristãos existam. Na Arábia Saudita, eles até toleram os cristãos, desde que sejam de outros países e andem descaracterizados porque, se forem pegos com uma Bíblia na rua, podem ser mortos. Como e por que o absurdo se torna comum ou *"tolerável"*? O que move esses *"monstros"* que querem acabar com a propriedade, a liberdade e a vida das pessoas?

Neste capítulo, vamos ver como não é o comunismo ou o nazismo, ou qualquer outra ideologia, que mata, rouba e oprime. São PESSOAS (seres humanos como eu e você, pelo menos biologicamente) com ideias comunistas, socialistas, ou seja lá que aberração elas tenham abraçado, que apertam os botões, cuidam da logística e executam as tarefas mais pusilânimes envolvidas no assassinato, no roubo e na opressão coletiva. Vamos ver como elas se transformam em agentes da morte e da opressão, defendendo arrogantemente propostas que seriam consideradas ABSURDAS por qualquer pessoa educada de bem. E quais são os mecanismos que levam essas pessoas a se transformarem em monstros capazes de matar crianças, tirar pessoas de suas casas e prender inocentes sem muito peso na consciência.

Pior, vamos ver como a *"mão-de-obra"* necessária para a operação de câmaras de gás, campos de concentração, confisco coletivo da propriedade, entre outras medidas ABSURDAS que levam à morte, ao roubo e à opressão, já pode estar ao nosso lado. Como o nazista que as pessoas tanto demonizam pode ser o seu vizinho, o seu colega ou até o seu amigo. Como o comunista que nunca teve problemas para matar e roubar pode estar na televisão querendo votos para dar prosseguimento aos seus planos cruéis. Como o genocida que tanta gente teme pode estar no altar da sua igreja ou ensinando os seus filhos. E, pior ainda, como apesar de dizerem EXATAMENTE o que querem e o que estão dispostos a fazer, NINGUÉM PARECE LIGAR.

6.1. Como Tudo Começa

Tudo começa com um absurdo e com sua aceitação por um grupo de pessoas. Infelizmente, os seres humanos têm uma capacidade incrível para abraçar ideias absurdas. **Vamos definir aqui que, politicamente, absurdo seria tudo que atenta contra a vida, a liberdade e a propriedade de inocentes de forma CLARA e OBJETIVA.** É importante que você tenha lido o livro até aqui para entender porque o absurdo político é apenas o que atenta contra esses direitos das pessoas inocentes. O confisco daquilo que o bandido TEM não é um absurdo, porque muitas vezes o bem nem era dele. Cidadãos podem cometer erros que geram multa e não há nenhum problema nisso. O absurdo ocorre quando se retira de alguém aquilo que ele conquistou com o seu trabalho ou recebeu de forma legítma.

Tirar a liberdade de alguém que cometeu um crime grave também nunca foi um absurdo. Nós prendemos bandidos, não prendemos? O problema não é prender bandido: o absurdo é prender trabalhadores honestos porque ousaram comprar uma arma para defender sua família ou donos de mercados que quiseram vender suas mercadorias por um preço ou uma condição diferente do que o governo mandou. Portanto, tirar a liberdade de criminosos não é nenhum absurdo. O absurdo é a manipulação arbitrária do direito dos inocentes.

Quando falamos sobre a vida, mostrei que não há nada de errado com a pena de morte para pessoas que cometeram crimes horríveis. Hitler não merecia a pena de morte? Um pedófilo que abusou e matou várias crianças não perde o direito de viver? Não estamos justificados quando matamos aquele que está na iminência de tirar as nossas vidas ou de atirar contra alguém que amamos? Esses maníacos que sequestram mulheres para mantê-las trancadas durante anos, submetendo-as a abusos sexuais constantes, não deveriam estar mortos? Não deveria haver penas particularmente rigorosas para estupradores e traficantes de mulheres? Então, quando falamos da aplicação da justiça, não há nada de errado em tirar a vida de certos tipos de criminosos, mas é um absurdo propor a morte de inocentes.

E o grande problema é que o absurdo dificilmente é vendido em sua forma final. Hitler não chegou ao poder dizendo que iria matar e roubar. Lênin mentiu para muita gente sobre suas intenções antes de impor um regime genocida na União Soviética. O socialismo moderno se expandiu por meio de sociedades secretas que escondiam do público externo as verdadeiras intenções dos seus membros. Claro, sempre há algum cretino para comprar o absurdo em sua forma final, mas muita gente ainda reluta em apoiar coisas como infanticídio, genocídio, roubo e *"proibir padeiros de vender pão por unidade"*. Ou seja, dificilmente o absurdo começa a ser vendido em sua forma bruta. Inicialmente, propostas como a coletivização da propriedade ou a promoção da pedofilia raramente são oferecidas de forma clara e objetiva. **Portanto, os absurdos geralmente são apresentados em suas formas mais enganosas, sempre com uma desculpa que cativa pelo menos parte da sociedade.**

Por exemplo, você provavelmente não sabe que o príncipe Felipe da Dinamarca (também duque de Edimburgo) disse que, se *"fosse reencarnar, gostaria de voltar como um vírus mortal, para contribuir com algo que resolvesse o problema da superpopulação"*. **O desejo de ser uma doença para matar muita ou pouca gente é um ABSURDO e mostra as intenções de quem o expressou.** Mas tal afirmação foi convenientemente escondida porque as forças que querem diminuir a população do planeta sabem como pessoas NORMAIS reagem a esse tipo de absurdo. Esse ódio contra o homem não é exclusivo das famílias reais europeias. No primeiro editorial da revista The Ecologist, a humanidade também é comparada com *"parasitas"* e é vista como uma *"doença"*. **Em uma publicação de 1974 chamada Mankind at the Turning Point, os arautos do Clube de Roma dizem: "A terra tem um câncer, e o câncer é o HOMEM".**

Os mais céticos ainda podem estar duvidando disso tudo, mas há provas de que pelo menos na agenda globalista realmente houve um empenho da grande mídia para esconder o avanço desses planos absurdos do grande público. Em discurso realizado em 1991, David Rockefeller disse: *"Nós somos muito agradecidos ao Washington Post, ao New York Times, à revista Times, e outras grandes publicações cujos diretores participaram de nossas reuniões e respeitaram as PROMESSAS DE DISCRIÇÃO por quase quarenta anos. Teria sido impossível para nós desenvolver NOSSO PLANO PARA O MUNDO se nós estivéssemos submetidos às LUZES CLARAS DA PUBLICIDADE durante esses anos. Mas agora o mundo está mais preparado e sofisticado para marchar rumo ao GOVERNO MUNDIAL".*

Infelizmente, não foi apenas com editores de grandes jornais e revistas que os globalistas contaram para promover os seus absurdos. Você verá que essas forças que transformam pessoas normais em monstros assassinos também tiveram o apoio de outros instrumentos para avançar suas ideias malucas: o POLITICAMENTE CORRETO, a criação em massa de ONGs e fundações, a engenharia social direcionada e a infiltração em escolas e universidades. A seguir, irei explicar como cada um deles participa da promoção do absurdo e facilita a transformação de seres humanos normais em assassinos, terroristas e ladrões.

6.2. Como o Absurdo Contamina a Sociedade

Um dos grandes problemas da viralização do absurdo é que sua propagação não para no indivíduo ou naquele grupo de doidos que o recebeu inicialmente: se a sociedade não tiver os devidos anticorpos, ele pode se alastrar e prejudicar todo mundo. Quanto mais a ideia absurda se propaga, mais ela produz efeitos secundários e terciários que ajudam na sua projeção. Além disso, os promotores do absurdo possuem ferramentas eficazes que os ajudam nesse processo de infecção social. Essas ferramentas produzem uma sinergia que facilita e potencializa a injeção do absurdo na cabeça da sociedade. Ou seja, quanto mais espaço o absurdo ganha, mais força ele tem para crescer ainda mais. Veremos então quais são essas ferramentas e como elas funcionam.

1. Politicamente Correto: a ferramenta mais conhecida para a proteção e propagação do absurdo se chama *"politicamente correto"*. O politicamente correto é uma forma de controle do discurso para conduzir a sociedade na direção de uma censura social que, de fato, acaba com a liberdade de expressão. O politicamente correto protege e projeta o absurdo de modo sutil, mas extremamente eficaz. **Ele alcança seus objetivos de três formas: evitando que o absurdo seja criticado, criando um vocabulário que CONDENA a normalidade e abraçando eufemismos que adocicam o comportamento absurdo.**

No primeiro caso, o politicamente correto cria um ambiente que prega uma *"tolerância"* ao absurdo. Por exemplo, quando lemos o Corão ou as hadiths islâmicas, descobrimos que Maomé se casou com uma criança de seis anos de idade e dormiu com ela quando a menina tinha apenas nove anos. No entanto, o politicamente correto cria um ambiente que desencoraja a expressão do óbvio: *"Maomé era pedófilo"*. No Brasil, um senhor foi perseguido por dizer uma verdade: *"aparelho excretor não reproduz"*. O que nos permite reproduzir é o aparelho reprodutor (dã), que apesar de ter alguns elementos em comum com o aparelho excretor, é o verdadeiro responsável pela reprodução. No entanto, o cidadão foi perseguido como se fosse um criminoso apenas porque falou a verdade. Outro exemplo é que, apesar de nos Estados Unidos 81% dos brancos e 97% dos negros serem mortos por negros, não se pode dizer: *"os negros estão matando mais do que os brancos"*. Se alguém tenta dizer isso, é logo chamado de racista ou fascista. Até os próprios negros. Entretanto, não se pode colocar a culpa na cultura racial-socialista que muitos negros têm adotado e que, sim, está produzindo mais assassinos entre eles que em outras etnias, pelo menos nos Estados Unidos.

O politicamente correto também protege os absurdos criando termos e expressões que CONDENAM a normalidade. Se você não abraça o absurdo, você é ofendido e nem se dá conta disso. Por exemplo, qualquer conservador que seja contra o casamento gay é chamado de *"homofóbico"*. E não importa o que VOCÊ, pessoa normal, pensa que significa homofobia. O politicamente correto tem a sua própria interpretação: homofóbico é alguém que despreza, detesta, morre de raiva, odeia, homossexuais. Mesmo que isso não seja verdade, é isso que as pessoas que rotulam os conservadores pensam. Do mesmo modo, se você é contra a cultura islâmica porque descobriu que Maomé era pedófilo e que os muçulmanos não toleram cristão, você, pessoa normal, é chamado de *"islamofóbico"*. Na dúvida, quando o cidadão lobotomizado pelo politicamente correto não sabe do que chamar alguém que não concordou com o que ele falou, ele tacha o sujeito de *"intolerante"* ou *"fascista"*. **Claro, porque chamar quem não concorda com os ABSURDOS da esquerda de intolerantes e fascistas SEMPRE foi aceito pelo politicamente correto.** E você sabe disso. E dessa forma, o politicamente correto também ajuda a proteger o intolerável.

E o terceiro modo que o politicamente correto atua é no sentido de PROJETAR a ideia absurda como se fosse inofensiva. Ele faz isso criando palavras que tiram o significado do absurdo inicial e confundem a cabeça do público-alvo. Dois acadêmicos europeus que defendem a morte de bebês VIVOS depois do parto, escreveram em um artigo: *"Nós propomos chamar essa prática de 'aborto pós-parto' no lugar de 'infanticídio', para enfatizar que o status moral do indivíduo morto é comparável ao do feto (no qual 'abortos' no sentido tradicional são praticados), e não ao de uma criança"*. Lindo, não? Eles sabem que estão lidando com um indivíduo. Eles sabem que as pessoas NORMAIS entendem aquilo como um INFANTICÍDIO. Mas por que não criar outro nome para que as pessoas mais burras apoiem essa ideia sem saber, não é? De forma parecida, criou-se o termo *"multiculturalismo"* para que o cidadão aparentemente normal abrace os absurdos de outras culturas. Se você defende o direito de muçulmanos se casarem com crianças, você não é um retardado pedófilo, você é só multiculturalista. Se você protege o direito de certas tribos indígenas praticarem infanticídio em bebês doentes, você não é um vagabundo retardado, é só um cidadão com uma agenda multicultural.

2. Criação de Centros de Comando com Financiamento: quando uma região tem um número razoável de idiotas, os promotores do absurdo podem consolidar sua base de apoio em organizações que administram a propagação e o financiamento da insensatez. Nem sempre eles são claros quanto às suas intenções. Inicialmente, eles costumam camuflar os seus reais interesses, como fizeram o Greenpeace, o WWF, a ONU e tantas outras aberrações que acabaram sendo desmascaradas com o passar do tempo. Elas se apresentam como organizações éticas e bem-intencionadas (no sentido politicamente correto), de modo que quando pedem contribuições, doações e ajuda, as pessoas não desconfiam que estão ajudando a construir as algemas e os campos de concentração onde eventualmente serão jogadas e mortas.

Muito fazendeiro deve ter comprado, num primeiro momento, o papo-furado ambientalista do Greenpeace para, só depois, sentir na pele os impactos negativos da atividade dessa organização. Muitos comerciantes devem ter apoiado ingenuamente algum idiota do Partido Verde sem saber que, quando ele chegasse ao poder, iria proibi-los de usar sacolas plásticas e implantar as normas insustentáveis da sustentabilidade para atormentá-los. Sabemos que muitos camponeses que chegaram a fazer parte do MST acabaram perdendo mais do que tinham ou foram forçados a fazer o que não queriam. Bem, são os idiotas colhendo os frutos da própria idiotice. Contudo, muito disso é fruto do modo como os promotores do absurdo camuflam suas intenções para vender sonhos aos ignorantes.

Ainda assim, essas organizações também podem vender o absurdo na sua forma final. Por exemplo, desde a primeira edição da revista The Ecologist (O Ecologista), o editorial trata os seres humanos como *"parasitas"* e a humanidade como *"doença"*. Eles nunca esconderam isso e, ainda assim, muitos idiotas acabaram assinando e dando crédito à revista. Outro exemplo é a NAMBLA (ou Associação Norte-Americana do Amor entre Homens e Garotos), que tem escritórios em Nova Iorque e na Califórnia (justamente os currais eleitorais do Partido Democrata) e prega ABERTAMENTE a PEDOFILIA HOMOSSEXUAL. A NAMBLA não camufla ou disfarça suas intenções. Ela diz abertamente que defende a pedofilia e um monte de cretinos apoia a organização. Inclusive durante algum tempo a ONU deu filiação a uma associação que tinha essa mesma NAMBLA como filiada (a Associação Internacional de Gays e Lésbicas). Note então que às vezes a organização expõe logo de cara a sua agenda absurda, às vezes não. É uma questão de estratégia.

Também existem aquelas organizações que são sequestradas e infiltradas aos poucos por esses grupos. Por exemplo, foi revelado no começo da década de 1950, por uma filiada ao Partido Comunista dos Estados Unidos (chamada Bella Dodd), que *"nos anos 1930, nós enviamos 1.100 homens aos seminários para destruir a Igreja Católica por dentro"*. Alguns anos depois, começaram a aparecer diversos casos de pedofilia e outras acusações que enfraqueceram a imagem da Igreja Católica nos Estados Unidos. Não é difícil de verificar que isso não ocorreu só nos Estados Unidos, mas em todos os países onde os comunistas puderam se organizar em partidos. Em 1972, a freira católica Marie Carré contou a mesma coisa no livro *"AA-1025: Memórias da Infiltração Comunista na Igreja Católica"*, só que com eventos ocorridos na França. Ou seja, mesmo organizações boas podem se tornar alvos dos promotores do absurdo.

3. Engenharia Social: a terceira ferramenta usada para espalhar a insensatez é a engenharia social. **Entenda por engenharia social a transformação ou criação de grupos de pessoas que podem ser usados para alcançar um determinado resultado prático.** Nesse caso, os promotores da estupidez primeiramente preparam as pessoas para se tornarem mais receptivas ao absurdo. Por isso, algumas ferramentas da engenharia social são mais ou menos genéricas, no sentido de não dependerem da mensagem final que se quer propagar, mas da formação de pessoas capazes de abraçar a aberração achando que estão fazendo a coisa certa. **Pense no seguinte: o que seria necessário fazer para que uma pessoa aparentemente sensata passasse a defender um absurdo? Os meios mais utilizados são os seguintes: o enfraquecimento econômico e moral das pessoas, o terrorismo social e a desindividualização. Existem ainda outros dois meios que os engenheiros sociais usam para manipular a sociedade: a infiltração gradual em academias e na mídia jornalística.**

a) Enfraquecimento Econômico e Social: o primeiro passo para manipular a sociedade é enfraquecer a população. E a melhor forma de fazer isso é tirando das pessoas as suas bases de sustentação: seus empregos e suas famílias. A ação que promete resultados mais rápidos é a desestruturação econômica. Quanto mais as pessoas estiverem enfraquecidas economicamente, mais elas ficarão suscetíveis a vender sua opinião em troca de dinheiro. Não é por acaso que todo o país que se entregou à tirania foi contaminado antes por ideias que enfraqueceram as suas bases econômicas. Por isso, no esquema socialista a estratégia é fazer com que cada vez mais pessoas dependam do estado. **Quando todos dependerem do estado, logicamente ele será o único empregador. E como único empregador, poderá submeter qualquer cidadão desobediente ou discordante ao desemprego perpétuo e à fome.**

Imagine a situação do casal que vive tranquilamente vendendo armas. O marido trabalha e a esposa fica em casa cuidando dos filhos. Mas o governo entra na história com uma lei de desarmamento que acaba com o negócio do casal. Para lidar com o desemprego, o marido resolve ser motoboy e a mulher começa a trabalhar como empregada doméstica. Mas, novamente, as antas socialistas aprovam uma lei que obriga os empregadores a aumentar os salários dos motoboys em 30%. Claro que uma lei que obriga as empresas a pagar mais 30% por alguma coisa não tem qualquer impacto no faturamento, mas faz aumentar os custos de modo que ou elas terão prejuízo ou terão que demitir alguém. Como o marido era novo na empresa, ele acaba desempregado, obrigando a família a viver do salário da esposa. Mas novamente as antas de plantão inventam uma lei que torna mais cara a contratação de empregadas domésticas. O terror de ter que enfrentar as loucas leis trabalhistas no Brasil faz com que a senhorinha que estava empregando a esposa tenha que demiti-la também.

Então, surge uma esperança: um aplicativo de caronas que permite que qualquer um com um carro razoável e tempo disponível possa trabalhar para ganhar uma graninha. Não é muita coisa, mas é melhor do que nada. O marido começa a trabalhar contente, com um plano para juntar dinheiro e investir em algo melhor. Mas mal passam dois meses e um congresso cheio de vagabundos aprova uma lei que praticamente inviabiliza o aplicativo de caronas, deixando o casal na pior novamente. Nesse momento, eles assistem um comercial do governo na TV, dizendo que eles têm direito a bolsa disso, bolsa daquilo e até podem conseguir um emprego se estudarem para ser algo que nunca quiseram ser. **Quando recebem a primeira esmola do governo, eles ficam felizes e se sentem menos desamparados. Eles até passam a gostar daquela organização DESGRAÇADA que os colocou naquela situação. É triste, mas acontece exatamente isso com várias famílias brasileiras.**

Contudo, o aleijamento econômico não é a única forma de preparar o povo para se tornar massa. Os engenheiros sociais também buscam DESTRUIR as bases sociais das pessoas, atacando suas famílias e suas relações de amizade. Eles colocam na cabeça do povo o quão bom é permanecer solteiro até o fim da vida e mostram como é fácil ter satisfação sexual. Eles vendem a ideia de que filhos são um problema e tentam convencer as pessoas que a felicidade vem antes da obrigação. O enfraquecimento social tem resultados mais demorados, mas é tão ou mais eficiente que o aleijamento econômico. A engenharia social incentiva o divórcio, prega a separação e diz que trair é bom e não traz muitas consequências. O que importa é ser feliz! E quando a sociedade vai ver, está cheia de mães solteiras e pais irresponsáveis, nenhum deles querendo educar os filhos. Tem-se então uma geração de crianças criadas sem o amparo de uma família.

Nessa situação, o ser humano fica quase completamente fragilizado. Primeiro, tiram o seu emprego. E mesmo que ele consiga mantê-lo, ele não tem uma família para defender e ensinar bons valores. Mais e mais pessoas se tornam inseguras e egoístas. Elas pensam: *"como o mundo não me trata bem, não vou tratar bem o mundo"*. As consequências dessa campanha de destruição da família já foram vistas quando falamos da agenda da esquerda para populações negras nos Estados Unidos. Por lá, as crianças nascidas sem o pai eram apenas 25% do total em 1965. Hoje, 70% das crianças negras nascem em famílias desestruturadas (o que explica parte dos altos índices de criminalidade em populações negras nos Estados Unidos). No Brasil, essa agenda foi focada para o todo (já que a miscigenação aqui é a regra). No estado do funk-putaria-proibidão, 62% das crianças nascem sem o pai. Em São Paulo, de cada 10 bebês, quatro nascem *"órfãos"* de um parente.

A realidade é que muita gente já cresceu assim no Brasil e em boa parte do mundo. São pessoas que conhecem os problemas de crescer em uma família desestruturada. Muitas delas são incentivadas a negligenciar o papel de pai e de mãe, já que elas mesmas não tiveram bons pais nem boas mães. Algumas nem se incomodam mais, já que passaram por isso e sobreviveram. Para muitos, é confortável saber que é possível *"sobreviver"* nessas condições, sem se dar conta que um adulto responsável não está apenas preocupado com a sobrevivência dos seus filhos: ele está preocupado com a garantia da melhor criação possível para eles. E assim, aos poucos, a sociedade entra em decadência. Sem bons empregos e sem famílias sólidas, a sociedade se torna FRACA e está preparada para ser transformada em massa. As pessoas se tornam cada vez mais propensas a abraçar o absurdo. **Mas claro que os engenheiros sociais têm outra arma para agilizar esse processo: PROVOCAR O MEDO.**

b) Terrorismo Social: o segundo passo para a transformação do povo em massa é aterrorizá-lo. É convencê-lo de que o fim está próximo e que um governo forte é a única salvação para ele. O terrorismo social é produzido de várias formas. Ele pode ser uma ameaça sutil à vida dos seus filhos, por exemplo. Recentemente, o governo brasileiro gastou milhões de reais com propagandas para espalhar a FALSA NOTÍCIA de que um mosquito pode provocar o nascimento de crianças microcéfalas. Apesar de tudo indicar o contrário, o governo continua aterrorizando mulheres e homens quanto ao futuro dos seus bebês (pelo menos aqui no Distrito Federal). Mas os engenheiros sociais investem mesmo no terror objetivo e violento. Na criação de um ambiente de insegurança e desamparo. E não diga que você nunca notou isso, porque eu estou no mesmo país que você.

Bem, para quem nunca notou, eu vou dizer como esse terror é inoculado na cabeça do povo. Primeiramente, eles tornam o povo fraco, claro. Mas mesmo que eles pulem esse passo, eles podem criar um ambiente tão caótico e inseguro que até as pessoas mais abastadas se tornam mais propensas a acreditar no mito do *"governo salvador"*. **Nesse sentido, em todos os países do mundo eles usam o seguinte esquema: DIMINUIR AS PENAS PARA OS CRIMES MAIS ABSURDOS e COLOCAR O MAIOR NÚMERO POSSÍVEL DE BANDIDOS NAS RUAS. Ou seja, as pessoas (mesmo com bons empregos e boas famílias) se veem no meio de uma sociedade que não pune e não prende os criminosos. Veja o exemplo dos inquéritos de HOMICÍDIO no Brasil: em alguns estados, o número de processos ARQUIVADOS passa dos 95%. Ou seja, de cada CEM ASSASSINATOS cometidos, apenas em 5 os responsáveis são identificados e, talvez, presos.** Conscientemente ou não, as pessoas tendem a reagir e mudar seus hábitos por causa do medo causado pelo fracasso da justiça.

Mas não é só isso, os agentes do caos pagam matérias, reportagens e pesquisas para esfregar na cara da população o quanto o poder público AMA os bandidos. Eles mostram como pode faltar merenda em escolas de crianças, mas que nas prisões sempre se come do bom e do melhor. Eles pagam jornalistas para se comportarem como prostitutas apaixonadas por criminosos, sempre defendendo o bandido e condenando a polícia por fazer BEM o seu trabalho. Eles fazem os políticos aprovarem leis que dão cada vez mais benefícios aos criminosos, tratando-os como cidadãos melhores que as vítimas. Familiares de bandidos mortos ganham destaque nos jornais televisivos, principalmente se estiverem chorando. Mas os parentes das vítimas quase nunca são vistos (ainda mais se estiverem chorando). Esses jornalistas cretinos NÃO QUEREM humanizar as vítimas, mas só faltam beijar os pés dos assassinos e dos ladrões que se feriram em confronto com a polícia. É ridículo. Alias, é mais que ridículo: é ABSURDO.

Enfim, para deixar as pessoas com mais medo, eles tiram a capacidade delas de se defenderem. Inventam motivos para desarmá-las e atar as suas mãos para que não reajam a um assalto ou coisa parecida. Tornam um pecado mortal reagir ao crime e condenam aqueles que vencem o ladrão. O povo JAMAIS pode fazer justiça, eles dizem. Quando uma comunidade bate no bandido e prende o criminoso, vários especialistas burros aparecem para condenar os envolvidos. A pauta parece compartilhada por todos os analistas que ganham destaque: NUNCA REAGIR e NUNCA SE DEFENDER. Claro que existem pessoas que conseguem ver através disso e reconhecem tudo isso. Mas, infelizmente, muitas pessoas acabam comprando essa baboseira e passam a se ver como coitadinhas. Apavorados e desestabilizados, os indivíduos passam a contemplar a sua fraqueza. Passam a desejar loucamente conforto e amparo. E quando eles não sabem o que está acontecendo, ficam abertos para comprar a ideia de que só um governo forte é capaz de tirá-los daquela situação horrível e desesperadora em que foram colocados.

c) Despersonalização e Desumanização: o último passo da engenharia social é despersonalizar as pessoas. É desindividualizar o indivíduo. É desumanizar o ser humano. Fracos, desamparados e com medo, os cidadãos passam a agir não conforme os seus próprios cálculos racionais, mas por estímulos que vêm *"de fora"* e por instinto. Sem suas bases de sustentação tradicionais, eles se tornam presas fáceis da engenharia social. Atordoados com tantos golpes, se comportam cada vez mais como animais em bando. Pouco a pouco, são transformados em *"coletivos"* ou *"minorias"* e passam a se comportar como uma manada de antas. Mas essa é só uma face desse processo: o esquema avança até a própria desumanização do alvo, comprometendo suas próprias bases morais.

Dois fatores ajudam as pessoas a agir como membros de uma manada. O primeiro é a suposição (até racional) de que um grupo grande de pessoas deve estar mais bem informado do que elas (ainda mais quando, de fato, elas não estão bem informadas). Por exemplo, se você está no meio do shopping e todos começam a correr em uma direção, muito provavelmente você não vai pensar dez vezes antes de ir na mesma direção, ainda mais se você não sabe por que os demais estão correndo. O segundo fator é o instinto defensivo que faz com que as pessoas busquem força, cobertura e conforto no meio de um grupo de pessoas mais ou menos iguais, onde as chances de serem atingidas (ou magoadas) é menor do que se estiverem sozinhas (quando são alvos mais fáceis e visíveis). Há três explicações para isso: o sujeito pode acreditar que será mais forte atuando com um grupo de pessoas como ele; ele pode pensar que no meio de um grupo homogêneo, estará *"camuflado"*, e; como nesse meio as pessoas passam pelos mesmos desafios, as chances de obter soluções para os seus problemas são maiores.

Contudo, esse condicionamento (para agir como manada) é apenas o começo de um processo que primeiro despersonaliza o processo de decisões, mas que acaba desumanizando as pessoas que se deixam conduzir por ele. Infelizmente, esse é um processo radical que produz o tipo de gente que poderia matar pessoas inocentes sem nenhum peso na consciência e até achando que está fazendo a coisa certa. Esse processo de desumanização ataca os princípios mais importantes dos homens, que passam a desconsiderar a VIDA HUMANA como um valor e a colocar os DIREITOS FUNDAMENTAIS no mesmo patamar de interesses menores. Um sintoma disso nos nossos dias é a quantidade de gente que fica indiganada com pessoas que caçam ou que abandonam seus cachorros, mas que reage de forma morna com a morte de crianças, mulheres e policiais. Ou mesmo pessoas que querem proibir fogos artifícios porque o barulho *"estressa"* os seus cachorros, mas nunca se preocuparam com os seres humanos que eventualmente se incomodavam.

No final do processo, pessoas que andam normalmente no nosso meio acabam sendo as mesmas que comparam seres humanos com doenças, que chamam as pessoas de *"parasitas"*, que dizem gostar mais de animais do que de gente e pregam como se não fossem psicopatas que *"se nós fizermos um trabalho realmente bom com vacinas, planos de saúde e serviços reprodutivos, nós podemos reduzi-la (a população mundial) em 10 ou 15%"*. Perceba que não foi qualquer idiota que disse a frase acima, foi o próprio Bill Gates. Ou seja, mesmo pessoas reconhecidamente inteligentes acabam sendo vítimas da engenharia social. Isso também não deveria gerar surpresas: todos os maiores genocídios da humanidade contaram com médicos, engenheiros, professores, agrônomos, sacerdotes e todo tipo de gente estudada reconhecida em sua área de atuação. Sem dúvida, o processo de desumanização não depende tanto das outras etapas da engenharia social, mas quanto mais fraca, amedrontada e desesperada estiver a sociedade, mais gente cairá nessa rede de imoralidade.

Para entender melhor esse processo, imagine o que é necessário para aquele seu conhecido desejar a sua morte ou o estupro de alguém. O que seria necessário para alcançar progressivamente esse nível de insanidade? **Em primeiro lugar, é necessário inocular um sistema moral onde os seres humanos não são mais importantes do que qualquer outra coisa.** É preciso tirar a importância dos direitos fundamentais, até que eles se igualem a outros interesses menos importantes. Por exemplo, o direito de propriedade do fazendeiro é relativizado em detrimento de algo subjetivo como *"o meio ambiente"*. **Em segundo lugar, se promove a igualdade dos seres humanos com outras espécies, como cachorros e ursos.** Por exemplo, quando o cidadão morre de raiva com o sujeito que caçou um elefante, ele geralmente está projetando o direito à vida dos homens no animal que foi morto. O sujeito não está preocupado com a atividade do caçador, não está interessado em saber se ele fez isso por algum motivo específico, e nem se ele movimenta a economia do local com aquela atividade. Mais e mais, as pessoas estão julgando não com base nos valores da vida e da liberdade humana, mas do *"direito dos animais"* e outras baboseiras modernas.

Enfim, os direitos à vida, à liberdade e à propriedade das pessoas são colocados ABAIXO de outros interesses que em alguns casos nem sequer interessam aos seres humanos. Por exemplo, quando os promotores dos direitos dos animais querem proibir pesquisas com bichos, eles não estão considerando a vida e a liberdade humana como fatores mais relevantes da decisão, mas o direito que inventaram para os ratos, os macacos e os cachorros. Quando o vegetariano tenta proibir o consumo de carnes ou interferir no abatimento de vacas, ele não está pensando na importância da vida humana ou coisa do tipo: ele comprou a ideia absurda de que os animais têm os mesmos direitos que os homens e que portanto não podem ser comidos. É simples assim. Quando alguém chega nesse nível de desumanização, ele está pronto para fazer e ser qualquer coisa que os engenheiros sociais querem, inclusive operadores de câmaras de gás, condutores de vagões que levam inocentes aos campos de concentração e até fiscais do IBAMA.

Por meio desse caminho, os homens vão aos poucos se enxergando como *"menos humanos"*. Em alguns casos, chegam ao absurdo de serrar os dentes, extrair ossos, colocar próteses faciais e se mutilar para se parecerem com gatos, dragões e cobras. Quando não chegam a isso, abandonam suas dignidades para ir às ruas defecar nas fotos dos seus inimigos. Ou abortam seus filhos quando não são do sexo que querem. Ou fazem em seus próprios corpos as marcas que não querem que sejam feitas em gado. Chegam a dar mais importância a ovos de tartaruga do que ao trabalho de seres humanos. **Esse é o estágio final da transformação do sujeito normal em um animal, em um carrasco, em um monstro. O sistema de valores dele já não leva em consideração a liberdade e a vida: ele foi completamente reformulado para aceitar QUALQUER COISA que jogarem para ele do jeito certo.** Ele se transformou em massa e está pronto para a tarefa que os promotores do absurdo planejaram para ele. Seja andando em bando como uma manada, seja em suas atividades mais particulares, ele já se bestializou.

d) Infiltração Gradual na Grande Mídia: os interessados no absurdo fortalecem a projeção das suas ideias por meio da infiltração e do controle da grande mídia. Quanto menos as pessoas souberem que tais e tais jornalistas foram colocados na redação de alguns jornais para defender um determinado interesse, mais elas não resistirão às sutilezas que avançam o absurdo. **No caso da infiltração nos meios de comunicação, o interesse principal não é nem mesmo aumentar as fileiras do movimento, mas DAR PUBLICIDADE e FAZER COM QUE AS PESSOAS SE ACOSTUMEM e se ANESTESIEM com o absurdo.** Ou seja, é apresentar o absurdo ao público de modo cada vez mais corajoso e cada vez mais eloquente, fazendo com que as pessoas se acostumem com ele.

Por exemplo, um grupo que queira popularizar a pedofilia sabe que dificilmente vai conseguir publicar uma manchete absurda como *"Pedofilia é Saudável"* sem sofrer resistência. Então, ele passa a veicular, para o maior número de pessoas, mensagens menos absurdas que constroem a base argumentativa do absurdo final. O grupo pode começar falando de multiculturalismo e da aceitação do diferente e, então, mostrar o *"exótico"* costume islâmico onde adultos se casam com crianças. Nesse caminho, podem também apresentar sem críticas documentários de tribos indígenas que ainda praticam pedofilia. Ao mesmo tempo, jamais vão falar em *"pedofilia"* nesse primeiro momento. O casamento entre um adulto e uma criança é apenas *"um casamento entre um adulto e uma criança"*. O sexo ritual onde idosos abusam de garotos em certa tribo é apenas *"sexo ritual"*. A palavra *"pedofilia"* some. Dali, os infiltrados podem começar a produzir matérias e obras mais sofisticadas, como um filme onde uma garota de doze anos seduz um adulto. Para não chocar tanto, contratam primeiramente uma moça adulta para interpretar a criança. Mas com o tempo, tentam colocar garotas cada vez mais novas para fazer o papel da criança. Quando eles conseguem apresentar publicamente (*"verbalizar"*) a relação entre uma criança e um adulto em um filme, uma novela ou coisa do tipo, mesmo que a interação entre os atores não ocorra, eles avançaram mais uma base. **A ordem é de ACOSTUMAR O PÚBLICO à relação entre adultos e crianças e FINANCIAR PRODUÇÕES INDEPENDENTES de sujeitos que caíram sem saber na isca do grupo original.** Subsidiariamente, eles apresentam casos limítrofes de forma lúdica: entrevistas descontraídas com menores de idade explicando como perderam a virgindade, exposição do sexo entre adolescentes em revistas, e outros casos onde os únicos culpados são aqueles que dão publicidade a esse tipo de coisa.

Nas últimas fases desse processo, contratam jornalistas e cronistas para escrever artigos com justificativas e considerações sobre a pedofilia, ora tratando como um problema psicológico que deve ser respeitado, ora tratando o absurdo como se não fosse um crime. E se o processo continuar, é bem capaz que uma sociedade que até então era conservadora tenha se tornado em uma Nova Babilônia, cheia de abusos contra menores, músicas celebrando a pederastia, revistas representando os agressores, programas de partidos contemplando a pedofilia como *"uma prática sexual como qualquer outra"* e até coisa pior. Eu sou da opinião que se os promotores do caos conseguirem popularizar a pedofilia, eles conseguirão normalizar qualquer coisa. Afinal, em muitos lugares do mundo, eles já conseguiram popularizar o roubo (invasão de terras), a opressão (caracterizar falsamente seus inimigos mais sensatos como *"homofóbicos"*, *"racistas"* ou *"intolerantes"*) e até o aborto.

O que importa entender é que a infiltração em meios de comunicação é uma forma de dar PUBLICIDADE ao absurdo. É uma estratégia para tornar o absurdo PÚBLICO. Uma forma de projetá-lo para a sociedade e, dessa forma, acostumar as pessoas a conviver com ele. E para isso eles podem adotar uma estratégia gradual (como descrevi no caso da pedofilia), ou podem partir para o *"choque"* (dependendo das consequências esperadas desse *"choque"*). Nos dois casos, os promotores do absurdo podem lançar mão de várias ferramentas para alcançar seus objetivos. Eles podem fundar um jornal especializado no absurdo, podem contratar articulistas e blogueiros (como a esquerda tem feito no Brasil), podem comprar espaço em jornais e revistas, podem atuar no editorial de jornais, e tantas outras ações que facilitam esse trabalho.

Além da projeção cautelosa do absurdo, esses grupos podem usar suas posições para *"condicionar"* um grupo de pessoas às mais diversas propostas absurdas. **Um exemplo desse condicionamento é a proliferação de mídias que *"adestram"* seus leitores a consumirem notícias completamente vazias.** Por exemplo, se você teve a infelicidade de ler a seção de *"lazer"* de praticamente qualquer site de informação nos últimos anos, notou um aumento de notícias como *"fulano ator anda na praia"* ou *"fulana cantora vai ao restaurante"* e até *"tal celebridade é vista de óculos em tal lugar"*. Eu até entendo que para alguém que se interessa pelo mundo da fama, há certas notícias (que eu acho absurdamente estúpidas) que apresentam sim alguma INFORMAÇÃO. Tenho certeza que existe gente normal com vontade de saber se tal atriz se casou, se alguém se separou, se tal comediante traiu a esposa, ou qualquer informação idiota que, pelo menos, é informação. Mas há uma distância enorme entre o tradicional *"a princesa da Inglaterra se separa do príncipe tal"* e o vazio *"tal celebridade anda com cachorro no calçadão"*.

Nesse caso, os interessados no absurdo criam aos poucos um exército de *"zumbis"* que clicam em qualquer besteira que surgir na tela do site de informação. São feitos estudos para saber a melhor apresentação, a melhor fonte, as melhores palavras que devem estar na notícia para que a massa ofereça a maior quantidade de *"cliques"* no link-condicionador. **E nesse sentido (de condicionar os leitores), a infiltração na mídia também pode ser usada para popularizar o VOCABULÁRIO da engenharia social. Ela pode servir para garantir o CONTROLE DO DISCURSO, de modo a criar grupos que serão mais facilmente**

arrebatados pelo absurdo. Dessa forma, a infiltração primeiro pode querer popularizar um *"idioma"* cultural para só depois veicular as mensagens a serem projetadas. A vantagem nesse caso seria a possibilidade da projeção do absurdo de modo aberto, uma vez que já haveria uma massa de gente condicionada para entender a mensagem naquele *"idioma"*.

e) Infiltração Gradual nas Escolas: os arautos do caos também têm a infiltração em centros acadêmicos como forma de popularizar a sua agenda. Nas escolas, a intenção é aumentar as fileiras do absurdo com membros *"adestrados"*. Com a infiltração nos centros acadêmicos, os promotores do absurdo podem trabalhar em suas *"vítimas"* desde cedo, se aproveitando da inocência e da ingenuidade das crianças e dos adolescentes. Até mesmo quando estão nas universidades, eles ainda encontram gente relativamente ingênua que acaba caindo nas garras de absurdos como o feminismo e a ideologia de gênero. Nas escolas, todas as estratégias da promoção do absurdo são usadas para potencializar a agenda do infiltrado. E nas academais, esses agentes podem auxiliar a infiltração na mídia por meio da mudança da base cultural da sociedade.

Mas a infiltração nas escolas tem outro fim: TESTAR O POTENCIAL DE PROJEÇÃO DE CERTOS ABSURDOS. Quando o jornalista publica em um jornal uma aberração como *"o cristianismo é o verdadeiro problema"*, você pode ter certeza que algum professor já testou a mesmíssima frase em alguma sala de aula e analisou a reação dos alunos. A infiltração em centros acadêmicos fornece diversos cenários interessantes para ajustar tanto a velocidade com a qual um absurdo vai se tornar público, quanto as palavras que serão usadas para não gerar tanto mal-estar. E assim, com essas cinco ferramentas da engenharia social, esses grupos conseguem avançar verdadeiros absurdos em sociedades até conservadoras.

6.3. Como o Absurdo Chega ao Poder e Muda a sua Vida

Um membro do Partido Comunista Brasileiro (Mauro Iasi) foi pego em vídeo dizendo: *"Se a gente entende que o nosso inimigo principal é a classe média, nós vamos ter de decidir o que vamos fazer com ela: se vamos exportar para Miami ou se vamos fuzilar"*. O fato é que um sujeito com uma ideia dessas só seria inofensivo se ao mesmo tempo fosse mudo e proibido de ter parte em qualquer atividade política. No entanto, o avanço do absurdo no Brasil (e em muitos outros países) chegou ao ponto de as pessoas poderem dizer absurdos como esse sem nenhuma mobilização para tirar os direitos políticos delas. É como se as pessoas achassem que alguém que diz querer FUZILAR a classe média não fosse TENTAR fazer exatamente isso se tivesse poder. Ou como se as pessoas não tivessem problemas com o que o cretino falou porque, bem, quem gosta da classe média?

Claro que os promotores do absurdo sempre terão um séquito de idiotas para defendê-los. Sempre terão gente para dizer que estamos exagerando, sendo intolerantes com os pedófilos e radicais com os comunistas. Quando são pegos revelando uma aberração (como o fuzilamento de uma classe), eles tentam convencer os tolos de que não queriam dizer aquilo ou que suas palavras foram tiradas do contexto. Mas e quando o absurdo é pregado repetidamente e às claras? Por exemplo, em um jornal do PSTU, o partido prega a *"Estatização sem Indenização dos Transportes e Tarifa Zero"*. E não é só no jornal que seus membros pregam isso. No programa do partido, nos livros que eles promovem, nos discursos para suas bases, em todos os cantos, eles gritam *"estatização sem indenização"* que, não sei se você percebeu, É ROUBO. Será que ainda há gente que não vê que, se aqueles cretinos chegarem ao poder, esse é EXATAMENTE o tipo de coisa que eles TENTARÃO fazer?

Por que tanta gente não acredita nas intenções verbalizadas de forma clara e repetida por alguns grupos? Os socialistas falam em expropriar bens desde antes de 1848. Quando chegaram ao poder em Paris em 1871, eles fizeram isso. Quando chegaram ao poder na Rússia em 1917, eles fizeram isso. Quando chegaram ao poder na China em 1949, eles fizeram isso. O mesmo aconteceu em todos os países onde eles conseguiram algum poder. Eles falam em eliminar e executar a oposição e a classe média desde antes do Manifesto Comunista. Os leninistas diziam isso antes de alcançar o poder, os maoístas faziam isso antes de chegar ao poder, os comunistas cubanos diziam isso antes de dar o golpe, e todos FIZERAM EXATAMENTE ISSO. Por que pensar que eles não fariam tudo isso de novo aqui no Brasil ou em qualquer outro lugar?

No Brasil, quase 50.000 pessoas votaram em um candidato comunista que pregava o fuzilamento da classe média. Será que esses idiotas não acreditam que o cretino do PCB vai fazer exatamente o que ele diz, ou que eles acreditam e concordam? Os candidatos do PV sempre defenderam a expropriação de fazendas, o controle do uso da terra e a criação de reservas ambientais enormes, afetando o direito de propriedade de milhares de pessoas, e SEMPRE foram bem claros em relação a isso. Será que as mais de 600.000 pessoas que votaram no candidato verde em 2014 não acreditavam que ele faria EXATAMENTE isso quando chegasse ao poder, ou que elas CONCORDAVAM com esse absurdo? Enfim, já há muita gente que convive conosco e defende ABERTAMENTE alguma ABERRAÇÃO. Todo tipo de aberração. E essa transformação da sociedade abre espaço para que a aberração tenha REPRESENTAÇÃO POLÍTICA. **Quando o absurdo ganha REPRESENTAÇÃO POLÍTICA, o destino do povo entra em XEQUE. A sociedade nessa situação entra em uma fase em que suas próximas ações irão CONDENÁ-LA ou REDIMI-LA das decisões tomadas coletivamente.** Portanto, para que seja possível fazer alguma coisa para evitar a condenção de toda uma sociedade, precisamos estudar esse processo e entender como ele funciona.

1ª Fase: Os representantes do absurdo ganham representação política e podem participar das eleições. Quando a sociedade é contaminada por um absurdo, abre-se espaço para que ele tenha representação política. **Com isso, surge a possibilidade de ocorrer duas situações muito perigosas: a primeira é a PROTEÇÃO do absurdo e a segunda é a IMPOSIÇÃO do absurdo.** Na maior parte das vezes, o absurdo é introduzido em sua forma mais restrita e adocicada, o que não gera tanto choque. Ele é protegido em suas versões menos chocantes e imposto sobre as camadas mais impopulares ou esquecidas da sociedade, de modo que a maioria *"não liga"*. Mas com o tempo, o poder público passa a PROTEGER atitudes cada vez mais absurdas e a IMPOR obrigações cada vez mais insensatas. No limite da ignorância de um povo, pode-se criar uma tirania, um socialismo, antes mesmo de ele ser oficialmente decretado.

O absurdo primeiro passa a ser protegido. O maior exemplo disso é a proteção aos direitos políticos dos partidos comunistas e de seus membros. Em nome de uma falsa civilidade, muitas vezes se acaba cometendo o erro de extrapolar o direito de livre expressão àqueles que defendem e protegem o crime. E grupos comprometidos com a morte, com o roubo e com a violência organizada acabam sendo PROTEGIDOS pelo poder público como se isso fosse normal. Movimentos com um histórico consistente de roubo, violência e morte são protegidos pelos governos como se fossem *"como qualquer outro membro da sociedade"*. Em toda a América Latina, movimentos semelhantes ao MST, ao MTST, à CPT, e tantos outros grupos organizados para COMETER CRIMES, acabam ganhando proteção pública para agir.

Se um bandido do MST invadir sua fazenda, você não pode defendê-la, pois muito provavelmente algum promotor socialista vai perseguir VOCÊ, e não o invasor. Recentemente, vimos em São Paulo um conflito entre vândalos e a prefeitura. A cidade resolveu pintar os muros que tinham sido vandalizados por criminosos (que são chamados pelos jornalistas de esquerda de *"grafiteiros"*), mas logo apareceram defensores públicos e juízes idiotas para proteger o vandalismo. Quando a polícia da cidade foi acionada para liberar um espaço público ocupado por traficantes de drogas, novamente surgiram defensores públicos, juízes e outros idiotas para PROTEGER o absurdo. Desse modo, a concessão de direitos políticos aos representantes do absurdo começa a corroer a estabilidade social por meio da criação de esquemas para PROTEGER o absurdo. Na Grã-Bretanha, populações muçulmanas estão lutando para que a justiça reconheça o casamento entre adultos e crianças. É SABIDO que há vários casamentos do tipo no país e, graças à PROTEÇÃO que já é dada aos criminosos em nome do multiculturalismo, ninguém pode entrar na casa deles e libertar as meninas. E se algum britânico normal tentar fazer isso, as leis britânicas irão tratá-lo com MAIS DUREZA do que aos cretinos que têm se casado com crianças.

Quanto à IMPOSIÇÃO do absurdo, ninguém ligou quando o governo proibiu padeiros de vender seus pães por unidade. Poucos viram o ABSURDO que é impor a um comerciante o modo como ele deve vender o próprio produto. Quando o governo determinou a criação de reservas legais, impondo a praticamente todos que moram na região amazônica a obrigação de preservar 80% da sua propriedade, a maioria achou normal. Poucos viram o ABSURDO que é tirar da população o controle sobre a sua propriedade. A agenda socialista de criar guerra de classes e demonizar categorias já havia tornado as pessoas insensíveis aos problemas do vizinho. Por que o cidadão idiotizado que mora na cidade ligaria para uma lei que interfere na propriedade de alguém que está a centenas de quilômetros de distância, não é? Por que o esquerdoso que odeia quem produz ligaria para o direito do padeiro de vender seu pão da forma que ele quiser?

Desse modo, aos poucos o absurdo é IMPOSTO à sociedade. Inicialmente, ele é forçado contra grupos fracos e com poucas condições de se defender. Contudo, quanto mais a sociedade tolera, protege e aceita a IMPOSIÇÃO do absurdo, mais as camadas mais fortes também serão oprimidas. Mais os grupos que sustentam a sociedade também serão agredidos pelo poder público que está apenas atuando *"legalmente"* ao impor o absurdo. Famílias fortes e bem estruturadas são perseguidas por não colocarem seus filhos na escola para poder ensiná-los em casa. Igrejas fortes e que ajudam milhares de pessoas são forçadas a se adequar aos padrões do povo corrompido. Organizações antigas e robustas são forçadas a mudar os seus objetivos e a cumprir imposições insensatas. O absurdo ganha suas *"polícias"*: polícia ambiental, polícia de trânsito, polícia sanitária. Fiscais ganham poder de polícia para exercer a violência contra o NORMAL, para impor o ABSURDO. Ou mesmo a própria polícia tem suas funções desviadas para ajudar a proteger e garantir a imposição do absurdo.

No sonho gradualista de alguns socialistas, o governo igualitário não será decretado do dia para a noite. Ele será realizado aos poucos, sem a população notar. Social-democratas, esquerdistas em geral e socialistas fabianos adoram esse caminho. Mas esse caminho precisa de uma população realmente perversa ou realmente burra para ser traçado sem uma reação séria. Eu entendo que as pessoas são manipuláveis e muitas vezes não conseguem discernir o que é e o que não é absurdo. Mas com a instalação gradual do absurdo na sociedade, as pessoas passam a ter contato com as CONSEQUÊNCIAS dele: o fechamento de um setor econômico, a realocação forçada de famílias inteiras para a criação de uma reserva florestal, a perda da tutela dos filhos de uma família que queria educá-los dentro de casa, o desarmamento de fazendeiros que estão sofrendo ataques de invasores, entre outras consequências.

2ª Fase: A sociedade percebe que é possível conviver *"pacificamente"* com o absurdo. Os gradualistas contam que muitos vão ver que, sim, é possível conviver em paz com a proteção e a imposição do absurdo. Afinal, historicamente vários povos conseguiram conviver com suas fases de absurdo sem muitos contratempos. A Venezuela, por exemplo, antes de colocar os socialistas no poder em 1999, viram os mesmos palhaços tentarem tomar o poder (com várias vítimas) em 1992. E em vez de punir os cretinos, deixaram que concorressem à presidência anos depois. Genial, não? Os alemães votaram em Hitler mesmo sabendo que ele já tinha sido preso por ter tentado dar um golpe de estado e que seu partido tinha um plano declarado de ataque aos judeus. E ainda dizem que os alemães são espertos! Boa parte dos brasileiros votou no partido mais corrupto da história mesmo depois de saber das falcatruas operadas por ele no chamado *"Mensalão"*. **Ou seja, não é segredo que a sociedade consegue conviver *"pacificamente"* com o absurdo.**

E essa convivência gera novas situações absurdas que obrigam as pessoas a tomar uma decisão fundamental: vale a pena continuar convivendo com tal absurdo ou chegou a hora de fazer alguma coisa? O grande problema é que quanto mais IMORAL for uma sociedade, mais ela terá desculpas para conviver com o absurdo. O cidadão que aprendeu a odiar a polícia não liga quando um policial é preso injustamente por matar um bandido durante uma operação. Ele não liga quando se impõe um martírio judicial para oprimi-lo porque trocou tiros com criminosos e acabou matando dois ou três cretinos. Afinal, o incômodo não está o afetando diretamente. **E quando seus filhos, seus pais, seus amigos, acabam mortos por causa de um aumento da criminalidade, geralmente aquele mesmo cidadão não consegue ver que foi ELE MESMO que ajudou a criar o problema. O povo não enxerga que a maior parte dos problemas que acaba sofrendo é consequência da sua própria tolerância e passividade em relação absurdo.**

Dessa forma, a sociedade moralmente corrompida faz proliferar o tipo de gente que aceita e tolera a promoção e a imposição do absurdo, mas que NÃO ENXERGA a sua culpa quando o absurdo chega à sua porta. **O povo reconhece que é possível viver em paz quando faz vistas grossas ao absurdo cometido contra o próximo, mas não admite que, quando o subproduto da sua tolerância o alcança, ele tem culpa no**

cartório. O idiota que tem a casa assaltada porque condena a polícia e apoiou a lei que fechou a loja do sujeito que o assaltou, geralmente não vê que cometeu um erro. O cretino que quer fronteiras abertas para todo tipo de gente, não quer ser chamado de ANTA quando o filho pegar ebola ou quando a filha for violentada por algum jihadista escroto. O povo arrogante não quer saber que cometeu um erro e não quer corrigir suas decisões erradas.

Quanto mais corrompido o povo estiver, mais ele estará suscetível a aceitar os absurdos impostos e protegidos pelo estado. O sujeito que abandona os valores da vida, da liberdade e da propriedade está sujeito a ver as leis que o escravizam como *"morais"*. E também por isso a população demora tanto para perceber que está afogada em um pântano de absurdos e imoralidades. Nessa situação, as pessoas afetadas por um absurdo não lutam para ACABAR com ele. **Elas preferem negociar a recepção de versões mais moderadas do absurdo em troca do seu apoio para impor um absurdo contra outro grupo de pessoas.** Por exemplo, o fazendeiro que foi desarmado passa a negociar seu apoio ao candidato que promete mais desarmamento, na esperança de que os invasores que o prejudicam serão desarmados também. Ou então, o padeiro que é obrigado a vender seu pão por quilo vende seu apoio para tabelar o preço da farinha.

A partir de então, ou o povo aceita sua condenação ou ele toma vergonha na cara e faz o que é necessário para retornar à normalidade. Se ele não tiver discernimento para entender a armadilha em que se meteu, e a vontade para desmontar a bomba que ele mesmo armou, a sociedade entrará em uma nova fase de decadência e imoralidade que caracteriza todas as sociedades que acabaram abraçando a tirania, o socialismo e a escravidão. Então, antes dessa fase, ele ainda tem a chance de se corrigir e traçar um novo destino para si. Lembre-se que até Nínive conseguiu escapar de um de seus castigos por ter dado ouvidos a Jonas. O destino dos ninivitas já estava sendo visto pelos profetas, mas pelo menos naquele caso eles puderam se redimir e evitar o castigo.

3ª Fase (PONTO DE DECISÃO): O povo observa as consequências do absurdo e DECIDE se volta à normalidade (reage), se resigna (aceita) ou abraça a loucura (se transforma). Quando eu penso nessa questão, de como os seres humanos conseguem se adaptar ao absurdo, mesmo quando acabam sofrendo as consequências dele, eu tento imaginar os motivos que tornam as pessoas cegas para coisas tão claras. Por exemplo, uma coisa é o sujeito que vive na cidade defender a invasão de terras e o controle da propriedade rural. Afinal, é uma realidade que está distante dele. Ele é um cretino da mesma forma, mas pelo menos ele pode alegar ignorância. Mas e os sujeitos que moram no campo e ainda assim apoiam esse tipo de violência? O que dizer das pessoas que apoiam o desarmamento e o controle da propriedade rural e que podem VER os resultados tristes dessas políticas? Que são cegas? Que são um tipo especial de doentes mentais? O que faz com que apoiem a agressão do direito de seus próximos podendo VER as consequências em seu quintal? Igualmente, podemos até imaginar o interesse que um assaltante pode ter em leis que enfraquecem as polícias, mas o que alguém que não vive do crime poderia ter contra aqueles que vivem arriscando a vida para nos proteger? O que um dos milhares de esquerdosos que já tiveram mães, pais, filhos, filhas, amigos, esposas, maridos, assaltados poderia ter contra aqueles que lutam contra a criminalidade?

Primeiramente, é importante deixar claro que é possível haver situações tão sutilmente absurdas que algumas pessoas (seja por ignorância, seja por má formação) são incapazes de enxergar. **Mas quando elas não fazem nada quando observam feministas matando meninas, socialistas defecando em público, terroristas invadindo fazendas, camponeses destruindo colheitas e sacerdotes pregando imoralidades, ou elas têm algum tipo de problema cognitivo, ou abraçaram a própria maldade.** Veja que pessoas maldosas e ignorantes sempre estiveram entre nós. E o problema não é especificamente a existência dessas aberrações. O problema é quando elas conseguem crescer sem que haja uma REAÇÃO adequada por parte daqueles que não foram contaminados pelo absurdo. **Assim, no processo de *"ocupação de espaços"* por essa camada corrompida da população, a parte sã da sociedade tem três opções diante dela: ou ela abraça a loucura e se transforma em mais uma peça que vai espalhar o caos e o absurdo; ou ela se resigna e não faz nada, esperando o mundo acabar; ou ela REAGE e LUTA para que se retorne à normalidade.**

Se as pessoas ABRAÇAM o absurdo, compram a moralidade da insensatez e escolhem permanecer ignorantes em relação à própria participação na decadência da sociedade, o resultado é algo como a Revolução Russa, a Revolução Chinesa, a Revolução Cubana, a Alemanha Nazista ou o Estado Islâmico. Claro que sempre há aqueles que querem sair da panela fervendo no finalzinho do processo, mas já não há mais como fugir do destino traçado por eles mesmos quando tinham cruzado os braços ou até promoveram o absurdo. De fato, muitos inocentes acabam sofrendo no processo, mas a própria indignação em relação à decadência social afugenta essas famílias para lugares melhores antes que o caos se instale. **De uma forma ou de outra, quando um povo abraça o absurdo e deixa que a imoralidade se torne *"normal"* em seu meio, ele sofrerá as consequências disso.** Era assim no passado, está sendo assim no presente, e continuará sendo assim no futuro. Povo nenhum consegue manter a normalidade flertando seja com o islamismo, seja com o socialismo, seja com qualquer outra porcaria que relativiza os direitos à vida, à liberdade e à propriedade das pessoas.

O povo também pode se RESIGNAR com o absurdo, vivendo tranquilamente as suas vidas enquanto o vizinho se casa com crianças ou criminosos invadem a casa da frente. Muita gente diz que reconhece os absurdos e os crimes impostos e protegidos pelo estado em seu meio, mas quando o destino cobra uma REAÇÃO séria, uma INTROMISSÃO contra um absurdo que ocorre na sua frente, o sujeito cruza os braços e prefere não se envolver. Ele se convence de que está tudo bem porque a fazenda invadida não é sua, o emprego perdido não é seu, o policial perseguido não é um parente, o restaurante fechado não fica na sua vizinhança. As pessoas se apegam a qualquer justificativa para não se envolver e fugir da responsabilidade. Mas isso só retarda a instalação do caos. Isso só compra alguns anos para quem quiser fugir ou se preparar para o pior. **Quando o povo se resigna, ele não evita o caos, apenas o posterga. E em muitos casos isso só serve para o povo ver o quão feio ele é. Só serve para que algumas pessoas se olhem no espelho e vejam que foram responsáveis pelas perseguições, pelas torturas e pelas misérias que irão passar. De qualquer jeito, quando o povo ESCOLHE nada fazer, JÁ É TARDE DEMAIS. A ditadura do absurdo está só contando os dias para se instalar.**

Mas se o povo escolher a virtude e a justiça, ele pode se redimir e evitar ser vítima desse cruel destino. Quando um povo toma vergonha na cara, reconhece os seus erros e tem disposição para REAGIR, ele pode ir da condenação para a glória. Inclusive, é por isso que a esquerda detesta tanto os *"reacionários"*, aqueles que reagem às mudanças que eles querem impor em todo lugar que ela abre uma sede. **Desde antes dessa fase, a esquerda condiciona os desatentos a NÃO REAGIR. Aquele que é resistente às mudanças é um inimigo. O conservador é visto como um louco. O reacionário é perseguido. Você pode estar reagindo apenas àquilo que não presta, mas não importa. Você é um REACIONÁRIO e a esquerda vai perseguir, desmoralizar e atormentar você.** Não importa se você for homem, mulher ou criança. Não importa se é rico ou pobre. A esquerda vai incomodar você até o limite da sua paciência se você estiver reagindo ao projeto totalitário dela. Conservadores, pessoas de direita, qualquer um que REAJA, são obstáculos que devem ser eliminados para que a esquerda consiga impor o seu absurdo. Quem nunca foi perseguido por discordar de um absurdo no Brasil? Quem nunca se sentiu sozinho por falar a verdade? Quem nunca foi criticado por condenar o erro? Quem nunca foi excluído por defender o que era certo?

Mas é apenas quando há uma quantidade de gente relevante que REAGE, que FAZ JUSTIÇA, que VINGA, que um povo consegue sair da enrascada em que se meteu. Sem reacionários, sem conservadores, sem a direita, o mundo estaria numa grande tirania socialista. **Sem a moralidade judaico-cristã, sem o uso dos maravilhoso dons da leitura e do estudo que Deus nos deu, não saberíamos a que reagir, como conservar e o que endireitar.** Essa reação contra a expansão do absurdo pode assumir várias formas e ter características diferentes conforme a cultura onde ela ocorre. **Mas quando conseguimos ver além das particularidades locais, sempre encontramos essas mesmas forças em choque: aquelas compostas por cidadãos que buscam preservar os direitos à vida, à liberdade e à propriedade e aquelas que tentam destruí-los.**

6.4. Esquerda: Uma Fábrica de Monstros

De um modo ou de outro, o avanço da agenda socialista acaba gerando uma montanha de seres grotescos que muitas vezes se camuflam tão bem que poucos notam que estão lidando com verdadeiros *"monstros"* (no sentido psicopático da palavra mesmo). Os exemplos se acumulam:

Um bioeticista (Peter Singer) defendeu em seu livro Ética Prática que: *"Se nós colocarmos de lado esses aspectos emocionais, mas estritamente irrelevantes, da morte de um bebê, nós poderemos ver que as bases para não matar pessoas não se aplicam a recém-nascidos"*.

Fazendo referência a outro socialista, um político do PCB (aquele mesmo Mauro Iasi) divagou sobre como tratar os conservadores: *"Estamos dispostos a oferecer a você o seguinte: um bom paredão, uma boa espingarda, uma boa bala, uma boa pá e uma boa cova"*.

O ex-ditador da União Soviética Mikhail Gorbachev não tem mais medo de pregar a imposição do socialismo em países livres: *"Eu acredito que uma NOVA ORDEM MUNDIAL não será totalmente alcançada a não ser que a ONU e seu CONSELHO DE SEGURANÇA criem estruturas AUTORIZADAS a IMPOR SANÇÕES e FAÇAM USO DE OUTROS MEIOS DE COMPULSÃO"*.

Panfletos de partidos políticos pregam explicitamente o roubo. O PSTU não temia dizer em 2016 que sua intenção era a: *"Proibição da demissão imotivada e expropriação sem indenização das fábricas e empresas que receberam isenções fiscais e demitirem"*.

O líder do movimento terrorista MST incentiva jovens a ocupar propriedade alheia: *"Por isso, companheirinhos e companheirinhas, continuem firmes na luta, não desanimem, voltem a ocupar se for necessário para que a educação pública de Goiás continue sob o comando do ESTADO brasileiro, e não atendendo interesses de lucro"*.

Falsos sacerdotes vinculados à Comissão Pastoral da Terra (Frei Betto e Leonardo Boff), que é vinculada à Igreja Católica, pregam que a ocupação de terras *"é uma forma legítima de pressionar o governo"*. Os mesmos pilantras criam novas versões do *"Pai-Nosso"*, confundindo a trindade com uma *"orgia trinitária"*.

Na conclusão do artigo *"científico"* que busca substituir o termo *"infanticídio"* por *"aborto pós-parto"*, os infanticidas (chamados Alberto Giubilini e Francesca Minerva) pregam: *"Entretanto, se uma doença não foi detectada durante a gravidez, se algo der errado durante o parto, ou se circunstâncias econômicas, sociais ou psicológicas mudem de tal modo que o cuidado sobre a cria se torne um peso insuportável a alguém, então as pessoas devem ter a chance de não serem forçadas a fazer algo que elas não conseguem pagar".*

Um filósofo norte-americano (chamado Jeffrey Reiman) apareceu dizendo que recém-nascidos *"não possuem entre seus direitos nada que torne errado matá-los".* A mesma anta prega que pode haver *"exceções à regra contra a morte de bebês que não irão se aplicar à regra de não matar adultos e crianças".*

Aquele mesmo bioeticista já mencionado (Peter Singer) diz que *"certamente nós devemos colocar condições bem restritas ao infanticídio permitido, mas essas condições devem valer mais pelo efeito do infanticídio em outros do que do problema intrínseco de matar um bebê".*

Um professor brasileiro ligado ao PT e ao socialismo (Paulo Ghiraldelli) desejou em suas redes sociais que uma jornalista conservadora (Raquel Sheherazade) fosse estuprada. E também disse que era a favor *"da curra e do estupro"* para um outro conservador (Marco Feliciano). O mesmo cretino escreveu mais de um artigo defendendo a pedofilia.

Na França, um jornalista foi perseguido pelo seu sindicato por ter divulgado o nome dos pedófilos que entrevistou para uma matéria. Muito antes disso, pedófilos já se infiltravam em meios acadêmicos para avançar essa agenda. Em 1962, a revista Análise do Direito da Universidade Vanderbilt publicou um artigo em que dizia: *"Até mesmo em uma criança com quatro ou cinco anos de idade, essa sedução pode ser tão potente ao ponto de oprimir o adulto e levá-lo a cometer o crime".*

Isso para não falar tudo de Alfred Kinsey, que submeteu mais de 300 crianças com menos de dois meses de idade a sessões de estímulo sexual que podiam durar 24 horas. Kinsey é o guru da sexualidade da esquerda, e se você notou que há muito tempo aqueles que se dizem de esquerda cultivam comportamentos sexuais absurdos, parte do mérito é dele.

Enfim, os casos de absurdos são abundantes na atividade da esquerda. Com certeza, alguns podem dizer que nem todo esquerdista chegou a esse nível de aberração moral. **Outros podem dizer que não concordam com isso ou aquilo. Mas o problema é que todos eles flertam com esses absurdos todos os dias quando fecham os olhos para a atividade insensata dos seus pares.** Uma feminista não pode alegar que não está sendo conivente com o abuso de mulheres no Oriente Médio quando protesta usando burca e defendendo o islamismo. O homossexual não pode dizer que luta contra o preconceito quando se lança cheio de veneno contra grupos cristãos que só querem ajudá-lo. Um negro que acha normal agredir pessoas brancas não pode dizer que não é racista. Mas graças ao apoio da massa esquerdizada, cria-se um ambiente onde cada um desses grupinhos defende uma atrocidade sem qualquer iniciativa para chamar a feminista de hipócrita, o movimento negro de racista, o homossexual de preconceituoso e o socialista de fascista. Graças ao processo de transformação operado pela esquerda, as suas hordas têm passe-livre para bater em brancos, vandalizar igrejas, estuprar mulheres (no caso de Bill Clinton), ofender cristãos, agredir policiais e mentir.

A intenção deste capítulo foi mostrar como é exatamente esse tipo de gente que constrói e opera campos de concentração, câmaras de gás e órgãos de fiscalização ambiental. São essas pessoas que preenchem as fileiras de organizações nazistas, socialistas, comunistas e jihadistas. São eles que formam grandes grupos para abusar de crianças, matar pessoas de fome, proteger crimes, matar inocentes, traficar mulheres e aprovar leis que ajudam com bilhões de reais um punhado de empresas. O cidadão que não vê que está errado quando joga coquetéis molotov em policiais, ou quando anda com os bandidos que tentam matar policiais, é o mesmo que não terá problemas em se desfazer dos restos mortais de milhares de pessoas acusadas pelo sábio governo de serem *"inimigas do povo"*. O idiota que não vê problema em denunciar um padeiro porque está vendendo o seu pão por unidade, e assiste sem se afetar à prisão do mesmo, é o mesmo que estará tirando famílias inteiras de suas casas porque não obedeceram ao *"deus-estado"*.

O cretino que persegue o cidadão que caça ou que tira o sustento do vendedor de aves exóticas tem a mesma disposição para causar um genocídio que os soviéticos que mataram milhões de ucranianos ao decretar a interferência ditatorial no trabalho alheio. O que você acha que um idiota que diz que vai expropriar sua fazenda sem indenização vai fazer quando chegar ao poder? Cruzar os braços? O que você acha que um idiota que diz querer fuzilar a classe média vai fazer se tiver a oportunidade? Nada? **A diferença entre esses cretinos e os maiores genocidas conhecidos é simplesmente a posição que ocupam e o poder que não têm.** Programas de partidos políticos dizem sem medo que querem acabar com o capitalismo e implantar o socialismo. No entanto, um monte de antas cruza os braços e acha que não é um problema que tais partidos tenham representação política. **A fábrica de monstros gera não apenas os monstros, mas as próprias vítimas, que parecem se entregar voluntariamente a um destino idiota e cruel.**

6.5. Conclusão

É difícil acreditar que o nosso carrasco pode estar do nosso lado. O seu colega de trabalho pode ser aquele que, se for inserido em um sistema comunista, não vai ter nenhum problema em tirar o seu teto, o seu ganha-pão ou a sua vida. O seu amigo pode ser o mesmo sujeito que vai separar você da sua família e jogá-lo em campos de concentração. O seu parente pode ser aquele que vai perseguir e apedrejar você por não obedecer ao *"deus-estado"*. O operador do trem que levou judeus para campos de concentração não era um genocida antes de ser colocado naquela situação. O coveiro russo que enterrava pessoas vivas na Ucrânia não era um monstro antes da Revolução de 1917. O coreano que denunciou a mãe por tentar escapar do campo de concentração (e assistiu à execução dela) não era um zumbi sem coração antes da existência da Coreia do Norte. Nós temos a tendência a pensar que todos os que participaram dos genocídios promovidos pela Bélgica, pela Rússia, pela Alemanha, pela China, e por tantos outros estados, já eram assassinos, pedófilos e ladrões ANTES de esses países abraçarem governos perigosos.

Mas não: governos podem levar as pessoas à mais completa situação de MISÉRIA MORAL. Pessoas que *"parecem"* inofensivas hoje, podem se transformar em assassinos psicopatas com a devida engenharia social. Os socialistas são craques em transformar homens em animais. Quem matou os ucranianos no Holodomor e os judeus no Holocausto? Será que só havia bandidos e desgraçados na Rússia e na Alemanha antes de os socialistas assumirem o poder? Será que esses genocídios foram executados apenas por ex-presidiários e bandidos que conseguiram uma forma de extravasar suas loucuras? Não. Foram pessoas *"comuns"* que cometeram os maiores crimes da humanidade. Não se elimina MILHÕES de pessoas sem a conivência popular.

Mas um povo também não se torna genocida da noite para o dia. Ao longo da revolução comunista, os russos se deixaram corromper a passos largos. Na luta que se atiraram contra um governo ruim, eles passaram a pensar que os fins justificavam os meios. Se ancorando na situação miserável em que se encontravam, passaram a achar justo matar e roubar para ter *"pão, paz e terra"*. Assim, quando estavam enterrando ucranianos vivos ou matando civis inocentes para cumprir as *"cotas"* de terror poucos anos depois, os russos já tinham tanto sangue nas mãos que não viram nenhum problema em sujá-las um pouco mais. A verdade é que o horror comunista não começou nos excessos da Revolução Russa. Ele começou bem antes. **O povo russo já estava moralmente arruinado anos antes dos sovietes de Lênin alcançarem o poder. Claro que sempre há aquelas boas almas, mas os russos escolheram a dependência, o coitadismo e a autopiedade antes mesmo de matarem seu primeiro milhar de *"reacionários"*.**

O mesmo podemos dizer da relação do povo alemão com o Holocausto. O fato é que ninguém (ou poucos) meteu o dedo na cara do Hitler quando ele começou a culpar os judeus pelos problemas da Alemanha. Não houve ninguém para defender os judeus quando os nazistas começaram a fechar as suas lojas. Não houve nenhuma reação séria quando eles foram mandados para guetos. Ninguém pareceu se importar quando seu vizinho sumia apenas porque era judeu. Certamente, existiram aqueles que arriscaram suas vidas para proteger o desconhecido inocente, mas a MAIOR PARTE DAS PESSOAS cruzou os braços. E quando chega a fatura da maldade, aqueles cretinos que permitem que o mal e o absurdo se tornem normais para garantir as suas cotas, os seus financiamentos públicos, os seus empréstimos subsidiados, querem simplesmente lavar as mãos e dizer: *"minha responsabilidade parou ali"*.

O que separa um invasor de terras de um tirano que tira as pessoas de suas casas? Só o poder. Mas se você der poder a um desses invasores, ele fará o mesmo. O que diferencia os anarquistas que jogam bombas em policiais daqueles genocidas que matam aos milhares? Só a posição. Mas se a sociedade colocá-los no poder, eles logo se igualam na quantidade de assassinatos. O que separa o fiscal que penaliza o sujeito que cortou árvores no próprio quintal de um ditador que confisca os bens do povo? Só a lei. Pois quando a lei permitir o confisco de terras por qualquer outro motivo, o mesmo fiscal vai cumpri-la como se fosse a coisa certa a se fazer. O que diferencia aqueles fiscais que prendiam comerciantes que não seguiam a política de preços do governo na década de 1980 do tirano que prende aqueles que não concordam com ele? Pouca coisa. **E é por isso que antes de todos os desastres, de todas as matanças, de todos os piores momentos da humanidade, houve uma ampla massificação da corrupção dos valores (leia-se também: afastamento dos valores judaico-cristãos).**

Não foi o *"nazismo"* que matou os judeus; foram pessoas que *"achavam"* que a vida do próximo não valia tanto assim. Não foi o *"comunismo"* que se materializou para gerar os maiores genocídios da história; foram pessoas que *"achavam"* que podiam cometer alguns excessos por um mundo *"mais igual"*. **Não são as ideias que pegam em armas e lançam bombas; são homens, mulheres, pais, mães, filhos, filhas, amigos, enfim, GENTE.** É importante que todos façam uma reflexão e respondam: EU SOU UM DESSES TIRANOS? EU SOU UM DESSES GENOCIDAS? CONHECENDO AS MINHAS POSIÇÕES COMO EU CONHEÇO, SE EU FOSSE IMPOR MINHAS POLÍTICAS, HAVERIA MATANÇA DE INOCENTES? **Bem, se você acha que os donos de restaurante devem ser proibidos de mostrar o sal aos seus clientes, sinto muito informar: há um pequeno Stalin em você. Se você acha que os mercados devem ser proibidos de DAR sacos plásticos para seus clientes, tenho uma má notícia: você é um Hitler que não tem poder.** Se você pensa que é legítimo agir politicamente para tirar o direito das pessoas de terem armas, já lhe aviso: você tem muito em comum com todas aquelas pessoas escrotas que cometeram os piores crimes da humanidade. E o mesmo vale para aqueles que querem proibir a caça, a propriedade privada, o uso de combustíveis fósseis e tantas outras coisas. Faça o seu próprio julgamento agora antes que seja tarde demais.

7. Sobre os Tipos de Guerra e a Guerra Subversiva

Quanto mais cedo se entende que há uma guerra sendo travada, mais rápido a sensação de estranheza e confusão que muitos sentem tende a sumir. O fato é que em muitos lugares não é tão trivial reconhecer o conflito que estamos enfrentando. Quanto mais *"estável"* é o lugar, mais fácil as pessoas confundem os ataques deliberados que sofrem com um acidente, uma manifestação cultural, um crime comum ou uma punição por algo que fizeram. Para facilitar o processo de saída da *"Matrix"*, de abertura dos olhos, de real consciência da realidade, temos que complementar o que vimos até agora com algumas considerações sobre a GUERRA.

O termo guerra deriva da palavra franca *"werra"*, que significa *"confusão"*. **Guerra é todo conflito (confusão) entre partes que lutam entre si tendo em vista alcançar um objetivo.** A origem da palavra é apropriada tanto por expressar a *"confusão"* que se estabelece no campo de batalha quando os exércitos se confrontam, quanto por descrever a relação de *"confusão"* entre os povos que se enfrentam. Então, para se ter uma noção melhor de como essa guerra se manifesta hoje em SEU meio, vamos rever os fundamentos da guerra. O que se sabe sobre guerra? O que qualquer um pode afirmar sobre guerra?

O básico é que qualquer guerra SEMPRE começa com uma divergência de VONTADES entre (pelo menos) duas partes que se relacionam de alguma forma. Qualquer guerra precisa de (pelo menos) duas facções com interesses divergentes (e não apenas diferentes). Ela começa quando um grupo quer o que o outro tem, quando precisa do que o outro possui ou quando acha que aquilo que é do outro é dele. Na visão socialista o problema está na capacidade humana de *"ter"*, motivo pelo qual o socialismo luta tanto contra a propriedade. Na visão das pessoas normais, o problema está na inveja e na cobiça mesmo.

O objetivo final (principal) de qualquer guerra é a imposição da vontade de um grupo ao grupo inimigo. Ou seja, o objetivo supremo da guerra é submeter o inimigo à sua vontade (seja de que ele pare de se defender ou pare de atacar você) ou mesmo eliminar a vontade do inimigo que se choca com a sua (como a vontade de atacar ou de se defender de você). Toda guerra, toda confusão, tem esse objetivo principal. E ele realmente pode ser alcançado da forma tradicional: pela violência física. Mas tal objetivo também pode ser alcançado de forma não violenta, por meio do diálogo e da diplomacia.

É comum o uso de termos como *"guerra diplomática"*, *"guerra política"*, *"guerra econômica"*, e todos eles estão corretos quando usados para expressar a *"confusão"* entre facções com vontades opostas e que querem impor as suas vontades umas às outras. Os fins de qualquer confusão ou conflito podem ser alcançados com ou sem violência. Essa conclusão é intuitiva e não oferece obstáculo para o entendimento da percepção do estado de guerra mencionado no começo deste capítulo. O que é realmente importante de se entender é a percepção dos TIPOS de guerra. Ou seja, de que não existe apenas um tipo de guerra (que pode ser travada de modo violento ou não), mas três: a guerra convencional, a guerra não convencional e a guerra subversiva.

Teoria da Guerra		
Objetivo Final:	Submeter o inimigo à sua vontade (de cessar ato ofensivo ou defensivo) OU Eliminar a vontade do inimigo (de praticar o ato ofensivo ou defensivo)	
Tipo	**Convencional**	**Não Convencional**	**Subversiva**
Declaração	Formal	Informal	Cultural
Forma	Choque/Destruição	Atrito/Desequilíbrio	Catabolismo/Autofagia
Alvos Principais	Pessoas/Recursos	Informações/Processos	Ideias/Vontades
Objetivo Estratégico	Compromete a propriedade	Compromete a liberdade	Compromete a vida
Objetivo Tático	DESTRUIR RECURSOS	TRAVAR MOVIMENTO	CONTROLAR ESCOLHAS
Recursos Militares	Primário: se você destruir a capacidade inimiga, você vence	Secundário	Alternativo
Recursos Humanos			
Recursos de Sustentação	Secundário	Primário: se você travar a ação inimiga, você vence	Secundário
Recursos Estruturais			
Recursos Institucionais			
Recursos Culturais	Alternativo	Alternativo	Primário: se você controlar a ação espontânea do inimigo você vence
Recursos Morais			
Modalidade Não Violenta	Política/Diplomática	Espionagem/Infiltração	Subversão/Engenharia Social
Modalidade Violenta	Guerra Regular	Guerrilha e Terrorismo	Protestos e Tumultos

Cada um desses tipos de guerra pode se manifestar em duas modalidades: a não violenta e a violenta. No caso da guerra não violenta, os objetivos são a redução do moral do adversário (da vontade dele de lutar), criar confusão na comunicação dele, projetar simpatias, anular antipatias, receber e cooptar apoio para a causa amiga e minar o apoio do objetivo inimigo. Essa modalidade opera em nível diplomático, institucional e política. Já a modalidade violenta visa o comprometimento MATERIAL do inimigo. Ela é travada em nível regular (entre exércitos bem organizados), irregular (entre grupos guerrilheiros ou espiões) ou subversivo (com alienados, idiotas úteis e até idiotas inúteis). Tudo isso faz parte de uma guerra. O que todas têm em comum é que elas têm SEMPRE o mesmo objetivo principal: VENCER.

a) Guerra Convencional: a guerra convencional é extremamente objetiva. Há uma declaração de guerra formal em que todas as partes sabem quem está brigando e por que estão lutando. Ela assume a forma do choque: o princípio dos atos de guerra é o choque evidente de vontades e recursos. Nesse tipo de guerra, os alvos principais são os recursos humanos e militares do inimigo: são as pessoas e propriedades do grupo adversário. Por isso, o objetivo estratégico da guerra convencional é a afetação dos recursos adversários, para que ele não tenha como lutar contra você. Disso deriva o princípio tático principal: a DESTRUIÇÃO DOS RECURSOS MILITARES E HUMANOS inimigos. Sem armas, equipamentos e gente, o adversário perderá a vontade de resistir ou perderá a capacidade de lutar.

A guerra convencional tende a ter início em sua modalidade não violenta, com o uso da política e da diplomacia para dobrar as vontades inimigas. Pela própria natureza desse tipo de guerra, um grupo pode usar sua estrutura institucional para forçar o inimigo a se submeter por meio de ataques a alvos secundários: os recusos de sustentação (alimento, água e energia), os recursos estruturais (o sistema de transporte, de energia e de comunicação) e os institucionais (a capacidade econômica, a estabilidade política e o sistema de segurança). Ele pode comprometer a economia inimiga por meio de embargos, solapar a credibilidade política por meio do rompimento de relações e isolamentos diplomáticos ou até minar o sentimento de segurança fazendo alianças defensivas ou militares que impressionam a população inimiga.

Entretanto, quando as vontades são muito fortes, as partes costumam apelar para a violência através da guerra regular. **Esse tipo de guerra é o mais conhecido e o mais simples de explicar: dois grupos adversários lutam entre si visando comprometer os recursos humanos (soldados, trabalhadores e civis) e militares (exército, equipamentos e armamento) do outro, que são os alvos primários de uma guerra convencional.** E para isso eles podem promover ataques, manobras, bombardeios, bloqueios e ocupações, buscando sempre submeter a vontade inimiga por meio da destruição material dos recursos militares e humanos dele. Essa é a guerra convencional, com dois grupos bem definidos lutando por interesses bem conhecidos até que um se renda ao outro. Nenhuma novidade até aqui.

Numa guerra convencional, se um grupo aprisiona ou sequestra um guerreiro do grupo adversário e submetê-lo a um *"interrogatório especializado"*, ele vai dizer para quem trabalha e por qual razão ele luta. Muitas vezes, o próprio uniforme já denuncia o inimigo e nem é necessário submetê-lo a um tratamento violento para obter informações estratégicas e táticas dele. Até por causa disso, um grupo pode usar modalidades não convencionais de conflito para comprometer os recursos inimigos, por meio de agentes intermediários plantados na estrutura adversária. Tais agentes irão atuar dentro de um sistema de conflito bem diferente da guerra convencional, que veremos a seguir.

b) Guerra Não Convencional: esse tipo de guerra é menos objetivo, porque ela é travada por meio de intermediários, como espiões ou dissidentes guerrilheiros. Esses agentes são estrategicamente infiltrados para enganar e confundir o inimigo, afetando a eficiência do seu esforço de guerra. **Não há uma declaração formal de guerra, de modo que o interesse é justamente deixar o inimigo sem saber quem está atacando e por que está sendo atacado. Entretanto, os atos de guerra e a estrutura por trás dos agentes infiltrados entregam facilmente os lados e os interesses envolvidos.** Por exemplo, apesar de não ter havido uma declaração de guerra formal da União Soviética contra o Brasil na década de 1930, os soviéticos usaram Luís Carlos Prestes para organizar um ataque contra o país no final de 1935, no que ficou conhecido como Intentona Comunista, que resultou na morte de quase MIL pessoas em menos de uma semana. Russos e cubanos fizeram o mesmo com Francisco Julião, Carlos Mariguella e Carlos Lamarca algumas décadas depois, financiando suas atividades violentas contra militares e civis brasileiros.

O confronto da guerra não convencional assume a forma de atrito. Sua intenção é DESEQUILIBRAR e TRAVAR a ação adversária. Por isso, os alvos principais desse tipo de guerra são as informações e as instituições inimigas. Mesmo quando o ataque resulta na morte e no dano de propriedade, o foco não está necessariamente no extermínio e a destruição: o objetivo estratégico da guerra não convencional é o comprometimento da atividade inimiga. **Disso deriva que o objetivo tático principal desse tipo de guerra é TRAVAR O MOVIMENTO do inimigo.** Seja por meio do roubo dos planos militares, seja por meio da explosão de uma ponte, seja por meio do suborno de um político, o objetivo sempre é atrapalhar suas operações, prever suas ações e limitar suas opções. Na guerra não convencional se atua no sentido de desequilibrar o adversário por meio do atrito, da enganação e da ardilosidade.

A guerra não convencional é um prolongamento de um conflito maior e (na maioria das vezes) bem definido, que pode ou não pode ter sido anunciado por meio de uma declaração formal. Em sua modalidade violenta, ela costuma ser travada por dissidentes que focam suas atividades em ações de guerrilha e terrorismo. **Nesse sentido, eles buscam o comprometimento dos recursos estruturais (rede de transporte, de energia e de comunicação), dos recursos institucionais (regime político, sistema econômico e segurança) e da base de sustentação (fornecimento de comida, luz e água) do adversário por meio da sabotagem, do terrorismo, da guerrilha e da ação paramilitar.** Em sua forma não violenta, os principais intermediários são os espiões e os agentes infiltrados (políticos e militares pagos). **Nessa modalidade, os alvos também incluem os recursos humanos e militares do adversário, sendo que o principal objetivo é comprometer a vontade inimiga por meio de declarações diretas, declarações indiretas, do isolamento estratégico, do suborno estratégico e da espionagem.**

A ação mais conhecida da guerra não convencional é a espionagem. Um espião pode comprometer os recursos inimigos de vários modos: pela manipulação de um roteiro de marchas para mandar as tropas inimigas para bem longe, pelo furto dos planos do grupo inimigo para que seu lado possa antecipar um ataque ou preparar uma defesa, pelo roubo de tecnologias, pelo atraso de ordens e pela desinformação em geral. Normalmente, sua atividade envolve a manipulação de informações e decisões. A guerra não convencional também pode envolver o uso de dissidentes, simpatizantes ou traidores por meio do suborno estratégico. **Um grupo pode prejudicar o abastecimento de água de outro subornando políticos para vetar projetos de saneamento ou tornar a autorização da construção de diques mais onerosa.** Ele pode pagar um político para tirar recursos de projetos econômicos importantes (como a construção de uma estrada ou de uma usina) para colocar em projetos não estratégicos (como ciclovias ou calçadas). Ele pode subornar juízes inimigos para dar sentenças favoráveis aos seus simpatizantes. Ele também pode usar seus próprios diplomatas para fazer declarações diretas ou indiretas para afetar a economia adversária. E ainda pode subornar diplomatas de outros grupos para isolar politicamente o adversário, pressionando-o a desistir de seus planos.

O que importa saber da guerra não convencional é que o inimigo não é tão claro. Seus agentes intermediários não são tão facilmente reconhecidos. É intuitivo concluir que é difícil identificar um espião. Até mesmo um guerrilheiro ou um terrorista não são facilmente identificáveis, de modo que a melhor forma de reconhecê-los é por meio das suas ações e atividades. **E o ponto aqui é que até nos casos mais duvidosos, se o sistema de inteligência de um grupo identifica um desses agentes e o submete a um interrogatório violento, ele vai dizer para quem trabalha e o que ganha para fazer o que faz. Por mais ardilosa e sorrateira que seja a guerra não convencional, seus atores sempre se engajam nela de uma forma consciente e até objetiva. O espião sabe para quem trabalha e por que espiona. O guerrilheiro sabe a quem reporta e o que deve fazer. O terrorista conhece suas causas e sabe quem deve matar.** E no final das contas esse tipo de guerra é só um prolongamento da guerra convencional, mas travada em um nível diferente.

c) Guerra Subversiva: enfim, chegamos ao terceiro tipo de guerra. A guerra subversiva é a mais sorrateira de todas. Na guerra convencional, há certezas sobre os grupos rivais e seus motivos. Na guerra não convencional, os grupos usam intermediários que sabem bem quem é o inimigo e o que devem fazer. Já a guerra subversiva não é travada nem pelo choque, nem pelo controle do movimento. Ela é travada pelo próprio inimigo. Por isso ela assume a forma do catabolismo, da autofagia. **O objetivo da subversão é fazer com que o inimigo mate o próprio inimigo. É fazer com que o próprio adversário entregue as suas armas e se entregue sem que você precise dar um tiro para isso. Os alvos principais desse tipo de guerra são as ideias e as vontades inimigas. O objetivo estratégico é o comprometimento do próprio modo de vida da sociedade inimiga. Desse modo, o seu objetivo tático é CONTROLAR AS ESCOLHAS do adversário.**

Sun Tzu já havia declarado há milênios que: *"A máxima suprema da arte da guerra é subjugar o inimigo SEM TER QUE LUTAR"*. Na guerra convencional, é possível fazer isso por meio de manobras custosas. Na não convencional, isso depende do quanto um grupo tem para subornar os generais e líderes do grupo inimigo. Já na guerra subversiva, isso depende da capacidade de controlar as vontades e ideias da população adversária, fazendo com que atuem conforme o que queremos. Por isso, os alvos primários da subversão são sempre os recursos culturais (a mídia, o sistema educacional e a estrutura de lazer) e ideológicos (a forma como a sociedade enxerga a moral, a família e a religião). Secundariamente, também se busca afetar os recursos institucionais, estruturais e de sustentação. E por meio do controle desses recursos, é possível fazer com que os recursos militares e humanos do inimigo simplesmente ESCOLHAM perder e se render.

Os grandes diferenciais da guerra subversiva são a ocultação dos seus centros de comando, a pulverização da sua atividade e a forma como ela é conduzida. Na guerra convencional, a estrutura de comando é bem simples: os soldados que atiram uns contra os outros estão sob o controle de um comando militar bem definido, que por sua vez recebe suas ordens de um governo específico. Na guerra não convencional, os intermediários (espiões e guerrilheiros) que colocam suas vidas em risco recebem suas ordens de um comando militar especial (especializado em informações e espionagem) bem protegido, que por sua vez está sob o comando de alguma autoridade política. Já estrutura de comando da guerra subversiva é um pouco mais complexa principalmente por causa da forma como ela é travada.

Para começar, que quem luta na guerra subversiva é a própria população inimiga. Nesse tipo de guerra, a ação subversiva faz com que os próprios inimigos ataquem uns aos outros e destruam suas armas e estrutura produtiva: são os chamados idiotas úteis. Eles são secretamente levados a isso de forma sistemática por agentes subversivos, que são recrutados por agentes de desinformação para conduzir a sociedade inimiga em uma determinada direção. Esses agentes de desinformação são treinados para atuar de forma autônoma e discreta. O seu esforço principal é descobrir pessoas e tendências que facilitam a subversão da sociedade inimiga. Uma vez identificadas, eles usam os agentes subversivos para financiar essas pessoas (os idiotas úteis) ou acelerar essas tendências, evitando ao máximo expor a sua intenção. **Assim, a principal forma de descobrir que estamos no meio de uma guerra subversiva é por meio da atividade dos idiotas úteis.** E a genialidade desse tipo de guerra é que mesmo que você prenda um desses idiotas e o submeta a todo o tipo de interrogatório, ele não tem nada para confessar (fora que é um idiota). Ele não vai dizer que trabalha para o inimigo, porque ele não sabe. Ele não vai dizer por que atacou fulano, porque ele realmente não sabe. De fato, ele nem mesmo sabe que está no meio de uma guerra e nem acha que o que ele faz é errado.

Em outras palavras, a guerra subversiva busca fazer uma lavagem cerebral na sociedade inimiga de modo que ela mesma passe a trabalhar conforme os interesses de quem provoca a subversão. Essa lavagem cerebral deve ser tão intensa que faça com que a maior parte da população tenha dificuldade até mesmo PERCEBER que está no meio de um conflito. **Com o tempo adequado, a sociedade inimiga estará cheia pessoas incapazes de TER CONSCIÊNCIA de que estão sendo vítimas de ataques e até mesmo de que estão ATACANDO. A subversão ressignifica ações inteiras de ataque e de sofrimento para que as vítimas pensem que não está acontecendo nada demais.** E por tudo isso, o grande objetivo neste capítulo é dar os meios para você abrir os olhos para a realidade. Ou seja, eu quero tirar você (e ajudar você a tirar outras pessoas) dessa Matrix. **Como disse Yuri Bezmenov,**

um conhecido dissidente soviético: *"Você não está vivendo em tempos de paz. Você está em um estado de guerra. E você tem pouco e precioso tempo para se salvar".*

Objetivos Táticos	Convencional	Não Convencional	Subversiva
Recursos Militares (Exército, Armamento, Equipamento)	Ataque, Manobra, Bombardeio, Ocupação, Bloqueio	Declarações Diretas, Declarações Indiretas, Isolamento Estratégico, Suborno Estratégico, Espionagem	
Recursos Humanos (Trabalhadores, Civis, Soldados)			
Recursos de Sustentação (Comida, Energia, Água)	Embargo, Rompimento de Relações, Isolamento Diplomático, Alianças Defensivas, Alianças Militares	Sabotagem, Terrorismo, Agressão Paramilitar, Ocupação	Greve, Bloqueios Públicos, Vandalismo, Demonstrações Violentas, Insegurança (Campanha de MEDO)
Recursos Estruturais (Transporte, Energia, Comunicação)			
Recursos Institucionais (Economia, Política, Segurança)			
Recursos Culturais (Mídia, Educação, Lazer)			Boicote, Controle da Cultura, Controle da Educação, Controle da Mídia, Guerra de Classes, Reforma Moral
Recursos Ideológicos (Moral, Família, Religião)			

7.1. Sobre a Guerra Subversiva

Antes de apontar quem coordena os agentes de desinformação, vamos analisar melhor a forma como a guerra subversiva é travada. Vimos que uma guerra convencional é travada entre grupos conscientes de seus fins e dos objetivos inimigos. Na guerra convencional, o seu inimigo mata e fere você. Ele destrói o seu armamento e os seus meios de defesa. Ele luta contra você e faz alianças produtivas e racionais contra você. Ele empobrece você e destrói a infraestrutura da sua economia. Tudo isso porque ele QUER vencer. Ele QUER derrotar você. Numa guerra não convencional, o inimigo usa intermediários que lutam por ele contra você. O seu inimigo paga guerrilheiros para matar e ferir você. Ele usa espiões para destruir suas armas e suas fortalezas. Ele manipula simpatizantes para lutar contra você e apoiar os seus inimigos. Seus espiões e guerrilheiros tentam empobrecer sua economia e destruir sua infraestrutura para arrefecer seu esforço de guerra. E ele faz tudo isso porque tem à disposição soldados infiltrados que QUEREM vencer a guerra, que QUEREM derrotar você.

Guerra Convencional	Guerra Não Convencional	Guerra Subversiva
Você mata inimigo.	Infiltrado mata inimigo.	Inimigo mata inimigo.
Você fere inimigo.	Infiltrado fere inimigo.	Inimigo fere inimigo.
Você destrói armamento inimigo.	Infiltrado destrói armamento inimigo.	Inimigo destrói próprio armamento.
Você destrói defesas inimigas.	Infiltrado destrói defesas inimigas.	Inimigo destrói próprias defesas.
Você luta contra inimigo.	Infiltrado luta contra inimigo.	Inimigo luta contra inimigo.
Você não luta contra amigo.	Infiltrado não luta contra amigo.	Inimigo não luta contra você.
Você empobrece inimigo.	Infiltrado empobrece inimigo.	Inimigo empobrece inimigo.
Você destrói infraestrutura inimiga.	Infiltrado destrói infraestrutura inimiga.	Inimigo destrói infraestrutura inimiga.
Você QUER vencer.	Infiltrado QUER vencer.	Inimigo QUER perder.
Você QUER derrotar inimigo.	Infiltrado QUER derrotar inimigo.	Inimigo QUER derrotar inimigo.

Muita gente tem dificuldade para entender a guerra subversiva porque ela foge de toda essa lógica. Nesse tipo de guerra, o inimigo não mata ou fere você pessoalmente. Ele faz você se matar e se ferir. Ele faz com que VOCÊ destrua suas próprias armas e fortalezas. Ele transforma você num aliado dele contra você mesmo. O inimigo faz com que você ladre contra os seus próprios aliados e sinta simpatias pelos aliados dele. Ele confunde você para que você mesmo queira ser pobre e miserável. Ele faz com que você destrua sua própria infraestrutura e prejudique a economia da sua própria casa. **Enfim, ele faz com que você QUEIRA PERDER. A guerra subversiva faz com que VOCÊ QUERIA DERROTAR A SI MESMO.** Eu creio que muitos já têm alguma noção do que eu estou falando, mas é natural para quem ainda não abriu os olhos continuar cético e questionar se isso acontece mesmo. Afinal, se tem uma coisa que a guerra subversiva não é, é ser intuitiva e fácil de enxergar.

Mas façamos assim, você não precisa acreditar em nada disso. Apenas suponha que existe um grupo interessado em vencer você e fazer tudo que foi descrito acima. Caso você estivesse sendo vítima desse esquema, que tipo de manifestações você esperaria observar? Ou seja, de que forma o inimigo faria com que o seu vizinho atacasse você? Ou que você atacasse o seu vizinho? Como ele faria para manipular você a querer desarmar os próprios AMIGOS? Ou que os seus próprios AMIGOS tivessem vontade de desarmar você? Como você espera que o inimigo atuaria para jogar você contra seus próprios pais? Ou jogar seu pai ou sua mãe contra você? O que ele teria que fazer para ludibriar você a querer SER POBRE? Qual seria a atuação dos idiotas úteis para PREJUDICAR O SEU NEGÓCIO, DIFICULTAR A SUA PROSPERIDADE e TRAVAR A ECONOMIA do seu povo? Enfim, como perceber que a atividade subversiva já fez você ou seus conhecidos quererem PERDER? Para ajudá-lo a entender melhor, vamos analisar o comportamento esperado do grupo atacado pela subversão e como ele é levado a isso em cada caso.

a) O inimigo mata e fere o inimigo (ou você mata e fere seu vizinho, ou o seu vizinho mata e fere você): a subversão quase sempre atua potencializando comportamentos já existentes na sociedade inimiga. Então, a primeira coisa que se deve pensar é: como a população da sociedade que será alvo da subversão JÁ SE MATA mutuamente? Quais são as expressões da agressão nessa sociedade e quais são as manifestações que já existem nela que facilitam a eliminação FÍSICA do seu quantitativo? O objeto principal da subversão nesse caso é o controle sobre a criminalidade da sociedade inimiga. Quem é que mata você? O assassino. Quem é que fere você? O bandido. Portanto, a subversão vai buscar formas de potencializar a criminalidade na sua sociedade. Ela vai facilitar a ocorrência de crimes na população que quer atingir. Ou seja, ela vai tentar aumentar as possibilidades de colocar um assassino do seu lado. E ela vai, inclusive, dar motivos para o bandido matar e agredir você.

Em sociedades democráticas capitalistas, como isso é possível? **De várias formas: reduzindo as penas para homicídios, criando exceções para a punição e prisão de assassinos (como a imposição de uma maioridade penal e de grupos inimputáveis), deixando os bandidos**

nas ruas (multiplicando os indultos e os *"saidões"*, bem como a criação de centenas de recursos processuais), deixando de construir presídios e imobilizando o aparato de segurança pública. Mas a subversão não vai apenas facilitar o seu encontro com um bandido. Ela também vai dar motivos para ele atacar você. E até fazer você pensar que MERECE ser atacado. Por exemplo, em 2011 um norueguês chamado Karsten Nordal Hauken foi vítima de um *"estupro"* (foi sodomizado) por um refugiado da Somália. Ao saber que o bandido foi preso e deportado, Hauken declarou que se sente culpado pelo que aconteceu com o criminoso. É nesse nível de lavagem cerebral que a subversão atua.

Isso é muito importante de entender: a subversão não vai deixar apenas a sua sociedade mais perigosa (como no Brasil, que recentemente alcançou o patamar de 60.000 assassinatos por ano), ela também vai trabalhar para que o bandido pense que está certo em te atacar e que você sinta que merece ser atacado. Ela vai atuar para a sua sociedade tolerar a criminalidade e ver os criminosos como *"vítimas da sociedade"*. Quando o sujeito vê o bandido como uma *"vítima da sociedade"*, ele já está se declarando um merecedor da agressão que poderá sofrer, já que ele mesmo faz parte da *"sociedade"*. A subversão vai fomentar a produção de ideias que justificam a ação da bandidagem, seja por meio da infiltração na mídia, seja por meio de manifestações culturais, como alguns tipos de RAP. No Brasil, as músicas do grupo Racionais MC's servem exatamente a esse propósito. Em Vida Loka, eles descrevem com normalidade a vida de um bandido e até pedem *"Dá meu brinquedo de furar moletom"*. Em Mente do Vilão, eles descrevem a atuação da bandidagem e se fazem de coitadinhos, atribuindo o modo de vida que escolheram para eles à cor com que nasceram.

Nos Estados Unidos, a subversão se estabeleceu há muito tempo, por grupos socialistas e anarquistas que já buscavam a eliminação física de seus inimigos. Desde sempre eles buscam incentivar a esquerda norte-americana a atuar em seu favor, de modo que hoje podemos ter certeza de que o Partido Democrata já se tornou uma ferramenta da subversão para atacar a própria população. Desde o século XIX, partidários dos democratas atacam os presidentes mais conservadores e matam os próprios conterrâneos. **Em 1865, foi um democrata que matou Abraham Lincoln (um republicano como Donald Trump). Em 1881, foi**

um democrata que matou James Garfield, outro presidente republicano. Em 1963, foi um comunista que matou John Kennedy (um democrata conservador). Em 1975 e em 1983, outros dois democratas atiraram contra presidentes republicanos (Gerald Ford e Ronald Reagan). E os últimos acontecimentos com o atual presidente Donald Trump mostram que as coisas não mudaram muito.

Mas a fábrica de loucos não para na produção de psicopatas que querem matar presidentes: esses idiotas úteis atuam contra o próprio povo também. O esquema subversivo consegue plantar na cabeça dos doidos o ódio contra todos que se coloquem no caminho da reforma social. A consequência é uma longa lista de ataques COM INSPIRAÇÃO POLÍTICA DE ESQUERDA. Em 1984, um democrata matou 22 pessoas em um McDonalds. Em 1986, outro democrata matou 15 pessoas em uma agência dos correios. Em 1990, outro democrata matou mais 10 pessoas em um banco da General Motors. Em 1991, mais 21 pessoas foram mortas por um democrata em uma cafeteria. Um democrata matou mais 8 pessoas em uma igreja em 1999. Em 2001, um democrata atirou contra a Casa Branca (onde estava o republicano George Bush). Em 2007, eles mataram mais 32 pessoas na Virginia Tech. Em 2012, outro democrata matou mais 12 pessoas durante uma sessão de cinema. Em 2013, mais 26 pessoas foram mortas por um democrata em uma escola. E os atentados continuam. **Ou seja, por mais que essa guerra seja subversiva, ela também se manifesta de formas violentas e observáveis.**

b) O inimigo destrói as próprias armas e as próprias fortalezas (ou você desarma e tira a proteção dos seus amigos, ou os seus amigos desarmam e tiram a sua proteção): não é racional ao cidadão autônomo e independente QUERER ser desarmado. Não é normal, nem nunca foi, ao sujeito honesto e correto querer tirar as armas de seus amigos e conhecidos. Na história do mundo, essa sempre foi uma iniciativa encabeçada por GOVERNOS totalitários. No Brasil, foi o ditador Getúlio Vargas que endureceu as leis desarmamentistas. No Japão, essa tradição foi implantada há muitos anos atrás, pelo rígido Shogunato Tokugawa, com medo que a população lutasse contra o poder central. Em todos os países que sofreram com o socialismo, houve uma iniciativa anterior ou oportuna para desarmar a população. A África já tem uma tradição nesse sentido e não é à toa que se tornou o continente mais miserável do mundo. Seguindo determinação e agenda da ONU, 51 países africanos assinaram a Declaração de Bamako em dezembro de 2000, se comprometendo a criar leis de desarmamento em todo o continente. Ou seja, é de se esperar que governos e grupos totalitários queiram desarmar a população, mas quando o próprio povo QUER SER FRACO e INDEFESO, é sinal de que ele está sofrendo algum tipo de ataque subversivo.

Então, como o inimigo faz com que um povo queira se desarmar? Como ele faz você entregar VOLUNTARIAMENTE as suas armas? Como a subversão faz com que os cidadãos inimigos queiram TIRAR as armas e as defesas uns dos outros? Um dos primeiros passos é potencializar na sociedade inimiga todo o tipo de aversão que pode existir às armas. Projetar formadores de opinião que falem abertamente contra as armas e como elas (e não os bandidos) são perigosas para a sociedade. A subversão vai criar nas cabeças mais fracas a ideia de que a proteção da população deve ser feita ÚNICA e EXCLUSIVAMENTE pelo aparato estatal. Ou seja: se não houver um policial do seu lado no momento em que você estiver sendo vítima de um crime, você não poderá fazer nada. Tudo que for associado ao armamento será demonizado por meio do financiamento de idiotas úteis simpatizantes do desarmamento: a caça, o tiro esportivo e a cultura do armamento serão vendidos como hábitos de gente incivilizada e violenta. E aos poucos até a vontade de FORÇAR OS PRÓPRIOS AMIGOS a entregarem suas armas será uma atitude vista como normal.

Mas além dessa sina contra as armas, as vítimas da subversão também são manipuladas para QUEREREM ser fracas e indefesas. Claro que muitas vezes elas nem percebem que estão sendo induzidas a isso, mas você já deve ter notado como a sociedade tem produzido jovens e adultos fracos e dependentes. São pessoas que são facilmente ofendidas por palavras e que sentem que precisam de proteções especiais do governo. Por isso, um dos objetivos da subversão é criar pessoas FRACAS. São pessoas que acham que merecem tratamento especial da sociedade, ancorando suas justificativas em desculpas como origem, cor de pele ou opção sexual. No caso de cotas para negros, por exemplo, o sucesso da subversão não está nem na aprovação de uma lei que impõe cotas no país inimigo. Ele está na formação de uma massa de pessoas que ACREDITAM que têm o direito de pegar a vaga de alguém que estudou mais do que elas ou que tem uma cor diferente da delas, mesmo que tenha passado pelas mesmas dificuldades. O avanço da subversão pode se manifestar na forma da aprovação de uma lei, mas o seu sucesso ocorre na formação de um grupo de pessoas orgulhosas da própria fraqueza.

Qualquer manifestação verbal que acuse a fraqueza dos idiotas úteis será demonizada e transformada em crime pela ação subversiva. Isso porque a subversão também atua para fazer com que a sociedade não veja que está sendo vítima de uma lavagem cerebral para torná-la mais fraca. Os jovens que na primeira metade do século XX se alistavam para lutar em guerras sangrentas, hoje se ofendem com palavras bobas e com as práticas alimentares dos outros. **Sociedades que produzem garotos que usam chapinha, garotas que não comem carne e adultos que acham a caça um esporte que deve ser proibido, são sociedades que estão flertando com a fraqueza e a autodestruição.** Países onde a própria população quer entregar as suas armas e permitir que qualquer povo bárbaro invada e transite em seu território, são países que estão pedindo para serem atacados e massacrados. Os idiotas úteis são levados a crer que qualquer um que queira uma política de imigração mais séria e uma atitude mais rigorosa com estrangeiros que entraram ILEGALMENTE em seu país são seres incivilizados e perigosos. No fim, casos como o do norueguês que sente pena do homem que abusou sexualmente dele se multiplicam.

Na Alemanha, uma socialista chamada Selin Goren diz ter sido vítima de estupro coletivo no início de 2016. Quando foi se reportar à polícia, ela MENTIU na descrição dos estupradores, dizendo que eles falavam alemão. Posteriormente, ela apareceu em uma revista dizendo que mentiu na descrição dos criminosos porque não queria estimular o preconceito contra os imigrantes que falavam árabe. Note que esse caso expressa tanto a disposição do próprio povo submetido à subversão a aceitar as agressões que sofre, quanto ao repúdio à própria segurança e proteção. A subversão faz com que o próprio inimigo sabote suas fortalezas. Ela faz com que o próprio adversário destrua as suas muralhas e abra os seus portões. Ela transforma seres humanos aparentemente normais em idiotas que aceitam ser mortos, estuprados, assaltados e feridos por outros idiotas controlados pelos inimigos, facilitando todo o trabalho de infiltração e destruição da sociedade.

c) O inimigo luta contra os aliados dele e não luta contra você (ou você luta contra os seus amigos e não luta contra seus inimigos, ou os seus amigos lutam contra você e não lutam contra os seus inimigos): além de fazer o inimigo se agredir e se desarmar, a subversão faz com que ele tome decisões irracionais em sua política de alianças. Ela o transforma no cachorro que morde a mão que o alimenta, mas que não oferece nenhum perigo ao ladrão. A intenção principal é fazer com que o próprio inimigo fique contra ele mesmo. Mas a subversão vai além disso: se você for o alvo dela, ela tentará fazer com que você se torne inimigo dos amigos dos seus amigos e que se torne amigo dos amigos do seu inimigo. Isso não é tão confuso quanto pode parecer num primeiro momento. Imagine um mundo simplificado dividido entre um ocidente cristão e capitalista e um oriente islâmico e socialista. Suponha que a guerra esteja sendo travada entre os socialistas orientais e os cristãos ocidentais.

Se os socialistas quiserem subverter as sociedades cristãs do ocidente, eles podem adotar o seguinte roteiro: a) sondar e alavancar divisões existentes entre os próprios cristãos, jogando os próprios inimigos contra eles mesmos (fazendo com que católicos e evangélicos briguem entre si, por exemplo); b) sondar e alavancar discordâncias dentro do próprio ocidente, jogando cristãos contra seus aliados (investindo em movimentos que expressam essa agenda, como a Teologia da Libertação, a Teologia da Missão Integral ou a Doutrina Social da Igreja), e; c) sondar e potencializar pontos de convergência entre cristãos e muçulmanos, fazendo com que o inimigo coopere com os aliados dos inimigos (como a aliança existente entre a esquerda ocidental com os muçulmanos). **Ou seja, a rotina para controlar a política de alianças do inimigo envolve: jogar o inimigo contra ele mesmo, jogar o inimigo contra os aliados dele e aproximar o inimigo dos aliados de quem promove a subversão.**

Lembre-se que não estou pedindo para você acreditar em nada disso. Eu sei que se você for uma pessoa esperta, ou já se tocou de que estamos em meio a um processo subversivo, ou vai se tocar em breve. O que eu peço no momento é para que você apenas imagine o que faria para conseguir alcançar esses objetivos. Por exemplo, como o seu inimigo faria para jogar você contra seus amigos e aliados? Ou então, como ele faria para jogar os seus amigos contra você e seus aliados? O primeiro passo não seria explorar as diferenças que já existem entre vocês? Mesmo sem guerra, sem subversão, as pessoas sempre arrumam um motivo para discordar. Elas brigam por tudo: emprego, mulheres, namorados, riqueza, salvação e até para ver quem briga menos. Até em casa os pais brigam com os filhos e as mulheres com os maridos. **O que a subversão faz é explorar essas divisões e manipular as vítimas para que acreditem que tais divergências são intransponíveis. Ou seja, ela cria um sentimento de guerra de classes na sociedade inimiga.**

O fomento da guerra de classes é um dos primeiros passos no processo de subversão da sociedade inimiga. E os comunistas não foram os primeiros a usar esse esquema para alcançar seus objetivos. Já havia católicos na Grã-Bretanha antes de os franceses jogarem os escoceses contra os ingleses. Os huguenotes já estavam na França antes de os ingleses pensarem em usá-los contra os católicos franceses. As diferenças entre as cidades gregas foram usadas por persas e macedônicos no esforço para vencê-las. O que a subversão faz é atiçar as divergências existentes até o ponto em que um grupo declare guerra ao outro, enfraquecendo o inimigo. Ela descobre as diferenças e consolida grupos que promovem o conflito. Ela faz com que a filha odeie o filho (por meio do feminismo). Faz o vizinho odiar o vizinho (fazendo com que um ache normal tirar o emprego, a arma ou a renda do outro). Ela faz com que o filho odeie os pais (por meio do homossexualismo ideológico). Faz até com que o trabalhador deteste aquele que lhe paga o salário (por meio do sindicalismo radical).

A ação subversiva também tenta solapar a confiança do inimigo nos aliados dele. Se ela consegue fazer o indivíduo rejeitar os seus maiores aliados (sua família), é ainda mais fácil fazer com que ele demonize aliados externos. Por exemplo, os soviéticos fizeram uma campanha internacional para que todos odiassem os ingleses (até a primeira metade do século XX, quando a Inglaterra deixou de ser um obstáculo aos interesses comunistas) e os norte-americanos. É fácil de ver como boa parte da população mundial sofreu uma lavagem cerebral para odiar os Estados Unidos. São pessoas que sofrem com o imperialismo comunista e muitas vezes tiveram suas famílias destruídas pela subversão socialista, mas que foram manipuladas para crer que os males do mundo vêm de um dos únicos povos com quem eles ainda podem contar para lutar pela liberdade. São vítimas de uma verdadeira reforma mental: são pessoas que pregam todo o ódio aos Estados Unidos, mas que sonham em morar lá. São idiotas úteis que atuam politicamente contra os norte-americanos, mas vão passar as férias na Flórida e em Nova Iorque. São imigrantes que fogem do inferno na terra (como o México) para a terra da liberdade, mas levam com eles os mesmos costumes que transformaram seus países de origem no lixo que são.

Para isso, além de explorar e fomentar a divergência entre os inimigos e os aliados dos inimigos, a subversão também usa dois outros esquemas: ela atenua e esconde os pontos de concordância entre os dois e MENTE deliberadamente para demonizar um aos olhos do outro. Em Jerusalém, vi muitos palestinos criticando Israel. Quando eu perguntava por que não iam morar na Palestina ou em algum país muçulmano, eles desconversavam ou diziam que era pior. Qualquer muçulmano recebe um tratamento muito mais humano nos países que eles odeiam do que nos seus próprios países. No entanto, foram todos adestrados pelos socialistas a odiar os norte-americanos e os judeus. O cidadão esquerdizado latino-americano passou pelo mesmo processo, com os mesmos resultados. **A subversão atenua todas as qualidades de seus aliados capitalistas e generaliza os bastiões conservadores como monstros imperialistas que querem dominar o mundo, fazendo com que o típico cidadão terceiro-mundista seja um antiamericano de carteirinha.**

Além disso, a guerra subversiva busca promover as simpatias que existem dentro da comunidade inimiga com os aliados do subversor. Nesse caso, o que se faz é o contrário do atiçamento de inimizades entre aliados: para fazer com que feministas se sintam aliadas dos muçulmanos é necessário atenuar todas as aberrações contra as mulheres cometidas nos países islâmicos e ressaltar as ideias que eles têm em comum. O povo de uma república capitalista lutando contra Cuba pode não ser simpático aos cubanos, mas pode ser levado a simpatizar com venezuelanos ou norte-coreanos, por exemplo. **Geralmente, o que denuncia a manobra subversiva são as CONTRADIÇÕES de posicionamento que os grupos que sofreram a**

subversão revelam. Temos exemplos abundantes disso nos nossos dias: as estudantes que ofendem padres são aliadas de muçulmanos que aprisionam mulheres; o homossexual que odeia os pais machistas é o mesmo que usa a camisa de um assassino de homossexuais (Che Guevara); a feminista que odeia o homem que paga a conta é a mesma que não quer a pena de morte para estupradores; o cristão que odeia pentecostais é o mesmo que vota em abortistas. No final, as sociedades atingidas pela subversão estão tão cheias de gente se odiando e flertando com os inimigos que qualquer empurrãozinho bem dado é capaz de levá-las ao colapso e à guerra civil.

d) O inimigo destrói a própria infraestrutura e sabota a própria economia (ou você destrói a própria infraestrutura que benecifia sua família, ou sua família sabota a sua economia): esse ponto é bem interessante. Um objetivo tático da guerra convencional é destruir os recursos econômicos do inimigo. E você faz isso bombardeando parques industriais, usinas elétricas e estradas. Mas como fazer com que o inimigo faça isso por você? Como fazer com que o povo inimigo QUEIRA ser pobre e SABOTE sua própria economia? Para mim, o melhor exemplo dessa modalidade de subversão está no discurso de um grupo que se infiltrou na estrutura católica. Tanto a Teologia da Libertação quanto a Doutrina Social da Igreja pregam o combate ao *"consumismo"* (num discurso quase idêntico ao dos arautos da Teoria Crítica). São padres pregando contra o *"capetalismo"* e papas condenando o consumismo, chegando a condenar o uso de arescondicionados. Então eu pergunto: é normal esperar um ano menos consumista para um comerciante? Você tem algum parente ou amigo que trabalha com vendas? Se sim, você DESEJA que o natal dele seja de baixo consumo? Caso você venha a ter um filho que adquira uma loja: você desejaria um ano sem consumismo para ele? Eu sei que nem todos caem nessa ladainha, mas a quantidade de idiotas úteis que compram o discurso do *"combate ao consumismo"* é enorme.

Veja bem, em boa parte dos países de terceiro mundo (Brasil, por exemplo), a esquerda organizada faz protestos defendendo a melhoria do transporte público DESTRUINDO o transporte público. Seus mínions vandalizam e depredam ônibus. Eles queimam pneus obstruindo a passagem de milhares. Eles se infiltram em sindicatos de motoristas para forçá-los a fazer greve, reduzindo o número de veículos disponíveis. Eles sabotam o metrô e picham as estações. Eles quebram pontos de ônibus e roubam os cobradores (andando sem pagar). Enfim, a subversão consegue fazer com que os próprios inimigos sabotem a estrutura econômica deles e não se deem conta disso. Bloqueios de vias, vandalismo e destruinção de ônibus são a manifestação material da subversão econômica. São as formas que a subversão encontra para fazer com que o seu vizinho sabote a sua empresa, para fazer com que seu aluno destrua o ônibus que você usa para chegar à escola, para fazer com que muitos não consigam chegar aos seus postos de trabalho e produzir.

O esforço subversivo identifica todas as oportunidades para TRAVAR e CONTROLAR a atividade econômica inimiga. Se há um grupo de defensores dos besouros azúis, a subversão vai usá-lo para proibir a construção de usinas e fábricas que podem comprometer o inseto. Se há uma seita que prega a pobreza e a miséria voluntária, ela vai projetar essas ideias como imperativos morais na sociedade inimiga. Se há uma tendência à preguiça no grupo inimigo, ela vai fomentá-la até que todo o grupo se entregue a ela. Se há a mais pequena queixa contra as liberdades econômicas na sociedade inimiga, a desinformação vai alavancá-la como desculpa para a reforma econômica radical. As opiniões econômicas da população adversária são todas manipuladas para que ela se torne fraca e improdutiva. Ataques às liberdades econômicas alheias são primeiramente tolerados e depois transformados em LEI. Se um produto está muito caro, a ação subversiva faz com que o povo brigue pelo controle do preço (mesmo quando o dono da loja é o próprio parente). Os ataques à propriedade se tornam frequentes e a população passa a achar que os proprietários merecem tal tipo de tratamento. Nas academias, a subversão desenvolve grupos que pensam nas melhores formas de controlar e conduzir a economia, sempre com os mesmos resultados fracassados. Mas isso não importa: a intenção é justamente essa.

O que quero mostrar aqui é que na sociedade contemporânea há exemplos abundantes de autossabotagem econômica. E isso porque ela foi (e continua sendo) vítima de um aparato subversivo que visa a sua derrota econômica. Não é normal a ninguém querer ser miserável, mas quando um sujeito prega a imposição da miséria aos demais, ou ele é um idiota sendo manipulado, ou ele é mau. **Qualquer idiota tem todo o direito de não ser consumista e viver da forma que achar melhor, mas quando faz um discurso *"anticonsumista"* como forma de facilitar o controle econômico ou de reduzir a liberdade econômica, ele não é só um idiota: ele é uma arma do inimigo contra você**. E infelizmente a subversão já criou em muitos países milhões de idiotas que agem como soldados sem uniforme contra a sua prosperidade e a da sua família. São pessoas que querem proibir sacolas plásticas, querem controlar a venda do pão, querem taxar o gás carbônico, querem proibir a gasolina, querem acabar com as lâmpadas incandescentes, querem acabar com profissões inteiras, querem banir o refrigerante, e querem até dizer o que você pode e não pode fazer na SUA empresa. Assim, o inimigo não precisa gastar seus preciosos recursos para bombardear suas indústrias e sabotar sua economia: a própria população inimiga faz isso por ele.

e) O inimigo QUER perder (ou você quer PERDER, ou os seus amigos querem que você PERCA): enfim, até agora vimos como um grupo pode manipular o inimigo para que as ações dele levem à própria derrota. A subversão pode resultar na matança do inimigo pelo próprio inimigo. Ela pode resultar no desarmamento e enfraquecimento voluntário do próprio adversário. Ela pode fazer com que o inimigo dê as costas aos aliados dele e coopere com os amigos de quem o subverte. E pode também fazer com que ele sabote a própria prosperidade e se condene a uma pobreza perpétua. Mas ela costuma ir além disso: ela sequestra todo o sistema de percepção e julgamento do inimigo para que ele QUEIRA perder. Na última etapa da lavagem cerebral, a vítima da subversão já abriu mão de toda a sua dignidade e capacidade de julgamento (às vezes mantendo a *"impressão"* de que continua no controle). Mesmo quando o sujeito resiste em reconhecer que já perdeu o controle (como qualquer viciado ou dependente químico), às vezes ele é levado a abrir mão de toda a sua dignidade. Ele admite para si mesmo que NÃO QUER manter a sua dignidade porque foi convencido de que ela é uma *"necessidade burguesa"*, que ela *"não permite a sua realização como pessoa"* ou que atrapalha a sua *"satisfação sexual"*. Ele não é apenas mais um manipulado pela guerra de classes querendo matar os outros: ele quer SE matar. E ele é levado a acabar com sua própria dignidade e sua própria vida pelos motivos mais estúpidos possíveis.

Para piorar, quando o elemento foi subvertido ao ponto de confundir o certo com o errado, de não saber o que é crime e o que não é, e de atacar até os seus parentes, amigos e colegas, ele tende a aceitar qualquer sugestão que os seus novos *"mestres"* tiverem para ele. E os *"mestres"* que nos atacam querem que VOCÊ PERCA. Eles querem que TODOS os que podem pensar por eles mesmos e que querem viver uma vida livre PERCAM. Pior ainda: eles querem que você e seus amigos QUEIRAM PERDER. E eles não pouparão nenhum esforço para fazer com que você se submeta e cometa os piores crimes contra VOCÊ MESMO. E se você tem o mínimo acesso à internet, você sabe que isso já está acontecendo com ALGUÉM (mesmo que não seja com você). Há meninas defecando em público e rapazes se sodomizando em peças de teatro. Há dezenas de idiotas se mutilando pelas causas mais estúpidas, seja para se parecer com um bicho, seja para se encaixar em um grupo, seja como forma de protesto. Há mães que matam os filhos apenas porque são garotos e pais entregando as suas filhas a qualquer palhaço que apareça em sua porta. E há aqueles casos mais impressionantes, onde os pais de um garoto ou de uma garota que foram torturados e mortos só se sentem *"bem"* depois de perdoar e abraçar os psicopatas que machucaram os seus filhos. Todos esses casos têm duas coisas em comum: eles foram vítimas de um processo subversivo e todos eles QUEREM PERDER. Eles querem perder destruindo os próprios corpos e se desfazendo de suas dignidades. Eles querem perder abrindo a porta da própria casa à perversão e entregando a própria família aos lobos.

E é assim mesmo que a subversão funciona: criando uma sociedade de pessoas tão fracas que seja possível manipulá-las ao seu favor. Quanto mais avançado é o processo subversivo, maior é a quantidade de elementos com os quais se pode trabalhar para acelerar esse processo e torná-lo mais efetivo. Cada vez fica mais fácil controlar a percepção do sujeito *"comum"* e subjugar sua capacidade de julgamento em favor da subversão. Os agentes de desinformação e de subversão passam a notar um número maior de *"drones"* com os quais podem avançar as agendas mais radicais dos seus planos. Aos poucos, a sociedade não estará apenas agindo como se quisesse perder: é inserida nela uma REPULSA à ideia de VENCER e vai se fortalecendo nela a própria VONTADE de PERDER. É o que aconteceu com a população de muitos países europeus e com os democratas nos Estados Unidos. Muitos deles

SABEM que há uma guerra para perverter os seus países, mas eles foram convencidos de que é bom PERDER. O resultado é que os suecos entregam suas esposas e filhas ao estupro, mas ficam afetadinhos quando alguém sugere a pena de morte para crimes sexuais. A consequência é que os franceses ASSISTEM suas igrejas serem destruídas e suas ruas tomadas por uma religião de pedófilos, mas acham um horror trabalhar mais de 35 horas por semana. O efeito é a criação de mídias (como a CNN ou a GloboNews) que acham normal manipular informações e MENTIR para o público, mas que acham ruim quando alguém as chama de *"fake news"* (notícias falsas).

Note que a subversão avança com a promoção do absurdo. Nesse caso específico do fomento da autofagia e da vontade de perder, um dos caminhos mais fáceis é a exploração de qualquer manifestação absurda em uma sociedade. Sujeitos que não teriam a menor chance de se projetar culturalmente em uma sociedade mentalmente saudável são elevados ao status de ícones culturais e alternativas de sucesso. A mediocridade é premiada e a competência é castigada. Toda a independência é banida. São forjados caminhos para a fama que envolvem a submissão a uma agenda e a exploração dos fãs. Sem saber, o bilionário eugenistas e o indigente coitadista têm muito mais em comum do que eles pensam: ambos são IDIOTAS ÚTEIS. O ídolo descolado e o fã impopular são duas faces da mesma moeda: a fábrica de idiotas manipulados pela subversão. E são eles os soldados da guerra subversiva. São eles que se atacam, que se desarmam e se empobrecem. Eles são levados à condição de cachorros de Pavlov. Ivan Pavlov foi um pesquisador russo que estudou o reflexo condicionado: sempre que alimentava seus cachorros, eles salivavam. Pavlov começou a alimentar os cães ao som de uma campainha. Depois de um tempo, bastava tocar a campainha para os cães salivarem, mesmo sem nem sentir o cheiro de comida. De um certo modo, a subversão desumaniza as pessoas, fazendo com que se comportem como cães adestrados.

Como a Guerra Subversiva Funciona

Vamos explorar melhor COMO acontece a subversão. Os detalhes acima nos mostraram quais são as manifestações esperadas desse processo, mas precisamos entender melhor como os agentes subversivos atuam e se relacionam para transformar os inimigos em idiotas úteis aos seus fins. **O órgão principal de decisão da guerra subversiva é o comando de inteligência vinculado a algum grupo ou governo. É esse comando de inteligência que consolida as informações do inimigo e planeja o escopo de atuação dos agentes de desinformação.** Os agentes de desinformação são treinados para atuar de modo autônomo e independente, mas sempre sabem a quem se reportar quando é necessário tomar alguma decisão mais estratégica. Eles reportam suas atividades periodicamente aos seus comandantes, que usarão essas informações para orientar a atuação dos demais agentes.

O comando do aparato de desinformação costuma se estabelecer no país de quem ataca, enquanto os agentes de desinformação são destacados para atuar no próprio território inimigo. Esses agentes podem ter suas identidades falsificadas ou não. O que importa é que eles estejam em posições disfarçadas. **Os agentes de desinformação podem ser alocados em embaixadas ou consulados (do seu país ou dos seus aliados). Podem atuar a partir de órgãos internacionais ou nacionais que foram infiltrados anteriormente (como a ONU, a UNE ou o Conselho Mundial de Igrejas). Ou podem estar em organizações de fachada criadas especificamente para a subversão (geralmente com um nome insuspeito e simpático aos olhos do inimigo).** E a partir dessas posições, os agentes de desinformação identificam, recrutam e controlam os agentes subversivos.

O trabalho dos agentes de desinformação é lento e minucioso. Ele busca sempre proteger o seu disfarce e analisa muito os seus alvos antes de se aproximar (podendo até atuar por meio de intermediários que nada sabem dos objetivos dele). Ele observa aqueles elementos que mais podem contribuir para a atividade subversiva e planeja a melhor forma de sondá-los e usá-los de uma forma produtiva. É comum haver relatórios para que seus comandantes saibam que ele pretende recrutar alguém e ajudá-lo com os recursos e as informações necessárias para manter o segredo da operação (que é basicamente uma versão modificada da rotina para interceptar qualquer candidato a traidor ou espião inimigo). **Enfim, ele entra em contato com o candidato e busca fazê-lo trabalhar para ele, mas sem que ele saiba que está sendo usado para a subversão da própria sociedade.**

Por exemplo, o agente de desinformação pode identificar um militante do desarmamento mais radical e achar que ele tem capacidade de fomentar um movimento maior com os devidos recursos. Ele então entra em contato com o militante se apresentando como funcionário de uma organização (de fachada) que diz lutar pela paz, propondo financiar sua ida até a capital para mobilizar políticos que estejam dispostos a desarmar a população. O militante não sabe que se tornou um agente subversivo (que é, ele mesmo, um idiota útil VIP) trabalhando de acordo com os interesses do inimigo. Ou então, o interesse pode ser justamente a destruição da família por meio da promoção da pedofilia. Novamente, o agende de desinformação nem precisa dizer suas intenções. Ele só precisa identificar um pedófilo que esteja disposto a organizar outros cretinos como ele para defender a legalização da pedofilia e dar as condições (dinheiro e orientação) para que ele faça o que ele quer.

Esses elementos recrutados pelos agentes de desinformação são idiotas úteis promovidos ao status de agentes subversivos. **Esses agentes subversivos são escolhidos principalmente com base em três critérios: a) eles devem ser capazes de organizar e influenciar outras pessoas como eles; b) eles devem ser *"compráveis"*, e; c) eles devem ser tão apegados a uma causa específica (desarmamento, pedofilia, ambientalismo) que estejam dispostos a corromper outras pessoas por causa dela**. Depois disso, o agente de desinformação pode se preocupar apenas em alimentar esses monstros para que a subversão alcance o seu fim. É basicamente assim que funciona a subversão. Contudo, a guerra subversiva também tem seus alvos primários: os recursos culturais e ideológicos do inimigo.

Por mais que a subversão sempre tenha suas missões ditadas pelo desenvolvimento do conflito e pelo interesse final do agressor, a guerra subversiva sempre vai buscar o controle do aparato cultural (meios de comunicação, escolas e lazer) e ideológico (moral, família e religião) da sociedade. **Isso significa que os alvos mais óbvios e os lugares com maior concentração de agentes subversivos são: os meios de comunicação, as academias (escolas e universidades) e a classe artística de um país.** É por isso que na segunda metade do século XX a grande mídia se tornou em uma fábrica de mentiras e as universidades (principalmente as públicas) se transformaram em viveiros de zumbis. Os famosos são em sua maioria seres desmiolados que atuam conforme os interesses da subversão. Note que praticamente toda a mídia, todo o sistema de educação pública e toda a classe artística é de esquerda. **Isso não aconteceu por acaso: é do interesse da subversão ESQUERDIZAR o mundo para facilitar sua conquista.**

E agora que você já conhece os tipos de guerra e tem mais conhecimento sobre o processo subversivo, podemos avançar e responder algumas perguntas importantes para entender essa *"confusão"*. Se estamos em guerra, contra quem lutamos? Quem é o inimigo? Como identificá-lo? Não adianta nada acordar da Matrix, reconhecer que está sendo atacado e não saber por quem. Será um choque para muitos saber que eles mesmos estão se agredindo, ou então que a subversão já chegou em suas próprias casas. Felizmente, existem muitas CERTEZAS nessa guerra e você perceberá isso em breve. Entretanto, há muitos elementos entrincheirados que temos que identificar e desalojar. Tudo isso será visto no próximo tópico.

7.2. Quem é o Inimigo?

Basicamente, todos os movimentos subversivos com os quais temos contato hoje têm a mesma origem. A estrutura principal por trás desses ataques não se concentra mais em um único país, mas em um punhado de organizações influenciadas pelas mesmas ideias. Essas ideias são milenares e foram denunciadas na Bíblia de forma bem inteligível. Platão soube sintetizar algumas delas em sua república-monárquica utópica, mas tudo indica que ele não organizou nada. Elas floresceram no império romano até que foram superadas e vencidas pelo cristianismo. Mas elas sobreviveram em grupos secretos gnósticos e encontraram vetores para levá-las ao mundo que orbitava ao redor de Roma. Praticamente todas as heresias antigas e medievais carregaram essas ideias, que sempre buscaram impor o controle através da igualdade. Marcionistas, paulicianos, bogomilos e cátaros deixaram tudo pronto para que hereges espanhóis consolidassem essas ideias no que ficou conhecido como alumbradismo (iluminismo). Por volta de 1500, formou-se um dueto que alavancou ainda mais essas ideias: a ideologia iluminada (sim, os iluminados já estavam trabalhando contra a humanidade naquela época) e a sociedade mística Rosa-Cruz.

Essas ideias influenciaram intelectuais de várias épocas de modo a vender o projeto de um reino perfeito, que seria alcançado por meio do controle e da imposição da igualdade (ou seja, nada diferente do que

Platão já propunha muitos séculos antes). Obras como Utopia, Cidade do Sol e As Aventuras de Telémaco já apontavam para a infiltração dessas ideias na igreja. Felizmente, Deus iluminou os caminhos de Inácio de Loiola para formar a Sociedade dos Jesuítas e atrasar a propagação dessas ideias no século XVI e no próximo. Essas ideias foram organizadas melhor no século XVIII, quando grupos influenciados por elas conseguiram alcançar posições importantes na França e na Alemanha. Na França, Russeau foi um dos seus expoentes, sendo fundamental para a projeção do iluminismo por meio do movimento humanista e das sociedades jacobinas. **Na Alemanha, os conhecidos illuminati contaram com a liderança de Adam Weishaupt para formular um plano para acabar com todas as religiões (leia-se: cristianismo), todos os governos (leia-se: implantação de um governo mundial) e com a propriedade privada (leia-se: imposição do comunismo).**

Tanto o movimento jacobino quanto o illuminati foram digeridos em seus respectivos países por reações surpreendentes. Na Alemanha, Weishaupt foi preso e exilado. Na França, a derrota de Napoleão e a ação da Santa Aliança atrasaram a expansão do iluminismo. Entretanto, antes de ser obrigado a *"fechar"* sua sociedade na Bavária, Weishaupt já tinha botado o seu ovo: ele criou uma estrutura de infiltração que sequestrou setores da maçonaria e utilizou sociedades de leitura para projetar essas ideias internacionalmente. Essas sociedades de leitura se organizavam de forma secreta e projetavam os trabalhos daqueles simpatizantes mais alinhados ao movimento. E advinha quem fez parte de uma dessas sociedades estruturadas conforme os planos de Adam Weishaupt, o líder dos illuminati? Aposto que você não sabe quem aprendeu sobre comunismo e igualdade em um desses grupos de leitura. Sim, Karl Marx e Friedrich Engels. A partir do que aprenderam, Marx e Engels formaram outros grupos secretos com o objetivo de implantar aquela reforma social que havia inspirado jacobinos e illuminati no século anterior. **Note portanto que, antes mesmo de 1848, o comunismo já era pregado secretamente em sociedades como a Liga dos Justos e a Liga Comunista.**

De revolução em revolução, os comunistas subverteram a sociedade europeia ao ponto de alcançar uma massa de manobra crítica para avançar o projeto de governo mundial. Eles formaram organizações internacionais (Internacional dos Trabalhadores e Internacional Socialista) para coordenar as operações e basta pesquisar um pouco para ver como a atividade subversiva andou de mãos dadas com a expansão das ideias comunistas pelo mundo (no Manual do Patriota sobre História você encontra tudo isso). Revolução vai, revolução vem, um avanço aqui, um retrocesso ali e finalmente esse grupo consegue colocar as mãos em um estado em 1917 (eles quase tinham conseguido isso em 1871, na França). E foi a partir desse momento que tudo ficou mais sombrio. Foi depois de 1917 que as ideias que muitos associam ao comunismo tiveram os meios de matar mais de CEM MILHÕES DE PESSOAS e acabar com as economias de metade do globo. O sequestro do estado russo pelos comunistas deu origem ao maior CÂNCER IDEOLÓGICO que a história viu até o momento. Bem nutrido pelos recursos soviéticos, esse câncer pode crescer e projetar os seus tentáculos por todo o mundo.

Mesmo com a decadência da União Soviética e os contratempos sofridos pela KGB (que hoje é uma ferramenta usada pelo protoditador Vladimir Putin para dar continuidade à agenda comunista), a máquina de desinformação e espionagem comunista conseguiu formar dezenas de centros de comando com autonomia financeira para dar prosseguimento à subversão de todos os povos que ainda não caíram nas garras do comunismo. **Em outras palavras: o mundo está DOENTE e essa doença se manifesta na forma de uma guerra subversiva travada por grupos que de algum modo tiveram o apoio material e financeiro da máquina de espionagem soviética.** Quando a União Soviética se desfez em 1991, ela deixou meia dúzia de fantoches nos países que faziam parte dela (Putin é só um deles) e ainda fez com que o mundo esquecesse de todos os crimes cometidos nos seus quase 70 anos de existência (o ex-DITADOR da União Soviética Mikhail Gorbachev fundou a ONG Cruz Verde Internacional e teve todo o apoio da ONU para auxiliar na redação da sua Carta da Terra).

Os mesmos homens que estavam no comando da KGB em 1991 continuam no comando do Kremlin e de tantas outras organizações que deram continuidade ao esforço soviético de subversão do mundo livre. Só que hoje ninguém mais tem uma *"União Soviética"* para apontar o dedo e dizer que os ataques vêm de lá. De fato, nem todos os ataques vêm de lá, e boa parte do comando da KGB foi realocada e exportada para lidar com sua nova estratégia de conquista. Mas as digitais soviéticas continuam em todo o lugar, denunciando pelo menos parte da estrutura que visa destruir o cristianismo e todo o mundo livre. Como identificar o inimigo, então? Como saber em quem confiar e contra quem lutar? Segue uma lista com cinco formas de identificar o inimigo subversivo.

1ª Forma: Identificação por Certeza: são aquelas organizações que certamente fazem parte da estrutura inimiga por serem sucessoras DIRETAS das principais organizações subversivas do passado. Ou então, porque foram criadas e são lideradas por elementos que fizeram parte das principais organizações de desinformação que lutaram contra a direita e contra o cristianismo. Existem coisas que podemos ter certeza. Por exemplo, a KGB era o principal órgão de subversão mundial até a queda da União Soviética em 1991. Nessa ocasião, toda a sua estrutura migrou para dois órgãos: o Serviço de Inteligência Externa (SVR) e o Serviço Federal de Segurança (FSB) da Rússia. Apesar da divisão, esses órgãos continuaram com praticamente os mesmos empregados, os mesmos métodos, os mesmos mistérios e a mesma agenda. Além do FSB e do SVR, a desinformação russa conta com o aparato de inteligência militar, chamado Diretorado Principal de Inteligência (GRU), ao qual as tropas especiais conhecidas como Spetsnaz estão vinculadas. O GRU não é um sucessor da KGB. Ele é um órgão de inteligência militar que existe desde 1918 e que participou dos esforços subversivos comunistas de modo similar à KGB.

Em 2016, o próprio governo dos Estados Unidos reconheceu que agentes do FSB e do GRU atuaram tentando influenciar nas eleições daquele ano. Um dos líderes do movimento de resistência da Chechênia, Shamil Basayev, também foi um agente subversivo operando sob os auspícios do GRU e do FSB (um ex-agente do FSB chamado Alexander Litvinenko declarou que o sequestro de quase 800 pessoas operado por Basayev em 2002 foi ordenado pelo próprio FSB). Em 2006, o governo da Geórgia prendeu pelo menos 10 cidadãos geórgios e outros quatro oficiais russos que trabalhavam para o GRU sob a alegação de espionagem. Outros adidos e cidadãos russos foram presos e deportados no Canadá, na Estônia e na Moldávia, nos dois últimos anos, sob a acusação de espionagem e subversão. Enfim, a guerra não convencional e a guerra subversiva seguem a todo vapor mundo afora.

Para aqueles que pensam que o comunismo morreu em 1991, o governo norte-americano prendeu vários traidores que espionavam para os russos depois disso. Um agente da CIA (Aldrich Hazen Ames) foi preso por espionar para os russos em 1994. Outro agente da CIA (Harold James Nicholson) e um do FBI (Earl Edwin Pitts) foram presos pelo mesmo motivo em 1996. Um coronel da reserva (George Trofimoff) e outro agente do FBI (Robert Philip Hanssen) foram presos em 2000 e 2001, respectivamente, por atuarem em favor dos comunistas. No ano 2000, um agente do SVR infiltrado em uma missão da ONU desertou para os Estados Unidos. Um agente duplo do SVR chamado Alexander Poteyev ajudou os Estados Unidos a identificar pelo menos 10 *"agentes adormecidos"* russos que atuavam no longo prazo esperando ordens para agir. Todos eles foram presos, mas Poteyev teve seu disfarce revelado e acabou punido pelo governo soviético (digo, russo). Se o governo comunista tivesse mesmo *"sumido"* em 1991, era de se esperar que esse tipo de coisa parasse de acontecer. Entretanto, mesmo HOJE, o meu, o seu, o país de TODO MUNDO, estão sendo vítimas de ataques subversivos que são coordenados principalmente pelo FSB, pelo SVR e pelo GRU.

Podemos aplicar o mesmo raciocínio para identificar como inimigos aqueles que trabalham para os aparatos de diplomacia e de inteligência de outros países comunistas. Desse modo, podemos dizer que o corpo diplomático e os militares de países como Cuba, China, Laos, Vietnã e Coreia do Norte certamente trabalham dentro de um esquema ideologicamente convergente ao dos russos (mas com objetivos específicos à realidade de cada um deles). Também podemos ter CERTEZA que os partidos comunistas de todo o mundo fazem parte do esquema de desinformação, sempre atuando para facilitar a subversão.

2ª Forma: Identificação por Comando: são aquelas organizações que podem não estar diretamente ligadas ao aparato subversivo primário, mas que foram fundadas pelo comando da subversão ou por seus agentes de desinformação. O melhor exemplo disso é a Cruz Verde Internacional (CVI) e os governos de alguns países que fizeram parte da União Soviética. A CVI foi fundada em 1993 pelo ex-ditador da União

Soviética Mikhail Gorbachev. Pouca gente se dá conta que Gorbachev não foi apenas *"presidente"* da União Soviética: ele estava na mesma posição de ditador que Lênin, Stalin, Brejnev e Khrushchev ocuparam antes dele. Ele foi o líder do maior aparato montado pelo capeta para matar, roubar e tirar as liberdades alheias. A Cruz Verde Internacional foi fundada por um ex-ditador comunista para atuar como organização de fachada da subversão por meio da promoção do ambientalismo e do medo do aquecimento global. Ela atua coordenando socialistas gradualistas (como Maurice Strong) e ajudou a ONU a desenvolver a Carta da Terra. De qualquer forma, é como diz o velho ditado: *"Não confie em nenhuma organização fundada por ditadores comunistas"*.

Outro exemplo é a Igreja Ortodoxa Russa. Depois de 70 anos sob o domínio soviético, ela se tornou um instrumento dos comunistas contra o próprio povo. Seus dois últimos patriarcas (Alexei II e Cirilo I) foram encontrados em listas de colaboradores da KGB. O próprio ex-presidente do Conselho para Assuntos Religiosos (Konstantin Mikhailovich) da então União Soviética chegou a declarar que *"Nem um único candidato para o ofício de bispo ou qualquer cargo maior, muito menos para membro do Santo Sínodo (da Igreja Ortodoxa Russa), passava sem a CONFIRMAÇÃO do Comitê Central do Partido Comunista da União Soviética e da KGB"*. Nos dias de hoje, os patriarcas russos servem apenas para controlar a população e garantir apoio político aos seus donos no Kremlin. A identificação pelo comando também nos permite identificar o Foro de São Paulo como organização inimiga. O Foro foi uma iniciativa de Fidel Castro, que usou o partido mais corrupto do Brasil (PT) para estabelecer uma rede de assistência mútua para a implantação do comunismo na América Latina a partir de 1990, reforçando aquele velho ditado: *"Não confie em nenhuma organização fundada por ditadores comunistas"*.

Os aparatos diplomático e militar de certos países que fizeram parte da União Soviética também continuam sendo operados por comunistas e agentes que fizeram parte da estrutura soviética. Desde 1994, a Bielorrússia é governada pelo mesmo palhaço que foi membro do Partido Comunista da União Soviética e depois do partido *"Comunistas pela Democracia"*, chamado Alexander Lukashenko. O Uzbequistão foi agraciado com a liderança do ex-membro do Partido Comunista do Uzbequistão chamado Islam Karimov, que mandou e desmandou em seu país de 1991 a 2016. No governo do Cazaquistão, Gorbechev colocou em 1989 um membro do partido comunista local chamado Nursultan Nazarbayev. E advinha quando ele deixou o poder? É julho de 2017 e nem sinal de Nursultan largar o osso. No Azerbaijão, os comunistas colocaram um ex-oficial da KGB chamado Heydar Aliyev em 1993. Heydar governou o Azerbaijão durante 10 anos até que foi sucedido, claro, pelo seu filho, Ilham Aliyev, que manda no país até os dias de hoje. E o Quirguistão é governado desde 1992 por um ditador chamado Emomali Rahmon, apesar de logo no início do seu governo ele ter provocado uma guerra civil que matou quase 100 mil pessoas (mas quem ouviu falar dessa guerra, não é?). **Todos esses estados acabaram comandados por ex-membros de partidos comunistas ou agentes que trabalharam para a KGB, de modo que seus corpos diplomáticos e estruturas de inteligência são ferramentas subversivas ligadas ao aparato primário.**

3ª Forma: Identificação por Revelação: são aquelas organizações e pessoas que foram denunciadas ou apontadas em documentos oficiais de inteligência como parte do esquema subversivo inimigo. Outra forma de identificar o inimigo é por meio de documentos oficiais que informam quem é e quem não é inimigo. São aquelas pessoas e organizações que foram pegas trabalhando para o inimigo e classificadas por fontes oficiais ou não oficiais. Nos Estados Unidos, onde o serviço de informação e espionagem é levado mais a sério, era feita uma lista de organizações subversivas cujos membros não podiam assumir qualquer tipo de função estatal. Em 1941, a inteligência militar norte-americana publicou uma lista de organizações envolvidas com a subversão soviética. Geralmente, são ORGANIZAÇÕES DE FACHADA que servem para reunir idiotas úteis que poderão ser usados no processo subversivo. Por isso, essas organizações costumam ter nomes *"bonitinhos"* e que parecem defender coisas boas. Nas primeiras versões dessa lista estavam: a Liga Americana contra a Guerra e o Fascismo, a Liga Americana pela Paz e Democracia, a Mobilização Americana pela Paz, a LIGA DOS ESCRITORES AMERICANOS, a Livraria Cooperativa de Washington e a Federação Nacional pelas Liberdades Constitucionais. Quando se sabe que todas elas foram organizadas por agentes subversivos (a Mobilização Americana pela Paz tinha a intenção quase exclusiva de frustrar qualquer ajuda norte-americana aos britânicos), fica mais fácil de saber que elas eram ferramentas para manipular IDIOTAS ÚTEIS em favor dos interesses comunistas.

Em 1959, a lista foi incrementada com outras organizações. Elas eram: a Brigada Abraham Lincoln, a Escola Abraham Lincoln, a Cruzada America pela Paz, a Liga Jovem Comunista e, mais uma vez, a Liga dos Escritores Americanos. Todas essas organizações atuavam na subversão da sociedade americana e ajudavam politicamente os soviéticos. A identificação do inimigo por revelação não é tão incomum assim. No Brasil, a UNE (União Nacional de Estudantes) e o PDT foram investigados pela inteligência brasileira (quando existia) por terem sido usados como meio de subversão do esquema comunista. Em 1964, foram encontradas armas, bombas caseiras e documentos soviéticos na sede da UNE. Agentes de desinformação e de subversão da China também foram presos nas semanas seguintes à Revolução de 1964. Eles trabalhavam em missões comerciais chinesas e contavam com identidades falsas para ajudar os agentes subversivos a resistir à reação brasileira contra o comunismo.

A identificação por revelação é uma das melhores formas de reconhecer o inimigo, pois é realizada por agentes desertores ou pela própria inteligência oficial do país atacado. Os *agentes adormecidos* delatados por Poteyev são um exemplo de identificação por revelação. Eles foram acusados por um agente duplo e alguns deles até admitiram que trabalhavam para a inteligência russa. Outro bom exemplo é o programa *"Mais Médicos"* no Brasil, implantado pelo governo petista (que faz parte do Foro de São Paulo) em 2013. Um dos médicos confessou ser capitão do exército cubano que foi infiltrado no programa pelo governo do seu país. Ele revelou que outros membros do programa estavam infiltrados como ele, controlados pelo aparato militar cubano. Na Venezuela, quase meia dúzia de fontes revelaram que o governo socialista de Nicolás Maduro conta com a ajuda de militares cubanos para manter a situação sob controle (inclusive com sua própria versão do programa *"Mais Médicos"*). Ou seja, uma das melhores formas de saber quem é amigo e quem é inimigo é por meio de declarações e publicações da inteligência oficial de países que ainda não caíram nas garras do comunismo. Ou mesmo das revelações oferecidas por desertores do serviço de inteligência inimigo (como Alexander

Litvinenko, Anatoly Golitsyn, Yuri Bezmenov, Vasili Mitrokhin, Oleg Gordievsky e Stanislav Levchenko).

4ª Forma: Identificação por Associação: são aquelas organizações e pessoas associadas ou filiadas aos comandos de subversão e desinformação já identificados por outros meios. Outra forma de identificar os elementos subversivos é pela verificação da filiação ou associação com entidades influenciadas ou criadas pelos comandos subversivos. Por exemplo, em setembro de 1864 aqueles mesmos revolucionários que se organizavam em torno de sociedades secretas e clubes de leitura para implantar o comunismo criaram a Associação Internacional dos Trabalhadores, que ficou conhecida como a Primeira Internacional. Além de Karl Marx e Friedrich Engels, a organização contou com a filiação de verdadeiros revolucionários (no sentido de terem tentado impor certos aspectos do socialismo em seus países), como Giuseppe Garibaldi e Louis Auguste Blanqui. Os escritos de Marx e Engels e a própria literatura da época apontam uma intensa atividade sigilosa e a mobilização de agentes subversivos pelos membros da Primeira Internacional. Na época, a inteligência militar de muitos países SABIA que os membros da organização eram agitadores e ficavam de olho naqueles que mais causavam problemas. Ou seja: é fácil identificar agentes subversivos por meio da sua filiação ou associação com os grupos já desmascarados.

A Primeira Internacional foi fechada em 1876 em parte pela presença dos nada discretos anarquistas, que desde sempre eram dados a antecipar a guerra civil e explodir pessoas. Ela foi sucedida pela chamada Segunda Internacional, criada em julho de 1889 por marxistas e socialistas de vários países, contando com o apoio de Engels pelo menos até 1895. Não se pode esquecer que os anarquistas continuaram com sua campanha de infiltração em sindicatos e promoção do terrorismo por meio de suas próprias organizações, principalmente da Associação Internacional do Povo Trabalhador (conhecida como a Internacional Negra) fundada em 1881. A Internacional Negra teve pouca projeção, pois já em 1886 seus membros promoveram um ataque terrorista que matou pelo menos 10 pessoas (sete eram policiais) em Chicago. A partir de então, os anarquistas passaram a atuar clandestinamente (sempre de forma subversiva) e são hoje manipulados pelos comunistas para alcançar objetivos específicos. De qualquer modo, qualquer membro ou grupo associado a essas organizações são automaticamente transformados em ferramentas de subversão.

A Segunda Internacional durou 27 anos e fechou em 1916, um ano depois da chamada Conferência de Zimmerwald, quando os representantes socialistas de vários países se dividiram em relação a temas como a participação na guerra e o papel da revolução no movimento. **Essa divisão contou com a participação especial de Vladimir Lênin, que organizou um grupo mais radical chamado *"Esquerda de Zimmerwald"*.** A Terceira Internacional foi fundada pelos bolcheviques de Lênin em 1919. Ela ficou conhecida como Internacional Comunista (cujos pontos principais estão nos anexos deste livro) e influenciou todos os movimentos de esquerda na primeira metade do século XX. Ela foi extinta em 1943 para que a União Soviética pudesse esconder melhor suas relações com os partidos comunistas dos demais países.

Os soviéticos passaram a organizar a subversão não em torno de uma internacional conhecida por suas atividades revolucionárias, mas por meio de um centro de comando vinculado à inteligência soviética. **Esse centro foi criado em 1947 e tinha o nome de Escritório de Informações dos Partidos dos Trabalhadores e Comunistas (note que os partidos dos trabalhadores de todos os países quase sempre estão ligados à subversão e à revolução comunista), também conhecido como Cominform.** O Cominform atuou até 1956, quando o serviço de inteligência soviético já tinha espalhado seus órgãos de desinformação por todo o mundo. **Um deles foi fundado em 1951 e atua até hoje sob o nome de Internacional Socialista, que em seu próprio site declara: *"O objetivo principal dos partidos da Internacional Socialista não é nada menos do que criar um GOVERNO MUNDIAL"*.** Já em 1962, a liderança da organização publicou suas intenções em um congresso na Noruega, dizendo exatamente a mesma coisa. Os laços da Internacional Socialista com a KGB (que deviam ser óbvios para qualquer um) foram explicitados em 1976, quando o alemão Willy Brandt foi colocado na liderança da organização.

Willy Brandt era amigo pessoal de um espião da Stasi (o braço da KGB na Alemanha Oriental) que foi descoberto em 1974. Isso fez com que Brandt tivesse que resignar ao seu posto como chanceler da Alemanha

Ocidental, mas não representou nenhum problema para ele conseguir a presidência da Internacional Socialista, onde ficou de 1976 a 1992. **A concordância de Brandt com o projeto do GOVERNO GLOBAL pode ser vista em seu relatório publicado em 1980, em que propõe a criação de uma MOEDA INTERNACIONAL, a implantação de um IMPOSTO UNIVERSAL, o fortalecimento do BANCO MUNDIAL, o DESARMAMENTO GLOBAL e, bem, tudo que H. G. Wells escreveu em seu livro A Nova Ordem Mundial.** Foi com agentes subversivos como Brandt que os soviéticos moldaram toda a agenda atual da esquerda, de modo que qualquer filiado à Internacional Socialista pode ser considerado um idiota útil (e, portanto, um combatente do grupo inimigo). O mesmo raciocínio vale para os partidos filiados a outros grupos que promovem o socialismo internacionalmente, como o Foro de São Paulo ou o Movimento Internacional de Falcões (Internacional Educacional Socialista). TODOS os partidos e membros de organizações como essas atuam para o inimigo, seja como agentes subversivos, seja como idiotas úteis.

5ª Forma: Identificação por Manifestação: são aquelas pessoas e grupos que são denunciados por suas ATITUDES e envolvimento na atividade subversiva. São todos que MANIFESTAM comportamentos típicos da subversão. Enfim, a quinta forma de identificar o inimigo é uma das mais simples. Podemos dizer se alguém é um agente subversivo ou um idiota útil apenas por suas ações e atitudes. Existem certas manifestações que entregam a subversão com mais ou menos certeza. **Bloqueios de estradas, incitação de greve e vandalismo organizado são atitudes que inevitavelmente revelam a ação subversiva.** No Brasil, sem sombra de dúvida, grupos como Black Blocs, Movimento Passe Livre, Comissão Pastoral da Terra (envolvido na formação do MST e do PT) e Mídia Ninja podem ser colocados na lista de subversivos apenas pelo que se sabe sobre sua atuação e militância.

Participação em manifestações violentas ou que reforçam a agenda socialista também costuma desmascarar tanto os idiotas úteis quanto os próprios agentes subversivos. Uma análise simples das manifestações realizadas pelo PSOL, pela UNE ou por qualquer grupo envolvido com as organizações citadas acima, é capaz de mostrar que nenhuma delas é espontânea. Mesmo quando esses grupos se infiltram em manifestações que não organizaram, podemos observar que eles operam de forma metódica, com líderes bem identificados e utilização de sinais de comando. Os idiotas úteis sempre são reconhecidos pela cor da roupa e pelo que estão vestindo. A liderança pode ser identificada por braçadeiras, bonés chamativos, pulseiras coloridas e até por bandeiras. **Observando quem vai falar com essas lideranças, eu descobri que alguns grupos usam organizadores de massa, que recebem ordens específicas de seus líderes e conduzem seu *"esquadrão"* para onde precisam.** Em todas as manifestações do MTST (a versão urbana do MST) que eu presenciei, a massa de gente visivelmente pobre e malvestida sempre é conduzida por meia dúzia de barbudos com tênis de marca que parece ter saído de alguma universidade federal. Ou seja, é fácil identificar o inimigo quando sabemos o que procurar.

As manifestações subversivas também podem estar no campo das ideias. A atuação da Anistia Internacional, da Oxfam, do Greenpeace e de tantas outras organizações que, num primeiro momento, não se associa à subversão, nos permite concluir que elas também são ferramentas da subversão e da produção de idiotas úteis. O Greenpeace de fato tem certas divisões que atuam de forma subversiva, vendendo suas ações como atos heróicos. A Oxfam ajudou pelo menos um grupo terrorista (Tigres de Tamil, do Sri Lanka) com seus recursos. Mesmo quando a organização tem um nome inocente e uma fachada que parece não ter nada a ver com a subversão, ela pode ser corretamente identificada pela sua militância e por seus atos. Então, agora você sabe como reconhecer e identificar o inimigo. A pergunta lógica que vem a seguir é: O QUE FAZER? Como combater a subversão?

7.3. O que Fazer? Subversão de Direita?

É aqui que a coisa fica séria. Você já sabe tudo sobre guerra e agora se pergunta o que fazer. Eu não vou falar sobre táticas e estratégias para vencer guerras convencionais e não convencionais, já que este é um livro sobre política. De qualquer modo, a experiência mostra que sempre que lutamos pelo que é certo, Deus nos ajuda a vencer. Por isso eu fico despreocupado com qualquer guerra mundial, convencional ou não, que nos obrigue a pegar em armas e mandar alguns comunistas para o inferno. NÓS VAMOS VENCER. Sempre foi assim. No confronto entre aqueles que vivem conforme a vontade de Deus e aqueles que dão as costas para Ele, os primeiros SEMPRE vencem.

Na Bíblia, Gideão derrotou mais de 130 mil inimigos com apenas 300 homens. Os cristãos foram perseguidos e jogados aos leões, mas Deus garantiu que vencessem e prevalecessem em Roma. Os vagabundos que tentaram fundar uma guerrilha no Brasil na década de 1970 foram vencidos sem muito esforço e hoje devem estar chorando no colo do capeta. Em 1967, os israelenses derrotaram os exércitos que os cercavam em apenas seis dias. Por mais perigosa que seja a estrutura subversiva que criou, a União Soviética se fragmentou e tem dificuldade para juntar os menores pedaços (como partes da Geórgia e da Ucrânia). Portanto, quem deve se preocupar com uma guerra são eles, não nós (por isso que eles tentam levar o conflito para a subversão). Eu estou tranquilo porque sei que Deus sempre ilumina o nosso caminho quando lutamos contra aqueles que querem acabar com o seu povo.

Contudo, estamos lidando com um novo tipo de conflito. A subversão que existia até o século XIX foi trabalhada e transformada em uma arma que sabota o próprio julgamento das pessoas. O comando subversivo se entrincheirou e nos ataca das formas mais sorrateiras e secretas. E é nesse tipo de guerra que precisamos atuar agora. Precisamos saber o que fazer e como fazer. Precisamos saber como nos defender e como lutar. Claro que é importante ter em mente a possibilidade de atuar em um conflito convencional, mas em muitos lugares o que temos que fazer é: identificar os inimigos, nos defender dos seus ataques e avançar contra eles. Ou seja, temos que digerir a guerra subversiva e transformá-la em um instrumento para a promoção da vida, da liberdade e da propriedade. **Claro que, nas nossas mãos, a subversão não parecerá em nada com o processo que estamos sofrendo. Temos que CRIAR uma guerra subversiva de DIREITA.**

Ao desenvolver essa teoria, eu precisei responder à seguinte pergunta: como seria um processo subversivo *"do bem"*? Ou mesmo, como seria uma ofensiva subversiva cristã? E, acredite ou não, eu encontrei a resposta para essas perguntas na Bíblia. Eu estava na igreja pensando nisso quando começaram a ler a parábola do semeador. A parábola diz mais ou menos o seguinte: um semeador saiu a semear com seu carrinho de sementes. No caminho, as sementes iam caindo nos mais diversos lugares. Algumas caíam na beira do caminho, onde podiam ser facilmente vistas pelas aves, que sempre comiam elas. Outras caíam entre as pedras, onde elas até formavam raízes, mas como não podiam ir muito fundo acabavam queimadas pelo sol. Outras ainda caíam em terra cheia de ervas daninhas. Elas até cresciam, mas os espinhos que estavam ao seu redor sufocavam elas depois. Enfim, uma parte sempre caía em terra boa, onde os grãos cresciam e rendiam outras cem, sessenta ou trinta outras sementes.

Quando os discípulos perguntaram porque Jesus falava em parábolas, Ele respondeu: *"Porque a vós é dado conhecer os mistérios do reino dos céus, mas a eles não lhes é dado. Porque àquele que tem, se dará, e terá em abundância; mas àquele que não tem, até aquilo que tem lhe será tirado"*. Quando eu era um ateu perdido e questionador, eu não entendia o que Jesus queria dizer. Digo, eu entendia que Jesus falava em parábolas para que aqueles que o ouviam não tivessem conhecimento dos mistérios do céu. E ainda achava injusto esse negócio de dar a quem tem mais e tirar de quem não tem nada. Mas, bem, eu era só um ateu perdido e questionador. Como cristão, eu SEI que a VONTADE de Jesus (e de qualquer um que segue o seu caminho) é que todos tenham a salvação ao seu alcance. Jesus não ia negar uma boa explicação a alguém que CONSEGUISSE entender o que Ele tinha a dizer. Mas Jesus era genial e sabia que o povo era duro para entender. Ele não falava em parábolas pensando em esconder um mistério que poderia salvar sua audiência: ele falava em parábolas justamente para que eles pudessem ENTENDER.

Como assim, você deve estar se perguntando. Vou dar um exemplo prático. Eu sou formado em hipnoterapia. Já fiz trocentos cursos sobre hipnose. E nesse meio eu vi curas surpreendentes com o uso de uma boa metáfora (parábola) ou de uma boa sugestão. Eu assisti uma mulher se curar de labirintite em apenas uma seção. Em meu treinamento, presenciei pessoas se livrando de dores, fobias e de outras doenças. Mas houve dois casos que me fizeram pensar mais, não por serem impressionantes, mas por suas características. Num deles, uma garotinha com câncer recebeu sugestões onde imaginava fadinhas curando bichinhos em seu corpo. De um diagnóstico inicial que dizia que ela morreria em questão de meses, seu sistema imunológico passou a responder e ela viveu por anos. Mesmo sem nenhum conhecimento sobre glóbulos brancos, células cancerígenas ou sistema imunológico, a sugestão foi capaz de fazer o seu corpo *"entender"* o que deveria fazer. Para mim, isso é fantástico.

Em outro caso, uma moça com problema com os pais foi curada do seu sentimento de rejeição por meio de uma metáfora que envolvia uma mamãe-passarinho que tinha que se ausentar para salvar o filhote doente, deixando a outra filhinha sozinha no ninho. A sugestão avançava mostrando que a mamãe-passarinho amava muito a sua outra filha, de modo que ela só teve que se ausentar porque a vida do seu irmãozinho estava em perigo. Depois disso, a moça não mais se sentiu rejeitada e se livrou de uma tristeza que havia carregado durante toda a sua vida. O meu ponto aqui é que às vezes a melhor forma de alcançar alguém é por meio da sugestão e da parábola. Jesus SABIA que podia DESENHAR a sua mensagem o quanto fosse para algumas pessoas que elas não seriam capazes de entender. Ele estava tirando leite de pedra. Estava semeando em terreno espinhoso, pedregoso e ruim. Ele estava DANDO a quem nada tinha. O bom entendedor recebe a palavra de Jesus e multiplica aquilo por cem. Mas e quem não é dado ao entendimento? E os idiotas úteis? E aquelas pessoas duras de coração?

Creio que a parábola do semeador foi a forma que Jesus encontrou para inocular naqueles que o ouviam uma sugestão para se tornarem TERRA FÉRTIL à sua palavra. Eles podem não ter entendido num primeiro momento, mas certamente alguns abriram os olhos depois de ouvi-la, sem nem mesmo saber porquê. E é a esse tipo de subversão que me refiro ao falar do nosso papel. Temos que subverter a subversão de modo a fazer o inimigo amar o inimigo. Temos que confundi-lo de modo que ele defenda e se importe com a família dele (ao ponto de querer ARMÁ-LA ou, pelo menos, não desarmá-la). Devemos sugerir a ele que combata os seus aliados (a feminazi que o transforma em um abortista ou o anarquista que faz dele um vândalo) e simpatize com os nossos. Devemos subverter o sistema de valores dele, fazendo com que o inimigo queira a prosperidade do inimigo. **Enfim, a subversão da subversão envolve fazer o inimigo ENTENDER sem pensar e, depois, PENSAR sem precisar entender. Só assim podemos tirar os idiotas úteis das garras da subversão socialista.**

Se queremos subverter a subversão, precisamos de um método de retificação de pensamento para moralizar o que foi subvertido. Na realidade, iremos promover uma guerra moral contra eles, com resultados bem diferentes da guerra que eles travam contra nós. Se a guerra deles faz com que você acorde surpreso ao ler nos jornais que feministas costuraram suas pepecas em rituais satânicos promovidos em universidades públicas (sim, isso aconteceu), a nossa pretende fazer com que essas mesmas meninas acordem qualquer dia pensando: *"Como eu fui idiota de ter feito parte disso"*. Na guerra deles, somos surpreendidos ao perceber que o governo está tirando as nossas armas e o nosso direito de nos defender. Na nossa guerra, ELES vão acordar espantados ao perceber que o GOVERNO DELES lhes devolveu o direito de comprar armas e de se fortalecer. A subversão de esquerda faz com que rapazes enfiem estátuas na bunda e garotas enfiem cruzes nas pepecas, em público, como aconteceu no Rio de Janeiro em 2013. Na subversão de direita, essas mesmas pessoas perdidas vão acordar arrependidas do que fizeram, às vezes sem nem saber por quê, e encherão os templos e igrejas pedindo perdão e querendo ser pessoas melhores.

Da Guerra Subversiva à Guerra Moral

A adaptação da guerra subversiva aos fins da direita é bem simples. Basta ter em mente que a nossa intenção é corrigir o que foi subvertido. É fazer com que os que foram transformados em idiotas úteis retornem à normalidade e passem a questionar as suas atitudes. Temos que instigar a METANOIA (a transformação de consciência) coletiva nos grupos subvertidos, de modo que eles vejam que suas posturas e alianças não fazem bem às suas vidas. Enfim, temos que inocular o respeito à vida, à propriedade e à liberdade em cada um deles.

Na Guerra Subversiva de ESQUERDA: ÓDIO	Na Guerra Subversiva de DIREITA: METANOIA
Inimigo mata inimigo.	Você faz o inimigo amar o próximo.
Inimigo fere inimigo.	Você faz o inimigo não ferir o próximo.
Inimigo destrói próprio armamento.	Você faz o inimigo se armar contra o governo dele.
Inimigo destrói próprias defesas.	Você faz o inimigo se defender contra o governo dele.
Inimigo luta contra inimigo.	Você faz o inimigo lutar contra os amigos dele.
Inimigo não luta contra você.	Você faz o inimigo simpatizar com seus amigos.
Inimigo empobrece inimigo.	Você faz com que o inimigo queira prosperar.
Inimigo destrói infraestrutura inimiga.	Você faz com que o inimigo respeite a propriedade.
Inimigo QUER perder.	Você faz com que o inimigo queira ser livre.
Inimigo QUER derrotar inimigo.	Você faz o inimigo querer ser seu amigo.

a) Fazer com que o inimigo ame o próximo dele e não queira feri-lo (fazer com que ele ame a VIDA): é fácil fazer com que o inimigo odeie. E até que ele odeie a si mesmo. O mundo subvertido está bombando de exemplos de irmão odiando irmão, parente matando parente e pais pelejando contra os filhos. Mas devia ser mais fácil fazer com que os inimigos se amem. Não digo NOS amar (que também é nossa intenção), mas se amarem entre eles. Uma feminista que deseja que suas amigas matem os filhos delas está amando elas? Um homossexual que quer proibir a psicologia de ajudar seus amigos que querem deixar de ser gays está os amando? Um esquerdista qualquer que defende o desarmamento dos seus colegas, deixando-os indefesos perante o crime e os excessos do estado, está amando os próximos dele? Não. Então, precisamos fazer com que eles vejam a beleza da vida e parem de ver todo mundo como um *"número"* ou um *"possível obstáculo"* no caminho dos seus planos.

Ou seja, temos que inocular o sentimento de respeito à vida neles. Não só às nossas, mas às deles também. A feminista que pensa em abortar o filho está moralmente destruída. Se ela não ama nem o fruto do próprio ventre, quem ela vai amar? Nesse sentido, temos que acabar com a mentira da guerra de classes no próprio meio do inimigo. Não adianta nada eu falar sobre o quanto a guerra de classes é uma idiotice para meus familiares onde todos se amam. Nós temos que desmascarar a guerra de classes lá na casa do inimigo. Temos que pregar o amor ao próximo em todo o lugar, mas especialmente onde o ódio habita. Se o negro ama mesmo o seu próximo, por que quer tirar a oportunidade de um colega que estudou tanto ou mais do que ele só porque é de outra cor? Se o esquerdista ama mesmo seus companheiros, por que não tenta fazer com que o estado pare de incomodá-los com seus impostos altos e suas leis absurdas? Uma vez que eles notem a contradição das posições deles, será mais fácil de fazê-los ver o quanto elas são perversas para todos.

b) Fazer com que o inimigo queira a SEGURANÇA e a FORTALEZA dos próximos dele perante aqueles que os comandam (fazer com que ele defenda a LIBERDADE): devemos instigar no inimigo o sentimento de individualidade e mostrar que ele pode ser forte sem o seu coletivo, sua manada ou seu grupo. Devemos mostrar a ele o quão estúpido é se dizer um defensor das *"minorias"* e ao mesmo tempo defender o desarmamento da menor minoria que existe: o indivíduo. Se eles se preocupam tanto com as mulheres, por que querem desarmá-las? Se acham que há perseguição contra homossexuais, por que os impedem de andarem armados? **Eles gostam de dizer que a direita é *"homofóbica"* e *"machista"*, mas somos nós que queremos armar cada mulher e homossexual para que se defendam seja lá de quem tentar agredi-los.** E somos nós que tratamos os malfeitores da sociedade como os bandidos que são, não como *"vítimas da sociedade"* que não têm controle sobre seus atos.

O foco também deve estar em fazer com que eles vejam que o indivíduo pode ser forte e que não há nada de errado com isso. Os grupos de esquerda (geralmente por meio do governo) fazem de tudo para tirar as fortalezas e as defesas de todo mundo (as nossas e as deles) para facilitar o trabalho da reforma social. Os idiotas úteis devem ver que quando o estado coloca bandidos nas ruas e se recusa a prender adolescentes, não somos apenas nós que sofremos: ELES e os PARENTES DELES também sofrem. Eles devem ver que quando o governo desarma o cidadão, não é apenas o fazendeiro que ele nunca viu que terá a sua arma confiscada: os seus amigos e conhecidos também se tornarão vítimas mais fáceis para a bandidagem. **Portanto, a subversão da direita deve plantar na mente inimiga o desejo de ser INDIVIDUALMENTE forte contra as investidas COLETIVISTAS, e não coletivamente forte para controlar o indivíduo.**

c) Fazer com que o inimigo lute contra os amigos DELE e simpatize com os NOSSOS amigos: outro objetivo do processo subversivo de direita é fazer o inimigo se voltar contra os próprios aliados dele, ao mesmo tempo em que fazemos ele se aproximar dos nossos aliados. Temos que mostrar a eles que aquilo que os amigos deles pregam não fazem bem a ninguém, mas principalmente não fazem bem a eles mesmos. Nós, do lado de cá, temos nossas vacinas e defesas contra as porcarias vendidas nos meios de esquerda. Nós sabemos que furar o nosso corpo como se fosse um queijo suíço, colocando alargadores em lugares sensíveis e triturando nossa carne com centenas de piercings NÃO FAZ BEM. Mas eles não sabem. Nós sabemos que certas escolhas que eles fazem (como se entregar a processos de mutilação para se encaixarem em uma visão de mundo construída pela esquerda) não faz bem. Mas eles não sabem. Nós sabemos que qualquer um que nos peça para provar o quanto odiamos alguém defecando em sua foto no meio da rua está querendo que abandonemos nossas dignidades. Mas eles não sabem. Por isso, é necessário mostrar a eles o quanto aqueles que se dizem amigos deles só querem prejudicá-los e arruinar com suas vidas.

Uma feminista que dá ouvidos às suas *"colegas"* e aborta um bebê não sabe o passivo moral que adquiriu para sua alma. Um homossexual que ouve ao seu *"coletivo"* e se deixa filmar em um ritual de depravação chamado *"Macaquinhos"* não sabe o mal que fez para seu espírito. Por isso, também devemos instigar a simpatia por nossos aliados no meio deles. Temos que mostrar a eles o quanto é melhor ter amizade com grupos cristãos, conservadores, libertários, armamentistas e capitalistas. A promoção cruzada de grupos de direita é uma das melhores práticas para desfazer a subversão. Um libertário só tem a ganhar ao promover o cristianismo. Um conservador só se beneficia com o crescimento do capitalismo. Um cristão não tem nada a perder quando promove o armamento. A vantagem da promoção cruzada é que as pessoas costumam confiar mais em elogios feitos por partes diferentes do que por membros do mesmo grupo. Se o sujeito não se interessa por religião, podemos falar do conservadorismo. Quando ele tem resistência ao conservadorismo, podemos falar de liberdade econômica e capitalismo. Se o sujeito não é chegado em economia, podemos falar de armamento. E quando ele não quer saber de armamento, podemos falar de cristianismo e moralidade.

d) Fazer com que o inimigo queira prosperar e desejar o sucesso material dos amigos dele (fazer com que ele respeite a PROPRIEDADE): um dos encantos que temos que quebrar no grupo inimigo é a sua tendência de demonizar a prosperidade e odiar tudo que seja abundante. A questão que se põe é: como fazer com que pessoas de esquerda pensem duas vezes antes de pichar um muro ou quebrar um ponto de ônibus? Como fazer com que seus militantes vejam o quão absurdo é queimar um ônibus ou tocar fogo em um prédio apenas porque ele está insatisfeito com alguma coisa? Temos que subverter o pensamento socialista para que seus militantes pensem que produzir é bom, consumir é bom e trocar é bom. Podemos fazer isso colocando situações de conflito que os façam refletir. Por exemplo, se o sujeito diz que é contra o consumismo, pergunte se ele deseja um ano de pouco consumo para o pai dele que é comerciante. Se ele diz que não vê necessidade em comprar um ótimo celular, pergunte qual celular ele daria para a mãe dele se pudesse escolher. Se ele diz que não há necessidade de ter um bom emprego com um ótimo salário, pergunte se ele prefere que o filho dele seja um médico ou um faxineiro. Se ele falar algo contra os empresários, questione se ele diria a mesma coisa caso a esposa dele tivesse uma empresa.

O fato é que quando alguém fala esses absurdos, geralmente está sob a influência de algum *"encanto"* colocado nele por meio do esquema subversivo. O sujeito que condena um shopping movimentado que fatura muito dinheiro, geralmente estaria muito contente em ser o proprietário de uma de suas lojas. E se ele TEM um negócio nesse shopping, ele não abriria mão das suas vendas porque acha errado que tantas pessoas estão comprando na loja DELE. Ou seja, a esquerda explora a HIPOCRISIA e basta jogar a verdade na cara dos seus militantes para alguns deles abrir os olhos. Da mesma forma, é importante buscar a transformação daqueles elementos dados ao vandalismo. O vandalismo que vemos atualmente é resultado de um esquema subversivo de longo prazo. Note que cidadãos de bem sempre se reuniram para destruir as estruturas que os oprimem. Deus plantou a diferença entre o povo de Babel, destruindo assim a primeira grande obra socialista depois do Dilúvio. Os judeus destruíram os seus grilhões no Egito, fugindo da escravidão com a ajuda de Deus. Os juízes hebreus conseguiram unir o seu povo em épocas de angústia, destruindo os exércitos que os oprimiam. Jesus entrou no templo de Jerusalém e destruiu as mesas daqueles que desrespeitavam Deus. Homens bons buscando a liberdade sempre tiveram que destruir as ferramentas da opressão.

O povo com valores sabe dos seus limites e o que pode fazer para resolver seus problemas. Mas a subversão criou idiotas que atacam outras pessoas, e destroem os bens daqueles que nada têm a ver com os seus problemas, como forma de *"protesto"*. Os idiotas úteis no Brasil e no mundo têm promovido o vandalismo sob o disfarce da *"manifestação social"*. Eles queimam veículos, destroem pontos de ônibus, quebram orelhões, invadem agências bancárias, saqueiam lojas, picham muros e roubam carteiras escolares, alegando sempre algum tipo de *"manifestação social"*. A subversão criou gente tão idiota que pensa ser legítimo fazer greve de ESTUDO. Estudantes de várias universidades federais (novamente, no Brasil e no mundo) têm aceitado sem nenhum tipo de crítica a ideia de que *"parar de estudar"* é um tipo de protesto. Pior quando invadem reitorias, roubam computadores, sujam salas de aula e impedem outros alunos de estudarem.

Essa demência é difícil de ser tratada, pois apesar de a manifestação contra a prosperidade poder ser apenas um sintoma da desinformação, quando uma pessoa DESTRÓI a propriedade de alguém que nada tem a ver com o seu problema, ele já está em uma fase avançada daquele processo de desumanização. No mundo moderno, vemos muitos exemplos de *"totens"* da opressão que esses idiotas poderiam atacar se quisessem ser coerentes com o seu discurso: radares de trânsito, agências de fiscalização, delegacias ambientais, políticos corruptos, entre outras representações da opressão estatal que incomoda até alguns setores da esquerda. Mas não: eles preferem atacar a loja do cidadão trabalhador, o ônibus que leva o pobre ao trabalho, o muro do sujeito pacífico e as aulas de adolescentes inocentes. Para lidar com isso, é preciso inocular no idiota útil o respeito pela propriedade.

E ainda temos que atacar, desconstruir, eliminar o discurso subversivo de GENERALIZAÇÃO DA CULPA. A subversão tenta plantar a ideia de generalização da culpa nas sociedades que pretende subverter. **O conceito de generalização da culpa funciona assim: primeiro o comando subversivo identifica um problema na sociedade inimiga e diz que a causa dele não é de certas pessoas que atuam conforme um interesse, mas de um SISTEMA que faz com que TODOS ajam de tal forma que torne aquele problema inevitável. Depois, a subversão vende a ideia de que TODOS que não são capazes de ver que o problema não é do bandido ou do criminoso, mas do SISTEMA, são CORRESPONSÁVEIS por ele e devem ser tratados como os verdadeiros bandidos e criminosos.** Na nossa guerra, é importante desconstruir esse discurso, mostrando que ele deriva de premissas falsas. Nem todos os problemas de uma sociedade são derivados do seu sistema de funcionamento, para começar. Depois, mesmo que fossem (como no caso do fracasso econômico em sociedades socialistas), isso não justifica o ataque contra aqueles que nada têm a ver com os problemas, seja porque não têm os meios para superá-los ou por estarem apenas desinformados. De qualquer modo, se o respeito à propriedade for plantado nos grupos subvertidos com sucesso, é de se esperar que a generalização da culpa não tenha mais o mesmo efeito, pois mesmo que os idiotas úteis acabem comprando esse discurso, eles não se entregarão ao vandalismo sem sentido como fazem atualmente.

e) Fazer o inimigo querer GANHAR a sua liberdade, bem como a dos seus amigos e inimigos (fazer com que ele pense como um INDIVÍDUO, não como um COLETIVO): nesse caso, devemos buscar uma transformação no adversário que o leve além do posicionamento em relação a pontos específicos. Vemos muitos idiotas úteis que conseguem mudar de opinião e operar de uma forma positiva para nossos fins. São aquelas pessoas que apesar de terem sido subvertidas acabam aceitando uma posição mais alinhada com a nossa. **Se o processo de dessubversão conseguiu fazer com que a feminista passasse a defender o armamento, o racista (defensor de cota) abandonasse o aborto e o sindicalista se tornasse um liberal na economia, ainda temos que trabalhar essas pessoas para que sintam a verdadeira metanoia.** Uma feminista que é a favor do armamento, mas que defende o aborto, ainda não foi completamente *"destransformada"*. Um racista que não defende o aborto, mas que ainda acha que a sua *"raça"* (ou a de outras pessoas) merece proteções, ainda precisa ser trabalhado. Um sindicalista que quer menos investimentos públicos, mas que continua articulando greves e desordem, não se transformou ainda.

Nesse sentido, claro que temos que olhar essa guerra subversiva em suas diversas manifestações, operando individualmente em cada um dos terrenos. Mas também temos que entendê-la de modo integrado, buscando não só ver o inimigo como um alvo da NOSSA guerra subversiva, mas como um amigo em potencial. Devemos desejar o melhor para ele, sabendo que ele precisa passar por mudanças consideráveis para experimentar a verdadeira TRANSFORMAÇÃO. **Contudo, também é importante apreciar toda essa boa-vontade e bom-mocismo com moderação.** Não estou aqui pedindo boa vontade para os elementos mais violentos e arrogantes do exército inimigo. Existem pessoas que já se condenaram por suas próprias ações e o próprio contato com elas não é saudável. Os elementos contra os quais iremos travar a guerra subversiva são os milhões de idiotas úteis que a agenda socialista criou nas últimas décadas. Pessoas com as quais convivemos e nos relacionamos. Aqueles sujeitos com quem estudamos e trabalhamos e não se entregaram arrogantemente à subversão e ao processo de desumanização. É principalmente nessas pessoas que devemos estimular a vontade pela liberdade e o gosto pela independência.

7.4. Por onde começar? O que todo soldado deve saber?

Depois de tantas informações teóricas sobre a guerra que lutamos, você deve estar se perguntando: então, por onde começar? Primeiramente, lembre-se daquele ditado: *"Eu sempre desejei que ALGUÉM fizesse algo para melhorar a sociedade. Então eu percebi que eu sou ALGUÉM"*. Devemos começar em nossas casas, com nossos próprios meios. Nós somos aquelas pessoas que muitos desejam que se levantem para fazer o que é certo. E até para fazer com que elas mesmas percebam que também podem fazer parte da solução.

No próximo capítulo vou mostrar as grandes estratégias e planos que devem conduzir nossas ações nessa guerra. Mas ainda é importante saber o que podemos fazer individualmente tanto para nos defender da subversão quanto para avançar a nossa própria versão da guerra subversiva. São manobras que dependem menos de estratégias e condições momentâneas e mais da disposição e da competência individual dos combatentes.

Em uma guerra convencional, o soldado deve ter um conjunto de conhecimentos básicos para ser útil ao seu exército: ele deve saber reconhecer os sinais e símbolos usados pelas suas tropas, deve saber atirar e fazer a manutenção do seu armamento, deve saber cuidar do seu uniforme e ter conhecimento sobre as marchas e manobras usadas no seu exército. Não é diferente na guerra subversiva: devemos ter conhecimentos que tornem nossas ações objetivamente úteis nas batalhas típicas desse tipo de confronto. O roteiro é simples e envolve as principais manobras relacionadas à defesa e ao ataque nesse tipo de guerra mais sutil.

Basicamente, nossa defesa individual depende da rejeição consciente do politicamente correto (das tentativas do inimigo de controlar o nosso discurso), de saber reconhecer quem são os inimigos, de saber quem são nossos aliados, de saber responder aos ataques inesperados e de buscar informações para melhorar nosso desempenho. O nosso ataque depende da disposição para localizar e compartilhar a posição do inimigo, saber organizar nossos próprios grupos de combate, saber como avançar e atacar o adversário e manter o moral para prolongar a duração do combate.

Manobras Defensivas:
a) Autoanálise: rejeição do Controle do Discurso (Politicamente Correto)
b) Reconhecer o Inimigo (LISTAR): agentes subversivos e de desinformação
c) Selecionar Relacionamentos
d) Incorportar *"Resposta Instantânea de Provocações"*
e) Buscar Informação: ter conhecimento para se defender e vencer o inimigo
Manobras Ofensivas:
a) Traçar Local de Atuação do Inimigo: escola, trabalho, família, igreja
b) Formar Grupos de Dessubversão
c) Ocupar Espaços e Desalojar o Inimigo
d) Destruir as Bases Ideológicas do Inimigo: compilar argumentos mais usados
e) Aproveitar a Metanoia: treinar para GOSTAR do debate e do choque de ideias

Manobras Defensivas

Como qualquer soldado, devemos saber nos defender nas batalhas da guerra subversiva. E há um roteiro básico para isso, que qualquer um pode aprender. O processo começa com a consciência de que estamos em meio a uma guerra subversiva e que estamos sendo atacados. E a primeira manobra de defesa é justamente reconhecer que o principal ataque ao qual estamos sendo expostos envolve o controle do nosso discurso e da nossa percepção da realidade. Depois, devemos saber quem é o inimigo e como ele está nos atacando. Em seguida, sabendo quem está do nosso lado e quem não está, devemos estar dispostos a nos aproximar dos nossos aliados e nos afastar dos nossos adversários. Também é importante saber como reagir quando somos atacados de surpresa (seja em nossas casas, em nossas escolas ou em nossos trabalhos). Enfim, devemos estar alertas aos boletins diários e estar sempre buscando novas informações sobre essa guerra para que possamos saber como avançar e atacar quando chegar o momento.

a) Fazer autoanálise e rejeitar o politicamente correto: antes de mais nada, é necessário que cada um faça uma análise de si mesmo. Este livro deu os meios para que cada um saiba se está mais alinhado aos princípios da direita ou da esquerda. Vamos supor que você é alguém que acabou de abrir os olhos para a subversão. Nesse caso, muito provavelmente você ainda deve ter alguns vícios que devem ser trabalhados e curados. Então, primeiramente faça uma autoanálise para saber se você ainda é de esquerda e não sabe. Faça perguntas reflexivas para saber se você ainda age como se tivesse o controle e a igualdade como princípios morais, ou se já os substituiu pelos valores da vida, da liberdade e da propriedade.

1. Você ama e respeita a vida? Você SE ama? Você ama os seus próximos (não precisa nem ser os distantes)? Se você se ama, você tem consciência de que o aborto é uma forma de ódio a si mesmo, por meio do extermínio do próprio fruto?

2. Você respeita a vida de seus vizinhos e conhecidos? Se sim, você não acha um absurdo querer desarmá-los porque não os considera responsáveis o bastante para possuir uma arma? Você não acha que desarmar os seus irmãos é um ato de desprezo ao direito que eles têm de estar armados caso sejam atacados?

3. A liberdade é um valor para você? Você não acha que a manipulação da liberdade alheia, seja determinando como um pão deve ser vendido ou dizendo se alguém pode distribuir sacolas plásticas, é uma forma de totalitarismo?

4. Para você, a propriedade é um valor? Se sim, você não acha que políticas de controle de preços são uma forma de ROUBO? Você segue o *"NÃO ROUBARÁS"* ou a *"função social da propriedade"*?

5. Você segue a autoridade do estado ou a autoridade de Deus (ou seja lá que força maior você siga)? O seu código moral é definido pelo que políticos votam como lei ou pelo que sua religião estabelece como certo? Você está preparado para descumprir uma lei que manda fazer o que é errado?

Basicamente, você deve ter respondido tudo *"sim"* para ter passado no teste. Se houve algum *"não"*, é bom trabalhar nisso para se livrar do ranço esquerdista que ainda pode haver em você. De qualquer modo, é importante rejeitar voluntariamente o politicamente correto. É importante reconhecer que há um grupo de pessoas buscando manipular você a partir do controle do que você fala e rejeitar conscientemente a passividade diante desses ataques.

b) Reconhecer e LISTAR o inimigo: o próximo passo é reconhecer e listar o inimigo. Todo soldado deve saber claramente contra quem está lutando. Identifique os países, as organizações, as celebridades, os formadores de opinião, as empresas, os conhecidos, que você reconhecer como inimigos ou que estão trabalhando para subverter você (conforme os métodos de reconhecimento que mostrei acima). Para facilitar a sua vida, preparei uma lista com as principais fontes de subversão dos nossos dias:

Agentes de Desinformação (pessoas e organizações com autonomia de ação e conhecimento parcial ou total da agenda subversiva e): KGB, FSB, SVR, GRU, George Soros, Open Society Foundation, Organização das Nações Unidas, todos os partidos comunistas e socialistas, Internacional Socialista, Clube de Roma, Vladimir Putin, Mikhail Gorbachev, Aleksander Dugin, Instituto Tavistock, Fundação Ford, Fundação Rockefeller, Fundação MacArthur, Cruz Verde Internacional, Anistia Internacional, Sociedade Fabiana, Foro de São Paulo, Clube 1001, Conselho Nacional dos Bispos do Brasil, Escola de Frankfurt, Teoria Crítica, Clube Bilderberg e governos controlados por aristocracias soviéticas (como Rússia, Bielorrússia, Tadjiquistão, Quirguistão, Azerbaijão, Cazaquistão).

Agentes Subversivos (pessoas e organizações usadas pelos agentes de desinformação, mas sem autonomia ideológica, operando como infiltrados em organizações ou conduzindo grupos para realizar pontos específicos da agenda): GloboNews, Folha de S. Paulo, Mídia Ninja, CNN, Greenpeace, WWF, todos os partidos verdes, todos os partidos social-democratas, Terra, UOL, The Economist, organizações filiadas às organizações primárias de desinformação listadas acima (como os membros da Internacional Socialista ou do Foro de São Paulo), líderes de sindicatos, professores e editores que pregam ou publicam absurdos (como o professor que promove o socialismo ou o chefe da revista que relativiza a pedofilia) e organizadores de manifestações e greves.

Idiotas Úteis (são a massa de manobra da subversão, aquelas pessoas que atuam conforme a manipulação dos agentes subversivos):

militantes pagos sem vínculo ideológico, vândalos, ambientalistas, defensores dos direitos dos animais, membros dos partidos e organizações vinculados à subversão, feministas, socialistas e anarquistas em geral. Os idiotas úteis são muitos e estão em todo o lugar. Eles geralmente estão em alguma função operacional em mídias, escolas, manifestações, partidos, ONGs e empresas. Entretanto, o idiota útil pode estar em posição de destaque por motivos diversos, mas ele é simplesmente conduzido pelo ambiente que se criou ao seu redor para subvertê-lo. Ele não faz ideia de que é um instrumento de interesses que ele desconhece.

c) Selecionar relacionamentos: essa manobra é fácil. FUJA DE QUEM QUER O SEU MAL. Selecione suas amizades e saiba em qual esquadrão vai atuar. Se você identificou idiotas úteis em seu círculo, avalie o grau de lavagem cerebral deles e considere se afastar. Não é necessário cortar relações abruptamente, mas tenha consciência de que algumas pessoas podem acabar com a sua vida. Paulo já recomendava aos coríntios: *"Não vos prendais a um jugo desigual com os infiéis; porque, que sociedade tem a justiça com a injustiça? E que comunhão tem a luz com as trevas?"*. E aos tessalonissences, ele disse: *"Nós vos ordenamos que vos aparteis de todo irmão que ande desordenadamente e não segundo a tradição que de nós recebestes. Caso alguém não preste obediência à nossa palavra dada por esta epístola, notai-o; nem vos associeis com ele, para que fique envergonhado"*. Há relacionamentos que acrescentam e outros que não. Então, antes de pensar em dessubverter aquele amigo de longa data, primeiro coloque seus pensamentos no lugar e trace um plano para poder ajudá-lo.

d) Incorporar *"Resposta Instantânea de Provocações"* (RIP): essa manobra é similar a saber atirar e operar uma arma na guerra convencional. **Ela consiste em reagir tão logo alguém fale uma monstruosidade em seu meio.** Não permita que o absurdo se manifeste sem uma correção rápida e certeira. Não permita que promovam ditadores como Fidel Castro, Hugo Chávez ou Lênin sem deixar claro que eles foram monstros que mataram e tiraram a liberdade de milhões de pessoas. Não deixe que eles falem mal da sua posição como empregador quando é você que paga o salário deles. Um dos caminhos mais fáceis para a vitória da subversão ocorre quando o absurdo não encontra nenhuma resistência nos lugares em que se manifesta. Com o tempo, as pessoas passam a achar que esses absurdos são normais, já que ninguém nunca se levanta para criticá-los. Ou seja: NÃO TENHA MEDO DE PARECER CHATO. Nem tenha medo de usar palavras mais ofensivas para classificar aqueles que propagam absurdos. Lembre-se que o próprio Jesus não hesitava em chamar o hipócrita de hipócrita e o ignorante de ignorante.

Jesus chamou seus perseguidores de raça de víboras, insensatos, geração má e adúltera, geração incrédula e perversa, serpentes, néscios e tudo que servia para envergonhar e classificar seus adversários. O único cuidado que devemos ter é não usar tais palavras sem motivo, ou seja, contra alguém que não seja nada disso. De qualquer modo, a reação é importante porque serve como um espelho: é BOM dizer ao ignorante que ele é ignorante, já que muito provavelmente ele não sabe que é ignorante. É bom dizer ao hipócrita que ele é hipócrita, fazendo com que ele se sinta desconfortável com sua posição e queira mudar. E no final toda a sociedade ganha, já que as pessoas vão saber que aquelas ideias até então propagadas sem uma oposição estão finalmente sendo tratadas com o devido cuidado. Quanto mais as pessoas incorporarem essa *"resposta instantânea de provocações"* (RIP), mais o inimigo reduzirá o número de ataques e emboscadas subversivas que lança contra nós.

e) Buscar informação: enfim, o bom soldado sempre está se informando para oferecer a melhor defesa e a melhor resistência. Se estamos em meio a um tipo de guerra, é natural que nos interessemos por informações que podem afetar o nosso sucesso quando somos atacados ou mesmo quando estamos avançando. O bom combatente deve conhecer bem seu inimigo, sabendo quais são as manobras esperadas e onde ele costuma atacar. O conhecimento é o melhor escudo que você pode ter contra a subversão. O aprendizado constante nos protege não só das manobras enganosas que a esquerda lança contra nossas vidas, mas de toda a forma de manipulação à qual somos expostos. Seguem minhas sugestões de leitura:

1. A Bíblia: sem dúvida, o melhor livro de todos os tempos. O livro que todo conservador, libertário e direitista deve ler. A Bíblia é mais do que um livro religioso: ela é um relato histórico do contato de Deus com a humanidade.

2. Os Federalistas (Alexander Hamilton, James Madison, John Jay): o livro compila uma série de artigos que justificam e explicam a mentalidade daqueles que elaboraram a constituição dos Estados Unidos.

3. The Naked Socialist (Paul Skoussen): o autor trabalhou para a CIA e escreveu esse livro para alertar a sociedade sobre o perigo do socialismo, mostrando que o pensamento socialista se manifestou em diversas civilizações do passado.

4. The Perestroika Deception (Anatoliy Golitsyn): Golitsyn foi um agente da KGB que desertou para os Estados Unidos em 1961. Em The Perestroika Deception, ele mostra como a União Soviética usou o aparato da KGB para controlar o processo de abertura para facilitar sua infiltração no ocidente e intensificar a guerra subversiva.

5. New Lies for Old (Anatoliy Golitsyn): nesse livro, Golitsyn antecipou que os soviéticos simulariam uma série de pequenas aberturas econômicas e políticas para ampliar a infiltração comunista e o processo subversivo no ocidente.

6. O Manifesto Comunista (Karl Marx e Friedrich Engels): sim, eu sei que é uma porcaria, mas temos que conhecer nossos inimigos. É bom ler o manifesto para saber que, já em 1848, os comunistas pregavam o fim da família, a abolição da religião, a estatização da economia, a criação deu um banco central, o confisco de terras e tantos outros absurdos.

7. AA-1025: Memórias da Infiltração de um Comunista na Igreja (Marie Carré): o livro conta a história de um comunista que se infiltrou na igreja com a missão de subvertê-la. A confissão foi encontrada por uma freira francesa, que publicou o relato em 1972, denunciando a infiltração comunista na Igreja Católica.

8. Torturado por Amor a Cristo (Richard Wurmbrand): um pastor evangélico conta como foi preso e torturado por pregar o cristianismo na Romênia comunista. O livro mostra como alguns sacerdotes cedem à violência e se tornam informantes do governo, enquanto outros resistem às mais dolorosas torturas para preservar suas ovelhas.

9. Era Marx um Satanista? (Richard Wurmbrand): o mesmo pastor continuou a escrever sobre sua experiência abordando a relação do marxismo com o satanismo, analisando a biografia de Karl Marx e descobrindo uma série de evidências de que ele era satanista.

10. O Grande Culpado (Viktor Suvorov): escrito por um ex-oficial da inteligência militar soviética (GRU) que desertou para a Inglaterra em 1978. Suvorov conta como Stalin financiou o esforço nazista para quebrar a Europa e abrir caminho para que ela fosse conquistada pelos comunistas.

11. Perseguidos – O Ataque Global aos Cristãos (Paul Marshall, Lela Gilbert e Nina Shea): relata de forma transparente a perseguição internacional contra os cristãos. Do ocidente ao oriente, os cristãos são vítimas das mais injustas e sangrentas perseguições até os dias de hoje.

12. Behind the Desert Storm (Pavel Stroilov): documentos da inteligência russa são analisados para mostrar como Gorbachev continuava a promover a agenda soviética no Oriente Médio ao mesmo tempo em que planejava a transição do regime.

13. Comrade J: The Untold Secrets of Russia's Master Spy in America after the End of the Cold War (Pete Earley): o livro conta a atividade de Sergei Tretyakov, um oficial da SVR que desertou para os Estados Unidos no ano 2000. Tretyakov faz várias revelações importantes para o livro: que o embaixador do Azerbaijão na ONU (que serviu de 1994 a 2000) foi um agente da SVR, bem como Raúl Castro; que a KGB mandou US$ 50 BILHÕES para o exterior para financiar a agenda comunista após a ruptura da União Soviética; que a KGB criou a teoria do *"inverno nuclear"* para ser usada pela subversão pacifista como forma de parar o programa militar norte-americano; que Putin usou o seu FSB para fazer uma lista de russos que deveriam ser assassinados para que ele pudesse governar sem oposição; que ele usou a Biblioteca Pública de Nova Iorque para espionar os Estados Unidos e promover a subversão contra o ocidente.

14. Desinformação (Ion Mihai Pacepa): foi escrito por outro oficial de inteligência comunista que desertou para os Estados Unidos em 1978. Ele detalha várias operações de desinformação coordenadas pelos soviéticos e levadas adiante pela inteligência dos países sob a influência deles. No livro, ele revela como os comunistas espalharam mentiras para demonizar o papa Pio XII (talvez o papa mais correto do século XX) e como tentaram esconder a responsabilidade de Lee Harvey Oswald, um conhecido comunista, no assassinato de JFK.

15. The KGB and the Soviet Disinformation (Ladslav Bittman): livro essencial para entender a subversão no Brasil, escrito por outro agente

de desinformação do bloco soviético. Logo nas primeiras páginas, Bittman revela detalhes da Operação Thomas Mann, que falsificou documentos da embaixada norte-americana no Brasil para FAZER PARECER que a Revolução de 1964 foi arquitetada pelos Estados Unidos.

16. Demonic: How the Liberal Mob is Endangering America (Ann Coulter): uma das melhores obras de Ann Coulter, renomada escritora e conservadora norte-americana. Coulter faz um paralelo entre a Revolução Francesa e a Revolução Americana, mostrando que elas foram inspiradas por valores COMPLETAMENTE diferentes. No livro, ela mostra como os valores que inspiraram os jacobinos são os mesmos que inspiram a esquerda dos dias de hoje.

17. A Verdade Sufocada (Carlos Alberto Brilhante Ustra): relato autobiográfico de um dos maiores heróis brasileiros na luta contra o comunismo no Brasil. O livro também conta a história da subversão no Brasil desde o começo do século XX, apresentando vários documentos que comprovam as afirmações do autor.

18. Ideais Traídos (Sylvio Frota): a importância dessa obra é a revelação de que Ernesto Geisel e João Figueiredo eram simpatizantes da esquerda. Lido em conjunto com Segunda Guerra: Sucessão de Geisel (de Gustavo Stumpf e Merval Pereira) e O Outro Lado do Poder (de Hugo Abreu), é possível considerar que ambos atuaram como agentes subversivos usados para plantar no poder a corja que governou o Brasil nos últimos trinta anos.

19. Máfia Verde: o Ambientalismo a Serviço do Governo Mundial (Lorenzo Carrasco): é o primeiro de dois livros que denunciam o uso político do ambientalismo para direcionar a economia de países mais pobres na direção do globalismo e do socialismo.

20. Máfia Verde 2: Ambientalismo, o Novo Colonialismo (Lorenzo Carrasco, Geraldo Lino, Nilder Costa e Silvia Palácios): nessa continuação de Máfia Verde, os autores complementam o primeiro livro com informações e análises sobre a relação entre globalismo e ambientalismo.

21. Os Melancias: As Verdadeiras Cores do Movimento Verde (James Delingpole): foi um sucesso de vendas na Inglaterra por denunciar a relação entre socialistas e ambientalistas. O melhor do livro é a forma como Delingpole detalha a fraude conhecida como Climategate,

mostrando como pesquisadores da ONU manipularam dados e pesquisas para alardear uma falsa aceleração na temperatura da terra.

22. Ecotyranny (Brian Sussman): em seu livro, o meteorologista e comentarista Brian Sussman explica de modo acessível a ciência por trás do clima, denunciando o seu uso político por ambientalistas para produzir alarmismo e medo na população. O livro mostra como os globalistas querem usar conceitos abstratos como *"aquecimento global"* ou *"mudança climática"* para fazer com que as pessoas se entreguem voluntariamente ao controle econômico em seus países.

23. Behind the Green Mask: The UN Agenda 21 (Rosa Koire): uma análise completa da Agenda 21, mostrando como a ONU trabalha para implantar o globalismo e o socialismo por meio do controle econômico guiado por motivos ambientalistas.

24. The Politically Incorrect Guide to the Great Depression and the New Deal (Robert Murphy): se você sempre estranhou aquele papo-furado de que a Crise de 1929 foi causada pelo capitalismo, esse livro é para você. Todos os argumentos para rebater a falácia de uma crise provocada pelo capitalismo estão nesse livro. Ele também mostra que foi graças às políticas intervencionistas do democrata Franklin Delano Roosevelt que a crise se prolongou por tanto tempo.

25. Justiticativa das minhas Intenções (Adam Weishaupt): importante relato do próprio Weishaupt sobre sua participação na Ordem dos Illuminati. Weishaupt tenta justificar boa parte das acusações contra ele, inclusive sua relação com o aborto, o relacionamento com sua cunhada e várias outras informações que tornam mais concretas as acusações feitas contra a sua ordem.

26. Provas de uma Conspiração – Contra todas as Religiões e Governos da Europa, Conduzida em Reuniões Secretas dos Maçons, Illuminati e Sociedades de Leitura (John Robinson): já em 1797, o médico John Robinson denunciava detalhes da conspiração illuminati, revelando informações sobre a atuação dos seus membros, sua infiltração na maçonaria e sua intenção de controlar todos os governos e religiões para a implantação de uma utopia igualitarista.

27. Memórias Ilustrando a História do Jacobinismo (Ábade Augustin Barruel): no mesmo ano de 1797, um clérigo católico também publicou um livro denunciando as manobras dos illuminati na França. O livro tem mais informações e documentos que o de Robinson e é de leitura

obrigatória para todos que querem conhecer e combater o globalismo, o socialismo e o que chamam de Nova Ordem Mundial.

28. Blowing Up Russia: The Secret Plot to Bring Back KGB Terror (Alexander Litvinenko e Yuri Felshtinsky): em 2002, antes de morrer envenenado por plutônio em Londres, o ex-agente do FSB Alexander Litvinenko escreveu um livro denunciando o esquema montado por Putin para alcançar o poder e controlar a Rússia. O livro mostra como a atividade da KGB não terminou com o fim da União Soviética em 1991 e ainda estava ativa em 2002 (e até em 2006, quando Litvinenko foi morto).

29. Deception Was my Job: The Testimony of Yuri Bezmenov (Yuri Bezmenov): sem dúvida, um dos melhores documentários sobre a infiltração comunista e a guerra subversiva. Nele, um ex-agente da KGB revela como os soviéticos passaram a operar para subverter a sociedade ocidental. Bezmenov diz que apenas 15% da atividade da inteligência soviética era destinada à guerra não convencional (aquela espionagem que vemos em filmes). A maior parte das operações da KGB era focada em ações de subversão (subornos, financiamento da perversão, promoção do pacifismo cego e do desarmamento, entre outras).

30. Agenda: Grinding Down America Down (Curtis Bowers): o documentário mostra de forma bem objetiva como os comunistas buscam a corrupção e a destruição dos Estados Unidos por meio da subversão e da deturpação dos seus valores. O narrador mostra como os comunistas usam o politicamente correto, a teoria crítica e outros esquemas subversivos para corromper a cultura norte-americana e facilitar a imposição de valores socialistas.

Manobras Ofensivas

Agora que você já sabe como se defender da subversão mais comum, é hora de aprender como atacar. Grandes poderes trazem grandes responsabilidades. **Entenda que o processo de dessubversão NÃO OCORRE ESPONTANEAMENTE. Alguém deve se mobilizar e PROMOVER a dessubversão.** Não espere que o seu professor socialista vai parar sozinho de pregar o comunismo na sua escola. Não espere que seu colega de trabalho vai parar de defender o vandalismo por vontade própria. Não espere que o jornalista que mente no jornal que você assiste vai parar espontaneamente de tentar manipular você.

Só podemos parar o processo subversivo quando oferecemos a ele uma RESISTÊNCIA. E essa resistência não precisa ser agressiva e muito menos violenta, mas ela deve EXISTIR. Os obstáculos não se jogarão sozinhos entre a subversão e você, entre a engenharia social e sua família: ALGUÉM DEVE JOGÁ-LOS. Portanto, a primeira coisa que devemos ter em mente quando falamos de uma ofensiva subversiva é que, como em qualquer guerra, deve haver pelo menos um agente ATIVO para que ela ocorra. Caso você queira ser esse agente ativo, há cinco coisas que você deve saber para que seu esforço não seja em vão.

a) Traçar local de atuação e rotinas do inimigo: por meio de documentos oficiais, sabemos que uma das atividades mais comuns dos agentes subversivos é fazer listas com nomes e análises de todos os que frequentam ou trabalham nos lugares onde eles operam. O fato é que listas de informações são ÚTEIS na guerra subversiva. Por exemplo, em meados de 2017 circulou uma lista de supostos *"infiltrados"* na direita. Eles eram classificados na lista como a *"falsa direita"*. É interessante como uma lista feita por um cidadão praticamente desconhecido gerou tanta repercussão e MEDO.

O autor foi atacado por todos os lados por causa da sua iniciativa (realmente, alguns nomes não deviam estar ali). Mas o fato é que aquela era só a percepção de um sujeito desconhecido. As pessoas erram e isso é normal. Esse tipo de lista deveria circular com muito mais frequência, dando a oportunidade para que cada um faça o julgamento que achar melhor para desconsiderar um nome ou incluir outro. Listas são ÚTEIS e devem fazer parte de qualquer esforço de dessubversão. Sabendo quem é o adversário, onde ele opera e quais são os seus principais argumentos, fica mais fácil bolar uma operação ofensiva para desmoralizá-lo.

Em 1963, foi publicado no Brasil o livreto Nossos Males e seus Remédios, descrevendo como os comunistas estavam subvertendo a sociedade e o que já estava sendo feito para combatê-los. No livreto, é revelado que os próprios trabalhadores denunciavam os grevistas e se infiltravam em grupos sindicais para acompanhar os planos inimigos. O resultado é que os comunistas não conseguiram tomar o poder em 1964 e o Brasil passou por um longo período de prosperidade antes de retornar à sua marcha rumo ao socialismo.

b) Formar grupos de dessubversão: o segundo passo de uma boa ofensiva é saber formar grupos de apoio. O engajamento solitário no combate é bom e mostra o valor do combatente. Mas as maiores vitórias acontecem quando temos alguém para compartilhar a glória. Estamos em uma guerra subversiva, não estamos? Estamos sendo atacados, não estamos? Conseguimos resistir, mas alguém continua nos atacando, não continua? Então é bom que nossa reação seja forte e envolva muita gente. A formação de grupos é um passo decisivo para superar a subversão e corrigir os problemas plantados por ela. Além disso, a atuação de uma pessoa é limitada ao número de pessoas com as quais ela consegue interagir. Quando formamos grupos, o nosso escopo de atuação amplia consideravelmente.

Em grupos maiores, é mais provável encontrar alguém que apareça com aquele argumento que faltava para você vencer o debate. Além disso, a esquerda é composta por pessoas que raciocinam coletivamente. O esquerdista tem aquele comportamento de manada que o faz aderir ao posicionamento adotado pela maioria. O crescimento de grupos de direita é bom porque muitas pessoas migram para eles no primeiro momento em que percebem que essa é a melhor estratégia social. Dessa forma, o próprio fato de EXISTIR um grupo de direita em determinado meio já é capaz de fazer com que aqueles idiotas úteis utilizados pela subversão se rendam voluntariamente e fiquem mais suscetíveis às nossas propostas.

No período que antecedeu a Revolução de 1964, os brasileiros se organizaram em grupos de dessubversão para vencer os comunistas: meios de comunicação formaram a Rede da Democracia, empresários e profissionais liberais criaram o Instituto de Pesquisa e Estudos Sociais (IPES), mulheres cristãs criaram a Campanha da Mulher pela Democracia (CAMDE) e a Liga das Mulheres pela Democracia (LIMDE). Foi graças a esses grupos que se conseguiu organizar em todo o Brasil a Marcha da Família, com Deus e pela Liberdade. Hoje, qualquer solução para reverter o processo de subversão deve passar pelas mesmas etapas. Nos últimos anos, foram formados vários grupos para vencer a ameaça contemporânea: temos o Legítima Defesa, o Vem Pra Rua, o Terça Livre, entre outros. Você também pode fazer parte da história montando o seu.

c) Ocupar espaços e desalojar o inimigo: essa manobra demanda mais comprometimento e paciência. Ela é similar ao que os militares aprendem sobre saber escolher os melhores campos de batalha e as melhores posições para favorecer o ataque. Temos que recuperar espaços e ocupar as posições mais visadas pela subversão. As melhores posições para o esforço ofensivo são: o corpo docente de escolas e faculdades, as redações dos meios de comunicação e as cadeiras de representação política. Lembre-se novamente de que o professor infiltrado na sua escola não vai se demitir voluntariamente nem parar de falar besteira de uma hora para outra. Ele precisa enfrentar uma resistência para, no mínimo, parar de falar besteira. O jornalista que vive de propagar mentiras não será demitido sozinho. É necessário um trabalho para desmascará-lo e forçar a sua demissão. Os eleitores da esquerda só vão parar de nos condenar ao extermínio se os nossos argumentos chegarem até eles.

Mesmo que não seja sua intenção trabalhar com magistério, jornalismo ou política, a mentalidade de ocupação de espaços ainda pode nos ajudar se você for um vetor da dessubversão em TODO e QUALQUER lugar que você escolher atuar e viver. Quanto mais lugares forem ocupados pelos nossos, menos impacto a subversão terá na sociedade. Por isso, é importante que se tenha em mente que ocupar espaços não é apenas se tornar professor, ser contratado em um jornal ou ser eleito para um cargo político: a ocupação de espaços pressupõe a atuação direcionada contra a subversão inimiga. Ou seja, o professor de direita deve ter uma ação ativa para combater a esquerda e promover a direita. O jornalista conservador deve atacar a agenda inimiga e pregar ativamente os valores que defende. E, assim, em todo lugar ocupado haverá também uma pressão para desalojar o inimigo e enfraquecer suas bases sociais.

d) Ataque sistemático às bases ideológicas da subversão: em 1964, a sociedade brasileira conseguiu combater o processo subversivo graças à ATIVIDADE de grupos e cidadãos CONSCIENTES do problema que enfrentavam e que SABIAM o que fazer. O estudo do caso brasileiro é perfeito porque, diferente dos Estados Unidos e de outros países desenvolvidos, ele esteve na iminência de cair nas mãos dos comunistas. E diferente de países como Cuba, Vietnã, Laos, Coreia do Norte, e outras porcarias, a direita organizada VENCEU os comunistas antes que eles pudessem se consolidar no poder. Os grupos formados contra o comunismo venceram graças às suas AÇÕES e ATIVIDADES, que não ficaram no campo das ideias e passaram a FAZER algo para evitar a socialização do país. Como exemplos dessas ações, podemos citar:

Propagação de conteúdo nos meios de comunicação: emissoras de rádio e TV de todo o Brasil formaram um bloco chamado Rede da Democracia, principalmente para lutar contra as tendências socialistas do governo João Goulart. A Rede da Democracia chegou a ter mais de cem associados e usava os meios que tinha para desmascarar os comunistas e mobilizar o povo para reagir ao processo subversivo. O governo de João Goulart chegou a perseguir essas emissoras, fechando algumas delas, mas foi vencido no final.

Manufatura e distribuição de panfletos com informações e propaganda antissubversiva: lojistas e comerciantes distribuíam panfletos anticomunistas em sacos de compra e embrulhos. Barbeiros e médicos deixavam panfletos disponíveis nas revistas em suas salas de espera. O dono de uma gráfica imprimiu com seu próprio dinheiro dezenas de milhares de panfletos com caricaturas de Fidel Castro e críticas ao comunismo. Além disso, muitos pagavam tempo no rádio e na TV para divulgar suas revelações.

Buscar projeção social: os grupos não eram fechados e elitistas, buscando trabalhar apenas com os membros de um determinado círculo. Aqueles que abriam os olhos para o processo subversivo tentavam acordar todos que tinham contato com eles. Até os trabalhadores mais humilde ajudaram, se infiltrando em sindicatos e denunciando seus planos. Em uma dessas ações, conseguiu-se cancelar uma *"manifestação espontânea"* de cinco mil baderneiros em Brasília.

Manutenção do combate: em 1961, um grupo de empresários criou o Instituto de Pesquisa e Estudos Sociais (IPES), para sondar a atividade subversiva e elaborar estratégias de resposta. Outros grupos foram criados com a mesma intenção, mantendo cada um a sua independência ao mesmo tempo em que cooperavam com os demais. Eles coordenaram um plano de ação eficiente que envolvia: a produção de cartas circulares, o levantamento da opinião pública e a publicação de artigos na imprensa.

Organização de eventos e manifestações: em 12 de setembro de 1963, a senhora Amélia Moura Bastos criou a Campanha da Mulher pela Democracia (CAMDE), um grupo de mulheres cristãs que se reuniam periodicamente em sua casa. Por meio da atuação dessas primeiras participantes, a CAMDE cresceu tanto que o grupo passou a ter que realizar os seus encontros em igrejas e templos. Em Minas Gerais, foi criada a LIMDE, Liga das Mulheres pela Democracia, com funcionamento e posicionamento similar à CAMDE. Em seu esforço ofensivo, as mulheres promoviam campanhas para levantar fundos, escreviam cartas informativas, organizavam palestras e eventos de esclarecimento e doavam seu tempo para combater os esquerdistas. O caso mais emblemático dessa atuação foi a Marcha da Família, com Deus e pela Liberdade, que levou mais de um milhão de pessoas às ruas em 19 de março de 1964. Depois dela, outras passeatas contra o comunismo ocorreram naquele ano, como a chamada Marca da Vitória, que aconteceu no mês seguinte e levou cerca de duas milhões de pessoas às ruas para celebrar a vitória contra a esquerda.

e) Aproveitar a metanoia: enfim, o bom combatente deve saber como manter o moral elevado. E a melhor forma de fazer isso é transformar nossa ofensiva em um lazer. Devemos buscar ver o lado prazeroso de um debate econômico, de uma conversa política, de uma discussão acalorada e de uma trolagem bem organizada. O conflito é inevitável. Não vale a pena se preocupar ou sofrer com algo que vai acontecer. Então, por que não se divertir? Busque transformar aquela aula do professor socialista em um circo onde ELE é o palhaço. Provoque e supere o professor militante, mostrando o quanto ele é burro. Use o sarcasmo e o humor para expor a subversão e conduzir a audiência contra a esquerda. Sinta prazer com sua atuação e dê a devida importância ao seu esforço: você está ajudando a combater o mal em seu meio; você está lutando contra uma ideia realmente perversa; pessoas abrirão os olhos por SUA causa; você está ajudando pessoas a sair da Matrix.

Não se lance nessa guerra por pressão ou sem vontade: mergulhe nela para ser o melhor combatente. A esquerda quer que você tenha medo. Ela quer que você se acovarde. Ela quer que você cruze os braços. Ela quer que você se cale e fique acuado. Não seja a vítima. **Mostre para**

todos que não é você que está preso aí com a esquerda. É a esquerda que está presa aí contigo. Essa é uma mensagem poderosa. A esquerda se acovarda quando vê o menor sinal de resistência. **Não somos nós que estamos presos aqui com eles. São eles que estão presos aqui com a gente.** Foi por isso que o Brasil superou o processo subversivo em 1964: aqueles grupos formados para lutar contra a esquerda não tinham medo de dizer o que queriam e de fazer o que deviam. Foi por isso que a subversão demorou tanto para provocar uma mudança nos Estados Unidos: lá, grupos conservadores e de sempre atuaram de forma corajosa para lutar contra o processo subversivo.

7.5. Conclusão

Agora que conhecemos melhor o processo subversivo e sabemos as principais manobras desse tipo de guerra, podemos ir além e falar em VITÓRIA. Temos que visualizar um plano para conseguir a VITÓRIA POLÍTICA TOTAL. O objetivo é vencer e vencer BEM. E um dos segredos da vitória é pensar grande. Como dizia Sun Tzu, *"a suprema arte da guerra é derrotar o inimigo sem lutar"*. Ou seja, para vencer a subversão, devemos ter um plano que deixe o inimigo sem reação e demande o mínimo de esforço nos outros tipos de manifestação do conflito.

Os comunistas estavam fazendo exatamente isso antes de a União Soviética se fragmentar. Eles pensaram em como fazer o ocidente se curvar sem precisarem lutar. **O resultado é essa guerra subversiva que está sendo travada no mundo inteiro e que, agora, você conhece.** Mas eles não contaram com o surgimento da internet, que tornou mais fácil o acesso à informação e ao esclarecimento, fazendo com que parte da sociedade acordasse e se preparasse contra esse processo. Isso mudou tudo. Assim, felizmente estamos em uma situação em que podemos fazer o mesmo e virar o jogo. Com o apoio da internet, da facilidade de comunicação e das milhões de pessoas que já acordaram para a realidade da subversão comunista, creio que temos todas as condições para elaborar um plano infalível, que será o tema do próximo capítulo.

8. O Plano Estratégico

Vimos no último capítulo algumas informações essenciais para a atuação na guerra subversiva. Dessas informações, duas são importantíssimas para a elaboração de um plano estratégico de combate. **Primeiramente, aprendemos que estamos em uma guerra subversiva iniciada pelo inimigo, comunistas e socialistas com uma mentalidade de esquerda.** Ou seja, já estamos em uma guerra, mas em uma guerra subversiva. **Em segundo lugar, aprendemos algumas manobras para nos posicionar nessa guerra, atuando defensivamente e ofensivamente em nossos ambientes.** Basicamente, essas manobras estão no nível tático, no sentido de serem aqueles movimentos e ações que devemos fazer no nível mais elementar de manifestação desse conflito. Neste capítulo, vamos consolidar um plano mais geral para lidar com a subversão e vencer essa guerra.

Minha meta aqui é ir além do nível meramente tático e organizar nossa agenda para que todas as nossas ações e movimentos, em todas as frentes, cooperem mutuamente na direção da vitória. Mas antes de mais nada, é importante que todos deste lado tenham o mesmo objetivo final: alterar o nosso meio para que ele se comporte mais conforme o que queremos. **Não tenha medo de dizer isso: *"EU QUERO MUDAR O MEU MEIO"*.** Não podemos hesitar na defesa dos valores que garantem as nossas vidas. O mundo não tem ameaçado apenas aquilo que precisamos para sobreviver. Ele tem entrado em nossas casas e ditado o que consumir, quanto gastar e até como viver. Eu quero mudar isso e creio que você também. **E essa disposição para tornar a realidade menos espinhosa é a base do nosso plano estratégico.**

A única forma de garantir a proteção dos nossos valores é a atuação direcionada e consciente em duas frentes: na política e na cultural. É fazer com que a sociedade volte a ver que política serve para nos DEIXAR viver, e não para nos dizer COMO viver. E que a cultura serve para manter essa estrutura que nos permite buscar a felicidade da forma que bem entendemos. Nas comunidades que se organizaram primeiro, as pessoas não buscavam o apoio do próximo para saber o que comer, onde morar ou como usar os seus bens. Elas se reuniam para SOBREVIVER. Mas infelizmente a subversão transformou boa parte da sociedade em idiotas. Quando ela começa a produzir um certo número de pessoas que se dizem anarquistas, mas que defendem a proibição do armamento ou de rodeios, é sinal de que ela já foi contaminada pela loucura.

Já mostrei como a mentalidade que representa e cria essa loucura é a esquerda, bem como ela se manifesta no que chamamos hoje de socialismo. Portanto, precisamos de um plano que apresente uma mentalidade essencialmente de direita para vencer essa manifestação que é essencialmente de esquerda. Um plano para impor constituições de DIREITA em todos os lugares do mundo. Devemos literalmente IMPOR o respeito à vida onde ele não existe. Devemos FORÇAR liberdade a quem quer ser escravo. Simples assim. Mas só conseguiremos isso com uma atuação ativa e direcionada na política e na cultura. **Esqueça o que os idiotas úteis podem pensar de você e diga com orgulho:** *"eu sou de direita, eu quero viver em um mundo livre e, para isso, o poder precisa estar com pessoas como eu e você"*.

Claro que não vamos adotar os mesmos meios que o inimigo e nem iremos abandonar nossos valores para chegar ao poder com mais facilidade, mas pelo bem da manutenção dos nossos valores, ele tem que estar nas nossas mãos. E, dado que as últimas décadas viram a captura do poder pela esquerda, precisamos de um plano para recuperá-lo. E esse plano deve ter três componentes: (1) um esquema defensivo para barrar o avanço inimigo; (2) um esquema ofensivo para colocar novamente o direito à vida, à liberdade e à propriedade no centro das preocupações políticas e culturais e; (3) uma ferramenta capaz de garantir e manter nossas conquistas. Ele deve expressar uma estratégia de vitória, contemplando os parâmetros essenciais do esforço defensivo, do esforço ofensivo e da consolidação do processo. Esse plano estratégico está resumido no quadro abaixo:

Plano Estratégico da Direita		
Campanhas	1. Estratégia Defensiva:	2. Estratégia Ofensiva:
Zona de Operação	Combater e Anular:	Impor e Consolidar:
Tecido Social	Guerra de Classes	Paz Social
Infiltração no Estado	Ditadura do Proletariado	Governo e Estado Limitados
Estrutura Político-Econômica	Socialismo/Comunismo	Livre Mercado
Estrutura Cultural-Ideológica	Emancipação Social	Liberdade

Propriedade Privada	Destruição da Propriedade	Proteção da Propriedade
Instituição do Trabalho	Destruição do Trabalho	Proteção do Trabalho
Código Moral	Destruição da Moralidade	Proteção da Moralidade
3. Consolidação	Constituição de Direita	

Veremos a seguir cada um desses pontos, mostrando como trabalhar com cada cenário.

8.1. Estratégias Defensivas e Ofensivas

Vamos começar esclarecendo o que são propostas e ações. **Basicamente, uma proposta é uma ideia objetiva que se defende com o intuito de provocar uma mudança no mundo real, enquanto uma ação é a própria atividade prática com a intenção de se alcançar algum resultado simples**. Geralmente, as ações aparecem mais em esquemas militares, enquanto as propostas são mais comuns em programas políticos e ideológicos. De uma forma ou de outra, ambas expressam as intenções daqueles que as defendem ou as praticam. Propostas e ações são, portanto, o menor grau de organização de esquemas mais complexos, direcionando os esforços na direção de objetivos pontuais ou intermediários, como as manobras que vimos no capítulo anterior.

Um programa seria o conjunto de ações e propostas coerentes com a realização de um fim específico. Ou seja, sempre que for necessário agrupar mais de uma ação ou implementar mais de uma proposta para alcançar um objetivo, chamamos o resultado de programa. Contudo, o objetivo de um grupo pode exigir um esforço ainda mais complexo, demandando o sucesso de mais de um programa para alcancá-lo. Nesse caso, seria necessário sistematizar um conjunto de programas conforme o objetivo final. Essa organização harmônica de programas diferentes seria o plano. **Portanto, o plano é a organização coerente de vários programas (cada um com propostas e ações específicas) para alcançar sucessos intermediários ou parciais importantes para o sucesso final.**

Esses conceitos podem ser confundidos com os de estratégia e tática, cujas definições são mais simples do que as pessoas costumam imaginar. **De um modo geral, o conceito de tática pode se confundir com o de ação. Contudo, é mais comum que a tática expresse a forma conhecida mais eficaz de executar uma ação ou uma manobra.**

Estratégia, por outro lado, expressa o esforço realizado para encontrar a melhor gestão de programas e táticas disponíveis para alcançar um objetivo maior ou mais complexo. Nesse sentido, enquanto o plano detalha os passos escolhidos em uma determinada direção, a estratégia é o que explica porque o plano foi organizado daquela forma. É por isso que podemos falar em um plano estratégico, contendo a consolidação do esforço para organizar campanhas e batalhas que podem não estar diretamente relacionadas entre si, mas que servem ao propósito maior de ganhar a guerra.

Nesta seção, vamos detalhar o conjunto de programas, que chamaremos de campanhas, que fazem parte do esforço defensivo e do esforço ofensivo que compõem nosso plano de vitória. Para isso, temos que responder de modo bem objetivo quatro perguntas: (1) o que o inimigo quer? (2) O que o inimigo faz para conseguir o que quer? (3) O que nós queremos? (4) E o que nós devemos fazer para conseguir o que queremos? Com essas perguntas bem respondidas, saberemos em que conflito estamos metidos, quais as expressões desse conflito, onde ele se manifesta e em que direção devemos conduzi-lo.

Começando pela primeira pergunta (o que o inimigo quer), vimos no capítulo sobre a esquerda o que o inimigo deseja: poder e igualdade. O inimigo busca principalmente o poder, tendo como desculpa a imposição da igualdade. Isso faz com que pelo menos parte da agenda inimiga seja pautada pela imposição da igualdade ou pela eliminação de diferenças. Quanto à segunda pergunta (como ele busca alcançar seus objetivos), vimos no último capítulo que a principal ferramenta que o inimigo têm usado para atingir seus fins é a guerra subversiva. Portanto, temos que mapear as áreas onde a subversão se manifesta, de modo a criar as orientações necessárias para derrotá-la.

Plano Estratégico da Direita		
Campanhas	1. Estratégia Defensiva:	2. Estratégia Ofensiva:
Zona de Operação	Combater e Anular:	Impor e Consolidar:
Tecido Social	Guerra de Classes	Paz Social
Infiltração no Estado	Ditadura do Proletariado	Governo e Estado Limitados
Estrutura Político-Econômica	Socialismo/Comunismo	Livre Mercado
Estrutura Cultural-Ideológica	Emancipação Social	Liberdade

Propriedade Privada	Destruição da Propriedade	Proteção da Propriedade
Instituição do Trabalho	Destruição do Trabalho	Proteção do Trabalho
Código Moral	Destruição da Moralidade	Proteção da Moralidade
3. Consolidação	Constituição de Direita	

Por sorte, os estrategistas inimigos atuam de forma bem metódica e algumas dúzias deles já mudaram de lado e escreveram livros que nos permitem conhecer as campanhas onde eles travam a guerra subversiva. Eles operam basicamente em sete áreas: no tecido social, no aparelho estatal, na estrutura político-econômica, na estrutura cultural-ideológica e nas estruturas que sustentam a propriedade privada, o trabalho e a moralidade. É necessário entender cada uma dessas campanhas para saber o que fazer para nos defender e orientar os nossos ataques.

Nossos adversários também já escolheram as estratégias menores para cada campanha. **No tecido social, ele buscam dividir a sociedade propagando a guerra de classes. No estado, eles buscam se infiltrar para implantar a ditadura do proletariado. Na estrutura político-econômica, eles procuram avançar o socialismo. Na estrutura cultural-ideológica, eles querem popularizar a ideia de emancipação social. E nos campos da propriedade, do trabalho e da família, eles procuram a destruição total.** Por isso, a nossa estratégia deve pensar tanto no esquema defensivo, para parar os ataques e estabilizar a guerra, quanto no ofensivo, para retomar posições e avançar contra o inimigo.

Mas antes disso temos que responder à terceira pergunta (o que queremos?). **Nós queremos a defesa da vida, da liberdade e da propriedade. E estamos no meio de uma guerra onde esses três valores estão sendo atacados. Portanto, nosso objetivo principal deve ser vencer essa guerra para proteger aquilo que tanto estimamos.** Nós não podemos simplesmente querer sobreviver eternamente em meio à subversão. Nós temos que nos livrar definitivamente de todas as condições materiais e morais que fazem o inimigo nos atacar. Devemos não só enfraquecê-lo e algemá-lo, mas também massacrar toda a sua vontade de nos atacar, colocando um fim definitivo nessa guerra.

Finalmente, podemos responder à quarta pergunta: como alcançar os nossos objetivos? Como vimos, devemos ter diretrizes para orientar nossas manobras de defesa e também para orientar nossos avanços e ataques. Infelizmente, estamos sendo atacados e essa é uma realidade. Note que muitos ainda estão acordando e não sabem nem o que está acontecendo e de onde vêm os ataques. Por isso, é importante destacar primeiro a estratégia de defesa, para estabilizar a situação e impedir que o inimigo avance mais. Mas também devemos nos atentar ao esforço ofensivo, já que sem ele é praticamente impossível ganhar qualquer guerra.

Além disso, temos que lembrar que devemos ter flexibilidade em nossas ações. Por isso, não vou me deter nas manobras mais simples, já que espero que o restante deste livro oriente o leitor nesse sentido. O que vou apresentar a seguir são as diretrizes que devem orientar nossas ações em cada uma das campanhas, de modo que cada vitória individual contribua para o sucesso mais geral da guerra. Vamos organizar cada ambiente onde o inimigo opera e mostrar o que devemos fazer para nos defender e para atacar tanto no campo político quanto no cultural.

1) No Tecido Social: da Guerra de Classes à Paz Social (Mateus 19:19: *"Honra teu pai e tua mãe, e amarás o teu próximo como a ti mesmo"*).

Campanha do Tecido Social (Sociedade e Relações Humanas)		
Frentes	**Contra Guerra de Classes**	**Promoção da Paz Social**
Política	Proibição de gastos públicos com ONGs e propaganda	Demissão de servidores grevistas
	Proibição de programas de cotas	Policiamento tradicional
Cultura	Eliminação da guerra de classes	Conversão de elementos de esquerda
	Rejeição do discurso igualitarista	Exposição de professores socialistas

a) Esquema Defensivo: a regra aqui é combater a guerra de classes em todas as suas manifestações. A primeira coisa a se fazer é buscar a anulação de leis e políticas que estimulam a guerra de classes. As propostas e ações defensivas nessa frente envolvem a proibição de gastos públicos com ONGs e propagandas e a eliminação das políticas de cotas. **Primeiramente, é importante colocar um fim ao uso de recursos públicos em propaganda e marketing do governo.** O governo nem precisa e nem poderia gastar com propaganda, uma vez que sempre poderá adotar um discurso parcial ou uma ideologia para justificar sua intervenção. **Igualmente, é importante desfazer e implementar obstáculos legais àquelas políticas que beneficiam um grupo em detrimento de outro, seja com base em cor, orientação sexual ou ideologia.** Desse modo, a ofensiva subversiva para implantar a guerra de classes perderia seu amparo político-legal.

Na frente cultural, temos que barrar a ofensiva inimiga rejeitando tanto o discurso de guerra de classes quanto o igualitarismo ideológico. **É importante mostrar para as pessoas que a guerra de classes é uma ideologia baseada no ódio e na raiva, buscando plantar discórdia onde há comunhão e guerra onde há paz.** É essencial desmascarar as rotinas subversivas que buscam controlar e encolerizar as mentes mais fracas, como o uso da mídia para estimular o ódio contra qualquer idiotice ao mesmo tempo em que se relativiza a relação do público com os piores tipos de crime. **Do mesmo modo, é necessário combater o discurso igualitarista que tenta justificar boa parte da manifestação política da guerra de classes.** O igualitarismo é usado na subversão para dar uma desculpa bonitinha para odiar o próximo. Desse modo, cortamos pela raiz o pensamento que valida e justifica aquelas ações políticas que buscam instigar o caos e a desarmonia no tecido social.

b) Esquema Ofensivo: na frente política, é necessário demitir servidores públicos que são pegos estimulando a guerra de classes e restaurar a paz social com policiamento tradicional. **No primeiro caso, é importante avançar leis para demitir e expulsar do aparato público aqueles agentes que pregam a discórdia.** Ou seja, temos que ter meios para nos livrar mais facilmente de professores grevistas e servidores desordeiros. **Do mesmo modo, é necessário criar ferramentas para a expulsão de alunos grevistas ou pegos em atos de vandalismo, eliminando qualquer chance de benefícios futuros pagos com recursos públicos.** Isso certamente irá provocar os elementos mais agressivos a testar a ordem social com novas demonstrações de força e vandalismo. **Por isso é tão importante restaurar a ordem com policiamento tradicional, facilitando a atuação agressiva de agentes da lei contra aqueles sujeitos que obstruem vias públicas ou privadas, destroem patrimônio público ou privado e manifestam potencial de perigo para os demais cidadãos.**

Mas claro que isso terá que ser acompanhado de uma estratégia cultural para validar essas ações e mostrar o apoio da população ao esforço de restauração da paz social. Eu tenho certeza que a maior parte da população apoia a demissão de professores grevistas, a expulsão de alunos vagabundos e a ação rigorosa contra aqueles elementos que atormentam a vida do cidadão. **É certo que a sociedade apoia a prisão de elementos que incendeiam ônibus, que agem de forma violenta contra a polícia ou que roubam equipamentos das universidades em suas ocupações.** Só que mais e mais essa visão não tem sido expressa com a devida sonoridade. **Além disso, o esquema ofensivo no tecido social só terá resultado se nosso esforço cultural for forte o suficiente para, cada vez mais, desconverter elementos de esquerda e conduzi-los para o nosso lado.** Nosso esforço deve contemplar a intenção aberta e consciente de educar os idiotas úteis e torná-los mais abertos às nossas ideias, até que um dia acordem sem aquela disposição para gerar a guerra de classes e a discórdia social.

2) No Estado: da Ditadura do Proletário à Redução do Governo e do Estado (Êxodo 13:3: *"Celebrai perpetuamente este dia em que saístes do Egito, da casa da escravidão; pois com mão poderosa o SENHOR vos tirou de lá"*).

Campanha de Infiltração no Estado (Aparato Estatal e Governo)		
Frentes	Contra Ditadura do Proletariado	Promoção da Governo Mínimo
Política	Redução de impostos e de gastos públicos	Federalização e Descentralização
	Reforma ampla do sistema eleitoral	Criminalização do ativismo jurídico
Cultura	Tolerância à sonegação de impostos	Promoção do ensino privado e doméstico
	Desobediência passiva	Promoção da autonomia

a) Esquema Defensivo: a ordem nessa campanha é enfraquecer o governo e torná-lo cada vez mais incapaz de realizar suas ambições mirabolantes, tanto pela atuação política quanto pela cultural. **Assim, nossa primeira preocupação de defesa é buscar politicamente a redução de impostos e de gastos públicos.** Talvez esse seja um dos objetivos mais difíceis de alcançar, mas uma vez atingido todo o restante do nosso esforço ficará mais fácil. Ou seja, temos que levar adiante, de forma agressiva, ferramentas que diminuam tanto a arrecadação quanto os gastos do governo. **Igualmente importante é a promoção de uma ampla reforma eleitoral, restaurando o voto impresso, impondo auditorias à contagem de votos e proibindo a participação de partidos vinculados ao comunismo (como já fazemos hoje com partidos nazistas).** Não é sensato manter um sistema eleitoral sem transparência e preso a votos eletrônicos facilmente fraudáveis.

O esforço político deve ser amparado na frente cultural com a propagação da tolerância à sonegação de impostos e à desobediência civil passiva. **É importante propagar a ideia de que o recurso que alguém consegue sonegar é um recurso a menos que o governo tem para sustentar sua capacidade de tirar mais da população.** O governo sempre vai tentar demonizar e jogar a população contra empresas que sonegam impostos, mas a população deve estar esclarecida de que o dinheiro que não vai para o governo não vai ser usado para aumentar os benefícios de juízes e políticos nem para fortalecer o seu aparato de fiscalização. **Ao mesmo tempo, é importante estimular um sentimento de liberdade que só pode ser expresso em alguns lugares com o que podemos chamar de "desobediência passiva".** A desobediência passiva é a disposição de fazer o que é justo quando o governo obriga a fazer o que é errado. Ela nunca se manifesta da forma que a subversão de esquerda opera, ou seja, com a obstrução da passagem alheia ou com a destruição daquilo que é próximo. A desobediência passiva é a energia para contrariar o governo, mantendo a nossa atitude cotidiana rumo à liberdade, buscando a melhoria social por meio da não obediência ao absurdo.

b) Esquema Ofensivo: na frente política, nossa ofensiva deve ser reformar nosso modelo de governo para que ele seja cada vez mais descentralizado. **Isso envolve uma reforma constitucional para impor a descentralização do poder central e fortalecer cada vez mais os estados.** É necessário dar mais autoridade e responsabilidade para que cada estado arrecade e gaste localmente, sem ser alvo de pressão daqueles estados que querem viver às custas dos vizinhos. Temos que evitar aquela situação prevista por Tocqueville: *"Um governo democrático é o único em que aqueles que votam por um imposto podem escapar da* *obrigação de pagá-lo"*. **Além disso, é importante acabar com o ativismo jurídico que têm corrompido o aparato estatal. Vagabundos togados têm chegado ao limite de querer legislar sobre a vida.** Como o comando subversivo sabe que não conseguiria avançar a descriminalização do aborto pela via legislativa, a solução encontrada tem sido usar seus fantoches no STF para legalizar o infanticídio. Isso não deve ser só combatido, mas também deve ser criminalizado, responsabilizando cada vagabundo que participa desse processo.

É importante que toda essa ofensiva seja amparada culturalmente por uma agenda de promoção da autonomia e da conscientização da população. **Temos que promover na população o sentimento de autonomia em relação ao governo.** As pessoas não devem ser apenas fortes, elas devem se sentir fortes e se verem como pessoas com o poder necessário para não precisar do governo. A meta é reduzir ao mínimo o número de pessoas que se consideram fracas e coitadas, diminuindo a demanda por políticas assistencialistas e gastadoras que só servem para dar mais poder ao governo. **A promoção do ensino privado e da educação doméstica (*"homeschooling"*) deve ser outro foco do nosso esforço ofensivo no plano cultural.** Quanto menos a educação da população estiver nas mãos do governo, mais independentes e autônomas as pessoas serão. Desse modo, pouco a pouco teremos na população tudo aquilo que é necessário para manter o aparato estatal em um tamanho mínimo e no seu devido lugar.

3) Na Estrutura Político-Econômica: do Socialismo ao Livre Mercado (Salmos 128:1-3: *"Bem-aventurado aquele que teme ao SENHOR e anda nos seus caminhos. Pois comerás do trabalho das tuas mãos; feliz serás, e te irá bem. A tua mulher será como a videira frutífera aos lados da tua casa; os teus filhos como plantas de oliveira à roda da tua mesa"*).

Campanha Político-Econômica (Aparato Econômico e Produtivo)		
Frentes	**Contra Socialismo e Comunismo**	**Promoção do Livre Mercado**
Política	Eliminação de impostos à produção e ao lucro	Livre Comércio
	Desregulamentação da economia	Ampliação da base de isenção de impostos
Cultura	Combate ao discurso anticapitalista	Infiltração aberta no aparato estatal

a) Esquema Defensivo: o objetivo estratégico nessa campanha é combater as manifestações legais da ideologia socialista, tornando a atividade econômica mais compensadora e lucrativa.

Portanto, é importante eliminar politicamente tudo aquilo que onera o trabalho e o empreendedorismo, como os impostos à produção e ao lucro. Devemos focar nossa militância na redução e eliminação daqueles impostos que encarecem a produção e desencorajam os investimentos de risco. É para ser fácil produzir, prosperar e usufruir dos frutos do nosso esforço. **Isso envolve também a ampla desregulamentação da atividade econômica, eliminando todas aquelas leis e iniciativas que tentam dizer o que e como produzir.** É importante garantir um ambiente econômico com o mínimo de liberdade de ação para que a população possa se fortalecer materialmente e ter a capacidade de antagonizar o governo. O governo não pode dizer se o produtor pode fabricar armas ou se o comerciante pode dar sacolas plásticas e isso deve ter um reflexo na estrutura legal.

Culturalmente, devemos nos mobilizar para acabar com aqueles discursos e ideologias que prejudicam a atividade econômica e a produção. Tudo aquilo que tenta justificar a intervenção do governo na atividade econômica ou cria desculpas para o estado intervir na produção deve ser combatido. Ideologias como o socialismo, o comunismo, o ambientalismo, a doutrina social da igreja e tantas outras aberrações criadas apenas para justificar a intevenção do governo na economia devem ser devidamente desmascaradas como parceiras do esforço subversivo para fortalecer o estado às custas do indivíduo. **Dessas doutrinas, particularmente popular é o ambientalismo, que basicamente diz que devemos criar todo o tipo de controle econômico** *"para que o mundo não acabe"* **ou** *"para que a temperatura da terra não aumente meio grau daqui a cem anos"* **(sendo que as mesmas antas não conseguem nem prever direito o clima do dia seguinte).** Portanto, devemos dar uma atenção especial para desmascará-la e desmentir as besteiras pregadas pelos seus adeptos.

b) Esquema Ofensivo: enquanto nossa estratégia defensiva buscou fazer com que o governo atrapalhasse menos a atividade econômica, nossa ofensiva deve colocar o estado ao serviço do povo para facilitar o esforço empreendedor e a produção. **Portanto, devemos consolidar nossas vitórias atuando politicamente para promover o livre comércio, principalmente com a eliminação das tarifas de exportação**. O comércio deve ser estimulado e ter suas barreiras eliminadas no máximo das nossas possibilidades. **Paralelamente, vamos pressionar pela ampliação da base de isenção do pagamento de tributos, buscando eliminar cada vez mais a participação do imposto de renda na arrecadação do governo**.

Na frente cultural, é importante propagar a mensagem de que não há nada de errado em buscar posições importantes no aparato estatal. **Não há nada de errado em querer fazer parte do governo, desde que seja para proteger os direitos individuais e evitar que o aparato estatal seja usado pelo inimigo para avançar novos controles à atividade econômica**. Qualquer posição pública seria melhor aproveitada se fosse ocupada por alguém com um espírito liberal, que não irá usar sua posição para aumentar o seu poder ou para promover uma agenda de intervenção econômica e obstrução da capacidade produtiva do país. **Ao mesmo tempo, temos que vender a simpatia ao livre mercado onde ela não existe**. A ideia é fazer com que a sociedade rejeite de forma consciente aquelas propostas intervencionistas e de controle da atividade comercial.

4) Na Estrutura Cultural-Ideológica: da Emancipação Social à Promoção da Liberdade (Atos 5:27-29: *"E o sumo sacerdote os interrogou, dizendo: Não vos admoestamos nós expressamente que não ensinásseis nesse nome? E eis que enchestes Jerusalém dessa vossa doutrina, e quereis lançar sobre nós o sangue desse homem. Porém, respondendo Pedro e os apóstolos, disseram: Mais importa obedecer a Deus do que aos homens"*).

Campanha Cultural-Ideológica (Aparato Acadêmico e de Comunicação)		
Frentes	Contra a Emancipação Social	Promoção da Liberdade
Política	Rejeição da agenda globalista	Adoção de diplomacia antissocialista
	Privatização das universidades	Promoção de iniciativas pró-liberdade
Cultura	Fim do politicamente correto	Infiltração na mídia
	Rejeição da Teoria Crítica	Equiparação do comunismo ao

a) Esquema Defensivo: talvez essa seja a campanha mais importante dessa guerra, pois ela é a chave para conquistar os corações e mentes do povo. No nosso caso, devemos primeiramente reverter o processo de esquerdização da sociedade para poder avançar nossos valores em seu lugar. **Por isso, devemos atuar para que haja uma ampla rejeição política da agenda globalista, anulando todos os seus reflexos nas demais áreas da guerra.** Nesse caso, é importante ver a agenda inimiga como um todo coerente com a implantação do comunismo, por meio da popularização da ideia de emancipação social. Portanto, devemos rejeitar a proposta inimiga como um todo também, com um amplo esforço político para frustrar qualquer novo avanço ideológico do inimigo. **Uma das medidas mais importantes nesse sentido é privatizar todas as universidades públicas, evitando qualquer uso do aparato estatal para a promoção da agenda globalista.**

Na frente cultural, devemos amparar a defesa com o empenho duradouro para eliminar o politicamente correto e qualquer outra manifestação do controle do discurso. Vimos como o politicamente correto é usado pela subversão para fazer com que a sociedade tolere o intolerável ou condene o normal. Essa é uma das ferramentas mais perigosas do inimigo e que precisa ser combatida se quisermos retomar a iniciativa dessa guerra. **Mas além do politicamente correto, devemos combater e reduzir ao limite da irrelevância aquelas ideologias criadas pela esquerda para introduzir o discurso igualitarista nas academias.** Um dos alvos estratégicos de nosso esquema defensivo é a chamada teoria crítica, uma invenção idiota para dar um verniz de seriedade ao velho pensamento marxista. Com a eliminação do politicamente correto e da teoria crítica das universidades, teremos criado o ambiente adequado para a nossa ofensiva.

b) Esquema Ofensivo: na frente política, nossa ofensiva deve impor uma diplomacia antissocialista. **Ou seja, devemos estabelecer uma diplomacia (e estimular que os outros países façam o mesmo) que crie obstáculos e punições àqueles países e organizações que flertam com o socialismo e que beneficie aqueles que promovem a liberdade.** Devemos ocupar posições importantes dos departamentos de relações internacionais e manobrá-los sempre na direção de condenar o socialismo e prestar auxílio a todos aqueles grupos que combatem a tirania estatal em seus países. **Do mesmo modo, temos que usar o poder político conquistado para promover iniciativas em favor da liberdade, não com recursos ou financiamento, mas retirando os obstáculos criados pelos governos anteriores que poderiam prejudicá-las de alguma forma.** O esforço antissocialista deve fazer com que a promoção da liberdade se manifeste em cada ação governamental, garantindo a manutenção de um ambiente mais adequado para todos.

Ao mesmo tempo, é importante buscar fortalecer aquelas empresas e organizações de direita que atuam tanto na mídia jornalística quanto na indústria de entretenimento. Ou mesmo buscar uma infiltração aberta e consciente nos meios de comunicação já existentes, procurando projetar os ideais de liberdade em todo tipo de produção cultural. **Nossa atividade ofensiva deve conciliar a promoção dos valores da direita com a manutenção de ataques ao marxismo cultural. Ou seja, rotinas como a comparação do socialismo ao nazismo, ou mesmo a demonização clara e sincera do comunismo, devem lembrar a população dos perigos dessas doutrinas.** Quanto mais meios culturais tivermos em nosso poder, menos eficazes serão as investidas inimigas, já que essa é a principal forma de propagação da subversão em tempos de paz.

5) Na Instituição da Propriedade: da sua Extinção ao seu Fortalecimento (Levítico 25:14: *"E quando venderdes alguma coisa ao vosso próximo, ou a comprardes da mão do vosso próximo, ninguém engane a seu irmão"*).

Campanha da Propriedade (Defesa da Propriedade e dos Recursos Materiais)		
Frentes	**Contra a Destruição da Propriedade**	**Promoção do Valor da Propriedade**
Política	Eliminação do desarmamento	**Aumento de penas e construção de presídios**
	Eliminação das políticas ambientalistas	Facilitação do comércio de armas
Cultura	Fim da *"função social da propriedade"*	Promoção da cultura da prosperidade
	Defesa ideológica da propriedade	Promoção do amparo privado à PM

a) Esquema Defensivo: aqui, o objetivo estratégico é resgatar o devido valor da propriedade privada. Os inimigos armaram dezenas de armadilhas para acabar com a propriedade e sinalizar a sua destruição. **Por isso, o primeiro passo é desarmar as agressões legais contra a propriedade privada e evitar que sejam criados novos mecanismos normativos para controlar ou prejudicar o direito de propriedade.** Os inimigos sempre inventam uma desculpa para controlar o direito de propriedade, mas as mais comuns são a *"proteção do meio ambiente"* e a *"proteção do consumidor"*. **Portanto, precisamos atuar politicamente para anular e desfazer essas leis que só têm prejudicado o pleno exercício do direito à propriedade, combatendo todas as iniciativas políticas para causar novas agressões contra ele.** Mas não adianta manter uma boa defesa política da propriedade se não nos esforçarmos para eliminar aquelas ideologias que tentam justificar o controle do direito de propriedade com desculpas cada vez mais idiotas.

Por isso, devemos avançar culturalmente para fazer o maior número de pessoas abraçar a defesa ideológica da propriedade. Infelizmente, muita gente não faz ideia de que o seu direito de propriedade está sendo tirado aos poucos e é importante fazer com que as pessoas se preocupem mais com isso. É necessário fazer com que as pessoas tenham uma postura ativa na defesa do direito à propriedade, conhecendo os motivos que o tornam tão importante. **Ao mesmo tempo, devemos desmascarar de uma vez por todas aquilo que chamam de *"função social da propriedade"*.** Boa parte da agenda da esquerda contra a propriedade se apega nessa falácia, que diz que sua autoridade sobre sua propriedade está condicionada a uma *"função social"*. Ou seja, se você não estiver usando aquilo que é seu conforme uma *"função social"*, ele poderá ser tirado de você. Por isso é tão importante no nosso esquema de defesa acabar com a influência dessa premissa na política. De fato, eliminar a mentalidade da *"função social da propriedade"* talvez seja a melhor estratégia a se seguir nessa campanha.

b) Esquema Ofensivo: depois de proteger o direito de propriedade contra os ataques costumeiros, devemos lançar um programa ofensivo para garantir a sua defesa no longo prazo. **E a melhor coisa que podemos fazer nesse sentido é, não apenas acabar com as políticas de**

desarmamento, mas tornar o acesso ao armamento e às ferramentas de defesa mais fácil e barato. O governo impõe um controle idiota ao comércio de armas e produtos de defesa não só para enfraquecer você para que não reclame quando ele for até a sua casa roubar o que é seu. Faz parte da agenda inimiga desarmar você para torná-lo fraco, também, perante ao restante da sociedade. Dessa forma, preocupado com sua segurança e sem os meios necessários para defender o que é seu, você sempre será um problema menor no caminho do estado rumo à tirania. Portanto, a facilitação do comércio e do acesso ao armamento, à munição e aos equipamentos de defesa deve fazer parte da nossa agenda política para garantir o direito de propriedade. **Do mesmo modo, devemos direcionar a atividade do governo no sentido de nos proteger e de nos ajudar a defender o que é nosso**. Na frente política, devemos avançar medidas que tornem menos interessante aos elementos mal-intencionados tentar avançar contra os nossos direitos. Ou seja, precisamos priorizar medidas como a construção de presídios, a punição mais rigorosa de bandidos e a restauração da pena de morte.

Na frente cultural, precisamos preparar a população para aceitar a responsabilidade advinda de uma sociedade mais livre e restaurar o costumeiro respeito ao direito de propriedade. **Uma das medidas mais nobres nessa direção é fazer com que mais gente abrace uma cultura de prosperidade**. Vimos que uma das ferramentas da subversão para derrotar seu inimigo é fazer com que ele rejeite a prosperidade e queira ser pobre. Sabemos que essa manobra já avançou bastante no mundo ocidental, de modo que realmente precisamos nos desfazer dessa tendência e consolidar um povo que não tem preconceitos contra a prosperidade e a riqueza. Ao mesmo tempo, com menos políticas que afrontam nosso direito de propriedade e com um povo mais simpático à prosperidade, teremos condições de criar organizações que protejam e encoragem a atuação no aparato de segurança pública. **Ou seja, parte da agenda cultural deve se preocupar com garantir aos policiais militares, aos agentes de segurança e até mesmo aos vigilantes privados recompensas apropriadas para que continuem fazendo o trabalho deles da melhor forma possível**. Dessa forma, teremos montado uma boa estrutura para proteger a propriedade privada contra futuros ataques.

6) Na Instituição do Trabalho: do seu Controle à sua Liberdade (Gênesis 2:15: *"E tomou o Senhor Deus o homem, e o pôs no jardim do Éden para o lavrar e o guardar"*).

Campanha do Trabalho (Defesa do Trabalho e da Atividade Autônoma)		
Frentes	**Contra a Destruição do Trabalho**	**Defesa do Trabalho**
Política	Desregulamentação do mercado de trabalho	Reforma trabalhista (sem salário mínimo)
	Redução do poder dos sindicatos	Proteção à atividade indigente
Cultura	Rejeição do corporativismo	Promoção do individualismo
	Rejeição do nacionalismo estatizante	Promoção da autonomia

a) Esquema Defensivo: outro foco da atividade inimiga é o controle do trabalho. Não é por acaso que em todo lugar onde os comunistas assumiram o poder eles contaram com o apoio de sindicatos e corporações trabalhistas para chegar lá. De fato, em dezenas de países o partido que encabeça a implantação da agenda socialista tem *"trabalhador"* no nome (ou algo que faça referência ao trabalho). É assim no Brasil (Partido dos Trabalhadores), foi assim na Alemanha (Partido dos Trabalhadores Nacional-Socialista Alemão), é assim na Inglaterra (Partido Trabalhista) e é assim em muito lugar. **Por isso, nossa primeira ação política deve ser tirar todo o poder que sindicatos e cooperativas têm para prejudicar aqueles trabalhadores que não querem se vincular a eles.** De igual modo, é essencial avançar políticas que desregulamentem o mercado de trabalho cada vez mais, de modo a tornar o processo de contratação e negociação salarial mais livre e flexível. **Ou seja, devemos buscar politicamente a mais completa desregulamentação do mercado de trabalho, bem como rejeitar novas tentativas de engessá-lo.**

Mas, infelizmente, um mesmo número absurdo de pessoas se acostumou a ver o governo como o verdadeiro dono do seu trabalho. Milhões de pessoas realmente acham que estão protegidas por um código trabalhista de dar inveja ao mais radical dos fascistas. **Portanto, temos a tarefa cultural de tirar da cabeça dessas antas o ranço sindicalista e corporativista, mostrando que elas podem ser mais**

fortes quanto mais autoridade tiverem sobre seus próprios trabalhos. Temos que mostrar ao cidadão comum que as melhores leis trabalhistas são aquelas que o tornam livre para negociar o seu serviço e até mesmo para contratar o trabalho de alguém. Além disso, é importante reeducar aquela parcela da sociedade que ainda acredita que devemos estatizar vastos setores da economia para protegê-la de crises e recessões. **O tipo mais medíocre de cidadão é aquele que combate a privatização de empresas públicas, ou que incentiva a estatização da economia, esperando que o governo lhe dê um empreguinho ou contrate sua empresa**. É por isso que devemos focar esforços para combater culturalmente aquelas ideologias que tentam justificar a intervenção do governo na economia e no trabalho, como o nacionalismo estatizante, o corporativismo e o já mencionado sindicalismo.

b) Esquema Ofensivo: nosso esforço defensivo deve ser consolidado com a imposição de uma ampla reforma trabalhista, que torne o mercado de trabalho realmente livre e coloque novamente nas mãos do cidadão a autoridade sobre o seu próprio destino. No caso do Brasil, isso significa literalmente jogar fora a CLT, bem como a presente justiça trabalhista e toda a estrutura construída para manter o mais estrito controle sobre o mercado de trabalho. **Um dos alvos principais dessa reforma deve ser a eliminação do salário mínimo, que só dificulta a vida para o trabalhador menos qualificado e que está à procura de um emprego**. Infelizmente, o fato de o governo determinar um piso salarial aos empregadores privados não faz aparecer magicamente dinheiro na conta deles. Consequentemente, o aumento meramente normativo no salário mínimo tende a ser acompanhado por um aumento do desemprego, já que o efeito imediato dessa política é a demissão de todos aqueles que não produzem além daquele valor mínimo. **Por isso, é igualmente importante criar mecanismos de proteção à atividade indigente, ou seja, àquelas pessoas que acabaram desempregadas e conseguem seu sustento atuando fora das normas trabalhistas**. É necessário proteger aqueles que estão se virando como podem, como camelôs, engraxates, feirantes e vendedores ambulantes, do assédio de fiscais do trabalho e de sindicatos.

Pouca coisa é mais imoral e reprovável do que um governo que confisca a mercadoria de feirantes ou de vendedores ambulantes só

porque não possuem uma permissão específica ou não atendem um padrão de qualidade criado para proteger vagabundos. Então, nada melhor do que complementar as proteções legais criadas à atividade indigente com uma agenda cultural capaz de fazer as pessoas enxergarem cada vez mais a necessidade de aumentar o poder que elas têm sobre o seu próprio trabalho. É importante fazer com que a sociedade veja que o seu esforço para sobreviver deve ser protegido contra a ação imoral de um governo que quer condená-la à fome e à dependência. **Por isso, temos que avançar no plano cultural a valorização da autonomia e do individualismo**. As pessoas devem cultivar a autonomia em relação ao estado, buscando construir suas vidas de forma que a única coisa que precisem do governo seja que as deixem em paz. Devemos mostrar à sociedade que todos são capazes de resolver seus próprios problemas e, com trabalho, realizar os seus sonhos.

7) No Código Moral: da sua Corrupção à sua Defesa (Romanos 13:9: *"Com efeito: Não adulterarás, não matarás, não furtarás, não darás falso testemunho, não cobiçarás. E se há algum outro mandamento, tudo nesta palavra se resume: Amarás ao teu próximo como a ti mesmo"*).

Campanha Moral (Defesa da Família e da Justiça)		
Frentes	**Contra a Destruição da Moralidade**	**Promoção do Moralismo Cristão**
Política	Rejeição do controle populacional	Promoção de política pró-vida
	Eliminação de políticas contra famílias	Promoção da justiça de vingança
Cultura	Rejeição do pós-modernismo	Promoção de Cruzada Moral
	Rejeição do ecumenismo não-cristão	Promoção do cristianismo

a) Esquema Defensivo: é nessa campanha onde as batalhas mais decisivas são travadas. O lado que tiver o domínio da campanha moral terá superioridade automática no esforço cultural-ideológico, facilitando a atuação em todas as outras frentes da guerra. Como já explicamos, o objetivo estratégico da esquerda é quebrar a base da moralidade judaico-cristã. Para isso, eles devem fazer as pessoas rejeitar o cristianismo ou odiar o direito à vida. Consequentemente, nosso objetivo estratégico na campanha moral é defender o cristianismo e o direito à vida com todas as nossas forças. **Por isso, um primeiro movimento que devemos forçar na frente política é impor a rejeição de toda e qualquer proposta de controle populacional.** Qualquer tipo de política envolvendo aborto, limitação do número de filhos que um casal pode ter, queda nas taxas de natalidade ou que trate as pessoas como um *"problema"* deve ser rejeitada e combatida. **Da mesma forma, qualquer tentativa de desproteger ou desvalorizar a família deve ser repudiada.** Na realidade, as agressões que vemos contra a família são uma forma que a esquerda encontrou para atacar o cristianismo e o direito à vida. Por consequência, a defesa militante da família tradicional deve se juntar à rejeição do controle populacional para garantir uma boa defesa política da expressão da nossa moralidade.

Mas essa postura na política deve ser acompanhada da atividade cultural para eliminar aquelas doutrinas que buscam agredir o cristianismo e o direito à vida. **Primeiramente, temos que combater o ecumenismo não-cristão e toda a ideia de que *"todas as religiões levam a Deus"*.** Dissidentes soviéticos revelaram que uma das formas usadas pela subversão para minar o cristianismo é promover o ecumenismo com religiões não-cristãs. Uma vez que se estabeleça uma *"massa"* de cristãos com simpatias por outras religiões nada cristãs, a subversão estimula essas simpatias e tenta fazê-los se afastar ainda mais do cristianismo. Quanto ao desprezo pela vida, todas ideologias inspiradas pelo marxismo tendem a promover algum tipo de culto à morte representado pela necessidade de controle populacional, pelo incentivo ao conflito entre grupos sociais e pelo ódio ao mundo material. **Vamos resumir a visão de mundo que costuma aceitar e receber todas essas porcarias como pós-modernismo.** Por isso, essa visão de mundo deve ser combatida com todas as nossas forças, atuando culturalmente para que a sociedade rejeite o pensamento pós-modernista.

b) **Esquema Ofensivo:** nossos esforços ofensivos devem expressar uma verdadeira cruzada moral pelo domínio dessa campanha. E nessa campanha moral, os dois principais objetivos são a manutenção da criminalização do aborto, com um amplo empenho para punir aqueles que praticam tal crime, e a proteção do direito de vingança. **A proibição do aborto deve vir acompanhada por outras políticas de valorização e proteção da vida, como a dedução no imposto de renda por quantidade de filhos ou isenções fiscais para produtores de remédios e profissionais da saúde**. Tudo que estimule a vida e fortaleça a família deve receber nossa atenção na ofensiva política da campanha moral. **A defesa legal do direito de vingança também deve fazer parte desse esquema, garantindo que as pessoas possam fazer justiça privadamente nos casos em que estejam diretamente envolvidas**. A ideia por trás disso é fazer com que as pessoas tenham liberdade para corrigir as injustiças que sofrem quando tiverem os meios para tal, liberando o aparato de segurança para aqueles casos em que as vítimas não têm condições para fazer justiça por elas mesmas.

Mas tudo isso deve ser feito respeitando nossos valores principais, o respeito que temos pela vida, pela liberdade e pela propriedade. Por isso, temos que promovê-los culturalmente, estimulando um comportamento mais moral na sociedade. E a melhor forma de fazer isso é propagando ativamente a fonte primordial desses valores: o cristianismo. **Assim, temos que conduzir uma verdadeira cruzada moral, buscando sempre a expansão do cristianismo e dos valores cristãos**. Devemos ter em mente a vitória absoluta da campanha moral, uma vez que a simpatia por aquilo que consideramos fundamental depende disso. **O sucesso de nossa ofensiva abrirá espaço para a defesa mais ampla daquelas ideias que beneficiam todo mundo, como a proibição do aborto, a defesa da família, o armamento da população e a rejeição do comunismo**. Garantindo a vitória na campanha moral, teremos domínio do campo de batalha cultural-ideológico, o que nos dará superioridade em todas as outras campanhas.

8.2. Carta de Proteção dos Direitos Fundamentais

Enfim, o último passo de nosso plano é impor um instrumento de proteção aos nossos direitos à vida, à liberdade e à propriedade. Já vimos como criar uma boa defesa e como avançar contra as posições inimigas, mas temos que consolidar o sucesso com algo que garanta a proteção daquilo pelo qual lutamos. É nesse sentido que temos que avançar uma Carta de Proteção que defenda nossos direitos fundamentais contra futuros ataques. Vimos que os americanos conseguiram criar um documento fantástico, que tem durado até os nossos dias. Mas tendo em vista os ataques recentes que esse documento tem sofrido de grupos que seus criadores não sonhavam enfrentar, é hora de atualizá-lo com tudo aquilo que aprendemos sobre o inimigo (e sobre a sua disposição de destruir tudo aquilo que consideramos bom, justo e agradável). Segue, portanto, o rascunho da nova Carta de Proteção, que deve ser imposta tão logo consigamos virar essa guerra subversiva.

Carta de Direitos e Garantias Fundamentais

Os cidadãos unidos reconhecem que o estado tem poderes limitados e que sua função é a preservação perfeita dos direitos à vida, à liberdade e à propriedade do povo.

Proteção da Vida:

1. O estado, em todas as suas manifestações, protegerá a vida humana desde o início da sua gestação, de modo a garantir ao povo a defesa institucional da vida de todo aquele que não cometeu crime grave:

a) São crimes graves: homicídio com agravante, o sequestro com agravante, o estupro e a pedofilia.

b) São agravantes: a reincidência, a duração do crime e o sadismo em casos que não envolvem comprovada vingança.

2. O estado, em todas as suas manifestações, garantirá o direito de subsistência, de modo que se torna inviolável a atividade precária de coleta e comércio dos cidadãos, em suas propriedades ou em espaço público, que não atentem contra a vida, a liberdade e a propriedade dos demais.

3. O estado, em todas as suas manifestações, defenderá o direito de proteger e de fazer justiça dos cidadãos, garantindo o direito de possuir armas e o uso da força física para a autodefesa e a defesa de terceiros, bem como o direito de anistia em caso de comprovada vingança por agressão à vida e à integridade sexual própria ou de pessoas próximas.

Proteção da Liberdade:

1. Fica estabelecido que o estado, em todas as suas manifestações, terá limites CLAROS e OBJETIVOS à interferência na liberdade de crença, de costume e de expressão, podendo atuar apenas quando essas liberdades forem usadas para pregar a violação, sem o adequado consentimento, da vida, da liberdade e da propriedade de terceiros, casos em que poderão ser aplicadas as seguintes restrições:

a) Cassação dos direitos políticos: sempre que tais liberdades forem usadas para promover a violação dos direitos à vida, à liberdade e à propriedade de terceiros, mantendo-se os direitos à reunião pacífica e à formação de sociedades para o debate de tais ideias, mas sem qualquer direito de representação ou participação política.

b) Cassação do direito de representação civil: sempre que tais liberdades forem usadas para promover os crimes considerados graves, o estado também irá cassar o direito de formação de sociedades para representação civil, reunião e debate com pessoas com as mesmas ideias.

2. O estado, em todas as suas manifestações, não poderá proibir ou regulamentar o uso de qualquer bem de consumo obtido ou produzido pelos cidadãos nos lugares privados, podendo apenas regulamentar seu trânsito no espaço público.

a) O limite não se aplica aos equipamentos de destruição em massa e aos produtos que ofereçam risco de prejuízo químico, nuclear ou biológico, que serão controlados pelo aparato de segurança externa da união.

b) O limite também não se aplicará à produção cultural que promova, ou não condene expressamente, os crimes considerados graves e às drogas recreativas com alto risco de dependência química, que serão controlados pelo aparato de segurança interna de cada estado.

3. Todo cidadão adulto alfabetizado e que não tenha cometido crime grave terá pleno direito de representação e participação política, bem como o comprovante de voto, participação civil na fiscalização das eleições e auditoria do processo eleitoral.

Proteção da Propriedade:

1. O estado garantirá o direito à propriedade como peça fundamental da defesa individual da vida e da liberdade, nos termos desta Carta, não podendo jamais legislar de forma a determinar ou estabelecer: o preço, a forma de comprar, a forma de vender, a qualidade e a quantidade, do trabalho e de todos os produtos que não se encaixem nas exceções previstas no rol de proteções à liberdade.

2. O estado não poderá interferir no funcionamento pacífico e independente de empresas e atividades, sendo que esta Carta garante a inviolabilidade dos negócios contra qualquer tipo de imposição estatal de controle de qualidade, de programa de reciclagem ou de preservação ambiental, bem como de padrões de comportamento, no interior das propriedades particulares, sejam comerciais, sejam residenciais, sejam industriais.

3. A união terá um limite de orçamento e de receita que não ultrapasse nunca 30% da arrecadação máxima dos estados que o sustentam e usará esses limites para a manutenção da segurança interna, para a manutenção da segurança externa, para a administração da justiça no nível federal e para a gestão do espaço público que lhe pertencer:

a) A união terá pleno controle do aparato de defesa externa, incluindo a proteção contra esquemas subversivos estrangeiros, o controle das fronteiras e do controle sobre as armas de destruição em massa.

b) Cabe aos estados e às cidades a política de segurança interna, sendo que os agentes de segurança (os policiais) são invioláveis em suas funções, sempre que estiverem atuando para restabelecer a ordem e para proteger a vida, a liberdade e propriedade dos cidadãos, sendo garantidos o direito de agir DESPROPORCIONALMENTE e de MODO AGRESSIVO contra qualquer pessoa que propositalmente oferecer perigo à sua integridade física ou à execução da sua atividade.

c) Os estados estabelecerão seus regimes legais e seus códigos civis e penais, com as liberdades e princípios pregados nesta Carta, tendo autonomia e poder para deliberar sobre tudo o que não foi estabelecido nesta Carta, mas com limite de orçamento e de receita que não ultrapasse 30% da arrecadação máxima de suas cidades, tendo como objetivo harmonizar a coexistência de regimes diferentes dentro do estado.

d) Os casos de desapropriação por interesse público só poderão ser realizados mediante justo pagamento em dinheiro, no preço concordado pelo proprietário e apenas em caso de extrema necessidade pública que não afete os princípios desta Carta, JAMAIS podendo ser realizados para fins de reformas sociais, distribuição, planos de crescimento ou políticas anticíclicas, nem sem o consentimento expresso e legal dos representantes locais.

8.3. Regras para Radicais de Direita

Não poderíamos terminar este capítulo sem explicar melhor o conceito e os limites da desobediência civil. Eu falei muitas coisas que podem parecer radicais para os recém-saídos da Matrix e para aqueles que ainda não se acostumaram com a verdadeira liberdade que acompanha a genuína mentalidade de direita. Por isso, é necessário explicar as condições em que devemos desobedecer a autoridade pública e os limites de nossa atuação nesse contexto.

Primeiramente, lembre-se do que Pedro falou aos cristãos quando foram obrigados a agir de modo contrário aos seus princípios: *"Mais importa obedecer a Deus do que aos homens"*. Ou seja, há situações em que estamos moralmente justificados se não obedecemos ao estado, mesmo que tal obrigação tenha sido transformada em lei seja lá por quem teve autoridade para isso. A mentalidade de direita não é legalista, no sentido de atribuir às leis dos homens algum tipo de fonte de valor moral.

Nós seguimos as leis no limite em que elas expressam uma moralidade concordante com a nossa, e não porque elas têm qualquer poder de determinar o que é certo e o que é errado. Desse modo, nós tendemos a desafiar o governo quanto mais a imoralidade (agressões à vida, à liberdade e à propriedade) for transformada em lei. Nós vamos antagonizar o estado quanto mais ele tentar impor obrigações e costumes que contrariam o nosso sistema moral.

De fato, a desobediência que a direita tem que praticar é moral e nem sempre é passiva, mas mesmo quando exige alguma ação ela tende a ser pacífica ou é facilmente identificada como *"justa"*, pelo menos para aqueles com a mesma mentalidade. Note então que temos que entender cada uma dessas situações: a desobediência passiva, a desobediência pacífica e a desobediência ativa.

a) A desobediência passiva é a mais simples porque envolve simplesmente a decisão de cruzar os braços e não obedecer uma ordem imoral. Ela consiste na simples teimosia para dizer não quando o estado nos manda fazer algo imoral, seja legal ou não. Imagine, por exemplo, que o governo brasileiro resolveu legalizar o aborto. Imagine que o governo passa a obrigar os médicos da rede pública a praticar o aborto como parte de suas funções. Qualquer médico que se recusasse a cumprir tal lei estaria moralmente justificado. Às vezes, o simples ato de *"não fazer"* o que o governo mandou pode ser a postura mais correta a se adotar. Na realidade, muitos já incorrem em desobediência passiva no dia a dia, simplesmente ignorando as leis idiotas que o governo tem criado.

b) A desobediência pacífica é um pouco diferente da passiva porque exige uma ação do cidadão. Nesse tipo de desobediência, o cidadão toma algum tipo de atitude que contraria o interesse do governo. Por exemplo, a Alemanha nazista cobrava impostos e usava parte do dinheiro para financiar sua política de tirar judeus de suas casas e jogá-los em guetos. Qualquer cidadão alemão da época que sonegasse impostos estaria fazendo a coisa certa, não estaria? Em muitos casos, a sonegação de impostos demanda não só o ato de *"não entregar parte do que recebeu ao governo"*. O sujeito rebelde pode ter algum tipo de trabalho para ocultar os seus bens ou esconder a fonte de sua renda. Mas em muitos casos, o trabalho vale a pena, porque ele sabe que não deixar que seus recursos caiam nas mãos do governo não só não é imoral, mas é a coisa mais moral que ele pode fazer. Nesses casos, também, o cidadão está plenamente justificado pelo seu ato de desobediência.

c) E há um terceiro tipo de resistência que é a desobediência ativa moralmente justificada. Na desobediência ativa, o cidadão toma uma atitude agressiva que contraria os interesses de alguma autoridade, mas que é considerada justa do ponto de vista moral. Certamente, esse é o tipo mais polêmico de manifestação, mas há várias situações em que a atitude agressiva está moralmente justificada. Jesus não tomou uma atitude passiva nem pacífica quando expulsou aqueles que o desrespeitaram no templo. Em muitos casos, ele tomou atitudes agressivas, chamando seus opositores de hipócritas e ignorantes, contrariando as regras da época. Ou seja, há situações em que uma ação agressiva é necessária para alcançar a justiça ou evitar um crime.

Mas se ainda assim você está inseguro em fazer o que é certo por meio de algum tipo de desobediência, seguem algumas regras que podem ajudá-lo a tomar uma decisão e direcionar suas atitudes:

1) A desobediência jamais, em nenhum caso, pode prejudicar inocentes ou desconhecidos em suas vidas, liberdades e propriedades. Ou seja, a mentalidade de direita não aceita *"baixas colaterais"*. Note que a atuação de esquerda não se importa com inocentes ou com desconhecidos em seus atos de desobediência. A desobediência de esquerda destrói os bens de terceiros, explode inocentes e não se importa com a integridade daqueles que não têm nada a ver com suas queixas. De fato, a mentalidade da esquerda faz com que seus militantes não se importem com *"baixas colaterais"*, porque o conceito de baixa colateral envolve algum tipo de agressão à vida, à liberdade ou à propriedade de terceiros. Contudo, para a direita, a baixa colateral é inaceitável e só revela a negligência e o descaso da pessoal para com o que consideramos mais sagrado.

2) A decisão de desobedecer é pessoal, bem como as consequências de tal decisão. Ou seja, se você está pensando em fazer alguma coisa tendo ainda alguma dúvida da moralidade de tal ação, ou só porque *"alguém disse que você deveria fazer"*, **não faça.** Na visão da direita, o ato de desobediência é pessoal, e por isso é encarado como uma escolha consciente de adultos responsáveis e que sabem das possíveis consequências de suas decisões. Antes de se comprometer com a desobediência, é importante considerar a moralidade da provocação e da resposta, bem como as consequências da desobediência e a disposição para lidar com elas. Qualquer indicação de que se quer compartilhar a responsabilidade das consequências com qualquer outra pessoa não envolvida na decisão deve ser um sinal necessário para não se fazer nada.

3) A desobediência não deve visar vantagens pessoais ou ser realizada por motivos egoístas. Ou seja, a decisão de desobedecer deve estar diretamente relacionada com a proteção de valores morais superiores, que não podem ser desrespeitados no processo de desobediência. Isso também explica porque não se vê em manifestações de direita o tipo de agressividade que encontramos nas ações orquestradas pela esquerda. O roubo e a destruição da propriedade de terceiros não estão entre as opções disponíveis ao sujeito de direita que resolveu desobedecer. Por exemplo, o médico que é obrigado pela lei a praticar o aborto está moralmente justificado se ele decide destruir as ferramentas usadas para tirar a vida dos bebês, mas ele jamais pode usar isso como desculpa para levar coisas do hospital para sua casa.

4) As ações envolvidas na desobediência devem ser proporcionais à provocação. Ou seja, o grau de agressividade da resposta deve ser equivalente ao prejuízo do direito que está sendo agredido ou ameaçado. Note que a esquerda aceita o tipo de desobediência em que se pode quebrar o seu carro ou destruir a sua loja porque a passagem do ônibus aumentou. Ou mesmo incendiar ônibus públicos no mesmo protesto em que se pede melhores condições de transporte público. Na mentalidade de direita, esses casos são impensáveis. Primeiro porque jamais aceitaríamos agressões à vida ou à propriedade de inocentes. Depois, porque nossas reações tendem a ser proporcionais ao prejuízo. Por exemplo, uma mãe que executa o pedófilo que abusou da sua filha está moralmente justificada, mas não o cidadão que resolve matar o balconista do departamento de trânsito que o atendeu mal.

Concluindo, qualquer ação de desobediência deve seguir esses princípios: (1) ela não deve afetar terceiros (não ter *"baixas colaterais"*), (2) sua decisão deve ser feita de forma consciente e pessoal, (3) ela deve servir para defender ou garantir os nossos valores morais (respeito à vida, à propriedade e à liberdade) e (4) deve ser proporcional à provocação. O ideal é construir uma sociedade que não nos force a apelar para a desobediência civil para que aqueles direitos fundamentais sejam preservados. Mas também não devemos ter problemas para agir dessa forma quando as condições morais e materiais mostram ser necessário. Lembre-se que somos moralistas, não legalistas.

Conclusão e Expectativas

Parabéns, você chegou ao fim do livro. Minha intenção foi facilitar o entendimento dos conceitos e das ideias necessários para todo cidadão de direita defender bem o seu ponto de vista. Espero ter sido didático e conseguido facilitar a assimilação das noções que norteiam o entendimento da política nacional e mundial.

Para todos os efeitos, agora você tem um plano completo com as linhas gerais da nossa agenda. Nós devemos ter em mente que é nossa responsabilidade lutar contra a subversão e colocar o mundo em uma nova direção. Um mundo com comunismo deve ser mudado. Uma sociedade dominada pelo socialismo deve ser transformada. Devemos avançar uma constituição capaz de proteger as vidas e as liberdades da nossa geração e das gerações futuras.

O mundo precisa de uma verdadeira metanoia para tirá-lo do rumo que está trançando. Temos que conduzi-lo na direção da defesa da vida, da verdade e da justiça. Devemos ser capazes de fazer o cristianismo, a prosperidade e a liberdade resplandecerem em cada canto do planeta. E estamos em um momento em que todos podemos fazer parte desse processo.

Enfim, rezo para que Deus abençoe cada leitor e derrame sabedoria e graça em suas vidas. E para que faça o mundo perceber antes que seja tarde demais que é necessário um movimento sincero de conversão a Cristo. **Pois os efeitos do melhor plano de ação e das melhores propostas políticas não durarão muito tempo se o povo não se converter e voltar o seu coração à Sua palavra. Muito obrigado e que Deus nos abençoe nessa jornada.**

Anexos Importantes para Entender a Esquerda e o Socialismo

Regras da Liga Comunista (junho de 1847) (Volume 6 dos Trabalhos Completos de Marx e Engels)

"Art. 1. A Liga almeja a emancipação da humanidade pela propagação da teoria da COMUNIDADE DE PROPRIEDADE e sua mais rápida introdução prática possível.

Art. 2. A Liga é dividida em COMUNIDADES e CÍRCULOS; a presidência é detida pela AUTORIDADE CENTRAL como seu órgão executivo.

Art. 3. Qualquer um que queira ser membro da Liga precisa:

a. se conduzir de uma maneira máscula (manly fashion); b. nunca ter comedido uma ação desonrosa; c. reconhecer os PRINCÍPIOS DA LIGA; d. possuir comprovados meios de subsistência; e. não pertencer a qualquer associação política ou nacional; f. ser admitido na comunidade por unanimidade, e; g. dar sua palavra de honra que irá trabalhar com LEALDADE E SIGILO (observe secrecy).

Art. 4. Todos os membros da Liga são IGUAIS e IRMÃOS, e como tais devem ajudar uns aos outros em toda situação.

Art. 5. Todos os membros terão CODINOMES na Liga.

(...)

Art. 36. Depois que as Regras forem lidas por ele, o candidato é questionado pelos dois membros da Liga mencionados no artigo 9 para responder às seguintes cinco perguntas. Se ele responder "SIM", é requerido dele que dê sua palavra de honra e assim é declarado um membro da liga.

Essas CINCO PERGUNTAS são:

a. Você está convencido da verdade dos princípios da COMUNIDADE DE PROPRIEDADE?

b. Você acha que uma Liga forte é necessária para a realização desses princípios O MAIS RÁPIDO POSSÍVEL, e você deseja pertencer a tal Liga?

c. Você promete sempre trabalhar com ações e palavras para a propagação e a realização PRÁTICA dos princípios da COMUNIDADE DE BENS?

d. Você promete MANTER SEGREDO (observe secrecy) sobre a existência dos negócios da Liga?

e. Você promete obedecer às decisões da Liga? Então nos dê sua palavra de honra como garantia.

(...)

Em nome e por ordem do Congresso

O Presidente, Karl Schill (na verdade, Karl Schapper)
Heide, Secretário (na realidade, Wilhelm Wolff)
Londres, 9 de junho de 1847".

O Manifesto Comunista

Os socialistas dizem que se mais pessoas lessem a Bíblia, menos pessoas seriam cristãs. Bem, eu li e me tornei um cristão. Mas uma coisa que se pode dizer sem sombra de dúvidas é: se mais socialistas lessem o Manifesto Comunista, com certeza haveria bem menos deles no mundo. É incrível como tão poucos socialistas chegaram a ler pelo menos parte do manifesto. Todo o documento é um show de aberrações. Poucos sabem (inclusive muitos esquerdistas) que o Manifesto Comunista apresenta uma lista de dez propostas que devem ser colocadas em prática em países com alguma condição de desenvolvimento do plano comunista. Essas propostas são:

"1. EXPROPRIAÇÃO da propriedade latifundiária e emprego da renda da terra em proveito do Estado.

2. Imposto FORTEMENTE progressivo.

3. ABOLIÇÃO do direito de HERANÇA.

4. CONFISCO da propriedade de todas os emigrados e sediciosos.

5. Centralização do crédito nas mãos do Estado por meio de um BANCO NACIONAL com capital do Estado e com o MONOPÓLIO EXCLUSIVO.

6. Centralização, nas mãos do Estado, de TODOS os meios de transporte.

7. Multiplicação das fábricas e dos instrumentos de produção pertencentes ao Estado, arroteamento das terras incultas e melhoramento das terras cultivadas, segundo um plano geral.

8. TRABALHO OBRIGATÓRIO para todos, organização de exércitos industriais, particularmente para a agricultura.

9. Combinação do trabalho agrícola e industrial, medidas tendentes a fazer desaparecer gradualmente a distinção entre a cidade e o campo.

10. EDUCAÇÃO PÚBLICA e GRATUITA de todas as crianças, abolição do trabalho das crianças nas fábricas, tal como é praticado hoje. Combinação da educação com a produção material, etc".

Rascunho da Confissão de Fé Comunista (que se tornou parte dos Princípios do Comunismo, de Engels) (Volume 6 dos Trabalhos Completos de Marx e Engels)

"Questão 1: Você é um comunista?

Resposta: Sim.

Questão 2: Qual é o objetivo dos comunistas?

Resposta: Organizar a sociedade de tal modo que todo o membro dela possa desenvolver e usar todas as suas capacidades e poderes em complete liberdade, embora sem infringir as condições básicas dessa sociedade.

Questão 3: Como você deseja alcançar esse fim?

Resposta: Pela ELIMINAÇÃO DA PROPRIEDADE PRIVADA e sua substituição pela COMUNIDADE DE BENS.

Questão 4: Em que você baseia sua comunidade de bens?

Resposta: Primeiramente, na massa de forças produtivas e nos meios de subsistência resultantes do desenvolvimento da indústria, da agricultura, do comércio e da colonização, e nas possibilidades inerentes ao uso de máquinas, produtos químicos e outros recursos com suas extensões infinitas. Segundamente, no fato de que na consciência ou sentimento de cada indivíduo existem certos princípios irrefutáveis que, sendo o resultado mais complete do desenvolvimento histórico, não precisam de provas para serem demonstrados.

Questão 5: Que princípios são esses?

Resposta: Por exemplo, todo indivíduo luta para ser feliz. A felicidade desse indivíduo é inseparável da felicidade dos demais, entre outros.

Questão 6: Como você deseja preparar o caminho para sua comunidade de bens?

Resposta: Iluminando e unindo o proletariado.

Questão 9: Como o proletariado surgiu?

Resposta: O proletariado surgiu como resultado da introdução das máquinas que têm sido inventadas desde a metade do século passado (XVIII), das quais as mais importantes eram: o motor a vapor, a máquina de fiar e o tear mecânico. Essas máquinas, que eram muito caras e poderiam ser compradas apenas pelos ricos, suplantaram os trabalhadores da época, porque ao usá-las (as máquinas) foi possível produzir produtos com mais rapidez e mais baratos do que os trabalhadores conseguiriam com suas rodas de fiar imperfeitas e teares manuais. As máquinas assim entregaram a produção industrial inteiramente nas mãos dos grandes capitalistas e deixaram a escassa propriedade dos trabalhadores, que consistia principalmente de suas ferramentas, seus teares, e outros bens menores, quase sem valor, de modo que o capitalista ficou com tudo e o trabalhador com nada. Foi assim que o sistema fabril foi introduzido. Uma vez que os capitalistas viram o quão vantajoso isso era para eles, eles buscaram expandi-lo para mais e mais atividades humanas. Eles dividiram o trabalho mais e mais entre os trabalhadores, para que os trabalhadores que antes produziam todo o bem agora produzissem apenas parte dele. O trabalho simplificado desse modo produzia bens mais rapidamente e, portanto, mais baratos e só então se descobriu que as máquinas poderiam ser usadas em quase todos os ramos da atividade humana. Tão logo qualquer setor produtivo assumia a produção fabril ele acabava, assim como a fiação e tecelagem, nas mãos dos grandes capitalistas, e os trabalhadores foram privados dos últimos resquícios de sua independência.

Questão 10: De que modo o proletário se diferencia do escravo?

Resposta: O escravo é vendido de uma, enquanto o proletário tem que se vender diariamente e a cada hora. O escravo é propriedade de um senhor e por essa mesma razão ele tem uma garantia de subsistência, por mais miserável que ela seja. O proletário e, por assim dizer, o escravo de toda a classe burguesa, não de um senhor, e, portanto, não tem nenhuma garantia de subsistência, já que ninguém vai comprar seu trabalho se ele não for necessário. O escravo é contado como uma coisa e não um membro da sociedade civil. O proletário é reconhecido como uma pessoa, como um membro da sociedade civil. O escravo pode, portanto, ter uma subsistência melhor do que um proletário, mas o último está em uma etapa maior de desenvolvimento. O escravo se liberta ao se tornar um proletário, abolindo da totalidade das relações de propriedade apenas a possessão de escravos. O proletário só pode se libertar abolindo a propriedade em geral.

Questão 13: Então você não acredita que a comunidade de bens foi possível no passado?

Resposta: Não. O comunismo surgiu apenas depois que a maquinaria e outras invenções tornaram possível se ter a perspectiva de um desenvolvimento global, uma existência feliz, para todos os membros da sociedade. O comunismo é a teoria de uma libertação que não era possível para os escravos, os servos ou os artesãos, mas apenas para os proletários e, por isso, ele pertence necessariamente ao século XIX e não a qualquer período anterior.

Questão 15: Você pretende substituir a ordem social existente por uma comunidade de bem subitamente de uma vez só?

Resposta: Nós não temos tal intenção. O desenvolvimento das massas não pode ser feito por decreto. Ele é determinado pelo desenvolvimento das condições nas quais as massas vivem, e, portanto, avança gradualmente.

Questão 16: Como você acha que a transição da situação presente para a comunidade de bens será efetuada?

Resposta: A condição fundamental e primeira para a introdução para a comunidade de bens é a libertação política do proletariado por meio de uma constituição democrática.

Questão 17: Qual será sua primeira medida uma vez que a democracia for estabelecida?

Resposta: Garantir a subsistência do proletariado.

Questão 18: Como você fará isso?

Resposta:

I. Pela LIMITAÇÃO DA PROPRIEDADE PRIVADA de tal modo que se prepare o caminho para sua transformação em PROPRIEDADE SOCIAL, por exemplo, adotando IMPOSTO PROGRESSIVO, LIMITAÇÃO DO DIREITO DE HERANÇA EM FAVOR DO ESTADO, entre outras medidas.

II. Pelo emprego de trabalhadores em oficinas e fábricas nacionais e no território nacional.

III. Pela educação de TODAS AS CRIANÇAS às expensas do estado.

Questão 19: Como você vai organizar esse tipo de organização durante o período de transição?

Resposta: Todas as crianças serão educadas em estabelecimentos estatais desde o momento em que elas possam prescindir dos cuidados maternos.

Questão 20: A introdução da comunidade de bens não será acompanhada da proclamação da comunidade das mulheres?

Resposta: De jeito nenhum. Nós só iremos interferir na relação pessoal entre homens e mulheres ou com a família em geral na medida em que a manutenção dessas instituições perturbem a NOVA ORDEM SOCIAL. Além do mais, nós estamos bem cientes de que as relações familiares foram alteradas no curso da história pelas relações de propriedade e pelos períodos de desenvolvimento, de modo que consequentemente a extinção da PROPRIEDADE PRIVADA também terá uma influência importante nelas (nas relações familiares).

Questão 21: As nacionalidades continuarão a existir sob o comunismo?

Resposta: As nacionalidades das pessoas que se unirem conforme o princípio da comunidade de bens serão compelidas por essa união a se fundirem umas às outras e, dessa forma, se superarão quanto às várias diferenças entre elas e verão suas classes desaparecerem por meio da superação da base delas – a propriedade privada.

Questão 22: Os comunistas REJEITAM AS RELIGIÕES EXISTENTES?

Resposta: TODAS AS RELIGIÕES que existiram até agora foram expressões de etapas históricas do desenvolvimento de grupos ou indivíduos. Mas o comunismo é o estágio do desenvolvimento histórico que SUPERA e TORNA SUPÉRFLUAS TODAS AS RELIGIÕES EXISTENTES.

Em nome e a mando do Congresso.

Secretário: Heide

Londres, 9 de junho de 1847. Escrito por Friedrich Engels".

Princípios do Comunismo

"Questão 17: Será possível ABOLIR A PROPRIEDADE PRIVADA de um único golpe?

Resposta: Não, tal coisa seria tão impossível quanto aumentar por decreto as forças produtivas existentes no patamar necessário para estabelecer a comunidade de bens. Consequentemente, a revolução do proletário, que tudo indica é iminente, transformará a sociedade presente apenas GRADUALMENTE, e será capaz de abolir a propriedade privada apenas quando for criada a quantidade necessária dos meios de produção.

Questão 18: Qual será o curso dessa revolução?

Resposta: Em primeiro lugar, ela inaugurará uma CONSTITUIÇÃO DEMOCRÁTICA e portanto, direta ou indiretamente, a dominação política do proletário. Diretamente na Inglaterra, onde o proletário já constitui a maioria do povo. Indiretamente na França e na Alemanha, onde a maioria do povo consiste não apenas de proletários, mas também de pequenos camponeses e da pequena burguesia urbana, que apenas agora está se proletarizando e em todos os seus interesses políticos se tornando mais e mais dependentes dos proletários e, assim, logo irão se conformar com as demandas dos proletários. Isso provavelmente irá suscitar uma segunda luta, mas uma que pode terminar apenas com a vitória do proletário.

A DEMOCRACIA SERIA INÚTIL ao PROLETÁRIO se ela NÃO FOSSE USADA imediatamente como um meio de aprofundar as medidas diretas de ATAQUE À PROPRIEDADE PRIVADA e ASSEGURAR OS MEIOS DE SUBSISTÊNCIA AO PROLETÁRIO. As principais dessas medidas, já tornadas necessárias pelas condições existentes, são as seguintes:

1. Limitação da propriedade privada por meio de impostos progressivos, altos impostos sobre a herança, abolição da herança por relações colaterais (irmãos, sobrinhos, etc.), empréstimos compulsórios e assim por diante.

2. Expropriação gradual dos proprietários de terras, donos de fábricas, magnatas das ferrovias e fretes navais, parte por meio da competição com empresas estatais e parte diretamente por meio de confisco compensatório.

3. Confisco da propriedade de todos os emigrantes e rebeldes que se levantaram contra a maioria do povo.

4. Organização do trabalho ou emprego dos proletários nos estados nacionais em fábricas e oficinas nacionais, colocando assim um fim na competição entre trabalhadores e forçando os donos de fábricas, enquanto eles existirem, a pagar os mesmos salários maiores pagos pelo Estado.

5. *Trabalho obrigatório para todos os membros da sociedade, até a completa abolição da propriedade privada. Formação de exércitos industriais, especialmente para a agricultura.*

6. *Centralização do sistema de crédito e das finanças nas mãos do Estado através de um banco nacional formado com capital do Estado e interdição de todos os bancos privados e dos banqueiros.*

7. *Multiplicação das fábricas e oficinas nacionais, das ferrovias e dos navios, cultivo de todas as terras não cultivadas e melhoramento das terras já cultivadas na mesma medida em que aumentem os capitais e os operários disponíveis pela nação.*

8. *Educação de todas as crianças a partir do instante em que possam prescindir dos cuidados maternos, em estabelecimentos nacionais e a cargo do Estado. Educação conjugada com o trabalho fabril.*

9. *Construção de grandes prédios nos territórios nacionais que sirvam de habitação coletiva às comunidades de cidadãos que trabalhem tanto na indústria como na agricultura, reunindo assim as vantagens da vida urbana e da vida no campo, sem a unilateralidade e as desvantagens de ambos os modos de vida.*

10. *Demolição de todas as casas e de todos os bairros insalubres e mal construídos. 11. Iguais direitos à herança tanto para os filhos legítimos quanto para os ilegítimos.*

12. *Concentração de todos os meios de transporte nas mãos do estado.*

Claro, todas essas medidas não podem ser adotadas de uma vez. Mas uma sempre irá conduzir a outra. Uma vez que o primeiro golpe radical contra a propriedade privada tiver sido dado, o proletário vai se ver compelido a IR CADA VEZ MAIS LONGE, para concentrar todo o CAPITAL, toda a AGRICULTURA, toda a INDÚSTRIA, todo o TRANSPORTE e toda a troca mais e mais nas mãos do ESTADO. Todas essas medidas trabalham na direção disso (concentração de poder nas mãos do governo); e elas se tornarão realizáveis e desenvolverão suas consequências centralizadoras na mesma proporção que as forças produtivas do país forem multiplicadas pelo trabalho do proletariado. Finalmente, quando todo o capital, toda a produção e toda a troca forem concentradas nas mãos da nação, a PROPRIEDADE PRIVADA SERÁ AUTOMATICAMENTE EXTINTA, o dinheiro terá se tornado supérfluo e a produção terá crescido de tal modo e OS HOMENS TERÃO MUDADO TANTO que as demais formas das VELHAS RELAÇÕES SOCIAIS (por exemplo, casamento e família) também irão sumir.

Questão 21: Qual influência a ordem da sociedade comunista terá sobre a família?

Resposta: Ela fará com que as relações entre os sexos se tornem puramente uma relação privada que importará apenas às pessoas envolvidas, e às quais a sociedade não terá nenhum direito de interferir. Ela (a influência da sociedade comunista) será capaz de fazer isso graças à ABOLIÇÃO DA PROPRIEDADE PRIVADA e à EDUCAÇÃO COMUNAL DAS CRIANÇAS, destruindo assim os dois pilares do até então existente CASAMENTO – a dependência por meio da propriedade privada da mulher em relação ao marido e das crianças em relação aos pais. Aqui também está a resposta às reclamações dos filisteus contra a comunidade de mulheres comunista. A COMUNIDADE DE MULHERES é uma relação que pertence também à sociedade burguesa e se manifesta hoje por meio da prostituição. Mas a prostituição é ancorada na propriedade privada e irá acabar com ela. Assim, em vez de introduzir a comunidade de mulheres, a organização comunista acaba com ela".

Mensagem da Direção Central à Liga dos Comunistas (assinado em Londres, em março de 1850)

"(...) Vimos como os democratas vão chegar à dominação com o próximo movimento e como vão ser forçados a propor medidas mais ou menos socialistas. Perguntar-se-á que medidas devem os operários contrapropor. Os operários não podem, naturalmente, propor quaisquer medidas directamente comunistas no começo do movimento. Mas podem:

1. Obrigar os democratas a intervir em tantos lados quanto possível da organização social até hoje existente, a perturbar o curso regular desta, a comprometerem-se a concentrar nas mãos do Estado o mais possível de forças produtivas, de meios de transporte, de fábricas, de caminhos-de-ferro, etc.

2. Têm de levar ao extremo as propostas dos democratas, os quais não se comportarão em todo o caso como revolucionários, mas como simples reformistas, e transformá-las em ataques directos contra a propriedade privada; por exemplo, se os pequeno-burgueses propuserem comprar os caminhos-de-ferro e as fábricas, têm os operários de exigir que esses caminhos-de-ferro e fábricas, como propriedade dos reaccionários, sejam confiscados simplesmente e sem indemnização pelo Estado. Se os democratas propuserem o imposto proporcional, os operários exigirão o progressivo; se os próprios democratas avançarem a proposta de um [imposto] progressivo moderado, os operários insistirão num imposto cujas taxas subam tão depressa que o grande capital seja com isso arruinado; se os democratas exigirem a regularização da dívida pública, os operários exigirão a bancarrota do Estado. As reivindicações dos operários terão, pois, de se orientar por toda a parte segundo as concessões e medidas dos democratas.

Mas têm de ser eles próprios a fazer o máximo pela sua vitória final, esclarecendo-se sobre os seus interesses de classe, tomando quanto antes a sua posição de partido autónoma, não se deixando um só instante induzir em erro pelas frases hipócritas dos pequeno-burgueses democratas quanto à organização independente do partido do proletariado. O seu grito de batalha tem de ser: a revolução em permanência".

O Decálogo de Lênin

Antes de avançar, vamos falar sobre algo importante. Você já ouviu falar do Decálogo de Lênin? O decálogo é uma compilação de dez medidas propostas por Lênin para avançar a agenda comunistas em um país. O que contém nessa lista? Toda ela está traduzida abaixo:

"1. Corrompa a juventude e dê a ela liberdade sexual absoluta.

2. Infiltre e tome o controle dos meios de comunicação de massa.

3. Divida a população em grupos antagonistas; encoraje a discórdia entre eles com questões sociais.

4. Destrua a confiança do povo em seus governantes.

5. Fale a TODO O MOMENTO sobre democracia e república, mas quando a oportunidade surgir, assuma o poder como um ditador.

6. Coopere com a drenagem dos recursos públicos; tire a credibilidade do país, especialmente no exterior, e crie pânicos na população por meio de políticas inflacionárias.

7. Encoraje greves, mesmo que sejam ilegais, nas principais indústrias do país.

8. Promova tumultos e conspire para que a autoridade da lei não seja aplicada contra eles.

9. Coopere ativamente para destruir as fundações morais da sociedade e a honestidade e confiança das promessas governamentais. Se infiltre em outros partidos com seu próprio pessoal, forçando eles a votar as medidas propostas pelo seu partido.

10. Registre todos que possuírem armas, para que seja possível confisca-la quando chegar o momento, evitando que eles se oponham à sua revolução".

Condições do Komintern

"O II Congresso Mundial estabelece as seguintes condições de admissão na Internacional Comunista:

1. A propaganda e a agitação cotidianas devem ter um caráter efetivamente comunista e corresponder ao programa e às resoluções da III Internacional. Os órgãos de imprensa controlados pelo Partido devem ter a redação a cargo de comunistas fiéis, provadamente devotados à causa proletária. A ditadura do proletariado não deve ser abordada como um simples chavão de uso corrente, mas preconizada de modo que todo operário, operária, soldado e camponês comum deduza sua necessidade dos fatos da vida real, mencionados diariamente em nossa imprensa.

As editoras partidárias e a imprensa, periódica ou não, devem estar inteiramente submetidas ao Comitê Central do Partido, seja este atualmente legal ou não. É inadmissível que as editoras abusem de sua autonomia e sigam uma política que não corresponda à do Partido.

Nas páginas dos jornais, nos comícios populares, nos sindicatos, nas cooperativas e onde quer que os partidários da III Internacional encontrem livre acesso, é indispensável atacar de modo sistemático e implacável não somente a burguesia, mas também seus cúmplices, os reformistas de todos os matizes.

2. As organizações que desejam filiar-se à Internacional Comunista devem afastar de modo planejado e sistemático os reformistas e os "centristas" dos postos minimamente importantes no movimento operário (organizações partidárias, redações, sindicatos, bancadas parlamentares, cooperativas, municipalidades etc.) e substituí-los por comunistas fiéis, sem abalar-se com o fato de às vezes ser necessário, de início, trocar militantes "experientes" por operários comuns.

3. Em quase todos os países da Europa e da América, a luta de classes está entrando na fase da guerra civil. Em tais condições, os comunistas não podem confiar na legalidade burguesa e devem formar em toda parte um aparelho clandestino paralelo que possa, no momento decisivo, ajudar o Partido a cumprir seu dever perante a revolução. Nos países onde os comunistas, por conta do estado de sítio ou das leis de exceção, não podem atuar em total legalidade, é absolutamente indispensável combinar o trabalho legal e o clandestino.

4. O dever de propagar as ideias comunistas inclui a necessidade especial da propaganda persistente e sistemática nos exércitos. Nos lugares onde as leis de exceção proíbem essa agitação, ela deve ser realizada clandestinamente.

Renunciar a essa tarefa equivale a trair o dever revolucionário e desmerecer a filiação à III Internacional.

5. É indispensável a agitação sistemática e planejada no campo. A classe operária não pode garantir sua vitória sem atrair ao menos uma parcela dos assalariados agrícolas e dos camponeses mais pobres e neutralizar com sua política uma parte dos setores rurais restantes. O trabalho comunista no campo está adquirindo atualmente a mais suma importância. Para realizá-lo, é especialmente indispensável o auxílio dos trabalhadores comunistas revolucionários da cidade e do campo ligados ao campesinato. Renunciar a essa tarefa ou delegá-la a semirreformistas duvidosos equivale a renunciar à própria revolução proletária.

6. Os Partidos que desejam filiar-se à III Internacional devem denunciar não somente o social-patriotismo aberto como também a falsidade e a hipocrisia do social-pacifismo, demonstrando sistematicamente aos trabalhadores que, sem a derrubada revolucionária do capitalismo, nenhuma corte internacional de arbitragem, nenhum tratado de redução de armamentos e nenhuma reorganização "democrática" da Liga das Nações livrará a humanidade de novas guerras imperialistas.

7. Os Partidos que desejam filiar-se à Internacional Comunista devem reconhecer a necessidade da ruptura completa e definitiva com o reformismo e o "centrismo" e preconizá-la entre o grosso da militância. Sem isso, torna-se impossível realizar uma política comunista consequente.

A Internacional Comunista exige de modo incondicional e categórico que se realize essa ruptura o mais rápido possível. Não se pode admitir que oportunistas notórios como, por exemplo, Turati, Kautsky, Hilferding, Hillquit, Longuet, MacDonald, Modigliani e outros tenham o direito de considerar-se membros da III Internacional, o que a levaria a equiparar-se fortemente à falida II Internacional.

8. Na questão colonial e das nações oprimidas, é indispensável que tenham uma linha particularmente clara e precisa os Partidos dos países cuja burguesia possui colônias e oprime outros povos. Os Partidos que desejam filiar-se à III Internacional devem denunciar implacavelmente as artimanhas de "seus" imperialistas nas colônias; apoiar os movimentos de libertação nas colônias não somente em palavras, mas também em atos; exigir a expulsão de seus compatriotas imperialistas das colônias; cultivar no coração dos operários de seus países um sentimento fraternal sincero para com a população trabalhadora das colônias e das nações oprimidas; e realizar entre as tropas da metrópole uma agitação sistemática contra todo tipo de opressão dos povos coloniais.

9. Os Partidos que desejam filiar-se à Internacional Comunista devem realizar uma atividade sistemática e persistente nos sindicatos, nos conselhos operários e industriais, nas cooperativas e em outras organizações de massas, onde é indispensável criar células que, após longo e persistente trabalho, ganhem-nas para a causa comunista. Inteiramente subordinadas ao conjunto do Partido, essas células devem, a cada passo de seu trabalho cotidiano, denunciar as traições dos sociais-patriotas e as hesitações dos "centristas".

10. Os Partidos filiados à Internacional Comunista devem insistentemente lutar contra a "Internacional" Sindical Amarela de Amsterdã e preconizar entre os operários sindicalizados a necessidade de romper com ela. Esses Partidos devem apoiar, por todos os meios, a nascente unificação internacional dos sindicatos vermelhos que apoiam a Internacional Comunista.

11. Os Partidos que desejam filiar-se à III Internacional devem rever a composição de suas bancadas parlamentares, removendo os elementos desconfiáveis, submetendo-as ao Comitê Central do Partido não somente em palavras, mas também na prática, e exigindo que cada parlamentar comunista sujeite sua atuação aos interesses da propaganda e da agitação realmente revolucionárias.

12. Os partidos filiados à Internacional Comunista devem ser organizados segundo o princípio do "centralismo" democrático. No atual período de guerra civil encarniçada, um Partido Comunista só poderá cumprir seu dever se for organizado da maneira mais centralizada possível, se nele predominar uma disciplina férrea que beire a militar e se seu órgão central gozar de forte autoridade, de amplos poderes e da confiança unânime da militância.

13. Os Partidos Comunistas que atuam legalmente devem realizar depurações periódicas (recadastramentos) entre os efetivos de suas organizações para remover sistematicamente os inevitáveis elementos pequeno-burgueses.

14. Os Partidos que desejam filiar-se à Internacional Comunista devem apoiar incondicionalmente cada República Soviética em seu combate às forças contrarrevolucionárias. Os Partidos Comunistas devem buscar continuamente convencer os trabalhadores a não transportar material bélico aos inimigos dessas Repúblicas, a realizar uma propaganda legal ou clandestina entre as tropas enviadas para sufocar as repúblicas operárias etc.

15. Os Partidos que ainda mantêm seus velhos programas social-democratas devem revisá-los o mais rápido possível e elaborar um novo, afinado com as resoluções da Internacional Comunista e adaptado às particularidades nacionais. Como regra, os programas dos Partidos filiados devem ser aprovados pelo Congresso Mundial seguinte ou pelo Comitê Executivo da Internacional Comunista. Caso este não aprove determinado programa, o Partido tem o direito de recorrer ao Congresso Mundial.

16. Todas as resoluções dos congressos da Internacional Comunista, bem como as de seu Comitê Executivo, são obrigatórias para os Partidos a ela filiados. Atuando em meio à mais encarniçada guerra civil, a Internacional Comunista deve ser organizada de forma muito mais centralizada do que a II Internacional. Além disso, o trabalho da Internacional Comunista e de seu Comitê Executivo deve evidentemente levar em conta as mais diversas condições de luta e de atuação dos diferentes Partidos e só tomar decisões de obrigação geral nas questões em que isso seja realmente possível.

17. Conforme tudo o que foi exposto acima, os Partidos que desejam filiar-se à Internacional Comunista devem mudar seu nome para Partido Comunista de... (Seção da III Internacional Comunista). A questão do nome não é meramente formal, mas possui grande importância. A Internacional Comunista declarou uma guerra decidida contra o mundo burguês e os partidos social-democratas amarelos. É indispensável deixar completamente clara a todo trabalhador comum a diferença entre os Partidos Comunistas e os velhos partidos "social-democratas" ou "socialistas" oficiais que traíram a bandeira da classe operária.

18. Os órgãos dirigentes da imprensa partidária de todos os países devem publicar os documentos oficiais importantes do Comitê Executivo da Internacional Comunista.

19. Os Partidos filiados à Internacional Comunista ou que solicitaram sua filiação devem convocar o mais rápido possível, mas até quatro meses após o II Congresso Mundial, um congresso extraordinário para discutir internamente estas condições. Além disso, os Comitês Centrais devem cuidar para que as organizações de base conheçam as resoluções do II Congresso da Internacional Comunista.

20. Os Partidos que gostariam de filiar-se agora à III Internacional, mas ainda não mudaram radicalmente sua antiga tática, devem cuidar para que, até sua filiação, não menos de 2/3 de seu Comitê Central e de seus principais órgãos centrais sejam compostos por camaradas que, antes do II Congresso da Internacional Comunista, já tenham se manifestado de forma aberta e inequívoca a favor do ingresso de seu Partido. O Comitê Executivo da III

Internacional tem o direito de admitir exceções, inclusive no caso dos representantes "centristas" mencionados no § 7.

21. Devem ser expulsos do Partido os membros que rejeitarem por princípio as condições e teses apresentadas pela Internacional Comunista".

Os 25 Pontos do Nacional-Socialismo

O nazismo sempre foi uma ideologia de esquerda. Boa parte das propostas nazistas pode ser vista nos programas de qualquer partidinho de esquerda dos nossos dias. Para um melhor esclarecimento nesse sentido, é importante ler os Vinte e Cinco Pontos do Partido dos Trabalhadores Nacional Socialista Alemão (PT-Nazi), publicado em 1920. Dentre as políticas defendidas pelo PT-Nazi, estão:

"11. Que toda renda não merecida, e toda renda que não venha de trabalho, seja abolida.

(...)

13. Nós exigimos a nacionalização de todos os grupos investidores.

14. Nós exigimos participação dos lucros em grandes indústrias.

15. Nós exigimos um aumento generoso em pensões para idade avançada.

16. Nós exigimos a criação e manutenção de uma classe média sadia, a imediata socialização de grandes depósitos que serão vendidos a baixo custo para pequenos varejistas, e a consideração mais forte deve ser dada para assegurar que pequenos vendedores entreguem os suprimentos necessários ao Estado, às províncias e municipalidades.

17. Nós exigimos uma reforma agrária de acordo com nossas necessidades nacionais, e a oficialização de uma lei para expropriar os proprietários sem compensação de quaisquer terras necessárias para propósito comum. A abolição de arrendamentos de terra, e a proibição de toda especulação na terra.

(...)

20. A fim de tornar possível para todos os alemães capazes e industriosos obter educação mais elevada, e assim a oportunidade de alcançar posições de liderança, o Estado deve assumir a responsabilidade de organizar completamente todo o sistema cultural do povo. Os currículos de todos os estabelecimentos educacionais serão adaptados para a vida prática.

(...)

23. Jornais que transgridam o bem-estar comum serão suprimidos. Nós exigimos ação legal contra aquelas tendências na arte e literatura que tenham influência ruidosa sobre a vida do nosso povo, e que quaisquer organizações que que atentem contra as exigências agora mencionadas sejam dissolvidas.

(...)

25. A fim de executar este programa, nós exigimos: a criação de uma autoridade central forte no Estado, a autoridade incondicional pelo parlamento político central de todo o Estado e todas as suas organizações".

Se você ver bem, toda a ideologia socialista está inserida nesses pontos. O 11º ponto é uma proposta de controlar bancos privados e proibir os juros. Nós vimos como desde os primórdios do movimento comunista organizado a esquerda persegue a criação de um Banco Nacional com monopólio da atividade bancária. Esse ponto sugere exatamente isso.

Se o PT-Nazi fosse mesmo de *"extrema-direita"*, era de se esperar que seus membros quisessem a privatização dos serviços públicos como nós de direita queremos, não é mesmo? Mas o 13º ponto pede justamente o contrário: a nacionalização de TODOS OS GRUPOS de investidores.

Da mesma forma, se o PT-Nazi fosse extremamente de direita, seria de se esperar que quisesse que o estado saísse EXTREMAMENTE da vida dos empresários, não é? Era de se esperar que os nazistas defendessem deixar o lucro das empresas para elas, não para o estado. No entanto, o 14º ponto EXIGE a participação no lucro das grandes indústrias. Super-de-extrema-direita, não é?

E a reforma da previdência? Se o PT-Nazi fosse minimamente de direita, era de se esperar que fosse deixar o trabalhador cuidar da própria previdência. Como nós da direita costumamos falar, eles deveriam deixar o estado fora desse assunto. Mas o que encontramos nos 25 Pontos do Partido Nazista? Uma proposta de AUMENTO GENEROSO de pensões para idosos. Só uma anta diria que essa proposta sequer aproxima o PT-Nazi da direita.

E o preço e a liberdade de compra e venda que todos os direitistas pregam? Se os nazistas fossem mesmo de *"extrema-direita"*, era de se esperar que eles fossem defender a liberdade EXTREMA dos preços e a completa desregulamentação do comércio, certo? Mas o ponto 16 do programa prega a IMEDIATA socialização dos grandes depósitos de comida para que sejam vendidos a baixo custo, além de mandar os pequenos vendedores entregarem os suprimentos necessários ao governo.

A aproximação do PT-Nazi com o socialismo é tão grande que até REFORMA AGRÁRIA os nazistas pregavam como política de governo. Não só isso, no 17º ponto eles dizem querer oficializar uma lei para

EXPROPRIAR terras SEM COMPENSAÇÃO. Ao mesmo tempo, queriam abolir o aluguel de terras. Todas essas medidas não são de *"extrema-direita"*. Elas não chegam nem perto da direita. Essas políticas estão NA esquerda.

Adam Weishaupt propunha uma revolução mundial por meio do controle da educação e da opinião pública. O ideal de controle da cultura é uma constante no movimento socialista. Então não é por acaso que o 20º ponto do programa nazista entra exatamente nesse assunto. Os nazistas (como bons socialistas) queriam que o estado assumisse *"completamente todo o sistema cultural do povo"*. Não sei você, mas eu não quero o estado assumindo o funk, o sertanejo e o carnaval. Além de um desperdício de dinheiro, seria totalmente sem graça.

Creio que nos últimos anos você também tenha acompanhado as iniciativas da esquerda para controlar os jornais e as televisões no Brasil. Leis de controle da atividade jornalística e de proteção de políticos contra a publicidade dos seus atos têm sido propostas ano a ano como forma de camuflar os mensalões e petrolões que movem o Congresso Nacional. Os nazistas sabiam que um bom governo socialista não resiste a uma boa imprensa. Por isso eles pediam no ponto 23 que os jornais que não lhes agradassem fossem proibidos. Eles chegaram ao ponto de propor ações contra a arte e a literatura com *"influência ruidosa"* sobre a consciência do povo.

O último ponto do PT-Nazi fecha com chave de ouro sua confissão de esquerdismo. Eles EXIGIAM a criação de uma AUTORIDADE CENTRAL FORTE. Se pergunte: nós de direita queremos um governo grande ou pequeno? Nós queremos que a autoridade seja CENTRAL ou regional? Em qualquer situação, a proposta nazista se afasta da direita. **De fato, os 25 Pontos do Partido Nazista PROVAM que o movimento de Hitler era de ESQUERDA.** Essa realidade só foi esquecida porque, com a vitória da União Soviética na Segunda Guerra Mundial, os comunistas usaram todos os seus agentes de influência no ocidente para popularizar a bipolarização do espectro político com os comunistas na esquerda e os nazistas na direita. **Ou seja: não dá para fugir do socialismo. Ou você é um *"mau"* socialista (como os nazistas) ou um *"bom"* socialista (como os comunistas). A direita como conhecemos NÃO EXISTE nesse modelo.**

Os nazistas eram de esquerda e pregavam o socialismo. Em um discurso no dia do trabalhador de 1927, Hitler disse: *"NÓS SOMOS SOCIALISTAS. Nós somos inimigos do sistema econômico capitalista por sua exploração dos economicamente mais fracos, com seus salários injustos, com sua valorização indecente dos seres humanos conforme sua riqueza e propriedade, em vez da sua responsabilidade e performance, e nós estamos determinados a DESTRUIR esse sistema custe o que custar"*. Joseph Goebbels publicou em 1932 um panfleto chamado *"Aqueles Malditos Nazistas"*. Nesse panfleto, ele pregava: *"Porque nós somos SOCIALISTAS, nós sentimos as mais profundas bênçãos da nação, e porque nós somos nacionalistas, nós queremos promover a JUSTIÇA SOCIALISTA em uma Nova Alemanha"*.

Logo em seguida, o panfleto esclarece *"Por que somos socialistas?"*. O texto dizia: *"Nós somos SOCIALISTAS porque nós vemos no SOCIALISMO, que é a união de TODOS OS CIDADÃOS, a única chance de manter nossa herança racial para recuperar nossa liberdade política e renovar o estado alemão"*. Ele continua: *"Nós somos SOCIALISTAS porque nós vemos a questão social como uma questão de necessidade e justiça para a própria existência de um estado para nosso povo, não uma questão de pena barata e sentimentalismo ofensivo"*. Então não há sombra de dúvida de que Goebbels era um socialista. E como socialista, ele tinha uma relação conturbada com os judeus.

O antissemitismo socialista de fato foi potencializado na Alemanha. Entretanto, os judeus foram perseguidos em todos os países socialistas, inclusive na União Soviética. A justificativa para esse desprezo que os socialistas têm com os judeus pode ser encontrada no seguinte parágrafo (ainda do panfleto nazista de 1932): *"O que o antissemitismo tem a ver com o socialismo? Eu colocaria a questão dessa forma: o que o JUDEU tem a ver com o socialismo? O socialismo tem a ver com o trabalho. Quando alguém viu um judeu trabalhando em vez de estar saqueando, roubando e vivendo do suor dos outros? Como SOCIALISTAS nós somos oponentes dos JUDEUS porque nós vemos nos hebreus a INCARNAÇÃO DO CAPITALISMO, do mal-uso dos bens da nação"*. O panfleto pode ser nazista, mas ele explica perfeitamente o ódio que os socialistas têm contra os judeus.

O ódio contra os judeus se dá por uma associação deles ao capitalismo. Podemos supor então que os nazistas (que os professores burros chamam de *"extrema-direita"*) odiavam mais o capitalismo do que os próprios judeus, não é mesmo? **De fato, Goebbels pregava:** *"Eu posso amar a Alemanha e ODIAR o capitalismo. Não apenas eu posso, eu DEVO. Apenas a ANIQUILAÇÃO de um SISTEMA DE EXPLORAÇÃO carrega com ela o núcleo do renascimento de nosso povo".* Eu sei que pode ser um choque para muitos que estão saindo da Matrix agora, ao ler este livro. Mas se você ainda duvida, procure por si mesmo. Se você ainda não acredita, busque informações sobre o discurso de 1º de maio de Hitler e sobre o panfleto de Goebbels (Those Damned Nazis) e tire suas dúvidas.

O uso do socialismo como política não parou por ali. Em 1941, em discurso de 22 de junho, Hitler dizia: *"Eu, por outro lado, tentei por duas décadas construir uma NOVA ORDEM SOCIALISTA na Alemanha, com um mínimo de interferência e sem afetar nossa capacidade produtiva".* Na ocasião de um referendo em 1936, a propaganda nazista falava de suas políticas socialistas. Um cartaz dizia: *"O trem teria 6.000 quilômetros, indo de Berlim a Addis Abeba, se ele tivesse carregado as 209 centenas de milhões de quilos de material mandado para a campanha de Alívio de Inverno durante os anos de 1933-1935. ISSO É O SOCIALISMO EM AÇÃO. Apoiem o führer em 29 de março".* **Veja bem: as duas maiores lideranças do PT-Nazi eram SOCIALISTAS. As políticas dos nazistas eram SOCIALISTAS.** Há uma abundante fonte de documentos da época que mostram o quão burros nossos professores foram ao comparar os nazistas com qualquer coisa próxima da direita. Então por que chamar o PT-Nazi de *"extrema-direita"*?

Só para não deixar dúvida quanto ao posicionamento econômico dos nazistas, vamos pegar alguns trechos do panfleto de Goebbels chamado Os Nazi-Sozi. Ali ele pregava: *"SIM, nós dizemos que somos SOCIALISTAS! Esse é o segundo passo. O segundo passo contra o ESTADO BURGUÊS. Nós nos declaramos SOCIALISTAS como um protesto contra a mentira da misericórdia burguesa. Sua proposta de 'legislação social' é absurda".* É interessante porque ele usa alguns termos que estavam sendo utilizados por Gramsci na mesma época. Percebeu o uso de *"ESTADO BURGUÊS"*? Um dos subtítulos do panfleto também é O ESTADO CLASSE. Sob esse título, ele escreve: *"Dezessete milhões de pessoas veem a guerra de classes como sua única esperança porque eles aprenderam isso da DIREITA por mais de 60 anos. Como nós temos o direito moral de reclamar contra a guerra de classes proletária se nós não destruirmos*

PRIMEIRO o ESTADO DA CLASSE BURGUESA e substituí-lo com uma NOVA ESTRUTURA SOCIALISTA da comunidade alemã".

Ou seja, o nazismo era SIM socialista. Os nazistas eram SIM de esquerda. E a esquerda modernosa pode chorar à vontade porque lágrimas e mentiras não alteram os fatos. Um desertor da União Soviética detalhou algumas dessas semelhanças em um livro chamado O Grande Culpado, onde mostra como foi Stalin quem mexeu os pauzinhos para dar início à Segunda Guerra Mundial. Seu nome era Viktor Suvurov e ele era membro do serviço de inteligência soviético. No livro, ele escreve: *"Hitler considerava que seu caminho para o socialismo era o único correto e enxergava os outros caminhos como distorções. Stalin também considerava sua trilha para o socialismo perfeitamente correta e via as outras como diversificações da sua linha principal. (...) Hitler tinha um plano QUADRIENAL. Stalin tinha um plano QUINQUENAL (agora você sabe que esse absurdo chamado Plano Plurianual que temos no Brasil tem inspiração socialista). Na Alemanha de Hitler, um partido detinha o poder; os demais estavam atrás das grades. Na União Soviética de Stalin, um partido detinha o poder; os demais estavam atrás das grades. O partido de Hitler situava-se acima da nação e os líderes dirigiam o país. O de Stalin também se achava acima da nação e os líderes dirigiam o país. As datas comemorativas mais importantes no império de Stalin eram no primeiro dia de maio e nos dias 7 e 8 de novembro. No império de Hitler, eram no primeiro dia de maio e nos dias 8 e 9 de novembro".*

Tudo aponta para uma aproximação ideológica entre os dois partidos: o Partido Comunista soviético e o Partido dos Trabalhadores alemão. Os socialistas podem querem esconder isso hoje, mas graças à internet eles não conseguem (e é por isso que eles querem controlar a internet). Qualquer um pode procurar informações sobre o famoso Pacto Molotov-Ribbentrop, assinado entre a Alemanha nazista e a União Soviética em 23 de agosto de 1939, uma semana antes do início da Segunda Guerra Mundial. E o que foi o Pacto Molotov-Ribbentrop? Ele foi um acordo entre os dois países dividindo a Europa em esferas de influência. Ele garantia o controle da Finlândia pela Rússia e dividia a Polônia no meio entre comunistas e nazistas. O acordo também era um compromisso de não-agressão entre eles, de modo que a União Soviética foi a principal fornecedora de recursos para a Alemanha nazista até 1941. **Sim, você não leu errado: os COMUNISTAS foram os maiores**

provedores de RECURSOS aos nazistas durante todo o começo da guerra.

Em troca do reconhecimento da conquista soviética sobre a Estônia, a Letônia, a Lituânia, a Finlândia e parte do Leste Europeu, os nazistas receberiam comida e petróleo dos comunistas. O que é realmente interessante nesse pacto é o segundo artigo do que pode ser chamado de Protocolo Adicional Secreto, assinado também em Moscou no mesmo dia do acordo. O segundo artigo do protocolo adicional dizia: *"No caso de haver um rearranjo político e territorial das áreas pertencentes ao estado polaco, as esferas de influência da Alemanha e da URSS (União das Repúblicas SOCIALISTAS Soviéticas) farão fronteira aproximadamente na linha dos rios Narev, Vístula e San"*. Explicando: caso QUALQUER um dos dois lados avançassem contra *"áreas pertencentes ao estado polaco"*, AUTOMATICAMENTE a fronteira entre a Alemanha e a Rússia seria deslocada para o meio da Polônia. **Não importava QUEM atacasse primeiro nem SE a outra parte ia atacar. Em qualquer caso de *"rearranjo territorial"* na Polônia, os dois países reconheceriam a fronteira no centro daquele país.**

Por isso, pode-se dizer que quem começou a Segunda Guerra Mundial não foram apenas os nazistas: os comunistas participaram moralmente e materialmente da invasão da Polônia que começou em 1º de setembro de 1939. De fato, pouco mais de duas semanas depois, os soviéticos estavam invadindo a parte oriental da Polônia, o que facilitou o transporte de recursos para os nazistas. Como todo comunista no poder, Stalin tinha um plano que era maior do que ele: a intenção dos comunistas era deixar que Hitler conquistasse a Europa Ocidental para depois acabar com os aliados alemães e dar um passo gigantesco na direção de uma REVOLUÇÃO UNIVERSAL. Em 1941 os nazistas teriam descoberto as intenções de Stalin e começaram a se preparar para morder a mão que os alimentava. É inquestionável que os russos tinham concentrado praticamente toda a sua força militar, muito superior à dos nazistas já em 1941, na fronteira com a Alemanha. Em 22 de junho os alemães lançaram a Operação Barbarossa, atacando as forças CONCENTRADAS dos russos na fronteira oriental entre os dois países. Graças ao ataque surpresa, Hitler conseguiu sustentar a guerra por mais quase quatro anos. Se não tivesse feito assim, teria sido derrotado pelos comunistas e hoje teríamos uma Europa soviética.

O Manifesto Fascista

O fascismo italiano surgiu ainda antes do nazismo. Enquanto o nazismo se diferenciou pela importância que deu à questão racial, a ideia forte no fascismo era o corporativismo. Desde o começo, os fascistas defenderam um estado totalitário e interventor, mesmo que inicialmente não tenham ido a fundo em suas propostas. Eles também combateram os comunistas organizados em ligas camponesas no interior da Itália, o que de fato não é comum em movimentos de esquerda. **O fascismo que conhecemos era a ideologia do Partido Fascista Nacional que, pode-se dizer, foi criado a partir de uma dissidência do Partido Socialista Italiano.** Mussolini criou o Partido Fascista Nacional em 9 de novembro de 1922, mas era um dos líderes do Partido Socialista Italiano desde 1912. Durante esses dez anos, foi um participativo membro da Segunda Internacional Socialista, criada em 1889 para substituir a primeira.

O fascismo italiano não estava totalmente alinhado com as forças que moveram os comunistas na Rússia em 1917, mas pode ser muito bem comparado à linha de ação da Segunda Internacional, que tinha como principais componentes os movimentos socialistas e trabalhistas organizados. A Segunda Internacional foi dissolvida em 1916, mas deixou sua marca como fomentadora das ideias que inspiraram Mussolini a criar seu Partido Fascista. E quais eram essas ideias exatamente? Um dos principais documentos que consolidam o pensamento fascista foi o chamado Manifesto dos Fascis de Combate Italianos (mais conhecido como o Manifesto Fascista), publicado em 6 de junho de 1919 no jornal Il Popolo d'Italia. O manifesto dizia o seguinte (preste atenção nas palavras marcadas):

"Italianos. Eis aqui o programa de um movimento genuinamente italiano. Revolucionário porque é antidogmático; fortemente inovador e antiprejudicial.

Para o problema político:

Nós queremos:

a) Sufrágio universal com lista de votação regional, com representação proporcional, voto e elegibilidade para as mulheres.

b) O mínimo de idade para os eleitores seja baixado para os 18 anos; para os deputados (os representantes eleitos) seja baixado para os 25 anos.

c) Abolição do Senado.

d) A convocação de uma Assembleia Nacional por três anos, cuja competência seja a de estabelecer a constituição do Estado.

e) A formação de Conselhos Nacionais técnicos do trabalho, da indústria, do transporte, da higiene social, das comunicações, e outros, que sejam eleitos a partir da coletividade profissional ou trabalhista, com poderes legislativos e direito de eleger um Comissário Geral com poder de Ministro.

Para o problema social:

Nós queremos:

a) A promulgação de uma lei do Estado que consagre para todas as profissões a JORNADA LEGAL DE OITO HORAS DE TRABALHO.

b) O SALÁRIO MÍNIMO.

c) A PARTICIPAÇÃO dos representantes dos trabalhadores no FUNCIONAMENTO TÉCNICO DAS INDÚSTRIAS.

d) Que seja confiada às organizações PROLETÁRIAS (que sejam moralmente e tecnicamente dignas disso) a gestão das indústrias e dos serviços públicos.

e) A RÁPIDA e COMPLETA sistematização das FERROVIAS e de TODAS AS INDÚSTRIAS DE TRANSPORTE.

f) Uma modificação necessária do projeto de LEI PREVIDENCIÁRIA, baixando o limite de idade, proposto atualmente em 65 anos, para 55 anos.

Para o problema militar:

Nós queremos:

a) A instituição de uma MILÍCIA NACIONAL com curtos períodos de instrução e competência exclusivamente defensiva.

b) A NACIONALIZAÇÃO de todas as fábricas de armas e de explosivos.

c) Uma política externa nacional que compreenda a valorização, nas competições pacíficas das civilizações, a Nação italiana no mundo.

Para o problema financeiro:

Nós queremos:

a) Um FORTE IMPOSTO extraordinário sobre o CAPITAL de CARÁTER PROGRESSIVO, que tenha a forma de uma VERDADEIRA EXPROPRIAÇÃO PARCIAL de todas as riquezas.

b) O SEQUESTRO de TODOS OS BENS das CONGREGAÇÕES RELIGIOSAS e a ABOLIÇÃO de todos os auxílios dados às dioceses que constituem um enorme peso para a Nação e um privilégio para poucos.

c) A revisão de todos os contratos de fornecimento de guerra e o SEQUESTRO de 85% dos lucros de guerra".

Esse é o Manifesto Fascista. Perceba que algumas das metas contidas no Manifesto Comunista estão lá: impostos agressivamente progressivos, expropriações de lucros e de bens, nacionalização de fábricas, monopolização do sistema de transporte, entre outras. Além dessas propostas facilmente identificadas com a ESQUERDA, a redução da jornada de trabalho, ou a fixação da mesma em oito horas, NÃO É e nunca foi uma proposta de direita. Grupos de direita, liberais e conservadores, lutam até hoje contra a imposição de um salário mínimo. Igualmente, a ideia de forçar empresas a receber trabalhadores em seus comitês executivos sempre foi um objetivo da ESQUERDA, nunca da direita. Então, podemos concluir que se o fascismo for de alguma extremidade, é da EXTREMA-ESQUERDA.

Mas o fascismo sofreu alterações durante os anos em que ficou no poder e em 1932 Mussolini publicou A Doutrina do Fascismo, em conjunto com o filósofo Giovanni Gentile. Pode-se dizer que o novo manifesto revela a metamorfose de um programa de propostas em uma verdadeira ideologia. Mussolini e Gentile pregam um fascismo espiritualista. Eles dizem: *"A concepção de vida fascista é RELIGIOSA, na qual o homem é visto em sua relação imanente com uma LEI maior, imbuído com uma vontade objetiva transcendendo o indivíduo e elevando-o à participação consciente de uma SOCIEDADE ESPIRITUAL"*.

Poucos notaram que não foi por acaso que Mussolini excluiu qualquer referência à religião cristã em seu novo manifesto. Ele estava criando uma NOVA RELIGIÃO onde o deus era o ESTADO: *"ANTI-INDIVIDUALISTA, a concepção Fascista de vida estressa a importância do Estado e aceita o indivíduo APENAS onde seus interesses coincidam com aqueles do Estado, que se coloca como a consciência e a vontade universal do homem como uma entidade histórica. Ele se OPÕE ao LIBERALISMO CLÁSSICO que surgiu como reação ao absolutismo e exauriu sua função histórica quando o Estado se tornou a expressão da consciência e vontade do povo. O liberalismo negou o Estado em nome do indivíduo; o Fascismo reafirma os direitos do Estado como se expressassem a real essência do indivíduo"*. **Essa visão hegeliana de que o indivíduo só pode se expressar moralmente dentro de uma estrutura estatal aproxima os fascistas mais da esquerda do que da direita. De fato, ela AFASTA qualquer pretensão de aproximá-los da direita.**

Mas ele continua: "*A concepção Fascista de Estado engloba TUDO; fora dele, NENHUM VALOR HUMANO OU ESPIRITUAL PODE EXISTIR, muito menos ter valor. Assim entendido, Fascismo, é TOTALITÁRIO, e o Estado Fascista – uma síntese e uma unidade que inclui todos os valores – interpreta, desenvolve e potencializa toda a vida do povo*". No texto, Mussolini fala de um fascismo que vai além do socialismo. Ele diz que seu fascismo nasceu das mesmas queixas que o sindicalismo e o socialismo, mas que vai além deles: "*NENHUM INDIVÍDUO ou GRUPO (...) FORA DO ESTADO*". Sendo que até o mais burro dos socialistas nos acusa de querer um estado mínimo ou controlado por empresas, é difícil entender como durante tanto tempo o fascismo foi classificado como de "*extrema-direita*". É mais lógico esperar que uma suposta extrema-direita defendesse: "*Nenhum indivíduo ou grupo DENTRO do estado. Tudo fora do estado*". O que evidentemente não acontece com o fascismo.

O estado, na visão fascista, é tão pouco liberal, tão pouco de direita, que chega a ser uma força ESPIRITUAL. Na visão liberal ocidental, o estado serve para garantir o direito à religião, mas ele mesmo não tem nada a ver com religião. Na Doutrina do Fascismo, o estado tem uma atribuição principalmente espiritual: "*O Estado Fascista, como uma expressão MAIOR E MAIS PODEROSA da personalidade, é uma força, mas uma força ESPIRITUAL. Ele integra todas as manifestações da vida MORAL e INTELECTUAL do homem. (...) O Fascismo, resumidamente, não é APENAS um provedor da lei e fundador das instituições, mas um educador e promotor da VIDA ESPIRITUAL*". Essa visão é completamente oposta ao que a direita pensa sobre o estado. Na direita, se entende que certos direitos (como a vida, a liberdade e a propriedade) são anteriores ao estado e confiadas aos homens por uma força maior (que na sociedade ocidental geralmente é o Deus judaico-cristão). Cabe ao estado, como organização popular, apenas dar as condições para defender esses direitos. Para nós de direita, o estado não tem nenhum poder ou capacidade de validar, reformar, anular ou alterar esses direitos. Para a esquerda, e consequentemente para os fascistas, o estado não pode apenas dispor desses direitos maiores: para eles essa gestão de valores É PRERROGATIVA DO ESTADO.

Ou seja, fascismo é um tipo específico de socialismo: é um socialismo italiano com ingredientes nacionalistas. De fato, na Doutrina do Fascismo há toda uma seção para explicar que o fascismo é uma doutrina social (lembre-se desse termo *"doutrina social"*, porque é ele que Mussolini usa em seu manifesto) que evoluiu a partir do socialismo. No novo manifesto, Mussolini rejeita com todas as letras o liberalismo econômico (se ele fosse de direita, iria adotar, não descartar, o livre mercado) e prega um estado totalitário, com poderes para controlar a atividade econômica e social. Ao mesmo tempo, os fascistas rejeitam o cristianismo (base da cultura ocidental) quando abraçam a idolatria do estado: *"Para o Fascismo, o Estado é absoluto; indivíduos e grupos são relativos"*. E como o estado fascista é absoluto, ele não pode ser de direita: *"O Estado Fascista tem o direito de intervir no campo econômico como em todos os outros; ele faz com que suas ações sejam sentidas por todo o país por meio de suas instituições corporativas, sociais e educacionais (...)"*. **Portanto, NÃO: o fascismo não era de *"extrema-direita"*. Se ele foi de alguma extremidade, ele estava na extrema-esquerda, com suas ideias corporativistas, estatistas, socialistas e sindicalistas.**

O Partido dos Trabalhadores e o Nacional-Socialismo

O mesmo não pode ser dito de um petralha ou um psolista, por exemplo. Nem mesmo de um tucano. A semelhança entre um esquerdista mediano e um fascista ou um nazista é grande. Grande até demais para o mundo deixar passar como deixa. Se esquecermos essa agenda que afeta a família tradicional, um nazista será facilmente confundido com um petralha. Enquanto o Partido da Social Democracia Brasileira compartilha uma perversa semelhança com o Partido Social Democrata alemão que deu início às atividades políticas comunistas, o Partido dos Trabalhadores traz mais do que similaridades pontuais com o Partido dos Trabalhadores Nacional-Socialista Alemão.

O fato é que podemos facilmente encontrar paralelos entre as políticas de partidos de esquerda (mesmo que esse partido seja conservador). Na lista abaixo, estão as semelhanças mais fáceis de identificar entre os nazistas, os petralhas e os tucanos:

Política	PT-Nazi	PT	PSDB
Socialismo Teórico ou Prático	X	X	X
Ambientalismo Militante	X	X	X
Função Social da Propriedade	X	X	X
Política Antitabagista	X	X	X
Corporativismo	X	X	X
Aumento de Gastos do Governo	X	X	X
Defesa de Maiores Impostos	X	X	X
Reforma Agrária	X	X	X
Desarmamento	X	X	X
Controle do Estado sobre a Saúde	X	X	X
Controle do Estado sobre a Educação	X	X	X
Criação de Reservas Ambientais	X	X	X
Estatização	X	X	
Fortalecimento Sindical	X	X	
Militância Organizada Agressiva	X	X	

Essa lista deixa claro que qualquer comparação entre fascistas ou nazistas e a direita não tem fundamento. Como qualquer partido de esquerda, o PT-Nazi defendeu políticas de esquerda. Isso é óbvio. A obviedade só escapa das salas de aula em colégios e universidades onde reina a ignorância socialista. Mas basta abrir os olhos, juntar as peças e ter mais que dois neurônios para se dar conta de que o nazismo não era melhor, não era pior, mas apenas mais um partido de esquerda. E se em algum momento você duvidar, lembre-se: Hitler nunca, jamais, em nenhum momento, foi flagrado dizendo algo como *"Deus abençoe o livre mercado"* ou *"Queremos que o estado se intrometa menos na vida do indivíduo"*.

Conspiração Aberta

Em Conspiração Aberta, um já não tão novo Wells (ele nasceu em 1866 e morreu em 1946) escreve sobre o esforço coletivo que todos os *"esclarecidos"* socialistas do mundo deveriam fazer para que o socialismo se tornasse uma realidade. H. G. Wells era um pensador do socialismo fabiano, ou seja, da vertente que tenta implantar o socialismo gradualmente, sem que as pessoas percebam. Esse esforço envolveria dois tipos de conduta: uma conduta CONTRA tudo que eles viam como perigosos para a introdução do socialismo, como o patriotismo, o individualismo, a soberania dos países nacionais, a educação conservadora, entre outras ideias. E uma conduta de PROPAGAÇÃO de certas ideias que facilitariam a introdução da sociedade igualitária no mundo. Nas palavras dele, *"Todo o peso da Conspiração Aberta estará ao lado da Ordem Mundial e CONTRA todo o tipo de INDEPENDÊNCIA LOCAL que afasta seus habitantes da cidadania mundial"*. E para a implantação dessa Nova Ordem Mundial seria necessário que os conspiradores assimilassem sete doutrinas principais.

"1) A certeza completa, prática e teórica, da NATUREZA PROVISÓRIA dos governos existentes e de nossa concordância com eles.

2) A obstinação para minimizar por todos os meios possíveis os conflitos desses governos, o uso militante que fazem de indivíduos e propriedades, e suas interferências, por meio do estabelecimento de um SISTEMA ECONÔMICO MUNDIAL.

3) Determinação de SUBSTITUIR a propriedade privada, local ou nacional, de pelo menos do crédito, transporte e produção de alimentos por um DIRETORADO MUNDIAL responsável servindo ao fim comum da raça.

4) O reconhecimento prático da necessidade de CONTROLES BIOLÓGICOS MUNDIAIS, por exemplo, da população e de doenças;

5) O apoio a um padrão mínimo de bem-estar e liberdade individual no mundo.

6) O dever supremo de subordinar a carreira pessoal à criação de um diretorado mundial capaz dessas tarefas para o avanço geral do conhecimento, capacidade e poder humanos.

7) A admissão que nossa imortalidade é condicional e reside na raça e não em nossas individualidades pessoais".

As similaridades entre os objetivos da Conspiração Aberta com as propostas de Adam Weishaupt são impressionantes. É importante lembrar e saber que os illuminati queriam o fim dos governos nacionais, das religiões e da propriedade. Nas sete propostas de Wells, tudo isso é contemplado. Ao mesmo tempo, indo de encontro à visão de que o socialismo é uma *"religião do mal"*, a sétima proposta contempla um componente espiritual quando visa condicionar a salvação com a imortalidade que *"reside na raça"*, e não em nossos próprios acertos e erros. **Wells visualiza a expansão da Conspiração Aberta até alcançar o status de RELIGIÃO MUNDIAL.** Eu sei que essa agenda já alcançou algumas igrejas cristãs, que abraçaram a ideia de *"salvação coletiva"*, ou seja, a ideia de que você não será julgado pelas suas escolhas e atos, mas pelas escolhas da coletividade.

A Nova Ordem Mundial

Enquanto Conspiração Aberta busca inspirar as *"mentes esclarecidas"* errantes pelo mundo a se unirem em torno de um projeto de reforma global, o livro Nova Ordem Mundial explica melhor que tipo de sociedade eles querem criar. Naquele livro, Wells reclamava que as organizações de poder estavam *"destruindo as florestas do mundo em grande velocidade, tornando grandes áreas verdes em desertos, exaurindo os recursos minerais, matando as baleias, focas e uma multitude de espécies raras e bonitas, destruindo a moral de todo tipo social e devastando o planeta"*. **A solução que ele propõe já é conhecida: *"Agora é necessário esclarecer que essas duas coisas, a NECESSIDADE MANIFESTA DE ALGUM CONTROLE COLETIVO MUNDIAL PARA ELIMINAR A BELIGERÂNCIA e a menos reconhecida necessidade para UM CONTROLE COLETIVO DA ECONOMIA E DA VIDA BIOLÓGICA DA HUMANIDADE, são aspectos de um e do mesmo processo"*.**

Essa busca pelo controle deriva de uma ideia negativa tanto do individualismo quanto da liberdade. Wells propõe a simples extinção desses seus dois inimigos como forma de curar o planeta: *"É o sistema de individualismo nacionalista e negócios não-coordenados que é a doença do mundo, e é todo esse sistema que tem que ser extinto"*. Dessa forma, para curar o mundo da liberdade e do individualismo, ele propõe a coletivização, que ele define como *"os meios de lidar com os negócios comuns da humanidade por um controle responsável de toda a comunidade"*, e que significa *"a SUPRESSÃO do faça-como-quiser em assuntos econômicos e sociais tanto quanto nos assuntos internacionais. Significa a FRANCA ABOLIÇÃO DA PERSEGUIÇÃO AO LUCRO e de todo o dispositivo pelo qual os seres humanos são impelidos a serem parasitas de seus companheiros. É a realização prática da IRMANDADE DO HOMEM através de um CONTROLE COMUM"*.

Na Nova Ordem Mundial, Wells propõe um novo tipo de revolução para alcançar esse governo controlador globalista. Na verdade, não é um tipo tão novo assim, mas uma revisitação do que ele havia publicado em 1928. Agora ele dizia que para esse novo tipo de revolução dar certo, era necessário cativar um número suficiente de mentes para que se convencessem que *"a escolha diante de nós não é uma escolha entre mais revolução ou um conservadorismo mais ou menos reacionário, mas uma escolha entre ser perseverante e, assim, organizar o processo de mudança nas relações humanas no sentido de produzir UMA NOVA ORDEM MUNDIAL"*. **De fato, essa NOVA ORDEM MUNDIAL é um socialismo mundial. E quem diz isso é o próprio Wells ao definir essa nova revolução:** *"ela é (a) um socialismo mundial, cientificamente planejado e dirigido, mais (b) uma insistência persistente sobre a lei baseada em uma visão mais ampla e cuidadosa dos Direitos do Homem, mais (c) a mais completa liberdade de expressão, crítica e publicação, e uma expansão proativa da organização educacional que satisfaça a demanda de Nova Ordem"*.

Novamente, ele faz um link entre esse movimento que advogará a Nova Ordem Mundial e uma organização religiosa. Wells não se importa se essa reforma mundial será feita por um partido, uma religião ou um culto, mas muitas vezes descreve características típicas de uma religião para descrever tal vetor. Para ele, o que importa é que essa religião ou culto não seja muito rígida, mas que seja flexível e multifacetado para ganhar o maior número de pessoas para a causa coletivista. Os membros desse movimento o defenderão como se fossem seguidores fieis de um culto religioso. Wells diz: *"E para começar, eles farão tudo que eles podem para espalhar a perfeita concepção de uma Nova Ordem Mundial, a qual eles irão considerar como a única capaz possível de agendar suas atividades, enquanto ao mesmo tempo eles irão se empenhar para descobrir e associar com eles, todos, em todos os lugares, que são intelectualmente capazes de admirar as mesmas ideias amplas e moralmente dispostos a realizá-las"*.

Wells então propõe um triângulo de valores que aqueles que perseguem a implantação do socialismo devem ter para facilitar a propagação de ideias: o coletivismo, as leis como princípio moral e o conhecimento. Esses três valores seriam as armas dos socialistas fabianos para a imposição de um sistema gradativamente igualitário. Ele diz que o *"estabelecimento de um mundo progressivamente socialista no qual as liberdades, a saúde e a felicidade de cada indivíduo são protegidas por uma lei universal baseada na REdeclaração dos direitos dos homens, e onde há a mais completa liberdade de pensamento, crítica e sugestão, é O objetivo pleno e racional diante de nós"*. Essa redeclaração dos direitos dos homens é bem parecida com o sistema legal que foi adotado pela União Europeia e que tudo indica permitiu a decadência dos seus membros nas últimas décadas.

Antonio Gramsci e o Gramscismo

Na segunda metade do século XX, os gradualistas viram nascer um outro grupo com ideias parecidas com as suas: os gramscistas. Os gramscistas são comunistas que seguem a cartilha elaborada por Antonio Gramsci, um comunista italiano responsável pela criação do Partido Comunista da Itália em 1921. Gramsci não ficou conhecido pelo seu ímpeto revolucionário, mas por ter elaborado um plano subversivo de implantação do comunismo em sociedades construídas em torno da cultura judaico-cristã.

Gramsci nasceu em 1891, foi preso em 1926 e ficou na cadeia até sua morte, em 1937. **Na prisão, ele teve tempo para escrever seus famosos cadernos que, se você tiver muita paciência para ler toda aquela porcaria, revelam um plano mais ou menos estruturado de subversão lenta da cultura ocidental até que ela se entregue espontaneamente ao comunismo.** Nesses cadernos, Gramsci revela o que o motivou a criar esse plano alternativo de revolução: ele acreditava que a estratégia marxista-leninista não conseguiria subverter as sociedades ocidentais como conseguiu na Rússia.

Gramsci tinha consciência de que a cultura ocidental demandava uma abordagem mais indireta da revolução. Desse modo, ele construiu uma estratégia coerente de guerra cultural com a intenção explícita de construir nas sociedades ocidentais uma massa de pessoas que concordariam com as propostas comunistas, facilitando o caminho para a conquista do poder. **Nesse sentido, ele visualizou algo muito similar à conspiração aberta de Wells, de modo que também podemos classificá-lo como um gradualista.**

O plano de Gramsci tinha algumas etapas essenciais: desenvolver intelectuais orgânicos, fundar um partido-príncipe (que centralizaria as demandas do movimento comunista), obter hegemonia cultural, construir uma crise orgânica no governo, produzir uma ruptura institucional e, enfim, tomar o poder. A primeira etapa do plano é a criação de intelectuais engajados adeptos do comunismo, que ele chama de INTELECTUAIS ORGÂNICOS. Esses intelectuais orgânicos teriam o dever de promover uma reforma intelectual (ideológica) e MORAL (cultural) na sociedade civil.

O trabalho desses intelectuais orgânicos criaria as condições para o alistamento e preenchimento das fileiras de um partido político, cuja função principal seria centralizar as demandas dos comunistas no jogo político democrático. Esse partido político teria um papel bem relevante no plano gramscista. Ele seria o PARTIDO-PRÍNCIPE, uma espécie de abelha rainha política que deveria ser defendido pelos comunistas a qualquer custo (agora você já sabe porque os petistas têm tanta dificuldade para criticar aquele que se tornou o partido mais corrupto da história do Brasil).

O trabalho dos intelectuais orgânicos, amparado pelo partido-príncipe e seus membros, deveria buscar a conquista da HEGEMONIA CULTURAL. E o que seria essa hegemonia cultural: seria uma situação em que a AGENDA dos comunistas se tornasse o *"SENSO COMUM RENOVADO, coerente com a filosofia popular"*. Nessa posição, eles deveriam agitar as classes mais baixas, atacar a burguesia e enfraquecer o estado burguês. No plano de Gramsci, o principal objetivo dessa HEGEMOCIA CULTURAL seria mesmo o enfraquecimento da estrutura política da dita burguesa, ao ponto de fazer surgir uma crise.

Essa crise, no pensamento gramscista, tinha um nome bem específico: CRISE ORGÂNICA. Essa crise orgânica seria uma situação de governo que recorrentemente geraria oportunidades para atacá-lo. E infelizmente a esquerda conseguiu criar no Brasil um perfeito sistema gramsciano onde a questão não é SE haverá uma crise no médio prazo: a questão é QUANDO será a próxima crise. Para facilitar, vou explicar melhor porque o plano gramscista no Brasil já alcançou a etapa da CRISE ORGÂNICA.

Tome como ponto de partida o fato de que temos trocentos partidos políticos, todos eles mais ou menos de esquerda. Apenas recentemente surgiu um partido novo com propostas mais alinhadas aos princípios liberais e de livre mercado. Mas todos os outros estão em algum lugar entre a centro-esquerda e a extrema-esquerda. Agora, se pergunte: você acha que é fácil vender aos eleitores um bandido petralha ou um palhaço tucano? Não é! É extremamente difícil.

Então, nas épocas de eleição, esses partidos NÃO TÊM OUTRA ALTERNATIVA além de GASTAR MUITO DINHEIRO EM PROPAGANDA e fazer ALIANÇAS COM OS VÁRIOS OUTROS PARTIDOS POLÍTICOS para alavancar seus candidatos. E é exatamente aí que reside a fonte perpétua de crises no sistema brasileiro: essas alianças são feitas com base em um LEILÃO DA DIREÇÃO DE

MINISTÉRIOS E PRESIDÊNCIAS DE ESTATAIS, onde os partidos estarão poderão FRAUDAR LICITAÇÕES para pagar as dívidas da campanha que passou e os custos da próxima eleição.

Dessa forma, tenho certeza que você já viu VÁRIOS CASOS de ministros sendo acusados de corrupção e sendo trocados por outros que também estavam envolvidos em falcatruas. E esses bandidos são trocados por outros políticos menos conhecidos, mas que são tão bons ou melhores em desviar recursos quanto os seus antecessores. Ou seja: o critério para ocupar esses cargos no governo é SER BOM EM DESVIAR DINHEIRO DAQUELA PASTA PARA O SEU PRÓPRIO PARTIDO.

Um partido como o PMDB, por exemplo, que se aliou ao PT para eleger todos os bandidos que ocuparam a presidência desde o século passado, está pouquíssimo interessado em indicar o ministro dos Transportes, de Minas e Energia ou das Cidades para poder fazer *"o que é melhor para o país"*. Você acredita que o PMDB quer justamente os ministérios que manipulam os maiores valores para fazer *"o bem para a sociedade"*? Claro que não. O que esses partidos querem é colocar as mãos em grandes orçamentos para ver o quanto conseguem roubar.

Esse é o fundamento da chamada crise orgânica de Gramsci. Como você viu, não é uma questão de SE vai acontecer uma crise: o que se pergunta é quando e qual será a intensidade da próxima crise. Isso é importante porque no joguinho gramsciano, eles pontuam cada vez que conseguem criar uma RUPTURA INSTITUCIONAL. Esse ponto de ruptura ocorre sempre que a crise é tão intensa que demanda ações RADICAIS para resolvê-la. Nesse sentido, os petralhas têm tentado de todas as formas causar essa ruptura, principalmente com a ajuda de seus aliados anarquistas e ambientalistas.

O papel da ruptura institucional no plano gramsciano é justamente permitir que o PARTIDO-PRÍNCIPE assuma o poder e promova as reformas necessárias para o avanço do comunismo no país. **O partido-príncipe tem como meta: destruir o estado burguês e fundar o ESTADO-CLASSE, cuja tarefa será implantar o socialismo. No poder, os comunistas farão de tudo para: atacar e destruir a hegemonia burguesa, desmobilizar o próprio aparelho de coerção estatal (a polícia) e superar os valores intelectuais e morais que atrapalham a implantação do comunismo.**

Basicamente, esse é o plano gramscista de tomada do poder em sociedades ocidentais. Não podemos esquecer que uma boa parte da motivação de Gramsci deriva da consciência de que o cristianismo é a base de tudo aquilo que ele (e os comunistas) queria destruir. É conhecida sua frase: *"O mundo civilizado foi SATURADO com o cristianismo durante DOIS MIL ANOS, e um regime fundado em crenças e valores judaico-cristãos não pode ser DERRUBADO sem que suas RAÍZES sejam cortadas"*.

Ou seja, na estratégia de poder de Gramsci, o ataque ao cristianismo tinha um papel fundamental. Ele sabia que para a implantação do comunismo, era necessário atacar e acabar com a influência cristã nas sociedades ocidentais. Como muitos antes dele, Gramsci havia percebido que o cristianismo e a cultura judaico-cristã não permitiriam a implantação do socialismo em suas comunidades. Assim, em 1917 ele escreveu: *"O mito pagão deixou monumentos de beleza que continuam a viver por este seu caráter de perenidade que fazem reviver alguns dos sentimentos ancestrais. O mito cristão, pelo menos na nossa cidade, só deixará entulho, materia fácil para a futura picareta"*.

Saul Alinsky e a Regra para Radicais

Saul Alinsky foi um organizador socialista mais voltado para a ação. Ele ficou conhecido por sua atividade como organizador comunitário e expoente da Nova Esquerda. Alinsky é ainda mais conhecido por seu livro, Regras para Radicais, que ele dedica a Lúcifer por considerá-lo o *"primeiro rebelde"*. Por isso, o mindset do organizador comunitário alinskyano é imoral e coletivista. Sua ação deve ser para a salvação coletiva e não para a individual. Ele prega que aqueles que sacrificam o bem coletivo para ficar em paz com suas consciências têm uma concepção errada de *"salvação pessoal"*.

Na visão dele, essas pessoas não se preocupam tanto com os próximos para *"SE CORROMPEREM"* por eles. Essa concepção instrumental da salvação (que é criticada até por alguns membros da Escola de Frankfurt) é a moralidade socialista: se o assassinato, o roubo, a corrupção, forem de algum modo benéficos para um grupo maior de pessoas, eles serão moralmente aceitos pela esquerda. Para organizar essa doutrina ética, Alinsky propõe o que chama de Regras da Ética dos Meios e dos Fins. São onze regras que tentam justificar que os fins justificam QUALQUER meio. Essas regras são:

1. A preocupação de alguém com a ética dos meios e dos fins é inversamente proporcional ao interesse do sujeito na questão.

2. O julgamento da ética dos meios dependa da posição política daqueles que fazem o julgamento.

3. Em uma guerra, os fins justificam quase quaisquer meios.

4. O julgamento sobre a ética dos meios e dos fins deve ser feito no contexto da época em que as decisões foram tomadas, e não de qualquer outro ponto de vantagem cronológico.

5. A preocupação de alguém com a ética dos meios é diretamente proporcional com o número de meios disponíveis e vice-versa.

6. Quanto menos importante for o fim a ser alcançado, mais alguém poderá se dar ao luxo de fazer avaliações éticas sobre os meios.

7. Em geral, o sucesso ou o fracasso alcançado é um poderoso determinante da ética. Nesse caso, ele dá o exemplo dos fundadores dos Estados Unidos, chamando-os de traidores. Ele diz que como foram bem-sucedidos, são chamados de *"pais fundadores"*, já que *"não há tal coisa como um traidor bem-sucedido"*.

8. A moralidade dos meios depende de eles estarem sendo usados em um momento de iminente derrota ou iminente vitória.

9. Qualquer meio eficaz é automaticamente julgado pela oposição como sendo antiético.

10. Você deve fazer o que for necessário e vestir suas ações com um traje moral.

11. Os objetivos dos meios e fins devem ser vendidos com termos genéricos como *"Liberdade, Igualdade e Fraternidade"*, *"Pelo Bem Comum"*, *"Busca pela Felicidade"* ou *"Pão e Paz"*.

Essas regras da ética de Alinsky servem apenas para que seus seguidores diminuam sua crítica moral e aceitem fazer, como ele, o que for necessário para alcançar seus objetivos. Sua intenção era justamente vender a velha máxima: *"os fins justificam os meios"*. Essa racionalização da imoralidade não era nova. A própria atuação dos gnósticos centenas de anos atrás já era uma tentativa de rever a moralidade judaico-cristã. Nos anos mais recentes, os iluminados tentavam justificar suas atitudes com a necessidade de uma reforma universal que a sociedade tinha que passar. Trotsky escreveu algo assim em Nossa Moral e a Deles. A inovação de Alinsky foi desconstruir os argumentos que norteiam o debate entre a ética dos meios e dos fins para poder atacá-los separadamente.

As regras da ética de Alinsky reforçam sua disposição em se CORROMPER para fortalecer um movimento que ele acreditava favorecer o BEM COLETIVO. Mas essa corrupção pessoal exigia uma ação ativa de busca pelo poder. Para promover a reforma que a esquerda queria implantar na sociedade norte-americana, era necessário ter PODER. Mas como conseguir poder? Mais uma vez, Alinsky listou algumas regras para que seus mínions tivessem sucesso na perseguição de boas posições em seus lares, comunidades e escolas. As Regras do Poder descritas por Alinsky são:

"1. Poder não é apenas o que você tem, mas o que o inimigo acha que você tem.

2. Nunca se aventure fora da experiência do seu pessoal.

3. Sempre que possível, afaste a batalha para longe da experiência do seu inimigo.

4. Faça seu inimigo viver conforme o próprio livro de regras dele.

5. A ridicularização é a arma mais poderosa do homem.

6. Uma boa tática é aquela que seu pessoal gosta.

7. Uma tática que se arrasta por muito tempo se transforma num peso.

8. Mantenha a pressão. Nunca pare.

9. A ameaça é geralmente mais aterrorizante do que a própria ação.

10. Se você insistir em algo negativo o suficiente, ele pode se tornar algo positivo.

11. O preço de um ataque bem-sucedido é uma alternativa construtiva.

12. Escolha o alvo, mantenha ele, personalize-o e polarize-o. Corte sua rede de apoio e e o isole de simpatias".